大学语文

主编 王岩

哈尔滨工业大学出版社

内容简介

本书主要内容包括人生民生、亲情爱情、为国为政、品格品德、传记传闻、怀古怀人、乐山乐水和品诗品文等内容。本书的体例，凸显人文精神，按内容集合，分为若干专题。在每个内容集合专题前，设计了阅读引领，对该篇章集合做内容上的汇聚、评说，以领略所选篇章精华。篇章集合选读之后，有知识锦囊，对该篇章集合的体裁特点及所涉及的汉语知识进行解说，供教学双方参考，实现知识性的积累。

本书可供全日制普通高校大学生使用，也可供大学语文学习者、爱好者学习使用。

图书在版编目(CIP)数据

大学语文/王岩主编. —哈尔滨:哈尔滨工业大学出版社,2012.5
ISBN 978-7-5603-3417-2

Ⅰ.① 大… Ⅱ.①王… Ⅲ.①大学语文课-高等学校-教材 Ⅳ.①H19

中国版本图书馆 CIP 数据核字(2011)第 228469 号

责任编辑	王桂芝　宋福君
出版发行	哈尔滨工业大学出版社
社　　址	哈尔滨市南岗区复华四道街10号　邮编150006
传　　真	0451-86414749
网　　址	http://hitpress.hit.edu.cn
印　　刷	哈尔滨工业大学印刷厂
开　　本	787mm×1092mm　1/16　印张17.75　字数430千字
版　　次	2012年5月第1版　2012年5月第1次印刷
书　　号	ISBN 978-7-5603-3417-2
定　　价	35.00元

(如因印装质量问题影响阅读，我社负责调换)

编 委 会

主　编 王　岩

副主编 李　秋

编委会 贾文思　魏黎雨　王　娟　潘　岩
　　　　　黄　晋　张　颖　陶红梅　于　涛
　　　　　赵　慧　张　超　王　爽　齐丽娜
　　　　　赵　雷　吕文静　张黎黎　王丽娟
　　　　　白雅君

前　言

《国家"十一五"时期文化发展规划纲要》提出:高等学校面向全体大学生开设中国语文课。2007年3月12日,教育部高等教育司以教育部司局函件的形式,下发《关于转发〈高等学校大学语文教学改革研讨会纪要〉的通知》,致函给各地教委和教育部直属高校,请各地结合本地区、学校实际,认真做好大学语文教学改革工作。由此可见,"大学语文"已成为培养大学生素质的带头学科,肩负着推动高校的人文素质教育深入发展的文化期待和使命,其核心是文化教育和经典汉语的教育,它以培养健康的人格和高尚的时代风尚,弘扬道德价值和审美价值,关注人生的终极意义,弘扬和创造自我,以让生命走向丰富、充盈、绚丽、精彩为目标。

当前,在高等院校非中文专业开设的"大学语文"课,作为高等院校的一门综合性素质教育课,针对大学生在高中阶段接受语文教育后的实际水平,服从于各类高等院校非中文专业学习及培养目标对学生语文素养的要求,承载着历史、哲学、心理学和社会学等多种人文内容,是一个复杂的信息系统,这个信息系统所蕴含的民族精神、民族文化,是形成人文素质的重要基础。因此,"大学语文"课教材的编撰,如北大教授钱理群所说:"让学生在文学的世界里和人类最优秀的心灵进行对话,呼吸到高山之顶的新鲜空气。"又如南开大学陈洪教授所说:"着眼于语文素养的提高,着眼于好文章的欣赏和体味来提高语文能力。"大学语文教材,应体现高尚的理想、人格和积极向上的精神,深刻反映历史和现实社会生活中为人们所密切关注的问题,表现真挚的思想感情、智慧理性和审美价值,并且具有民族特点和文学家的创作个性,便于引导和潜移默化地感染学习者,使之更深刻地理解文学作品,更好地进行自我观照,实现文化思维。大学语文教材要起到一个媒介的作用,是要通过"这一个"篇章打开一扇门,将相关作品串联融通,在相当程度上提升人文知识的系统性和深广度,引领学习者走进语文素养的广阔天地。这样,大学语文不仅要提高学习者的阅读能力和文字表达能力,更要通过与中华民族的人文精神楷模产生感情的交流、心灵的沟通、思想的融合,展现整个审美的世界,指明一种鲜活的人生观和世界观,给予他们的是能助其"精神成人"的人文精神,有助于素质的培养,使教习知识与育人素质合二为一。

基于上述,本书的编写宗旨是:以素质教育为原点,着眼于通过对美文的欣赏体味,理解名家名作的个体意识,使学习者在文化历史的真实写照中直面现实,从名篇的人文精神中反观自身;以精品篇章为支点,着眼于教学材料的满足,以所选篇章为切入点,打开阅读兴趣的窗口,引领学习者在精选篇章赏析中由点及面,登堂入室,获得真切生动的阅读体验;以好教好学为焦点,着眼于90后大学生的知识结构和心理需求特点,努力营造生动活泼、引人入胜的学习氛围,使教师教学方便,学生学习主动,提高教学适应性和针对性。

本书的体例凸显人文精神,按内容集合,分为若干专题。在每个内容集合专题前,设计了"阅读引领",对该篇章集合做内容上的汇聚、评说,领略所选篇章精华。篇章集合选读之后有"知识锦囊",对该篇章集合的体裁特点及所涉及的汉语知识进行解说,供教学双方参考,实现知识性的积累。

本书所选诗文出自多种书、报、刊,编写过程中,参考借鉴了许多同行的文章和著述,在此,谨向所有作(译)者及编辑、同仁表示敬意和谢忱。

编　　者

2012年2月

目　录

第一单元　人生·民生 1

阅读引领 1

篇章精选 1

一、七　月　《诗经·豳风·七月》 1

二、陌上桑　《汉乐府·陌上桑》 5

三、论语·先进(节选) 8

四、复　仇　鲁　迅 12

五、一只特立独行的猪　王小波 15

六、给青年的忠告　[美国]马克·吐温 19

知识锦囊 25

第二单元　亲情·爱情 31

阅读引领 31

篇章精选 31

一、蒹　葭　《诗经·秦风·蒹葭》 31

二、江城子　苏　轼 33

三、西厢记·长亭送别　王实甫 35

四、致儿子书　张之洞 40

五、我的母亲　老　舍 48

六、伊豆的舞女　川端康成 51

· 1 ·

第三单元　为国·为政 ··· 67

阅读引领 ··· 67

篇章精选 ··· 67

一、梁惠王下(节选)　孟　子 ··· 67

二、谏太宗十思疏　魏　征 ··· 71

三、资治通鉴·赵武灵王胡服骑射(节选)　司马光 ··· 74

四、《北京大学月刊》发刊词　蔡元培 ··· 78

五、中国人,你为什么不生气　龙应台 ··· 81

六、战争,还是和平　[以色列]拉宾 ··· 88

知识锦囊 ··· 94

第四单元　品格·品德 ··· 99

阅读引领 ··· 99

篇章精选 ··· 99

一、《老子》五章　老　子 ··· 99

二、楚辞·渔父　屈　原 ··· 102

三、礼记·大学(节选) ··· 110

四、不朽——我的宗教　胡　适 ··· 113

五、金岳霖先生　汪曾祺 ··· 123

六、我的信仰　[美国]爱因斯坦 ··· 130

第五单元　传记·传闻 ··· 137

阅读引领 ··· 137

篇章精选 ··· 137

一、史记·刺客列传(节选)　司马迁 ··· 137

二、世说新语·任诞(节选)　刘义庆 ··· 145

三、徐文长传　袁宏道 ··· 147

四、李鸿章办外交　王元化 ········· 150

　　五、叶圣陶先生二三事　张中行 ········· 155

　　六、我有一个梦想　[美国]马丁·路德·金 ········· 159

知识锦囊 ········· 167

第六单元　怀古·怀人 ········· 174

阅读引领 ········· 174

篇章精选 ········· 174

　　一、别　赋　江　淹 ········· 174

　　二、登幽州台歌　陈子昂 ········· 180

　　三、祭十二郎文　韩　愈 ········· 182

　　四、五代史伶官传序　欧阳修 ········· 186

　　五、纪念傅雷　施蛰存 ········· 190

　　六、贝多芬百年祭　[爱尔兰]萧伯纳 ········· 202

知识锦囊 ········· 207

第七单元　乐山·乐水 ········· 213

阅读引领 ········· 213

篇章精选 ········· 213

　　一、秋水　庄　子 ········· 213

　　二、饮酒(其一、其五)　陶渊明 ········· 218

　　三、春江花月夜　张若虚 ········· 221

　　四、白雪歌送武判官归京　岑　参 ········· 224

　　五、秋天的况味　林语堂 ········· 227

　　六、瓦尔登湖(节选)　[美国]亨利·戴维·梭罗 ········· 232

知识锦囊 ········· 236

第八单元　品诗·品文 ··· 239

阅读引领 ··· 239

篇章精选 ··· 239

一、秋兴八首(其一)　杜　甫 ·· 239

二、金缕曲·赠梁汾　纳兰性德 ·· 241

三、西湖七月半　张　岱 ·· 244

四、金鲤鱼的百裥裙　林海音 ··· 247

五、雅舍小品·谦让　梁实秋 ··· 258

六、我愿是一条激流　[匈牙利]裴多菲 ·· 263

知识锦囊 ··· 266

第一单元　人生·民生

　　人生在一次次变化中寻找永恒,又在不停的奔波中寻觅新的起点。人生的舞台,将悲欢离合、善恶因果、世态炎凉和感伤无奈一一展示。人生与社会环境关系密不可分,绚丽多姿、奇妙多变的人生的集合就是民生百态。

　　人类用文字记录历史,文字也影响着历史,它们或生动地描绘出人类初民时代的生活样貌;或表达对人生的感悟,对民生的关怀;或冷静剖析,冲破发展的障碍。这些文字,倾注了迎向岁月激流的人生激情,展现了对民生的悲悯情怀,饱含了可贵的自我反省与批判精神,给予我们亲切的思想馈赠。

一、七月　《诗经·豳风·七月》

【篇章导引】

　　《诗经》是我国第一部诗歌总集,收入自西周初年至春秋中叶大约五百年间的诗歌305篇,据《史记》等书记载,《诗》为孔子所删定。本称《诗》,西汉时儒家将其奉为经典,成为《六经》(包括《诗》、《书》、《礼》、《乐》、《易》、《春秋》)及《五经》(无《乐》)之一,始称《诗经》,并沿用至今。《诗经》包含民间歌谣(风)、士大夫作品(雅),以及祭神的颂辞(颂),大部分作品产生于黄河中下游地区,其内容丰富,涵盖深广,展示了当时多层面的社会生活和人们的精神风貌。孔子曾概括《诗经》宗旨为"无邪",并以《诗经》作为立言、立行的标准。艺术形式上以四言句式为主,以赋、比、兴多种手法表现。因时代久远,作者大多无从稽考。

七　月

　　七月流火[1],九月授衣[2]。一之日觱发[3],二之日栗烈[4]。无衣无褐,何以卒岁?三之日于耜,四之日举趾。同我妇子,馌彼南亩[5]。田畯至喜[6]。
　　七月流火,九月授衣。春日载阳,有鸣仓庚[7]。女执懿筐[8],遵彼微行[9],爰求柔桑。春日迟迟,采蘩祁祁[10]。女心伤悲,殆及公子同归。

七月流火,八月萑苇[11]。蚕月条桑[12],取彼斧斨[13]。以伐远扬[14],猗彼女桑[15]。七月鸣鵙[16],八月载绩。载玄载黄,我朱孔阳[17],为公子裳。

四月秀葽[18],五月鸣蜩[19]。八月其获,十月陨萚[20]。一之日于貉[21],取彼狐狸,为公子裘。二之日其同,载缵武功[22]。言私其豵[23],献豜于公[24]。

五月斯螽动股[25],六月莎鸡振羽[26]。七月在野,八月在宇,九月在户,十月蟋蟀入我床下。穹窒熏鼠[27],塞向墐户[28]。嗟我妇子,曰为改岁,入此室处。

六月食郁及薁,七月亨葵及菽。八月剥枣,十月获稻。为此春酒,以介眉寿。

七月食瓜,八月断壶[29],九月叔苴[30]。采荼薪樗[31],食我农夫。

九月筑场圃,十月纳禾稼。黍稷重穋[32],禾麻菽麦。嗟我农夫,我稼既同[33],上入执宫功[34]。

昼尔于茅,宵尔索绹[35],亟其乘屋[36],其始播百谷。

二之日凿冰冲冲[37],三之日纳于凌阴[38]。四之日其蚤[39],献羔祭韭。九月肃霜[40],十月涤场。朋酒斯飨[41],曰杀羔羊,跻彼公堂。称彼兕觥[42],万寿无疆。

——选自《诗经选》,余冠英注释,人民文学出版社1979年版

【注释】

[1]流火:大火星自南方高处向偏西方向下行。

[2]授衣:裁制冬衣。马瑞辰《毛诗传笺通释》:"凡言'授衣'者,皆授使为之也。此诗授衣,亦授冬衣使为之。盖九月妇功成,丝麻之事已毕,始可为衣。非谓月冬衣已成,遂以授人也。"

[3]觱(bì)发:寒风触物发出的声响。

[4]栗烈:凛冽。形容严寒。栗,通"溧"。

[5]馌(yè):送饭。

[6]田畯:为领主监工的农官。

[7]仓庚:黄莺。

[8]懿筐:深深的筐子。

[9]微行:小路。

[10]蘩:白蒿,或云蘩可制蚕箔。祁祁:形容采蘩妇女众多的样子。

[11]萑(huán)苇:荻草与芦苇。

[12]条桑:修剪桑枝。

[13]斨(qiāng):方孔的斧。

[14]远扬:长得特别高的桑枝。

[15]女桑:嫩桑叶。

[16]鸣鵙(jú):鸟名,即伯劳。

[17]孔阳:色彩极为鲜明。

[18]秀:长穗。葽(yāo):即远志,药用植物。

[19]蜩(tiáo):蝉。

[20]陨萚(tuò):落叶。

[21]于貉(hè):取貉。貉,似狐,今通称狗獾。

[22]缵(zuǎn):继续。
[23]私:自己占有。豵(zōng):一岁的猪,这里泛指小兽。
[24]豜(jiān):三岁的猪,这里泛指大兽。公:公家,指统治者。
[25]斯螽(zhōng):即螽斯,昆虫名,翅摩擦发声,古人误以为腿摩擦发声。
[26]莎鸡:即纺织娘,昆虫名。
[27]穹窒:堵塞洞穴。
[28]塞向:堵塞北窗。墐户:涂泥在竹木所制的门上塞缝,以御寒风。
[29]壶:葫芦。
[30]叔苴:拾取麻籽。
[31]荼:苦菜。樗(chū):苦椿树。
[32]黍:小米。稷:高粱。重(chóng):同"種",早种晚熟的谷。穆(lù):同"稑",晚种早熟的谷。
[33]既同:已经收齐。
[34]宫功:修建宫室。
[35]索绹:搓草绳。
[36]乘屋:覆盖屋顶。
[37]冲冲:凿冰之声。
[38]凌阴:藏冰的地窖。
[39]蚤:同"早",此处指早朝,古代一种祭祀仪式。
[40]肃霜:即"肃爽",指天高气爽。
[41]朋酒:指成双的两壶酒。
[42]兕觥(sì gōng):铜制的犀牛状酒杯。

【评析提示】

《国风》以《豳风》的年代最早。《七月》是西周初年豳地(在今陕西旬邑县、邠县一带)的诗歌,是一篇古老的农事诗。全诗八章,每章各十一句,按时序叙事,依次叙述当时农民一年中修理农具、下田劳作、采桑养蚕、织染制衣、集体狩猎、修缮门户、筑场收获、服役酿酒和岁终祭祀等繁重忙碌的多层次的工作面和高强度农事生活,细致描绘了氏族奴隶制的社会情状。

诗中形象逼真的叙事、婉转含蓄的抒情,代表了其艺术高度。本诗善于抓住各种物候的特征,来表现节令的演变,使全诗充满了自然风光和强烈的乡土气息。如"七月在野,八月在宇,九月在户,十月蟋蟀入我床下"通过蟋蟀的鸣叫和避寒迁徙,非常形象地表现了季节变迁的过程及气候逐渐寒冷的过程,接下来的"穹窒熏鼠,塞向墐户。嗟我妇子,曰为改岁,入此室处"写农家为过冬所作的简单的准备,并将"改岁"时微妙的内心感受蕴涵其中。细读《七月》,当能深入了解周代下层人民的生活情状。

《七月》用语朴素平淡,结构回旋复沓,句式上以四言为主,兼有五、六、七言,节奏明快,富于变化;大量叠词的运用,使其描摹自然景物特征和细致的感情更加形象。另外,本诗对比手法的运用值得关注,比如:奴隶们在辛勤劳动,而"田畯至喜",苦与乐的对比;奴隶们无衣无褐,却在为"公子裳",为"公子裘",冷与暖的对比;"言私其豵,献豜于公",少与多的对比等,这种对比描写,是对当时具有奴隶制特点的社会状态的细致真切的表现。

这首诗不仅在文学方面有极高的欣赏价值,而且在社会学、历史学和农业学方面为我们提供了极其可贵的资料。

【思考与练习】

1. 试结合《七月》将周代农民一年的劳动生活按时间顺序作一简要的概括。
2. 你觉得《七月》中哪些地方体现出了劳动民众在日常生活中的感情变化?
3. 对诗中"女心伤悲,殆及公子同归"一句有两种不同的看法,传统的看法认为"春女感阳气而思男","悲则始有与公子同归之志,欲嫁焉";近代以来学者提出这句是指身为奴隶的采桑女内心伤悲,害怕被贵族公子强行娶走。你觉得哪种理解更为合理?说说理由。

【拓展阅读】

《采薇》是《诗经·小雅》中的一篇。周代北方的猃狁(即后来的匈奴)已十分强悍,经常入侵中原,给当时北方人民生活带来不少灾难。历史上有不少周天子派兵戍守边外和命将士出兵打败猃狁的记载。从《采薇》的内容看,当是将士戍役劳还时之作,诗中唱出从军将士的艰辛生活和思归的情怀。

采 薇

采薇采薇,薇亦作止。曰归曰归,岁亦莫止。
靡室靡家,猃狁之故。不遑启居,猃狁之故。
采薇采薇,薇亦柔止。曰归曰归,岁亦忧止。
忧心烈烈,载饥载渴。我戍未定,靡使归聘。
采薇采薇,薇亦刚止。曰归曰归,岁亦阳止。
王事靡盬,不遑启处。忧心孔疚,我行不来!
彼尔维何?维常之华。彼路斯何?君子之车。
戎车既驾,四牡业业。岂敢定居?一月三捷。
驾彼四牡,四牡骙骙。君子所依,小人所腓。
四牡翼翼,象弭鱼服。岂不日戒?猃狁孔棘!
昔我往矣,杨柳依依。今我来思,雨雪霏霏。
行道迟迟,载渴载饥。我心伤悲,莫知我哀!

——选自《诗经选》,余冠英注释,人民文学出版社1979年版

本诗作者以戍役军士的身份描述了戍边生活的紧张艰辛。作者的爱国情怀是通过对猃狁的仇恨来表现的,更是通过对他们忠于职守的叙述——"不遑启居"、"不遑启处"、"岂敢定居"、"岂不日戒"和他们内心极度思乡的强烈对比来表现的。全诗自然景物的描写,薇之生、薇之柔、薇之刚、依依杨柳和霏霏雨雪,都烘托了军士们"日戒"的生活和思归的情愫,表

现了人们纯真朴实、合情合理的思想和情感,也正是这种真实性,赋予了这首诗强盛的生命力和感染力。晋人谢玄把"昔我往矣"四句论为三百篇中最好的诗句,在文学史上影响极大,常为后世文人反复吟唱、仿效。由于《诗经》素以浑厚、质朴著称,这类如此凄婉动人的作品确属不多,因而它便成了《诗经》抒情作品的一个典范而为历代文学家所称颂。

二、陌上桑　《汉乐府·陌上桑》

【篇章导引】

　　乐府是自秦代以来设立的配置乐曲、训练乐工和采集民歌的专门官署,汉乐府指由汉时乐府机关所采制的诗歌。这些诗,原本在民间流传,经由乐府保存下来,汉人叫做"歌诗",魏晋时始称"乐府"或"汉乐府"。后世文人仿此形式所作的诗,亦称"乐府诗"。

　　汉乐府是继《诗经》之后,古代民歌的又一次大汇集,它用通俗的语言构造贴近生活的作品,由杂言逐渐趋向五言,采用叙事写法,刻画人物细致入微,创造人物性格鲜明,故事情节较为完整,而且能突出思想内涵着重描绘典型细节,开拓叙事诗发展成熟的新阶段,是中国诗史五言诗体发展的一个重要阶段。汉乐府民歌中女性题材作品占重要位置,《陌上桑》和《孔雀东南飞》都是汉乐府民歌中的名篇,后者是我国古代最长的叙事诗。《孔雀东南飞》与《木兰诗》合称"乐府双璧"。

　　汉乐府在文学史上有极高的地位,可与诗经、楚辞鼎足而立。

陌　上　桑

日出东南隅[1],照我秦氏楼。秦氏有好女[2],自名为罗敷[3]。
罗敷喜蚕桑[4],采桑城南隅。青丝为笼系[5],桂枝为笼钩[6]。
头上倭堕髻[7],耳中明月珠[8]。缃绮为下裙[9],紫绮为上襦[10]。
行者见罗敷,下担捋髭须[11]。少年见罗敷,脱帽著帩头[12]。
耕者忘其犁,锄者忘其锄。来归相怨怒,但坐观罗敷[13]。
使君从南来[14],五马立踟蹰[15]。使君遣吏往,问是谁家姝[16]?
"秦氏有好女,自名为罗敷。"
"罗敷年几何?""二十尚不足,十五颇有余[17]"。
使君谢罗敷[18]:"宁可共载不[19]?"
罗敷前置辞[20]:"使君一何愚[21]!使君自有妇,罗敷自有夫。
东方千余骑,夫婿居上头[22]。何用识夫婿[23]?白马从骊驹[24];
青丝系马尾[25],黄金络马头;腰中鹿卢剑[26],可直千万余[27]。
十五府小史[28],二十朝大夫[29],三十侍中郎[30],四十专城居[31]。

　　　　为人洁白晳[32],鬑鬑颇有须[33]。盈盈公府步[34],冉冉府中趋[35]。
　　　　坐中数千人,皆言夫婿殊[36]"。

——选自《乐府诗选》,余冠英选注,人民文学出版社1954年版

【注释】

[1] 日出东南隅:东南隅,指东方偏南。隅,方位、角落。我国在北半球,夏至以后日渐偏南,所以说日出东南隅。春天日出东南方。这句点出采桑养蚕的节令。

[2] 好女:美女。

[3] 自名:自道姓名。一说,"自名"犹言"本名"。

[4] 喜:一作"善"。

[5] 青丝:青色丝绳。笼:指采桑用的竹篮。

[6] 笼钩:竹篮上的提柄。

[7] 倭堕髻:即"堕马髻",其髻偏在一边,呈欲堕之状,是东汉时一种时兴的发式。

[8] 明月珠:宝珠名。据《后汉书·西域传》说,大秦国(古指罗马帝国)产明月珠。

[9] 缃(xiāng 相):浅黄色。

[10] 襦:短衣。

[11] 捋(lǚ 吕):用手顺着抚摩。髭:口上边的胡子。

[12] 著:显露。帩(qiào 俏)头:同"绡头",古人束发用的纱巾。

[13] 坐:因。这两句是说耕者、锄者因观罗敷晚归,引起夫妻争吵。

[14] 使君:东汉人对太守、刺史的称呼。

[15] 五马:闻人倓《古诗笺》云:汉制"太守驷马而已,其有加秩中二千石,乃右骖(驷马的右边加一骖马),故以'五马'为太守美称"。

[16] 姝:美女。

[17] 颇:少,略微。

[18] 谢:问。

[19] 宁可:是"愿意"的意思。《说文》徐错注云:"今人言宁可如此,是愿如此也。"这两句是吏人转达太守对罗敷的问语,是说使君问你,愿否同他一道乘车而去。

[20] 置辞:同"致辞",答话。

[21] 一何:犹"何其",相当于今口语"何等地"、"多么地"。一,语助词。

[22] 上头:行列的最前面。

[23] 何用:是"用何"的倒语,意即"根据什么……"。

[24] 骊驹:深黑色的小马。

[25] 系(jì 记):绍结。

[26] 鹿卢:同"辘轳",古时长剑之首用玉作鹿卢形。

[27] 直:同"值"。以上四句是罗敷夸耀其夫的高贵服饰,借以说明其夫的高贵身份。

[28] 府小史:太守府的小史。史,官府小吏。"十五"及下文的"二十"、"三十"、"四十"皆指年龄。

[29] 朝大夫:在朝廷任大夫的官职。

[30] 侍中郎:皇帝的侍从官。汉制侍中乃在原官职上特加的荣衔。

[31]专城居:为一城之主,如太守、刺史之类的大官。这四句是罗敷夸其丈夫官运亨通,步步高升。

[32]洁白皙:面容白净。

[33]鬑(lián 廉)鬑:鬓发疏长貌。这句是说略有一些疏而长的美须。

[34]盈盈:行步轻盈貌。"公府步"、"府中趋",犹旧日所谓的"官步"。

[35]冉冉:行步舒缓貌。

[36]殊:是"人才出众"的意思。

【评析提示】

陌上桑:田埂上的桑林。陌上:田埂上。桑:桑林。

《陌上桑》是一篇立意严肃、笔调诙谐的著名乐府叙事诗。

全诗共分三解。解为乐歌的段落,本诗的乐歌段落与歌词内容的段落大致相合。第一解从开始至"但坐观罗敷",主要叙述罗敷的美貌。第二解从"使君从南来"至"罗敷自有夫",写太守觊觎罗敷容姿,要跟她"共载"而归,遭到罗敷严词拒绝。第三解从"东方千余骑"至结束,写罗敷在太守面前夸赞自己的丈夫,用意在于彻底打消太守的邪念,并让他对自己轻佻的举止感到羞愧。

诗人依循先识其外貌,然后再洞达其心灵的识辨人物的一般顺序,由容貌而及品性,成功地塑造了一个貌美品端、机智活泼、亲切可爱的女性形象。诗歌的第一解在主要写容貌的同时,用"罗敷喜蚕桑"表现出她热爱劳动的良好品质;第二、三解主要揭示她的内心情感,从摹写容貌转为表现性情,通过罗敷与使君的对话,她抗恶拒诱,刚洁端正的品格得到了充分的展示。从她流利得体,同时又带有一点调皮嘲弄的答语中,还可看出她禀性开朗、活泼、大方,对自己充满自信,并且善于运用智慧保护自己不受侵害。罗敷这一艺术形象具有的审美价值,在于它由比较单纯地刻画人物的容貌之美,进而达到表现性情之美,这一点在文学形象的创造史上具有重要的意义。

《陌上桑》从精神到表现手法都具有较明显的现实主义和浪漫主义相结合的因素。诗中的主人公秦罗敷,既是来自生活的现实人物,又是有蔑视权贵、反抗强暴的民主精神的理想形象。在她身上集中地体现了人民的美好愿望和高贵品质。

《陌上桑》成功运用了侧面映衬和烘托的写作手法,描写暗示人物形象的美丽。先写罗敷采桑的用具和她装束打扮的鲜艳夺目,渲染服饰之美又是重点。"青丝为笼系,桂枝为笼钩。头上倭堕髻,耳中明月珠。缃绮为下裙,紫绮为上襦。"这些诗句一字不及罗敷的容貌,而人物之美已从衣饰等的铺叙中映现出来。又通过描摹路旁观者的种种神态动作,使罗敷的美貌得到了强烈而又极为鲜明、生动的烘托。

幽默风趣是《陌上桑》明显的风格特点。如写旁观者见到罗敷时不由自主地表现出来的种种神态,无不是乡民的真趣流露。又如罗敷讲自己的年龄,"二十尚不足,十五颇有余",口齿伶俐,而又暗带调皮,"颇"字尤见口角语态之妙,体现了乐观和智慧,代表着汉乐府的重要艺术精神。

【思考与练习】

1. 罗敷形象有什么特点？
2. 《陌上桑》用什么手法刻画罗敷的形象？

【拓展阅读】

孔雀东南飞

（原文略）

《孔雀东南飞》是我国文学史上第一部长篇叙事诗，取材于东汉献帝年间发生在庐江郡（治舒县，汉末迁皖县，均在今安徽境内）的一桩婚姻悲剧。沈归愚称为"古今第一首长诗"，因此它也被称为我国古代史上最长的一部叙事诗，是民间文学中的光辉诗篇之一。《孔雀东南飞》、《木兰诗》与唐代韦庄的《秦妇吟》并称为"乐府三绝"，历代传唱。"五四"以来，被改编成各种剧本搬上舞台，成为艺术创作不竭的源泉。

《孔雀东南飞》首次出现于《玉台新咏》。这首叙事诗共356句，故事完整，语言朴素，人物性格鲜明突出，结构紧凑完整，结尾运用了浪漫主义手法，是汉乐府民歌的杰作。全诗通过富于个性的人物对话和比兴手法及浪漫色彩的运用，塑造了鲜明的人物形象。诗篇开头，"孔雀东南飞，五里一徘徊"是"兴"的手法，用以兴起刘兰芝、焦仲卿彼此顾恋之情，布置了全篇的气氛。最后一段，在刘、焦合葬的墓地，松柏、梧桐枝枝叶叶覆盖相交，鸳鸯在其中双双日夕和鸣，这既象征了刘焦夫妇不朽，又象征了他们永恒的悲愤与控告。由现实的合葬的形象，到象征永恒的爱情与幸福的松柏、鸳鸯的形象，表现了对未来自由幸福的向往。

——选自《乐府诗集》，郭茂倩（宋）编，万卷出版公司2009年版

三、论语·先进（节选）

【篇章导引】

《论语》是儒家学派的经典著作之一，由孔子的弟子及其再传弟子编撰而成。它以语录体和对话文体为主，记录了孔子及其弟子的言行，集中体现了孔子的政治主张、道德观念及教育原则等，与《大学》、《中庸》、《孟子》、《诗经》、《尚书》、《礼记》、《易经》、《春秋》并称"四书五经"。通行本《论语》共二十篇。

孔子（前551～前479），名丘，字仲尼。春秋时期鲁国昌平乡陬邑（今曲阜市南辛镇）人。春秋末期著名思想家、政治家、教育家，儒家学派创始人。他出身于殷商没落贵族家庭，幼年贫贱，少而好学，以博学知礼闻名当时，曾任鲁国中都宰、司空、大司寇等职，不久因触犯权贵的利益而被迫辞官，于是周游列国宣传其社会理想和政治主张，但终不被采纳。晚年回到鲁国，专心从事教育和古籍整理，对保存和传播古代文化遗产作出了巨大贡献。儒学在当时即

有"显学"之称,自汉代罢黜百家、独尊儒术之后,更成为中国思想文化的主流和正流,对中国文化的影响至深至巨。孔子与孟子并称"孔孟",他们的思想并称为孔孟之道。孔子被尊为"至圣",孟子为"亚圣"。

论语·先进 (节选)

子路、曾皙、冉有、公西华侍坐[1]。子曰:"以吾一日长乎尔,毋吾以也。居则曰:'不吾知也!'如或知尔,则何以哉?"

子路率尔而对曰[2]:"千乘之国[3],摄乎大国之间[4],加之以师旅[5],因之以饥馑[6];由也为之,比及三年[7],可使有勇,且知方也[8]。"

夫子哂之[9]。

"求,尔何如?"

对曰:"方六七十,如五六十[10],求也为之,比及三年,可使足民。如其礼乐,以俟君子。"

"赤,尔何如?"

对曰:"非曰能之,愿学焉。宗庙之事[11],如会同[12],端章甫[13],愿为小相焉。"

"点,尔何如?"

鼓瑟希[14],铿尔[15],舍瑟而作,对曰:"异乎三子者之撰[16]。"

子曰:"何伤乎?亦各言其志也。"

曰:"莫春者[17],春服既成,冠者五六人[18],童子六七人[19],浴乎沂[20],风乎舞雩[21],咏而归。"

夫子喟然叹曰:"吾与点也[22]。"

三子者出,曾皙后。曾皙曰:"夫三子者之言何如?"

子曰:"亦各言其志也已矣!"

曰:"夫子何哂由也?"

曰:"为国以礼,其言不让,是故哂之。唯求则非邦也与?安见方六七十如五六十而非邦也者?唯赤则非邦也与?宗庙会同,非诸侯而何?赤也为之小,孰能为之大。"

——选自《论语正义》,刘宝楠正义(清),中华书局1990年版

【注释】

[1] 子路:姓仲,名由,字子路,又字季路,小孔子9岁。曾皙:姓曾,名点,字子皙,曾参的父亲,约小孔子20岁。冉有:姓冉,名求,字子有,小孔子29岁。公西华:姓公西,名赤,字子华,小孔子42岁。以上四人都是孔子的学生。侍坐:卑者在尊者身旁陪伴叫"侍"。单用"侍"是陪伴者站着。用"侍坐"指双方都坐着;陪侍长者闲坐。

[2] 率尔:轻率的、毫不思索的样子。

[3] 千乘(shèng)之国:拥有一千辆兵车的国家。古时一车四马为"一乘"。能出车千乘的国家,在当时是一个中等国家。

[4]摄:迫近。进而作"夹"讲。

[5]师旅:古时军队的编制。五百人为一"旅",五旅为一"师"。后以"师旅"为军队的通称。

[6]饥馑:谷不熟为"饥",果蔬不熟为"馑"。

[7]比(bì)及:等到。

[8]方:正道。这里指辨别是非的道理。

[9]哂(shěn):笑。这里略含讥讽的意思。

[10]方六七十,如五六十:一个纵横六七十里,或者五六十里的小国家。方,见方,方圆。计量面积或体积的一种单位。面积一方即一丈见方。方六七十,即国土边长为六七十里。如:或者,连词,表示选择关系。

[11]宗庙之事:指诸侯的祭祀活动。其中以祭祀祖宗为代表。祭祖必在宗庙(祖庙),故以"宗庙之事"泛指。

[12]如会同:或者在诸侯的盟会典礼中。如:或者,连词,表示选择关系。会同:诸侯会盟。

[13]端章甫:穿着礼服,戴着礼帽。端:礼服。章甫:礼帽。在这里都是名词活用作动词。

[14]希:通"稀"。指弹瑟的速度放慢,节奏逐渐稀疏。

[15]铿(kēng)尔:铿的一声,琴瑟声止住了。铿:象声词。指弹瑟完毕时最后一声高音。尔:"铿"的词尾。

[16]撰:述。

[17]莫(mù)春:指夏历三月,天气已转暖的时节。莫:通假"暮"。

[18]冠者:古代男子二十岁时要举行冠礼,束发、加帽,表示成人。"冠者"指成年人。

[19]童子:加冠以前的少年。

[20]浴乎沂(yí):到沂河里去洗洗澡。乎:介词,用法同"于"状语后置,乎沂是状语。沂:水名,在今山东曲阜县南。此水因有温泉流入,故暮春时即可入浴。

[21]风乎舞雩(yú):到舞雩台上吹吹风。风:吹风,乘凉。名词活用作动词。舞雩:鲁国祭天求雨的地方,设有坛,在今山东曲阜县南。"雩"是古代为求雨而举行的祭祀。古人行雩时要伴以音乐和舞蹈,故称"舞雩"。

[22]与:赞许,同意。

【评析提示】

　　《论语》以记言为主,"论"是论纂的意思,"语"是话语。《论语》是名列世界十大历史名人之首的中国古代思想家孔子的门人记录孔子言行的一部集子,成书于战国初期。《论语》的语言简洁精炼,含义深刻,其中有许多言论至今仍被世人视为至理。作为一部优秀的语录体散文集,它以言简意赅、含蓄隽永的语言,记述了孔子的言论。《论语》中所记孔子循循善诱的教诲之言,或简单应答,点到即止;或启发论述,侃侃而谈,富于变化,娓娓动人。本章以一个戏剧化场景,描绘了孔门师徒间围绕人生理想的一段谈话。这段对话以孔子问志为开端,以四位弟子各具性格的述志为中段,以孔子意味深长的评说各人的志向为结束。其间,先生言辞恳切,弟子畅所欲言,师生问答内涵丰富,况味隽永。其结构完整,跌宕生姿,人物口吻神情千古若活。

　　师徒间的这段对话触及的是一个永恒的问题:人应该如何安顿自己的人生。孔子的问话说得很委婉,态度是平易亲切的,说明了孔子教育方法是循循善诱的启发,使学生能够各尽其言。学生们的述志,或治军,或治赋,或治礼,都在社会政治的范畴,表现出强烈的入世精神,符合儒家"修己安人"之志。具有戏剧性的是,同为孔门弟子的曾皙却给出了完全不同的回答:"莫春者,春服既成,冠者五六人,童子六七人,浴乎沂,风乎舞雩,咏而归。"描绘了一幅与治国安邦全然无涉的优游自适、从容欣悦的诗意人生。弟子四人言志都是对于孔子理想的实施,但其中曾点所言非直言其志,而是用形象化的语言描绘礼乐教化大施后万民同乐的美好和平景象。孔子不仅对曾点所言内容,而且对他形象化的语言本身也表示赞赏,以为深得己心,所以在曾点言后,他"喟然叹曰:'吾与点也'"。那么,孔子之叹真意何在?是赞同曾皙的意见,又慨叹其难以实现?是理想屡遭挫折后的无奈,还是对太平盛世的向往?在本文中,孔子没有给出直接答案,这给后人留下了无穷的想象和理解的空间。

  本章围绕"言志"的中心进行记述,集中表达孔子治国以礼的主题,结构紧密,中心突出。孔子与四位弟子的性格主要是通过语言来表现(这是语录体的特点)各人所言,如孔子的师道尊严和善于教人,子路的直言不让,冉求的谦逊谨慎,公西华的善于辞令以及曾皙的委婉和言之有文都言如其人,同时也描写了各人的动作形态,反映了各人的不同性格。

【思考与练习】

  1. 在写到曾皙的时候,出现了一段鼓瑟声音和人物动作的描写,这样写的意图和效果是什么?

  2. 对孔子的"喟然叹曰:'吾与点也'"你是如何理解的?

【拓展阅读】

  《论语》是语录体散文,是我国散文最初的一种形态,多以三言两语为章,言简意赅,发人深省,许多已成至理名言。

《论语》 六则

一

  子曰:"学而时习之,不亦说乎?有朋自远方来,不亦乐乎?人不知而不愠,不亦君子乎?"(《学而》)

二

  子曰:"温故而知新,可以为师矣。"(《为政》)

三

  子曰:"学而不思则罔,思而不学则殆。"(《为政》)

四

  子贡问曰:"孔文子何以谓之'文'也?"子曰:"敏而好学,不耻下问,是以谓之'文'也。"(《公冶长》)

五

子曰:"默而识之,学而不厌,诲人不倦,何有于我哉?"(《述而》)

六

子曰:"三人行,必有我师焉;择其善者而从之,其不善者而改之。"(《述而》)

——选自《论语正义》,刘宝楠正义(清),中华书局1990年版

《论语》虽然篇幅不大,但作为儒家经典,其表现出的人生态度、思想观念,在我国文化思想史上产生了极为广泛深刻的影响。《论语》语言流畅通达,活泼生动,或感情充沛,或雍容和雅,使读者在千年之后,仍能感受到孔门师徒对答、心心相印的场景。

四、复仇 鲁迅

【篇章导引】

鲁迅(1881~1936),原名周樟寿,后改名周树人,字樟寿,号豫才,浙江绍兴人。中国现代伟大的文学家、思想家和革命家。1902年,鲁迅赴日留学,其间有感于国内同胞的愚弱,认识到改变国民性的重要,便毅然弃医从文,开始创作与翻译活动。

1912年初,鲁迅应教育总长蔡元培之邀,任职教育部,并先后于北京大学、北京高等师范学校、北京女子高等师范学校等一些高等院校任教。

1927年10月,鲁迅定居上海,成为职业作家。除外国作品翻译和中国古籍整理外,创作了《呐喊》、《彷徨》、《故事新编》等小说集,《野草》、《朝花夕拾》等散文集及十余部杂文集。其中包括《阿Q正传》、《狂人日记》、《伤逝》、《过客》等新文学经典作品。鲁迅是中国20世纪最重要的文学家,也是一生致力于国民性改造的伟大的思想家。

鲁迅写过一首《自嘲》诗,其中有两句为"横眉冷对千夫指,俯首甘为孺子牛",这是他一生的真实写照。

鲁迅一生写下了800多万字的著译,他的许多作品一版再版,被翻译成英、俄、德、法、日、世界语等多种文字,享誉全球。《鲁迅全集》是他留给世人的宝贵的精神财富。

复 仇

鲁 迅

人的皮肤之厚,大概不到半分,鲜红的热血,就循着那后面,在比密密层层地爬在墙壁上的槐蚕更其密的血管里奔流,散出温热。于是,各以这温热互相蛊惑、煽动、牵引,拼命地希求偎倚、接吻、拥抱,以得生命的沉酣的大欢喜。

但倘若用一柄尖锐的利刃,只一击,穿透这桃红色的,菲薄的皮肤,将见那鲜红的热血激箭似的以所有温热直接灌溉杀戮者;其次,则给以冰冷的呼吸,示以淡白的嘴唇,使之人性茫然,得到生命的飞扬的极致的大欢喜;而其自身,则永远沉浸于生命的飞扬的极致

的大欢喜中。

　　这样,所以,有他们俩裸着全身,捏着利刃,对立在广漠的旷野之上。

　　他们俩将要拥抱,将要杀戮……

　　路人们从四面奔来,密密层层的,如槐蚕爬上墙壁,如蚂蚁要扛鲞头。衣服都漂亮,手倒空的。然而从四面奔来,而且拼命伸长颈子,要赏鉴这拥抱或杀戮。他们已经豫觉着事后的自己的舌上的汗或血的鲜味。

　　然而他们俩对立着,在广漠的旷野之上,裸着全身,捏着利刃,然而也不拥抱,也不杀戮,而且也不见有拥抱或杀戮之意。

　　他们俩就这样地至于永久,圆活的身体,已将干枯,然而毫不见有拥抱或杀戮之意。

　　路人们于是乎无聊;觉得有无聊钻进他们的毛孔,觉得有无聊从他们自己的心中由毛孔钻出,爬满旷野,又钻进别人的毛孔中。他们于是觉得喉舌干燥,脖子也乏了;终至于面面相觑,慢慢走散;甚而至于居然觉得干枯到失了生趣。

　　于是只剩下广漠的旷野,而他们俩在其间裸着全身,捏着利刃,干枯地立着;以死人似的眼光,赏鉴这路人们的干枯,无血的杀戮,而永远沉浸于生命的飞扬的极致的大欢喜中。

一九二四年十二月二十日
——选自《鲁迅全集》第 2 卷,人民文学出版社 1981 年版

【评析提示】

　　《野草》是鲁迅先生的散文诗集,《野草》是一种独语式的散文。鲁迅通过《野草》把"五四"时期的这种哲理性的美文,提到了一个空前的高度。它更深邃、更神秘、更美,给读者提供了一个更大的驰骋自己想象力的空间,包含了鲁迅的全部哲学,传达了他最深的生命体验。这些人生、生命体验的哲学,构成了鲁迅在《野草》中孤军奋战的一个启蒙思想家的丰富、深邃的精神世界。《野草》使我们更能了解鲁迅精神世界中最深的内涵。本篇是《野草》的重要作品。

　　本篇以散文诗的形式,集中深刻地表达了以"毫无动作"对"看客"进行"复仇"的主题。

　　鲁迅揭示的中国国民劣根性之一即"看客"心理:"庸众"因"无聊"而将他人的一切举动"事件"化,从而"旁观"之,"赏鉴"之举动,以慰其无聊;他人被迫成为演员,即使是生命中最庄严神圣的举动——爱与死,均在看客的围观中成为表演作秀。本篇中"裸着全身,捏着利刃,对立在广漠的旷野之上"的两人与路人的关系即使如此。而被看者欲摆脱此处境并进而还以颜色,只有以"毫无动作",使旁观者"无戏可看",依旧无聊,乃至"干枯老死",此向看客们"复仇"。

　　鲁迅复仇的目的不尽在于向看客们复仇,这种"复仇"精神,是对愚昧百姓"怒其不争"的体现,也是为了"引起疗救的注意"。

　　鲁迅在《野草》的英文译本的译序中说:"因为憎恶社会上旁观者之多,作《复仇》。""复仇"作为鲁迅思维的基本命题,贯穿于一生。

　　本篇精巧的构思,象征性的人物,细腻而尖新的描写,复沓而有力的语句,形成了强烈的

感官刺激和思想的冲击力。

【思考与练习】

1. 篇中两次写到"永远沉浸于生命的飞扬的极致的大欢喜中",其用意有何不同?
2. 文中二人的处境应"毫无动作",还是应或相爱或相杀,照所欲而行为是?你认为如何做更得当?

【拓展阅读】

《复仇》、《复仇(二)》是鲁迅在一天之内连着写下的两篇散文诗。本篇根据《新约全书》的有关记载改造生发,写的是另一种"复仇":先觉者要救民众,却为民众所害;遂以"玩味"、"悲悯"、"仇恨"向庸众复仇。

复　仇（二）

因为他自以为是神之子,以色列的王,所以去钉十字架。

兵丁们给他穿上紫袍,戴上荆冠,庆贺他;又拿一根苇子打他的头,吐他,屈膝拜他;戏弄完了,就给他脱了紫袍,仍穿他自己的衣服。

看哪,他们打他的头,吐他,拜他……

他不肯喝那用没药调和的酒,要分明地玩味以色列人怎样对付他们的神之子,而且较永久地悲悯他们的前途,然而仇恨他们的现在。

四面都是敌意,可悲悯的,可咒诅的。

丁丁地响,钉尖从掌心穿透,他们要钉杀他们的神之子了,可悯的人们呵,使他痛得柔和。丁丁地响,钉尖从脚背穿透,钉碎了一块骨,痛楚也透到心髓中,然而他们自己钉杀着他们的神之子了,可咒诅的人们呵,这使他痛得舒服。

十字架竖起来了;他悬在虚空中。

他没有喝那用没药调和的酒,要分明地玩味以色列人怎样对付他们的神之子,而且较永久地悲悯他们的前途,然而仇恨他们的现在。

路人都辱骂他,祭司长和文士也戏弄他,和他同钉的两个强盗也讥诮他。

看哪,和他同钉的……

四面都是敌意,可悲悯的,可咒诅的。

他在手足的痛楚中,玩味着可悯的人们的钉杀神之子的悲哀和可咒诅的人们要钉杀神之子,而神之子就要被钉杀了的欢喜。突然间,碎骨的大痛楚透到心髓了,他即沉酣于大欢喜和大悲悯中。

他腹部波动了,悲悯和咒诅的痛楚的波。

遍地都黑暗了。

"以罗伊,以罗伊,拉马撒巴各大尼?!"（翻出来,就是:我的上帝,你为甚么离弃我?!）

上帝离弃了他,他终于还是一个"人之子";然而以色列人连"人之子"都钉杀了。

钉杀了"人之子"的人们身上,比钉杀了"神之子"的尤其血污,血腥。

一九二四年十二月二十日
——选自《鲁迅全集》第二卷,人民文学出版社 1981 年版

【注解】

[1] 本篇最初发表于一九二四年十二月二十九日《语丝》周刊第七期。文中关于耶稣被钉十字架的事,是根据《新约全书》中的记载。

[2] 以色列的王:即犹太人的王。据《新约全书·马可福音》第十五章载:"他们带耶稣到了各各他地方(各各他翻出来,就是髑髅地)……于是将他钉在十字架上……在上面有他的罪状,写的是犹太人的王。"

[3] 关于耶稣被钉十字架的情况,据《马可福音》第十五章载:"将耶稣鞭打了,交给人钉十字架。……他们给他穿上紫袍,又用荆棘编作冠冕给他戴上,就庆贺他说,恭喜犹太人的王阿。又拿一根苇子,打他的头,吐唾沫在他脸上,屈膝拜他。戏弄完了,就给他脱了紫袍,仍穿上他自己的衣服,带他出去,要钉十字架。"

[4] 没药:药名,一作末药,梵语音译。由没药树树皮中渗出的脂液凝结而成。有镇静、麻醉等作用。《马可福音》第十五章有兵丁拿没药调和的酒给耶稣,耶稣不受的记载。

[5] 据《马可福音》第十五章载:"他们又把两个强盗,和他同钉十字架,一个在右边,一个在左边。从那里经过的人辱骂他,摇着头说,咳,你这拆毁圣殿,三日又建造起来的,可以救自己,从十字架上下来罢。祭司长和文士也是这样戏弄他,彼此说,他救了别人,不能救自己。以色列的王基督,现在可以从十字架上下来,叫我们看见,就信了。那和他同钉的人也是讥诮他。"祭司长,古犹太教管祭祀的人;文士,宣讲古犹太法律,兼记录和保管官方文件的人。他们同属上层统治阶级。

[6] 关于耶稣临死前的情况,据《马可福音》第十五章载:"从午正到申初遍地都黑暗了。申初的时候,耶稣大声喊着说:'以罗伊,以罗伊,拉马撒巴各大尼?!'翻出来就是:我的上帝,我的上帝,为什么离弃我?!……气就断了。"

对于民众中以玩赏别人痛苦为消遣的精神现象,鲁迅感触极深,并且深恶痛绝。他从中看到人们的愚昧和冷漠汇成了令人窒息的社会氛围,这种社会氛围摧残心灵、践踏生命,严重地阻碍了民族的自强和振兴,为此,鲁迅把批判这一精神现象作为改造国民灵魂的首要任务。

五、一只特立独行的猪　　王小波

【篇章导引】

王小波(1952~1997),北京人。当代著名作家。"文革"中在云南农场、山东农村从事农业劳动,后在北京当工人。1982 年大学毕业。1988 年获美国匹兹堡大学硕士学位,回国后先在高校任教,1992 年起为自由撰稿人。著有《黄金时代》、《白银时代》和《青铜时代》三部中长篇小说集(合称《时代三部曲》)等。20 世纪 90 年代开始思想随笔写作,出版有《思维的乐趣》、《我的精神家园》、《沉默的大多数》等。1997 年 4 月 10 日因心脏病猝发去世。

　　王小波本以小说创作为主要写作方式,20世纪90年代以来,有感于中国思想界的沉寂庸俗,他又选择了思想性随笔的写作。其间在多个报刊上开辟专栏,发表了不少作品,其犀利明快的文章在舆论界博得极高赞誉。王小波用他短暂的生命给世间留下了丰厚的遗产。有人欣赏他杂文的讥诮反讽,有人享受他小说的天马行空,有人赞扬他激情浪漫,有人仰慕他特立独行。在这些表象的背后,他一生最珍贵的东西,是对自由的追求。正如他的妻子李银河所说:"人们喜欢王小波,首先是喜欢他的自由精神。"王小波一生酷爱自由,不懈追求自由的价值、自由的写作和自由的生活方式,"自由是一个最美好的词,一个最美好的价值"。

　　本文是王小波的代表作,流传甚广。

一只特立独行的猪

王小波

　　插队的时候,我喂过猪,也放过牛。假如没有人来管,这两种动物也完全知道该怎样生活。它们会自由自在地闲逛,饥则食渴则饮,春天来临时还要谈谈爱情;这样一来,它们的生活层次很低,完全乏善可陈。人来了以后,给它们的生活做出了安排:每一头牛和每一口猪的生活都有了主题。就它们中的大多数而言,这种生活主题是很悲惨的:前者的主题是干活,后者的主题是长肉。我不认为这有什么可抱怨的,因为我当时的生活也不见得丰富了多少,除了八个样板戏,没有什么消遣。有极少数的猪和牛,它们的生活另有安排。以猪为例,种猪和母猪除了吃,还有别的事可干。就我所见,它们对这些安排也不大喜欢。种猪的任务是交配,换言之,我们的政策准许它当个花花公子。但是疲惫的种猪往往摆出一种肉猪(肉猪是阉过的)才有的正人君子架势,死活不肯跳到母猪背上去。母猪的任务是生崽儿,但有些母猪却要把猪崽儿吃掉。总的来说,人的安排使猪痛苦不堪。但它们还是接受了:猪总是猪啊。

　　对生活做种种设置是人特有的品性。不光是设置动物,也设置自己。我们知道,在古希腊有个斯巴达,那里的生活被设置得了无生趣,其目的就是要使男人成为亡命战士,使女人成为生育机器,前者像些斗鸡,后者像些母猪。这两类动物是很特别的,但我以为,它们肯定不喜欢自己的生活。但不喜欢又能怎么样?人也好,动物也罢,都很难改变自己的命运。

　　以下谈到的一只猪有些与众不同。我喂猪时,它已经有四五岁了,从名分上说,它是肉猪,但长得又黑又瘦,两眼炯炯有光。这家伙像山羊一样敏捷,一米高的猪栏一跳就过;它还能跳上猪圈的房顶,这一点又像是猫——所以它总是到处游逛,根本就不在圈里呆着。所有喂过猪的知青都把它当宠儿来对待,它也是我的宠儿——因为它只对知青好,容许他们走到三米之内,要是别的人,它早就跑了。它是公的,原本该劁掉。不过你去试试看,哪怕你把劁猪刀藏在身后,它也能嗅出来,朝你瞪大眼睛,嗷嗷地吼起来。我总是用细米糠熬的粥喂它,等它吃够了以后,才把糠对到野草里喂别的猪。其他猪看了嫉妒,一起嚷起来。这时候整个猪场一片鬼哭狼嚎,但我和它都不在乎。吃饱了以后,它就跳上房顶去晒太阳,或者模仿各种声音。它会学汽车响、拖拉机响,学得都很像;有时整天不见踪影,我估计它到附近的村寨里找母猪去了。我们这里也有母猪,都关在圈里,被过度的生育搞得走了形,又脏又臭,它对它们不感兴趣;村寨里的母猪好看一些。它有很多精彩的事迹,但我喂猪的时间短,知道得有限,索性就不写了。总而言之,所有喂过猪的知青都喜欢它,喜欢它特立独行的派头儿,还说它活得潇洒。但老乡们就不这么浪漫,他们说,这猪不正经。领导则痛恨它,这一点以后还要谈到。我对它则不只是喜欢——我尊敬它,常常不顾自己虚长十几岁这一现实,把它叫做"猪兄"。如前所述,这位猪兄会模仿各种声音。我想它也学过人说话,但没有学会——假如学会了,我们就可以做倾心之谈。但这不能怪它。人和猪的音色差得太远了。

后来,猪兄学会了汽笛叫,这个本领给它招来了麻烦。我们那里有座糖厂,中午要鸣一次汽笛,让工人换班。我们队下地干活时,听见这次汽笛响就收工回来。我的猪兄每天上午十点钟总要跳到房上学汽笛,地里的人听见它叫就回来——这可比糖厂鸣笛早了一个半小时。坦白地说,这不能全怪猪兄,它毕竟不是锅炉,叫起来和汽笛还有些区别,但老乡们却硬说听不出来。领导上因此开了一个会,把它定成了破坏春耕的坏分子,要对它采取专政手段——会议的精神我已经知道了,但我不为它担忧——因为假如专政是指绳索和杀猪刀的话,那是一点门都没有的。以前的领导也不是没试过,一百人也逮不住它。狗也没用,猪兄跑起来像颗鱼雷,能把狗撞出一丈开外。谁知这回是动了真格的,指导员带了二十几个人,手拿五四式手枪;副指导员带了十几人,手持看青的火枪,分两路在猪场外的空地上兜捕它。这就使我陷入了内心的矛盾:按我和它的交情,我该舞起两把杀猪刀冲出去,和它并肩战斗,但我又觉得这样做太过惊世骇俗——它毕竟是只猪啊;还有一个理由,我不敢对抗领导,我怀疑这才是问题之所在。总之,我在一边看着。猪兄的镇定使我佩服之极:它很冷静地躲在手枪和火枪的连线之内,任凭人喊狗咬,不离那条线。这样,拿手枪的人开火就会把拿火枪的打死,反之亦然;两头同时开火,两头都会被打死。至于它,因为目标小,多半没事。就这样连兜了几个圈子,它找到了一个空子,一头撞出去了;跑得潇洒之极。以后我在甘蔗地里还见过它一次,它长出了獠牙,还认识我,但已不容我走近了。这种冷淡使我痛心,但我也赞成它对心怀叵测的人保持距离。

我已经四十岁了,除了这只猪,还没见过谁敢于如此无视对生活的设置。相反,我倒见过很多想要设置别人生活的人,还有对被设置的生活安之若素的人。因为这个缘故,我一直怀念这只特立独行的猪。

——选自《沉默的大多数》,中国青年出版社1997年版

【评析提示】

这是一篇现代风格的寓言,令人忍俊不禁,也令人掩卷长思。

王小波的思想随笔常常以幽默诙谐之笔出之,主题却极严肃。此篇亦然:初读使人觉得好笑,甚至觉得有些油滑;然而再三读之,却让人品味出个中辛辣甚至悲愤。文章大多数篇幅在谈猪,临末曲终奏雅,揭示出全篇其实一直蕴含着的令人警醒的提示:被他人(甚至还要包括被自己——当然是按照他人的意志)安排或设置的生活,是不幸的,因为那意味着自由

的被扼杀;而人们往往对这样的生活安之若素,因此很难也很少特立独行如此猪者;人们于此应有省悟,敢于无视别人对你的生活的"正义的"却是很粗暴的设置。本文用意趣盎然、个性突出、桀骜不驯的"猪形象",鲜明地折射出那个特殊年代的"黑色幽默"——猪性(毋宁说是人性)在被设置和压抑中顽强而又滑稽地回归它的本质,并昭示着一个广泛而深刻的社会命题:社会规范走向极端便导致失范,人为的设置往往造成悲剧与荒诞。返璞归真,顺其自然才是动物世界乃至人类社会的大势所趋,这也是文章的意蕴所在。

所以说,本文说的是猪事,实则讲的全是人世,是以鲜活而平庸的生活琐事作譬,引出严肃的论题。作者缓缓说猪事,徐徐道猪情,从人们司空见惯、见怪不怪的地方刺上一刀,使麻木处因疼痛而恢复知觉。思想的锋芒如绵里藏针,冷冷地挑破遮蔽,脱颖而出,使纠缠不清的、貌似丰富的事理尽显其荒谬,最终一刀斩断而后快。这也是作者的议论深刻而不显枯燥的原因之一。

在这篇文章里,自由、个性、特立独行总是联系在一起,不可分割。这种特立独行,不仅是作者的怀念,也是作者的向往。

本文的写作风格幽默而严肃,活泼而平实,犀利深刻而具温情与善意。文章的主题和作者的态度是严肃的,但又出之于幽默之语,调侃是其突出的特色。如"领导上因此开了一个会,把它(猪)定成了破坏春耕的坏分子,要对它采取专政手段","还有一个理由,我不敢对抗领导,我怀疑这才是问题之所在"等等。这使他的文章具有一种冷幽默。这种幽默不是一般的风趣,更不是搞笑,其所喻示的道理颇为严肃,既使人忍俊不禁,更使人深思不已。

这篇文章在平实的写作风格下,表现的是一针见血的批判。但在这批判锋芒的背后,却是作者对社会、对大众的热切关爱,呈现给我们的是既理性又激情,既现实又浪漫,既精英又平民,既深刻又有趣的文章风格。

【思考与练习】

1. 本文所写,你认为是实有其猪呢,还是作者杜撰? 它们影响你对文章观点的认同吗?
2. 自己安排或设置自己的生活,有什么利弊? 你如何看待别人对我们的生活的设置? 能够一概无视吗?
3. 本文用很多笔墨写"猪事",是否影响对主题的充分阐述呢?

【拓展阅读】

个狗主义

韩少功

韩少功:(1953~)湖南长沙人。中国作家协会会员。他的极富艺术创新精神和思想文化内涵的笔记体长篇小说《马桥词典》引起广泛关注,被译成多种文字出版,入选海内外专家推选的"二十世纪华文小说百部经典"(2000)。上世纪90年代中期以后,他发表的一系列思想随笔,诸如《完美的假定》、《性而上的迷失》、《岁末恒河》、《蒙古长调》等,以其鲜明的民间立场、深邃的辩证思维、充沛的理想激情和优美生动的表达形式,在思想界和文学界产生了广泛影响。韩少功的作品代表了世纪之交中国作家的思想高度,是知识分子良知和公民责任心的典型表达。

《个狗主义》是为报刊所写的短评,是韩少功思想随笔的代表作。文章质疑某些人对个人主义过于简单化的看法,对宏大问题的论说与个人生活经验相联系,情感充沛而不乏理性的客观冷静,文字简练而不乏生动活泼的妙语警句。采用生活中可感的例子,作形象性的通俗表达。通过比较欧美的"个人主义",将国人的伪"个人主义"定名为"个狗主义",提出了文化建设的命题:没有一种精神的规范和秩序,这个世界将陷于混乱。

——选自《性而上的迷失》,山东文艺出版社2001年版

六、给青年的忠告 [美国]马克·吐温

【篇章导引】

马克·吐温(Mark Twain 1835~1910),著名美国作家。本名萨缪尔·兰亨·克莱门斯,马克·吐温是其笔名。出生于密西西比河畔小城汉尼拔一个乡村贫穷律师家庭,12岁父亲去世后即出外谋生,拜师学徒。当过排字工人、密西西比河水手、南军士兵,经营过木材业、矿业和出版业,业余时间写作短篇幽默故事。1865年,以短篇小说《跳蛙》成名,不久被报馆聘为旅欧记者,归来后写成《海外愚夫》,名声更盛。1873~1888年发表《镀金时代》(1874)、《汤姆·索亚历险记》(1876)、《密西西比河上》(1883)、《哈克贝里·费恩历险记》(1884)等小说名著,后期有长篇小说《傻瓜威尔逊》(1894)、中篇小说《败坏了赫德莱堡的人》(1900)等。马克·吐温一生游踪极广,了解社会各阶层情状,经历了美国从"自由"资本主义到帝国主义的发展过程,作品反映生活既深且广,文字清新有力,审视角度自然而独特,幽默讽刺尖锐而富哲理。

中国读者从少年起就熟悉了美国作家马克·吐温及其《汤姆·索亚历险记》和《哈克贝利·费恩历险记》——两部妙趣横生的小说。那么他的散文写些什么?这一篇看其标题似是道德训诫一类的文字,且看他是如何面对青年作"谆谆教诲"的。

给青年的忠告

[美国]马克·吐温

听说期望我来谈谈,我便询问应该发表什么样的谈话。他们说应当宜于青年的话题——教诲性的、启发性的话题,或者实质上是良言忠告之类的话题。好吧。关于开导青年人,我心里倒是有几件事时常想说的;因为正是在人幼小时,这些事最适合扎根,而且最持久、最有价值。那么,首先呢,我要对你们、我的年轻朋友们说的是——我恳切地、迫切地要说的是——

永远服从你们的父母,只要他们在堂的时候。长远看来这是上策,因为你们要是不服从的话,他们也非要你们服从。大多数家长认为比你们懂得多,一般说来你们迁就那种迷信的话,比起你们根据自以为是的判断行事,你们会建树大些。

　　对待上司要尊重,要是你们有了上司;对待陌生人,有时还有别人,也要尊重。如果有人得罪了你们,你们要犹豫一番,看看是存心的还是无意的,不要采取极端的做法;只要看好机会用砖块打他一下,那就足够了。如果你们发现他并非故意冒犯,那就坦然走出来,承认自己打他不对;像个男子汉认个错,说声不是故意的。况且,永远要避免动武;处于这个仁慈和睦的时代,此类举动的年代已经过去了。"炸药"留给卑下而无教养的人吧。

　　早睡早起——这是聪明的。有的权威讲,跟着太阳起床;还有的讲,跟着这样东西起床,又有的讲,跟着那样东西起床。其实跟着云雀起床才是再好不过的。这样你就落个好名声,人人都知道你跟着云雀起床;如果弄到一只那种适当的云雀,在它身上花些功夫,你就很容易把它调教到九点半起来,每次都是——这可决不是欺人之谈。

　　接着来谈谈说谎的问题。你们可要非常谨慎地对待说谎;否则十有八九会被揭穿。一旦揭穿,在善良和纯洁的眼光看来,你就再也不可能是过去的你了。多少年轻人,因为一次拙劣难圆的谎言,那是由于不完整的教育而导致的轻率的结果,使得自己永远蒙受损害。有些权威认为,年轻人根本不该说谎。当然,这种说法言之过甚,其实未必如此;不过,虽然我可不能把话讲得太过分,我却认定而且相信自己看法正确,那就是,在实践和经验使人获得信心、文雅、严谨之前,年轻人运用这门了不起的艺术时要有分寸,只有这三点才能使得说谎的本领无伤大雅,带来好处。耐性、勤奋、细致入微——这些是必要素质;这些素质日久天长便会使学生变得完善起来;凭借这些,只有凭借这些,他才可能为将来的出类拔萃打下稳固的基础。试想一下,要付出多么漫长的岁月,通过学习、思考、实践、经验,那位盖世无双的前辈大师才具有如此的素养,他迫使全世界接受了"真理是强大的而且终将取胜"这句崇高而掷地有声的格言——这是关于事实的复杂层面道出的最豪迈的话,迄今任何出自娘胎的人都未获得。因为我们人类的历史,还有每个个人的经验,都深深地埋下了这样的证据:一个真理不难扼杀,一个说得巧妙的谎言则历久不衰。波士顿有座发现麻醉法的人的纪念碑;许多人到后来才明白,那个人根本没有发现麻醉法,而是剽窃了另一个人的发现。这个真理强大吗?它终将取胜吗?唉,错哉,听众们,纪念碑是用坚硬材料建造的,而它所晓示的谎言却将比它持久百万年。一个笨拙脆弱而有破绽的谎言是你们应该不断学会避免的东西;诸如此类的谎言比起一个普通事实来,决不具有更加真实的永恒性。嗨,你们倒不如既讲真话又和真理打交道。一个脆弱愚蠢而又荒谬的谎言持续不了两年——除非是对什么人物的诽谤。当然,那种谎言是牢不可破的,不过那可不是你们的光彩。最后说一句:早些开始实践这门优雅美妙的艺术——从现在做起。要是我早些做起,我就能学会门道了。

　　切莫随便摆弄枪支。年轻人无知而又冒失地摆弄枪支,造成了多少悲伤痛苦。就在四天前,就在我度夏的农庄住家的隔壁人家,一位祖母,年老花发一团和气,当地最可爱的一个人物,坐着在干活,这时她的小孙儿悄悄进屋,取下一把破烂生锈的旧枪,多年无人碰过,以为没装子弹,把枪对准了她,哈哈笑了吓唬着要开枪。她惊骇得边跑边叫边求饶,朝屋子对面的门口过去;可是经过身边的时候,小孙儿几乎把枪贴在她的胸口上,扣动了扳机!他以为枪里没有子弹。他猜对了——没装子弹。所以没有造成什么伤害。这是我听到的同类情况中绝无仅有的。因此呢,同样的,你们可不要乱动没装子弹的旧枪支;它们是人所创造的最致命的每发必中的家伙。你们不必在这些东西上花什么功夫;你们不必搞个枪架,你们不必在枪上装什么准星,你们连瞄准都没有必要。算了,你们就挑个相似的东西,砰砰打个几枪,你肯定能打中。三刻钟内用加特林机枪在三十码处不能击中一个教堂的年轻人,却可以站在百码开外,举起一把空膛的旧火枪,趟趟把祖母当靶子击倒。再试想一下,倘若有一支旧火枪武装起来的童子军,大概没有装上子弹,而另一支部队是由他们的女亲戚组成的,那么滑铁卢战役会是什么结局。只要一想到此,就会令人不寒而栗。

  图书有许多种类,但好书才是年轻人该读的一类。记住这一点。好书是一种伟大、无价、无言的完善自我的工具。因此,要小心选择,年轻的朋友们;罗伯逊的《布道书》,巴克斯特的《圣者的安息》、《去国外的傻瓜》,以及这一类的作品,你们应该只读这些书。

  我可是说得不少了。我希望大家会铭记我给你们的言教,让它成为你们脚下的指南和悟性的明灯。用心刻苦地根据这些规矩培养自己的品格,天长日久,培养好了品格,你们将会惊喜地看到,这种品格多么准确而鲜明地类似其他每个人的品格。

—选自《美国文化读本》,杨自伍主编,华东师范大学出版社1996年版

【评析提示】

  本文是一篇散文。开篇,作者说他这篇演讲已经被邀请者规定好了题目:对青年进行教诲,要有启发意义,最好是金玉良言之类。那么,他只有不拂主人的美意了。于是他"恳切地、迫切地"说出了他的"忠告"。本文名为"忠告",实乃"反话正说",淋漓尽致地体现出马克·吐温招牌式的幽默风格,即将那些批评性的、讽刺性的反向话语、意思,用一种一本正经、堂而皇之的方式说出来。

  显而可见,马克·吐温无心借发布"忠告"来作青年的所谓"导师"。他讨厌假正经,更讨厌以势压人,所以故作惊人之言。通过反语,一声棒喝,既是讽刺社会恶相,也是警醒青年,不要相信那些貌似庄严的"青年导师",而是要洞察世事真相,保持自己的主见。这才是真正的忠告。

  从这篇文章可以看到,以小说享名于世的马克·吐温,其散文也堪称独树一帜。其幽默爽朗而富于哲理,讽刺夸张而不失分寸,显示出一种独特的文章风格,其特点融会于文章肌理之中,那是他全部生活经验、人生智慧的结晶,是其写作艺术中最为人喜爱的宝贵品质,在美国文学中别具一格。

【思考与练习】

  1. 本文基本的修辞手段是什么?
  2. 本文潜在的批判对象是什么?
  3. 本文显示了作者怎样的人生态度?

【拓展阅读】

陈独秀(1879～1942),字仲甫,安徽怀宁人。中国共产党主要创始人。1915年起主编《新青年》(第一卷名《青年杂志》),积极倡导民主科学,提倡文学革命,反对封建的旧思想、旧文化、旧礼教,著有《独秀文存》和《陈独秀著作选》等。本文为《新青年》发刊词。

敬告青年

陈独秀

窃以少年老成,中国称人之语也;年长而勿衰(Keep young while growing old),英美人相勖之辞也,此亦东西民族涉想不同、现象趋异之一端欤?青年如初春,如朝日,如百卉之萌动,如利刃之新发于硎,人生最可宝贵之时期也。青年之于社会,犹新鲜活泼细胞之在人身。新陈代谢,陈腐朽败者无时不在天然淘汰之途,与新鲜活泼者以空间之位置及时间之生命。人身遵新陈代谢之道则健康,陈腐朽败之细胞充塞人身则人身死;社会遵新陈代谢之道则隆盛,陈腐朽败之分子充塞社会则社会亡。

准斯以谈,吾国之社会,其隆盛耶?抑将亡耶?非予之所忍言者。彼陈腐朽败之分子,一听其天然之淘汰,雅不愿以如流之岁月,与之说短道长,希冀其脱胎换骨也。予所欲涕泣陈词者,惟属望于新鲜活泼之青年,有以自觉而奋斗耳!

自觉者何?自觉其新鲜活泼之价值与责任,而自视不可卑也。奋斗者何?奋其智能,力排陈腐朽败者以去,视之若仇敌,若洪水猛兽,而不可与为邻,而不为其菌毒所传染也。

呜呼!吾国之青年,其果能语于此乎!吾见夫青年其年龄,而老年其身体者十之五焉;青年其年龄或身体,而老年其脑神经者十之九焉。华其发,泽其容,直其腰,广其膈,非不俨然青年也;及叩其头脑中所涉想,所怀抱,无一不与彼陈腐朽败者为一丘之貉。其始也未尝不新鲜活泼,寝假而为陈腐朽败分子所同化者有之;寝假而畏陈腐朽败分子势力之庞大,瞻顾依回,不敢明目张胆作顽狠之抗斗者有之。充塞社会之空气,无往而非陈腐朽败焉,求些少之新鲜活泼者,以慰吾人窒息之绝望,亦杳不可得。

循斯现象,于人身则必死,于社会则必亡。欲救此病,非太息咨嗟之所能济,是在一二敏于自觉、勇于奋斗之青年,发挥人间固有之智能,抉择人间种种之思想,——孰为新鲜活泼而适于今世之争存,孰为陈腐朽败而不容留置于脑里,——利刃断铁,快刀理麻,决不作牵就依违之想,自度度人,社会庶几其有清宁之日也。青年乎!其有以此自任者乎?若夫明其是非,以供抉择,谨陈六义,幸平心察之。

(一)自主的而非奴隶的

等一人也,各有自主之权,绝无奴隶他人之权利,亦绝无以奴自处之义务。奴隶云者,古之昏弱对于强暴之横夺,而失其自由权利者之称也。自人权平等之说兴,奴隶之名,非血气所忍受。世称近世欧洲历史为"解放历史":破坏君权,求政治之解放也;否认教权,求宗教之解放也;均产说兴,求经济之解放也;女子参政运动,求男权之解放也。

解放云者,脱离夫奴隶之羁绊,以完其自主自由之人格之谓也。我有手足,自谋温饱;我有口舌,自陈好恶;我有心思,自崇所信;绝不认他人之越俎,亦不应主我而奴他人;盖自认为独立自主之人格以上,一切操行,一切权利,一切信仰,唯有听命各自固有之智能,断无盲从隶属他人之理。非然者,忠孝节义,奴隶之道德也;德国大哲尼采(Nietzsche)别道德为二类:有独立心而勇敢者曰贵族道德(Morality of Noble),谦逊而服从者曰奴隶道德(Morality of Slave)。轻刑薄赋,奴隶之幸福也;称颂功德,奴隶之文章也;拜爵赐第,奴隶之光荣也;丰碑高墓,奴隶之纪念物也。以其是非荣辱,听命他人,不以自身为本位,则个人独立平等之人格,消灭无存,其一切善恶行为,势不能诉之自身意志而课以功过;谓之奴隶,谁曰不宜?立德立功,首当辨此。

(二)进步的而非保守的

不进则退,中国之恒言也。自宇宙之根本大法言之,森罗万象,无日不在演进之途,万无保守现状之理;特以俗见拘牵,谓有二境,此法兰西当代大哲柏格森(H. Bergson)之《创造进化论》(L'Evolution Creatrice)所以风靡一世也。以人事之进化言之,笃古不变之族,日就衰亡;日新求进之民,方兴未已;存亡之数,可以逆睹。列在吾国,大梦未觉,故步自封,精之政教文章,粗之布帛水火,无一不相形丑拙,而可与当世争衡?

举凡残民害理之妖言,率能征之故训,而不可谓诬,谬种流传,岂自今始!固有之伦理、法律、学术、礼俗,无一非封建制度之遗,持较皙种之所为,以并世之人,而思想差迟,几及千载;尊重廿四朝之历史性,而不作改进之图,则驱吾民于二十世纪之世界以外,纳之奴隶牛马黑暗沟中而已,复何说哉!于此而言保守,诚不知为何项制度文物,可以适用生存于今世。吾宁忍过去国粹之消亡,而不忍现在及将来之民族,不适世界之生存而归消灭也。

呜呼!巴比伦人往矣,其文明尚有何等之效用耶?"皮之不存,毛将焉傅?"世界进化,骎骎未有已焉。其不能善变而与之俱进者,将见其不适环境之争存,而退归天然淘汰已耳,保守云乎哉!

(三)进取的而非退隐的

当此恶流奔进之时,得一二自好之士,洁身引退,岂非希世懿德;然欲以化民成俗,请于百尺竿头,再进一步。夫生存竞争,势所不免,一息尚存,即无守退安隐之余地。排万难而前行,乃人生之天职。以善意解之,退隐为高人出世之行;以恶意解之,退隐为弱者不适竞争之现象。欧俗以横厉无前为上德,亚洲以闲逸恬淡为美风,东西民族强弱之原因,斯其一矣。此退隐主义之根本缺点也。

若夫吾国之俗,习为委靡:苟取利禄者,不在论列之数;自好之士,希声隐沦,食粟衣帛,无益于世,世以雅人名士目之,实与游惰无择也。人心秽浊,不以此辈而有所补救,而国民抗往之风,植产之习,于焉以斩。人之生也,应战胜恶社会,而不可为恶社会所征服;应超出恶社会,进冒险苦斗之兵,而不可逃循恶社会,作退避安闲之想。呜呼!欧罗巴铁骑,入汝室矣,将高卧白云何处也?吾愿青年之为孔、墨,而不愿其为巢、由;吾愿青年之为托尔斯泰与达噶尔(R. Tagore,印度隐遁诗人),不若其为哥伦布与安重根!

(四)世界的而非锁国的

并吾国而存立于大地者,大小凡四十余国,强半与吾有通商往来之谊。加之海陆交通,朝夕千里，古之所谓绝国，今视之若在户庭。举凡一国之经济政治状态有所变更，其影响率被于世界，不啻牵一发而动全身也。立国于今之世，其兴废存亡，视其国之内政者半，影响于国外者恒亦半焉。以吾国近事证之：日本勃兴，以促吾革命维新之局；欧洲战起，日本乃有对我之要求。此非其彰彰者耶？投一国于世界潮流之中，笃旧者固速其危亡，善变者反因以竞进。

吾国自通海以来，自悲观者言之，失地偿金，国力索矣；自乐观者言之，倘无甲午庚子两次之福音，至今犹在八股垂发时代。居今日而言锁国闭关之策，匪独力所不能，亦且势所不利。万邦并立，动辄相关，无论其国若何富强，亦不能漠视外情，自为风气。各国之制度文物，形式虽不必尽同，但不思驱其国于危亡者，其遵循共同原则之精神，渐趋一致，潮流所及，莫之能违。于此而执特别历史国情之说，以冀抗此潮流，是犹有锁国之精神，而无世界之智识。国民而无世界知识，其国将何以图存于世界之中？语云："闭户造车，出门未必合辙。"今之造车者，不但闭户，且欲以《周礼》、《考工》之制，行之欧美康庄，其患将不止不合辙已也！

（五）实利的而非虚文的

自约翰弥尔（J. S. Mill）"实利主义"唱道于英，孔特（Comte）之"实验哲学"唱道于法，欧洲社会之制度，人心之思想为之一变。最近德意志科学大兴，物质文明，造乎其极，制度人心，为之再变。举凡政治之所营，教育之所期，文学技术之所风尚，万马奔驰，无不齐集于厚生利用之一途。一切虚文空想之无裨于现实生活者，吐弃殆尽。当代大哲，若德意志之倭根（R. Eucken），若法兰西之柏格森，虽不以现时物质文明为美备，咸揭橥生活（英文曰Life，德文曰Leben，法文曰La vie）问题，为立言之的。生活神圣，正以此次战争，血染其鲜明之旗帜。欧人空想虚文之梦，势将觉悟无遗。

夫利用厚生，崇实际而薄虚玄，本吾国初民之俗；而今日之社会制度，人心思想，悉自周、汉两代而来，——周礼崇尚虚文，汉则罢黜百家而尊儒重道。——名教之所昭垂，人心之所祈向，无一不与社会现实生活背道而驰。倘不改弦而更张之，则国力莫由昭苏，社会永无宁日。祀天神而拯水旱，诵《孝经》以退黄巾，人非童昏，知其妄也。物之不切于实用者，虽金玉圭璋，不如布粟粪土。若事之无利于个人或社会现实生活者，皆虚文也，诳人之事也。诳人之事，虽祖宗之所遗留，圣贤之所垂教，政府之所提倡，社会之所崇尚，皆一文不值也！

（六）科学的而非想象的

科学者何？吾人对于事物之概念，综合客观之现象，诉之主观之理性而不矛盾之谓也。想象者何？既超脱客观之现象，复抛弃主观之理性，凭空构造，有假定而无实证，不可以人间已有之智灵，明其理由，道其法则者也。在昔蒙昧之世，当今浅化之民，有想象而无科学。宗教美文，皆想象时代之产物。近代欧洲之所以优越他族者，科学之兴，其功不在人权说下，若舟车之有两轮焉。今且日新月异，举凡一事之兴，一物之细，罔不诉之科学法则，以定其得失从违；其效将使人间之思想云为，一遵理性，而迷信斩焉，而无知妄作之风息焉。

国人而欲脱蒙昧时代，羞为浅化之民也，则急起直追，当以科学与人权并重。士不知科学，故袭阴阳家符瑞五行之说，惑世诬民，地气风水之谈，乞灵枯骨。农不知科学，故无择种去虫之术。工不知科学，故货弃于地，战斗生事之所需，一一仰给于异国。商不知科学，故惟识罔取近利,未来之胜算,无容心焉。医不知科学,既不解人身之构造,复不事药性之分析,菌毒传染,更无闻焉;惟知附会五行生克寒热阴阳之说,袭古方以投药饵,其术殆与矢人同科;其想象之最神奇者,莫如"气"之一说,其说且通于力士羽流之术,试遍索宇宙间,诚不知此"气"之果为何物也!

"凡此无常识之思,惟无理由之信仰",欲根治之,厥为科学。夫以科学说明真理,事事求诸证实,较之想象武断之所为,其步度诚缓,然其步步皆踏实地,不若幻想突飞者之终无寸进也。宇宙间之事理无穷,科学领土内之膏腴待辟者,正自广阔。青年勉乎哉!

——选自《陈独秀著作选》,上海人民出版社1993年版

《敬告青年》一文对社会历史和广大国民包括青年人的精神思想问题有相当敏锐的观察和精准的概括。文章舍弃讨论,直接切入文章核心话题,旁征博引,纵横捭阖,具有极大的号召力和鼓动力,是一篇感情激昂的启蒙主义战斗檄文。

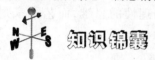

文学作品的阅读与欣赏

一、文学欣赏的概念

文学,是指用语言塑造形象以反映社会生活、表达作者思想感情的艺术,通常分为诗歌、散文、小说和戏剧等。文学作为语言艺术,是对社会生活能动的形象的反映。

文学欣赏,是读者阅读文学作品时的一种审美认识活动。读者通过语言媒介,获得对文学作品所塑造艺术形象的具体感受和体验,引起思想感情上的强烈反应,得到审美的享受,从而领会文学作品所包含的思想内容。文学欣赏是文学发挥和实现其社会作用的重要环节。

从文学接受主体与文学文本之间的辩证关系考察,文学欣赏是一种审美认识活动。也就是说,一般文学阅读活动并不等于文学欣赏,只有那种获得审美享受的阅读活动,才是文学欣赏。那么,文学欣赏有什么特点?在我们进行文学欣赏时应该对此有所了解。

二、文学欣赏的特点

1. 文学欣赏是一种认识活动

一方面,读者通过感知文学形象,通过文学作品这面"生活的镜子",认识生活的某些本质,从而发现社会,发现自己。

另一方面,作品的审美价值也通过读者的认识活动最终得以实现。因为对作品来说,如果不给读者阅读,也难以实现其价值。

文学欣赏是从感知形象开始的形象思维。

文学欣赏的思维过程是沿着语言—形象—本质这样的过程进行的,比如读者阅读鲁迅的《祝福》,先通过语言信息,感知祥林嫂这一形象,然后才认识封建社会的君权、神权、族权、夫权摧残劳动妇女的本质。这一思维过程,与鲁迅在把握社会本质的基础上,塑造祥林嫂这一艺术形象的创作过程正好相反。因此,作家进行文学创作的形象思维过程是沿着本质—形象—语言来进行的。

文学欣赏以感性认识为主,但也不排除理性认识的参与。比如,文学欣赏活动需要以读者的生活经验为基础,以读者的审美观念为指导,依靠读者的形象思维来判断。因此,具有不同的生活经历和审美观念的人对同一篇文学作品的欣赏是不同的。

比如,对于电视剧《潜伏》,农民的看法与城里人不同,经济学家与文艺工作者的看法又会有所不同;还有获得奥斯卡最佳外语片奖提名的《英雄》在国内上映后评价不同,最大的分歧是故事内容与形式,除了电影艺术方面的看法不同外,涉及内容方面的分歧就很大,特别是历史学家与创作者的看法截然相反:按创作者的看法,秦嬴政是影片中的英雄,而这与历史学家的观点是相悖的。因为历史学家更注重历史的理性的思维,而艺术家则以自己的观点去创作。

2. 文学欣赏是一种审美活动

按照中国的传统的观点,文学作品塑造的是美的形象,给人的是美的情感,因此我们对文学作品的欣赏就是审美。

文学作品从情感上打动读者、感染读者,给读者带来愉悦、激昂、悲哀、愤怒等美的享受,这就是文学的审美属性。其中,情感反应是联系作者与读者的纽带,正如刘勰所说,"夫缀文者情动而辞发,观文者披文以入情;沿波讨源,虽幽必显",充分强调了"情"的关联作用。

3. 文学欣赏是一种再创造活动

作家创作是"一度创造",读者欣赏是"二度创造"或再创造。

"再创造"是指欣赏者根据自己的生活经验和具体处境和文化素养等因素,通过想象和联想,对文学作品的形象进行加工、补充,使之成为自己头脑中生动丰满的艺术形象的活动。这是作者的艺术实践在读者方面的继续。

再创造所凭借的方法是联想和想象。通过联想,可以把作品中分散、跳跃、流动的形象组织起来,建立形象间的有机联系;通过联想,还可将作品中的形象与现实中的人和事联系起来,与自己的切身体验结合起来,使作品形象更加丰满充实。事实上,文学作品对艺术形象的描述都是虚实相间、留有很多空白的,这些虚的空白的地方就需要读者在阅读的过程中通过想象去填补,否则,文学欣赏就无法进行。我们看两段描写:

三仙姑却和大家不同,虽然已经四十五岁,却偏爱当个老来俏,小鞋上仍要绣花,裤腿上仍要镶边,顶门上的头发脱光了,用黑手帕盖起来,只可惜官粉涂不平脸上的皱纹,看起来好像驴粪蛋上下了霜。

寡妇出现了,网纱做的便帽下面,露出一圈歪歪斜斜的假头发,懒洋洋的趿着愁眉苦脸的软鞋。她的憔悴而多肉的脸,中央耸起一个鹦鹉般的鼻子,滚圆的小手,像教堂的耗子一般胖胖的身材,膨脖饱满而颤颤耸耸的乳房,一切都跟这寒酸十足而暗里蹲着冒险家的饭厅调和。她闻着室内暖烘烘的臭味，一点不觉得难受。她的面貌像秋季初霜一样新鲜，眼睛四周布满皱纹，表情可以从舞女那样的满面笑容一变而为债主那样的竖起眉毛，板起脸孔。总之她整个的人品足以说明公寓的内容，正如公寓可以暗示她的人品。——罩裙底下露出毛线编成的衬裙，罩裙又是用旧衣衫改的，棉絮从开裂的布缝中钻出来；这些衣衫就是客室、饭厅和小园的缩影，同时也泄露了厨房的内容与房客的流品。她一出场，舞台面就完全了。50岁左右的伏盖太太跟一切经过忧患的女人一样。无精打采的眼睛，假惺惺的神气像一个会假装恼怒，以便敲竹杠的媒婆，而且她也存心不择手段的讨便宜。

第一段见于赵树理的《小二黑结婚》，第二段见于巴尔扎克的《高老头》。第一段的描写作家采用白描；第二段描写，作家采用的是细描，两段都有诸多空白。通过描写我们知道了伏盖太太有一幅憔悴而多肉的脸，但脸的形状呢？脸的黑白呢？通过描写我们知道了伏盖太太有着一个像耗子一般胖胖的身材，但到底有多胖呢？通过描写我们知道了伏盖太太有一双四周布满皱纹、无精打采的眼睛，但眼睛的大小呢？是豹子眼还是丹凤眼呢？眉毛呢？是浓浓的八字眉还是细细的柳叶眉？……总之，仅靠这些实的描写，不能够构成一个可以用视觉感知的完整图像，这就需要读者根据自己的生活经验对形象进行补充和想象。只有这样，作品中的人物、景物、场面才可能生动地展现在我们的脑海中，从而使我们得到艺术的享受。因此，鉴赏者在鉴赏文学作品的时候，不去调动自己的联想和想象力，根本无法鉴赏文学作品。夏丏尊、叶圣陶说："文章是无形的东西，只是白纸上的黑字，我们读了这白纸上的黑字，所以会感到悲欢觉得人物如画者，全是想象的结果。作者把经验或想象所得的具体的事物翻译成白纸上的黑字，我们读者都要倒翻过去，把白纸上的黑字再依旧翻译为具体的事物。这工作完全要靠想象来帮助。譬如说吧，'山高月小，水落石出'是好句子，但这八个字之所以好，并非白纸上写着的这八个字特有好处，乃是它所表托的景色好的缘故。我们读这八个字的时候，如果同时不在头脑里描出它所表托的景色，就根本不会感到它的好处了。"

应该指出的是，文学欣赏的再创造是一种有限创造，以作品所提供的基本形态为依据。尽管"一千个读者就有一千个哈姆雷特"，但都是"哈姆雷特"而不是李尔王或堂吉诃德。

要提高欣赏力，首先要提高自身修养。马克思说："如果你想得到艺术的享受，你本身就必须是一个有艺术修养的人。"一位文学理论家说，要想理解但丁，就必须把自己提高到但丁的水平。

要提高欣赏力，还要坚持正确的途径，多读质量上乘的好作品。

刘勰说："凡操千曲而后晓声，观千剑而后识器。"这是说，要多读、多思，注重文学作品的数量；歌德说："鉴赏力不是靠观赏中等作品，而是靠观赏最好作品才能培育成的。"这是强调阅读文学作品的起点要高，侧重于审美对象的质量。

总之，文学欣赏是一个审美认识的过程，也是一个审美再创造的过程。这一过程给人以无穷的教益。爱因斯坦说："艺术作品给我最高的幸福感受，我从中汲取的精神力量是任何其他领域所不及的。"

三、文学欣赏的过程

1. 文学欣赏的准备阶段

在读者阅读之前,读者头脑中已有一定的文化储备和既定的期待视野。文化储备,包括审美情趣、文化积淀和审美能力。

审美情趣表现为审美偏爱、审美标准和审美理想。俗话说"黄瓜白菜,各有所爱"。每个人都有一定的审美偏爱、标准和审美理想。这是由读者的审美差异性决定的。如:王安石喜欢杜甫,而不喜欢李白,欧阳修则相反;雨果喜欢司汤达的《红与黑》,歌德不恭维雨果的《巴黎圣母院》。

文化积淀主要指读者了解作品事、情、理所需的知识存量。要真正欣赏一部作品,就要了解作者的生平、作品缘起和作品有关事件的脉络。

审美能力是读者认识美、欣赏美的能力。审美能力,对文学欣赏来说起着至关重要的作用。审美能力并非天生的,是多次实践的结晶,列宁曾五读《怎么办》,毛泽东也把《红楼梦》读了多遍,他们最终都有深刻的妙悟。文化储备为文学欣赏奠定了坚实的基础。

期待视野,是指在欣赏作品之前,读者在心理上对作品所抱的期待和要求。首先是文体期待,即对文学体裁样式的期待指向。如阅读小说,希望有引人入胜的情节、有血肉丰满的形象;阅读诗歌,则希望意境优美、言有尽而义无穷等。其次是意向期待,即读者对文学形象的期待志向。如看到作品中青松、寒梅形象,便热望其坚韧不拔、冰清玉洁的品质得到赞美;看到雨巷、孤雁,则有抑郁、哀怨的意向期待。最后是意蕴期待,指读者对作品较为深层的情感、意义的期待指向,比如希望能蕴含符合自己思想倾向的艺术境界、表达与自己相通的人生态度等。在文学欣赏中,期待视野的三个层次将促进读者主动性和积极性的发挥。

2. 文学欣赏的发生阶段

主要指读者通过语言媒介形成欣赏注意,进而感知文学形象的阶段,即由"言"到"象"的阶段。这是文学作品由作者的第一文本转化为读者的第二文本,逐渐实现其价值的初始阶段。

进行文学欣赏,首先是欣赏注意,就是读者将自己的心理活动指向并集中于特定的作品。要求读者停止无关思维,结束懒散状态,尽快进入作品的虚拟时节。欣赏注意,一方面显示作品自身的艺术魅力(吸引读者注意);一方面是读者发挥主观能动性的表现(自己要注意)。

在欣赏注意的基础上,随后就进入感知形象阶段。文学创作是一个创造形象的过程,文学欣赏就是再现形象的过程。例如李清照的词《声声慢》:

寻寻觅觅,冷冷清清,凄凄惨惨戚戚。乍暖还寒时候,最难将息。三杯两盏淡酒,怎敌他晚来风急?雁过也,正伤心,却是旧时相识。

满地黄花堆积,憔悴损,如今有谁堪摘?守着窗儿,独自怎生得黑!梧桐更兼细雨,到黄昏,点点滴滴。这次第,怎一个愁字了得!

这是李清照南渡后写的名篇之一。南渡后,丈夫死去,又饱尝了颠沛流离的生活艰难,此后一直在孤苦伶仃的日子里煎熬，这就是作者所要倾吐的哀愁。读着这些句子，一个孤苦哀怨的思妇形象再现在我们眼前。这便是文学欣赏感知形象的过程。

当然，不同的读者，在感知形象时也会发生形象的变异，所谓"一千个读者就有一千个哈姆雷特"就是这种变异现象的形象表述。正如鲁迅所说，一部《红楼梦》，读者的眼光有种种：经学家看见易，道学家看到淫，才子看到缠绵，革命家看见排满，流言家看到宫闱秘事。变异是文学欣赏中的普遍现象。

3. 文学欣赏的发展阶段

在感知形象的基础上，文学欣赏还要向更高层次发展，即对文学作品所创造的意蕴的深入把握，这便进入文学欣赏的发展阶段。在这一阶段，伴随着两种心理现象——联想、想象的展开和情感反应的持续。

想象是大脑对已有表象进行加工而形成新形象的心理过程，联想则是把两种事物联系在一起的想象。如张孝祥的《念奴娇·过洞庭》：

洞庭青草，近中秋，更无一点风色。玉鉴琼田三万顷，著我扁舟一叶。素月分辉，明河共影，表里俱澄澈。悠然心会，妙处难与君说。

应念岭表经年，孤光自照，肝胆皆冰雪。短发萧骚襟袖冷，稳泛沧浪空阔。尽挹西江，细斟北斗，万象为宾客。扣舷独啸，不知今夕何夕。

按照文学欣赏的过程，首先要通过语言了解作品蕴含的形象：洞庭湖、青草湖两湖相连；临近中秋之时，在月朗风清的夜晚，一叶扁舟随意漂流；船上的诗人短发萧骚，扣舷独吟。在这样空阔、辽远、澄静的氛围中，诗人产生了以天地为庐，用天上的北斗作酒壶，与万象为宾客共同饮尽长江水的奇思妙想。作者的胸襟何其大，读者会忍不住与之同饮同乐。在展开联想和想象的同时，作品的内容会在读者的心理产生巨大的情感反应，这种情感反应是进入文学欣赏高潮的标志。可以说，没有真正的情感投入，就没有真正的欣赏活动。

共鸣和净化是两种常见的情感反应，是文学欣赏高潮来临的重要标志。

共鸣是一种心灵感应现象，它是指在文学欣赏中，读者与作者的思想感情相互沟通，交流融会，同忧同喜。

例如，我们在阅读某部作品时常常会情不自禁地流下眼泪，或者与人物一起兴奋不已，这就是读者与作者产生了共鸣。《红楼梦》第二十三回中记载了林黛玉读《牡丹亭》唱词时的一段感情的变化，这便是所谓共鸣。

《红楼梦》第二十三回"《西厢记》妙词通戏语，《牡丹亭》艳曲警芳心"里有这样一段描写：

这里黛玉见宝玉去了，听见众姐妹也不在房中，自己闷闷的。正欲回房，刚走到梨香院墙角外，只听见墙内笛韵悠扬，歌声婉转，黛玉便知是那十二个女孩子演习戏文。虽未留心去听，偶然两句吹到耳朵的，明明白白一字不落道："原来是姹紫嫣红开遍，似这般，都付与断井颓垣……"黛玉听了，倒也十分感慨缠绵，便止步侧耳细听，又唱道："良辰美景奈何天，赏心乐事谁家院……"听了这两句，不觉点头自叹，心下自思："原来戏上也有好文章，可惜世人只知看戏，未必能领略其中的趣味。"想毕，又后悔不该胡想，耽误了听曲子。再听时，恰唱到:"只为你如花美眷,似水流年……"黛玉听了这两句,不觉心动神摇。又听到:"你在幽闺自怜……"等句,越发如醉如痴站立不住,便一蹲身坐在一块山子石上,细嚼"如花美眷,似水流年"八个字的滋味。忽又想起前日见古人诗中,有"水流花谢两无情"之句;再词中又有"流水落花春去也,天上人间"之句;又兼方才所见《西厢记》中"花落水流红,闲愁万种"之句;都一时想起来,凑聚在一处,仔细忖度,不觉心痛神驰,眼中落泪。

这段描写林黛玉读《牡丹亭》唱词时的一段感情的变化,这便是所谓共鸣。

同时,在欣赏同一部作品时,不同的读者也会产生心理趋同现象,这即所谓的读者产生共鸣。这一点在读者共同欣赏话剧作品时会表现得非常强烈。如当年在解放区上演贺敬之的《白毛女》时,联系到自己的不幸与主人公有相似的经历,于是观众情不自禁上台痛打黄世仁,这就是产生了共鸣。

净化是共鸣的进一步发展,是指读者通过欣赏活动,实现去除杂念、提升人格、趋向崇高的自我教育过程。

净化表现为在欣赏作品过程中的净化,读者进入作品的艺术世界,忘却外界的困扰,达到桃花源式的净化。净化还表现在欣赏作品后,由于作品崇高力量的震撼,使得读者的情绪得以宣泄,畸形的心态得以矫正。当然这是指优秀的作品对人的净化作用,而恶劣的作品有时也会使人的心灵受到污染,从而影响人的健康成长,因此我们提倡"用优秀的作品鼓舞人"。

4. 文学欣赏的延留阶段

王国维在《人间词话》中提出过"入乎其内、出乎其外"的见解。借用这句话,我们也可以评价文学欣赏:对作品,读者要"入乎其内",就是要深入地体验和把握,"出乎其外"则是对作品加以适度的理性关照,使作品的"意"能伴随读者进入现实世界,或者说去烛照读者的现实生活,使自己的身心得到作品的净化,这就是欣赏活动的延留。

延留是读者对文学作品从"感性认识"为主向"理性认识"为主的飞跃,是欣赏活动的最高境界。

所谓延留就是回味,孔子游齐,听过《韶》乐后,竟然"三月不知肉味",可见韶乐余味无穷。梁启超在《论小说与群治之关系》中指出"人之读小说也,往往既终卷后数日或数旬而终不能释然。读《红楼》竟者,必有余恋有余悲;读《水浒》竟者,必有余快有余怒"。这就是回味,正是欣赏后的延留效果。

延留还表现为融入,通过文学欣赏,读者的审美能力、精神风貌乃至人格规范中融进了新质,并将产生久远的影响。比如郭沫若受庄子、屈原、拜伦影响大,使他成为现代浪漫主义诗人。这说明作品的思想影响和融入了读者的精神中。

第二单元 亲情·爱情

 阅读引领

亲情与爱情,是人类所有情感中最割舍不了的两种情感。

亲情,是血脉相连,是父母恩情,是兄弟情谊,是姐妹情深,是骨肉同胞,是家园故土。

爱情,是两情相悦,是山盟海誓,是相濡以沫,是白首不离,是生死相随,是天长地久。

本单元所选诗文,或是情感萌动的追寻,或是生死两隔的思念,或是离别难聚的哀伤,或是父亲母亲的殷殷叮咛,无论是喜悦还是忧伤,蕴藏在优美深情的文字之下的是人类最真挚、最美好的亲情与爱情。亲情难舍,爱情难弃,心之所至,一往而情深。

 **篇章精选**

一、蒹葭 《诗经·秦风·蒹葭》

【篇章导引】

《诗经》大部分作品产生于黄河中下游地区,并按所属内容及其乐调的不同,分为"风"、"雅"、"颂"三部分,其中的风是指各地方的民间歌谣,其中的雅大部分是贵族的宫廷正乐,其中的颂是周天子和诸侯用以祭祀宗庙的舞乐。其内容丰富,涵盖深广,被称为商周社会的百科全书。《诗经》的主要表现手法是赋、比、兴。其中直陈其事叫赋;譬喻叫比;先言它物以引起所咏之物叫兴。艺术形式上,多以四言为主,兼有杂言。《诗经》表现手法上分为赋、比、兴,与"风"、"雅"、"颂"合称"六义"。

《蒹葭》属于秦风。周孝王时,秦之先祖非子受封于秦谷(今甘肃天水)。平王东迁时,秦襄公因出兵护送有功,又得到了岐山以西的大片封地。后来秦逐渐东徙,都于雍(今陕西兴平)。秦地包括现在陕西关中到甘肃东南部一带。秦风共十篇,大都是东周时代这个区域的民歌。

蒹　葭

蒹葭苍苍[1][2],白露为霜。所谓伊人[3],在水一方。溯洄从之[4],道阻且长。溯游从之,宛在水中央。

蒹葭萋萋,白露未晞[5]。所谓伊人,在水之湄[6]。溯洄从之,道阻且跻[7]。溯游从之,宛在水中坻[8]。

蒹葭采采，白露未已。所谓伊人，在水之涘[9]。溯洄从之，道阻且右[10]。溯游从之，宛在水中沚[11]。

——选自《诗经选》，余冠英注释，人民文学出版社1979年版

【注释】

[1]蒹葭(jiān jiā)：芦苇。
[2]苍苍：深青色，此译为茂盛的样子。下文"萋萋""采采"义同。
[3]伊人：那人。
[4]溯洄(sù huí)：逆流而上。洄：上水，逆流。从之：追寻他。
[5]晞(xī)：晒干。
[6]湄(méi)：岸边，水与草交接之处。
[7]跻(jī)：登，升高。
[8]坻(chí)：水中的沙洲高地。
[9]涘(sì)：水边。
[10]右：迂回曲折，意思是道路弯曲。
[11]沚(zhǐ)：水中的小块陆地。

【评析提示】

《蒹葭》选自《诗经·秦风》，大约是2 500年以前产生在秦地的一首民歌。关于此诗，历来众说纷纭，旧说或以为讽刺秦襄公不用周礼之作，或以为招引求贤之作，今人多主爱情之说。

《蒹葭》是《诗经》中表现"朦胧美"的名篇，是一首怀人诗。古之写相思，未有过《蒹葭》者。《蒹葭》诗意极具象征意味，烟水迷离、若有若无的氛围，给人留下广阔的想象空间。

清冷迷蒙的蒹葭秋水，简练勾勒的追索者，反复渲染的艰难追寻，作品由此创造了一个"在水一方"——可望难即的艺术意境。诗中境界空旷辽远，复沓形式的运用，营造出了独特的缠绵、往复的氛围，从而产生了迷离朦胧的审美效果。

诗篇采用了重章叠句和赋比兴的艺术手法，一唱三叹的结构形式，文字简约，曲笔写意。

【思考与练习】

1. 这首诗的中心意象是什么？谈谈你对其象征意义的理解。
2. 关于本诗的主旨，历来众说纷纭，谈谈你的理解。
3. 这首诗很多地方比较朦胧，对诗意的传达有无影响？

【拓展阅读】

诗经·卫风·氓

(原文略)

《氓》是一首叙事诗。叙事诗有故事情节,在叙事中有抒情、议论。作者用第一人称"我"来叙事,采用回忆追述和对比手法,写女主人公被遗弃的遭遇,塑造了一个勤劳、温柔、坚强的妇女形象,表现了古代妇女追求自主婚姻和幸福生活的强烈愿望。

选自《诗经选》,余冠英注释,人民文学出版社1979年版

二、江城子 苏 轼

【篇章导引】

这首词作于公元1075年(神宗熙宁八年),当时作者在密州(今山东诸城)任知州。在梦中见到了久别的妻子,一时不禁又怀念起她对他时时的殷殷叮咛,于是写下了两阕小词以寄托自己的思念,也开创了用词来悼念亡妻的先河。

江 城 子

苏 轼

乙卯[1]正月二十日夜记梦

十年[2]生死两茫茫。不思量,自难忘。
千里孤坟[3],无处话凄凉。
纵使相逢应不识,尘满面,鬓如霜。
夜来幽梦忽还乡。小轩窗,正梳妆。
相顾无言,唯有泪千行。
料得年年肠断处,明月夜,短松冈[4]。

——选自《苏轼选集》,张志烈、张晓蕾选注,人民文学出版社2002年版

【注释】

[1] 乙卯:宋神宗熙宁八年(1075年)。
[2] 十年:苏轼之妻王弗卒于1065年,距作者写此词正好十年。
[3] 千里孤坟:王弗葬于四川彭山县安镇乡。苏轼此时在山东任密州知州,有千里之遥。
[4] 短松冈:栽着矮松树的山冈,指王弗的墓地。

【评析提示】

以悼亡为题材作词,在苏轼是第一首,在词的发展史上也是首创。苏轼以词抒怀,写悼亡之情,既拓展了爱情词的内容,又提升了婉约词的品格。

小序说此词是"乙卯正月二十日夜记梦",这首词本因梦而作,但是词的上片并未提及梦境,而是写了对妻子的朝思暮想之情。到了下片,才开始"记梦",由现实转入梦境,其中的深情却是贯通的。

十年间,苏轼因反对王安石新法被贬,处境艰辛,"不思量,自难忘"所印刻的人生况味,看似平淡,实则分外深远厚重。梦中重逢,却彼此无言,唯有泪水无言地流淌,此正所谓"此时无声胜有声"。

全词以情起笔,以景煞尾,意境幽微迷濛。语言平易质朴,虚实结合以及叙述白描等多种艺术手法的运用,于对亡妻沉痛悲凉的哀思中揉进自己的身世感慨,情感表达深婉真挚,感人至深。

【思考与练习】

1. 这首诗被视为苏轼婉约词风的代表,其在艺术表现上有何特色?
2. 你还熟悉哪些悼亡诗?与本诗比较,其在创作上有何不同?

【拓展阅读】

白居易(772~846),字乐天,晚年自号香山居士,后人称白香山、白傅、白太傅,原籍太原,后迁居下邽(今陕西渭南)。唐代杰出诗人。《长恨歌》是白居易的一首长篇叙事诗,作者的名篇,作于公元806年(元和元年)。全诗形象地叙述了唐玄宗与杨贵妃的爱情悲剧。

长 恨 歌

白居易

汉皇重色思倾国,御宇多年求不得。杨家有女初长成,养在深闺人未识。
天生丽质难自弃,一朝选在君王侧。回眸一笑百媚生,六宫粉黛无颜色。
春寒赐浴华清池,温泉水滑洗凝脂;侍儿扶起娇无力,始是新承恩泽时。
云鬓花颜金步摇,芙蓉帐暖度春宵;春宵苦短日高起,从此君王不早朝。
承欢侍宴无闲暇,春从春游夜专夜;后宫佳丽三千人,三千宠爱在一身。
金屋妆成娇侍夜,玉楼宴罢醉和春。姊妹弟兄皆列土,可怜光彩生门户。
遂令天下父母心,不重生男重生女。骊宫高处入青云,仙乐风飘处处闻。
缓歌慢舞凝丝竹,尽日君王看不足。渔阳鼙鼓动地来,惊破霓裳羽衣曲。

九重城阙烟尘生,千乘万骑西南行。翠华摇摇行复止,西出都门百余里。
六军不发无奈何,宛转蛾眉马前死。花钿委地无人收,翠翘金雀玉搔头。

君王掩面救不得，回看血泪相和流。黄埃散漫风萧索，云栈萦纡登剑阁；
峨嵋山下少人行，旌旗无光日色薄。蜀江水碧蜀山青，圣主朝朝暮暮情。
行宫见月伤心色，夜雨闻铃肠断声。天旋日转回龙驭，到此踌躇不能去；
马嵬坡下泥土中，不见玉颜空死处。君臣相顾尽沾衣，东望都门信马归。
归来池苑皆依旧，太液芙蓉未央柳。芙蓉如面柳如眉，对此如何不泪垂？
春风桃李花开夜，秋雨梧桐叶落时。西宫南内多秋草，落叶满阶红不扫。
梨园弟子白发新，椒房阿监青娥老。夕殿萤飞思悄然，孤灯挑尽未成眠；
迟迟钟鼓初长夜，耿耿星河欲曙天。鸳鸯瓦冷霜华重，翡翠衾寒谁与共？
悠悠生死别经年，魂魄不曾来入梦。

临邛道士鸿都客，能以精诚致魂魄；为感君王辗转思，遂教方士殷勤觅。
排空驭气奔如电，升天入地求之遍。上穷碧落下黄泉，两处茫茫皆不见。
忽闻海上有仙山，山在虚无缥缈间。楼阁玲珑五云起，其中绰约多仙子。
中有一人字太真，雪肤花貌参差是。金阙西厢叩玉扃，转教小玉报双成。
闻到汉家天子使，九华帐里梦魂惊。揽衣推枕起徘徊，珠箔银屏迤逦开；
云鬓半偏新睡觉，花冠不整下堂来。风吹仙袂飘摇举，犹似霓裳羽衣舞；
玉容寂寞泪阑干，梨花一枝春带雨。含情凝睇谢君王，一别音容两渺茫。
昭阳殿里恩爱绝，蓬莱宫中日月长。回头下望人寰处，不见长安见尘雾。
唯将旧物表深情，钿合金钗寄将去。钗留一股合一扇，钗擘黄金合分钿；
但教心似金钿坚，天上人间会相见。临别殷勤重寄词，词中有誓两心知；
七月七日长生殿，夜半无人私语时：在天愿作比翼鸟，在地愿为连理枝。
天长地久有时尽，此恨绵绵无绝期！

——选自《白居易集笺校》，朱金诚，上海古籍出版社1988年版

在这首长篇叙事诗里，作者以精练的语言，优美的形象，叙事和抒情结合的手法，叙述了唐玄宗、杨贵妃在安史之乱中的爱情悲剧。诗人借历史人物和传说，创造了一个回旋婉转的动人故事，并通过塑造的艺术形象，再现了现实生活的真实，在历代读者的心中漾起阵阵情感的波澜。

三、西厢记·长亭送别　　王实甫

【篇章导引】

《西厢记》全名《崔莺莺待月西厢记》。作者王实甫，名德信，元代著名杂剧作家。他一生写作了14部剧本，《西厢记》大约写于元贞、大德年间，是他的代表作。

《西厢记》是中国著名的民间传奇故事之一，它叙述了唐贞元间张君瑞和相国小姐崔莺莺邂逅相遇、一见钟情，经红娘的帮助，为争取婚姻自主，敢于冲破封建礼教的禁锢而私下结

合的爱情故事。

《西厢记》是我国古典戏剧的现实主义杰作,对后来以爱情为题材的小说、戏剧创作影响很大,《牡丹亭》《红楼梦》都从它那里不同程度地吸取了反封建的民主精神。

西厢记[1]·长亭送别

王实甫

不见张生小姐来到。[旦、末、红同上][旦云]今日送张生上朝取应,早是离人伤感,况值那暮秋天气,好烦恼人也呵!悲欢聚散一杯酒,南北东西万里程。(旦唱)

[正宫][端正好]碧云天,黄花地[2],西风紧。北雁南飞。晓来谁染霜林醉[3]?总是离人泪。

[滚绣球]恨相见得迟,怨归去得疾。柳丝长玉骢难系[4],恨不倩疏林挂住斜晖[5]。马儿迍迍的行[6],车儿快快的随,却告了相思回避[7],破题儿又早别离。听得道一声去也,松了金钏[8];遥望见十里长亭,减了玉肌:此恨谁知[9]?

[红云]姐姐今日怎么不打扮?

[旦云]你那知我的心里呵?

[叨叨令]见安排着车儿、马儿,不由人熬熬煎煎的气;有甚么心情花儿、靥儿[10],打扮得娇娇滴滴的媚;准备着被儿、枕儿,则索昏昏沉沉的睡;从今后衫儿、袖儿,都揾帮重重叠叠的泪。兀的不闷杀人也么哥!兀的不闷杀人也么哥!久已后书儿、信儿,索与我凄凄惶惶的寄。

[做到科][11],[12][见夫人科][夫人云]张生和长老坐,小姐这壁坐,红娘将酒来。张生,你向前来,是自家亲眷,不要回避。俺今日将莺莺与你,到京师休辱没了俺孩儿,挣揣一个状元回来者[13]。[末云]小生托夫人余荫,凭着胸中之才,视官如拾芥耳[14]。[洁云][15]夫人主见不差,张生不是落后的人。[把酒了,坐][旦长吁科](旦唱)

[脱布衫]下西风黄叶纷飞,染寒烟衰草萋迷。酒席上斜签着坐的[16],蹙愁眉死临侵地[17]。

[小梁州]我见他阁泪汪汪不敢垂[18],恐怕人知;猛然见了把头低,长吁气,推整素罗衣[19]。

[幺篇]虽然久后成佳配,奈时间怎不悲啼[20]。意似痴,心如醉[21],昨宵今日,清减了小腰围。

[夫人云]小姐把盏者![红递酒,旦把盏长吁科云]请吃酒!

[上小楼]合欢未已,离愁相继。想着俺前暮私情,昨夜成亲,今日别离。我谂知这几日相思滋味[22],却原来此别离情更增十倍。

[幺篇]年少呵轻远别,情薄呵易弃掷[23]。全不想腿儿相挨,脸儿相偎,手儿相携。你与俺崔相国做女婿,妻荣夫贵[24],但得一个并头莲,煞强如状元及第。

[夫人云]红娘把盏者![红把酒科][旦唱]

[满庭芳]供食太急,须臾对面,顷刻别离。若不是酒席间子母每当回避,有心待与他举案齐眉。虽然是厮守得一时半刻,也合着俺夫妻每共桌而食。眼底空留意[25],寻思起就里,险化做望夫石。

　　[红云]姐姐不曾吃早饭,饮一口儿汤水。[旦云]红娘,甚么汤水咽得下!

　　[快活三]将来的酒共食,尝着似土和泥。假若便是土和泥,也有些土气息、泥滋味。

　　[朝天子]暖溶溶玉醅[26],白泠泠似水[27],多半是相思泪。眼面前茶饭怕不待要吃[28],恨塞满愁肠胃。"蜗角虚名[29],蝇头微利[30]",拆鸳鸯在两下里。一个这壁,一个那壁,一递一声长吁气。

　　[夫人云]辆起车儿[31],俺先回去,小姐随后和红娘来。[下][末辞洁科][洁云]此一行别无话儿,贫僧准备买登科录看[32],做亲的茶饭少不得贫僧的。先生在意,鞍马上保重者!从今经忏无心礼,专听春雷第一声[33]。[下][旦唱]

　　[四边静]霎时间杯盘狼藉,车儿投东,马儿向西,两意徘徊,落日山横翠。知他今宵宿在那里?在梦也难寻觅。

　　张生,此一行得官不得官,疾便回来。[末云]小生这一去白夺一个状元,正是"青霄有路终须到,金榜无名誓不归[34]"。[旦云]君行别无所谓,口占一绝[35],为君送行:"弃掷今何在,当时且自亲。还将旧来意,怜取眼前人。"[末云]小姐之意差矣,张珙更敢怜谁?谨赓一绝[36],以剖寸心:"人生长远别,孰与最关亲?不遇知音者,谁怜长叹人?"[旦唱]

　　[耍孩儿]淋漓襟袖啼红泪,比司马青衫更湿。伯劳东去燕西飞,未登程先问归期。虽然眼底人千里,且尽生前酒一杯。未饮心先醉,眼中流血,心内成灰。

　　[五煞]到京师服水土,趁程途节饮食[37],顺时自保揣身体[38]。荒村雨露宜眠早,野店风霜要起迟!鞍马秋风里,最难调护,最要扶持。

　　[四煞]这忧愁诉与谁?相思只自知,老天不管人憔悴。泪添九曲黄河溢,恨压三峰华岳低[39]。到晚来闷把西楼倚,见了些夕阳古道,衰柳长堤。

　　[三煞]笑吟吟一处来,哭啼啼独自归。归家若到罗帏里,昨宵个绣衾香暖留春住,今夜个翠被生寒有梦知。留恋你别无意,见据鞍上马[40],阁不住泪眼愁眉。

　　[末云]有甚言语嘱咐小生咱?[旦唱]

　　[二煞]你休忧"文齐福不齐[41]",我则怕你"停妻再娶妻"。休要"一春鱼雁无消息[42]"!我这里青鸾有信频须寄,你却休"金榜无名誓不归"。此一节君须记,若见了那异乡花草,再休似此处栖迟[43]。

　　[末云]再谁似小姐?小生又生此念?[旦唱]

　　[一煞]青山隔送行,疏林不做美,淡烟暮霭相遮蔽。夕阳古道无人语,禾黍秋风听马嘶。我为甚么懒上车儿内,来时甚急,去后何迟[44]?

　　[红云]夫人去好一会,姐姐,咱家去![旦唱]

　　[收尾]四围山色中,一鞭残照里。遍人间烦恼填胸臆,量这些大小车儿如何载得起?

　　[旦、红下][末云]仆童赶早行一程儿,早寻个宿处。泪随流水急,愁逐野云飞[45]。

　　[下]

——选自《西厢记》,张燕瑾校注,人民文学出版社2005年版

【注释】

[1]《西厢记》:共五本,每本四折。本篇选自第四本第三折。
[2]碧云天,黄花地:句本范仲淹《苏幕遮》词"碧云天,黄叶地,秋色连波,波上寒烟翠。"黄花,指菊花,菊花秋天开放。
[3]"晓来"二句:意谓是离人带血的泪,把深秋早晨的枫林染红了。霜林醉,深秋的枫林经霜变红,就像人喝醉酒脸色红晕一样。
[4]"柳丝长"句:玉骢(cōng):马名,一种青白色的骏马。此指张生赴试所乘之马。古人有折柳送别之习惯,故写离情多借助于柳,此言柳丝虽长却系不住玉骢,犹言情虽长却留不住张生。
[5]倩(qìng):请人代已做事之谓。
[6]迍(tún)迍:行动缓慢,留连不进的样子。
[7]"却告"二句:却,犹"恰";破题,唐宋诗赋多于开头几句点破题意,元曲中用以比喻开端、始或第一次。
[8]钏(chuàn):古代称臂环为钏,今谓之手镯。
[9]恨:遗憾,不满意。
[10]花儿、靥儿:即花钿。
[11]做到:戏剧动作,做出到的模样。
[12]科:元杂剧中表示动作、表情及舞台效果的术语。
[13]挣揣:争取、夺得。
[14]视官如拾芥:把取得官职看得像从地上拾取一根草梗那样容易。
[15]洁:元杂剧把僧人称为"洁郎",简称"洁",这里指长老。
[16]斜签着坐:侧身半坐,封建时代晚辈在长辈面前不能实坐。
[17]死临侵地:呆呆地,没精打采的样子。
[18]阁泪汪汪不敢垂:强忍泪水而不敢任其流出。阁泪,含泪。
[19]推整素罗衣:意谓装作整理衣裳。推,借口,这里有"假装"的意思。
[20]时间:目下,眼前。
[21]意似痴,心如醉:《乐府新声》无名氏《骂玉郎带感皇恩采茶歌》:"心似烧,意似痴,情如醉"。
[22]"我谂(shěn)知"二句:意谓这几天我已经深深知道了相思滋味的苦痛难堪,原来这离别比相思更苦十倍。谂,知道。
[23]弃掷:本指抛弃,此指撇下莺莺而远离。
[24]妻荣夫贵:本指妻子可以依靠丈夫的爵位而尊贵,这里反其义用之,意谓说你与崔相国家做女婿,本已因妻而贵,大可不必再去求取功名了。
[25]眼底空留意:意谓母亲在座,有所避忌,不得与张生同桌共食以诉衷曲,只能以眉眼传情表达心意。
[26]玉醅(pēi):美酒。
[27]白泠泠:清凉,这里喻美酒无味。
[28]怕不待要:难道不想、何尝不想之意。
[29]蜗角虚名:喻为极小的功名利禄而奔走。《庄子·则阳》:"有国于蜗之左角者,曰触氏;有国于蜗之右角者,曰蛮氏。时相与争地而战,伏尸数万,逐北旬有五日而后反。"
[30]蝇头微利:比喻因小利而忘危难。班固《难庄论》:"众人之逐世利,如青蝇之赴肉汁也。青蝇嗜肉

汁而忘溺死,众人贪胜利而陷罪祸。"

[31]辆:动词,驾好,套好。

[32]登科录:登载录取进士姓名的名册。

[33]春雷第一声:进士试于春正、二月举行,故称中第消息为春雷第一声。

[34]"青霄"二句:此为当时成语,青霄路即登身青云之路。

[35]口占(zhàn)一绝:随口吟出一首绝句诗。不打草稿,随口成文叫口占。

[36]赓(gēng):续作。

[37]趁程途节饮食:意谓路途中要节制饮食。趁,赶;趁程途,赶路。

[38]顺时自保揣身体:估量自己的身体情况,适应季节变化,自己保重。

[39]"泪添"二句:上句以水喻愁之多,下句以山喻愁之重。华岳三峰,即西岳华山的莲花峰、仙人掌、落雁峰。

[40]据鞍:跨鞍。

[41]文齐福不齐:意谓有文才而缺少福分,不能考中。

[42]一春鱼雁无消息:即音讯不通。古人认为鱼雁能传信,故云。

[43]栖迟:留连,逗留。

[44]来时甚急,去后何迟:时与后,都为语气词,相当于"呵"或"啊"。

[45]"泪随"二句:互文见义,谓睹秋云、见流水都引起对莺莺的思念而愁生泪落。

【评析提示】

《长亭送别》是《西厢记》中的第四本第三折,是剧中最为脍炙人口的精彩片断之一。全折写了四个场面:从[端正好]到[叨叨令]三只曲子,写赴长亭途中;从[脱布衫]到[朝天子]八只曲子,写长亭别宴;从[四边静]到[二煞],写临别叮嘱话别;从[一煞]到[收尾]惜别目送。四个场面,次第展现了崔莺莺送别张生时内心的伤感、哀怨、焦虑、挂念和自怜,表现了自由爱情与封建礼教的尖锐冲突,控诉了封建礼教对人性的严重摧残。

女主人公崔莺莺是一个多情、执著的贵族少女,她敢于反抗封建礼教,大胆追求自由与纯洁的爱情,对爱情坚贞不渝。在她看来,"但得一个并头莲,煞强如状元及第";她鄙视功名利禄,视其为"蜗角虚名,蝇头微利"。张生与莺莺一样,追求爱情和婚姻自由,同样为离别在即而伤感,但他对封建礼教的反抗比较软弱,迫于老夫人的压力赴京应试,也希望"春宵有路终须到,金榜无名誓不归"。《长亭送别》一折以华艳优美的曲词、诗的意境描摹了人物复杂的感情和微妙的心理及别离相思的哀伤。

《长亭送别》以诸多具有特殊象征意义的事物组成典型意境,融情于景,借景抒情,体现了中国古典文学含蓄内敛的风格。

元杂剧的语言,以本色为主,《长亭送别》的曲文更具代表性,于本色中时见典雅富丽。如"碧云天,黄花地",吸取了宋人范仲淹《苏幕遮》词中佳句,再加点染而成妙曲。同时大量使用白描口语状物写情,白话口语与文学语言巧妙结合,生动活泼而又清新雅致。文中还运用多种修辞手法,如典故、对偶、排比、比喻、夸张、叠字等,增强了戏剧语言的抒情性和艺术感染力。

【思考与练习】

1. 在本段场景中,景物描写有何作用?
2. 本折中所用意象众多,请举例分析其象征意义。

【拓展阅读】

牡丹亭·游园

汤显祖

(原文略)

汤显祖(1550~1616),中国明代戏曲家、文学家。字义仍,号海若、若士、清远道人。江西临川人。作有传奇《牡丹亭》、《邯郸记》、《南柯记》和《紫钗记》,合称《玉茗堂四梦》,以《牡丹亭》最著名。在戏曲史上,和关汉卿、王实甫齐名,在中国乃至世界文学史上都有着重要的地位,被誉为"东方的莎士比亚"。

《牡丹亭》共55出,本文节选自第十出。杜丽娘在丫鬟春香的诱导之下,第一次偷偷地到了后园,那盛开的百花,成双的莺燕,打开了这个少女的心扉,使她在长期闺禁里的沉忧积郁,一时倾倒而出,她的青春觉醒了。她悲叹青春的虚度,执著于自由、幸福的追求。汤显祖通过杜丽娘的艺术形象显示了要求个性解放的思想倾向和浪漫夸张的艺术手法。

汤显祖曾说:"一生四梦,得意处惟在牡丹。"《牡丹亭》即《还魂记》,也称《还魂梦》或《牡丹亭梦》。它是汤显祖的代表作,也是我国戏曲史上浪漫主义的杰作。

——选自《牡丹亭》,徐朔方、杨笑梅校注,人民文学出版社1963年版

四、致儿子书 张之洞

【篇章导引】

张之洞(1837~1909),字孝达,号香涛,直隶南皮(今属河北)人。历任两广、两江、湖广总督近三十年。擢体仁阁大学士、军机大臣,兼管学部,兼充督办粤汉铁路大臣。谥文襄。有《张文襄公全集》。

致儿子书[1]

张之洞

吾儿知悉:汝出门去国,已半月余矣。为父未尝一日忘汝。父母爱子,无微不至,其言恨不能一日不离汝,然必令汝出门者,盖欲汝用功上进,为后日国家干城之器[2]、有用之才耳。方今国事扰攘,外寇纷来,边境累失,腹地亦危。振兴之道,第一即在治国。治国之道不一,而练兵实为首端。汝自幼即好弄[3],在书房中,一遇先生外出,即跳掷嬉笑,无所不为,今幸科举早废,否则汝亦终以一秀才老其身,决不能折桂探杏[4],为金马玉堂中人物也[5]。故学校肇开[6],即送汝人校。当时诸前辈犹多不以为然,然余固深知汝之性情,知决非科甲中人。

故排万难以送汝入校,果也除体操外,绝无寸进。余少年登科,自负清流[7],而汝若此,真令余愤愧欲死。然世事多艰,习武亦佳,因送汝东渡,入日本士官学校肄业,不与汝之性情相违。汝今既入此,应努力上进,尽得其奥。勿惮劳,勿恃贵,勇猛刚毅,务必养成一军人资格。汝之前途,正亦未有限量。国家正在用武之秋,汝只患不能自立,勿患人之不己知。志之,志之,勿忘,勿忘。

抑余又有诫汝者。汝随余在两湖,固总督大人之贵介子也[8],无人不恭待汝。今则去国万里矣,汝平日所挟以傲人者,将不复可挟,万一不幸肇祸,反足贻堂上以忧[9]。汝此后当自视为贫民,为贱卒,苦身戮力,以从事于所学,不特得学问上之益,而可借是磨炼身心,即后日得余之庇,毕业而后,得一官一职,亦可深知在下者之苦,而不致予智自雄[10],余五旬外之人也,服官一品,名满天下,然犹兢兢也[11],常自恐惧,不敢放恣。汝随余久,当必亲炙之[12],勿自以为贵介子弟而漫不经心,此则非余之所望于尔也,汝其慎之。寒暖更宜自己留意,尤戒有狭邪赌博等行为[13],即幸不被人知悉,亦耗费精神,抛荒学业。万一被人发觉,甚或为日本官吏拘捕,则余之面目,将何所在?汝固不足惜,而余则何如?更宜力除,至嘱,至嘱!余身体甚佳,家中大小,亦均平安,不必系念。汝尽力求学,勿妄外骛[14]。汝苟竿头日上,余亦心广体胖矣。

父涛示[15]。五月十九日。

——选自《张之洞全集》,赵德馨主编,武汉出版社2008年版

【注释】

[1]选自《张之洞全集》。
[2]干城之器:比喻捍卫者。干城,盾牌。语出《诗经·周南·兔罝》:"赳赳武夫,公侯干城。"
[3]好弄:喜好玩耍。弄,玩耍。
[4]折桂探杏:比喻进士及第。折桂,语出《晋书·郤诜传》:"武帝于东堂会送,问诜曰:'卿自以为何如?'诜对曰:'臣举贤良对策,为天下第一,犹桂林之一枝,昆山之片玉。'"后因之称"及第"为"折桂"。探杏,指探花,科举制度中殿试一甲第三名称探花,唐时进士在杏园举行"探花宴",所以中探花也称"探杏"。
[5]金马玉堂:指进朝廷做官。金马,典出《史记·滑稽列传》:"金马门者,宦署门也。门旁有铜马,故谓之曰金马门。"汉代征召来的人,都待诏公车(官署名),其中才能优异的令待诏金马门。玉堂,官署名,汉侍中有玉堂署,宋以后翰林院亦称玉堂。
[6]肇开:始开。肇,开始。
[7]清流:喻指德行高洁负有名望的士大夫。
[8]贵介:富贵。介,大。
[9]贻:遗留,留下。
[10]予智自雄:即"予智予雄",自以为聪明和英雄。比喻妄自尊大。
[11]兢兢:小心谨慎。
[12]亲炙:亲受教育、熏陶。炙,烤,比喻受熏陶。
[13]狭邪:旧时对娼家的称呼,这里指宿妓嫖娼。
[14]外骛:别有追求,不专心于正业。
[15]涛:张之洞号香涛,因而写作"父涛示"。

【评析提示】

清代末年,外患频仍,内乱迭起,国家处在风雨飘摇之中。面对岌岌可危的局面,朝廷重臣张之洞主张向西方学习,积极倡办洋务,立志变法图强,以化解落后挨打、亡国亡种的危机。为此,张之洞力排阻力,将儿子送到日本学习军事。这封信对儿子谆谆告诫,言辞平实,情真意切,从中我们可以看出这位一品高官的真实的内心世界。

此信首先表达了与子分别后的情思,"汝出门去国,已半月余矣。为父未尝一日忘汝。父母爱子,无微不至,其言恨不能一日不离汝。"思子爱子之情溢于言表。"父母之爱子则为之远谋",张之洞深知,国家陷入目前的危局,主要在于军事落后,以至于国事扰攘,外寇纷来,边境累失,腹地亦危,正是国家"用武之秋"。而儿子生性顽皮,决非科举中人,因此送之东渡,入日本士官学校学习,盼他勤奋习武,将来成为国家干城之器,足见做父母的一片苦心。接着,张之洞又对儿子提出了种种希望:在学习上,把真本领学到手,不愁无用武之地;在做人方面,放下架子,艰苦努力,磨炼身心;生活上,自己照料,尤戒沾染上狎邪赌博等恶习,荒废学业,贻人话柄。

信中对儿子有要求,有体贴,于清通中有隐虑,于严求中有殷望,爱子之深情,为父之苦心,渗透于字里行间,感人至深。全文平实紧凑,如话家常,却不是冗言絮语,更没有道德说教的陈腐气。

【思考与练习】

1. 作者在信中流露出的情感有什么特点?
2. 作者对儿子的期望,是否实事求是?
3. 信里写得最恳切紧要的是哪些事情?

【拓展阅读】

唯色,女,藏族人,1966年生于拉萨,中国现代诗人,著有诗集《西藏在上》。

本文作者在探访老家的途中,回忆、想象着老家;在祖辈、父辈的移民故事中追溯生命的源头;在文化的寻根中追问生命的本质。

我的德格老家

唯 色

老家越来越近了。我的德格老家。越来越湿润的空气中,隐隐地混合着一股熟悉而又亲切的气息。这是属于个人的气息,秘密的气息,仅仅与亲缘相关的气息。这样的气息,哪怕在人为的强制之下——以地理上的疏远,或心灵上的隔绝——仅剩下一缕,也足以弥漫一个人的整整一生。几天来,我久已压抑的感情,在远眺马尼干戈童话似的屋舍时,在凝视玉龙拉措泪珠似的湖面时,似乎悄悄地得到了一些慰藉,一些舒缓,然而老家越来越近了,我再也忍不住了。

我的德格老家,最先是以路边的一堆玛尼石的形式出现的。玛尼石的颜色很单纯,或青色或涂满绛红色的石板上深深地刻着各种真言。在玛尼石的周围,几根碗口般大小、布满节疤的原木,犹如支撑一顶帐篷的木杆,由上至下,环绕一圈,悬挂着帏幔似的重重经幡。而那白色的薄纱上印满淡黑色的文字,即使风欲静止,这些字也会鼓动经幡轻轻地翻飞、招展;这些字因为一个个满怀虔诚的人儿已经有了生命。有几个人在附近刻着玛尼石。是藏人,德格的藏人,我仿佛从他们脸上认出了什么。我仿佛从他们刻着的玛尼石上认出了什么。我默默地看着他们在石头上刻玛尼。我含着泪水,等着他们把刻好的玛尼石交给我。我对自己说,这是为我的亲人们,为我的已经故去的亲人们刻的。然后,我抱着一块块刻好的玛尼石,放在那敞露在路边的玛尼帐篷里,一共九块。

我再也忍不住了。当小城在黄昏中渐渐露出明晰的轮廓,果然是绛红色的小城啊,我的德格老家,我仅仅在很小、很小的时候,来过一次的德格老家!我怎能忍受在绵绵无尽的怀念中写下的诗,转化成比现实更让人心碎的现实?对于我来说,德格从来就不是一个地名;它只是那几个人的名字,那几个,亲人的名字。因此,当我见到德格,这绛红色的小城是我倍觉心碎的安慰。然而我的命中之马在哪里呢?它能否带着我与故去的亲人重逢?

然而,德格就是我的老家吗?老家,又意味着什么呢?——籍贯?出生地?还是此生莫名倾向的地方?有人说:"一个移民的生活,这是一个算术问题……"譬如我迄今为止的生命,用几个时间,几个空间,便可以算得一清二楚。

次日上午,我独自走在德格的街上。我是往寺院的方向去的。我不用打听,也不须凭藉亲缘的牵引。——在德格,无论谁都会找到寺院,因为它在小城的最上方,在山腰间,红红的,最为醒目。但我还是被亲缘牵引着。我无法摆脱。神秘的亲缘如一缕纤细而坚韧的丝线,牵引着隐藏在内心的命中之马,让我独自走向那绛红色的房子,绛红色的家园。亲人们已换上了绛红色的衣袍,在等候着我。

而这个缓缓上升的小城,在我的眼中,竟奇异地空无一物。应该说,是我自己一无所视。我不得不一无所视。因为亲人们的脸,亲人们的目光,在清晰,在放大,在每一幢新的、旧的、半新半旧的建筑上显现,并凝视着我,似乎在对我说,这就是我们生活过的地方,这就是你的父亲整整生长了十三个年头的地方。而我的父亲,我亲爱的父亲,我头上的哪一朵白云是他曾经望过的?我脚下的哪一块石板是他曾经踩过的?哪一扇门,被他轻轻打开,或重重关上?哪一些人,被他笑着,或哭着呼喊过?

我似乎看见,那一年,1950年,他刚满十三岁,就被他的父亲送走了,被那个背景复杂因而高瞻远瞩的汉人送到挺进西藏的解放军先遣部队。当一路壮大的解放军,雄赳赳、气昂昂地离开德格,奔赴即将燃起战火的昌都——那西藏的门户时,他落在最后,军衣过膝,强忍着眼泪凝视着路边怀抱小妹的母亲。他是多么眷恋身体孱弱、性情温良的母亲啊,对母亲的爱是他心底最深厚的感情,如果他早知道和母亲只有十三年相聚的缘分,他会松开她紧紧不放的手吗?仅剩下四年光景的母亲早已哭成了个泪人儿,懊悔着,昨夜里只顾一味地哭泣,忘记了为儿裁短军衣。

我那还是孩子的父亲,就这样走进了历史上尤为重要的时刻:一只背包,一双脚,一颗思念故乡和亲人的心,以及,一件不合身的军衣。而他的父亲,那个改变了他和弟妹们的血统,进而改变了我和弟妹们的血统的人,姓氏为程,籍贯四川江津,曾做过袍哥和隶属刘伯承早

年所率的国民党部队的中校副官。至于他为何人到中年,却只身逃往德格这个异族人聚居的地方,有好几种语焉不详的说法,但不论哪种,总归是被历史事件所左右,以致他采取了这样不寻常的方式:逃亡。

他的生存能力自然与他的人生经验相当。他脱下戎装,隐瞒身世,不久,娶得一位年轻的康巴女子,生下子女七人,淘金,教书,后为国民党管制的县政府的财政科长和县参议员。然而三十多年后,尤其是我奶奶过早地撒手尘寰,叫他感喟无常,看穿轮回。究竟是什么样的业力主宰着脆弱的生命呢?他干脆把家中值钱的东西和饲养的牲畜一并供奉给了寺院,成为德格城中最为虔诚的汉人,较之不少的藏人还要彻底。他一下子变穷了,但他不管。当他于每个清晨和黄昏,跪在绛红色的大门口,双手合十,念珠绕颈,用字正腔圆的川东口音放声念诵佛号,一颗白发苍苍的头颅分外显眼,许多转经的藏人都不禁啧啧赞叹。

我至今也很难想象,曾在灯红酒绿的重庆度过了许多光阴的爷爷,怎么能够安下心来,把一个太远、太偏僻且大为迥异的外族人的家园,当做自己的家园甚至葬身之地呢?他是如何艰难地维持着他那汉人的习性,譬如之乎者也,譬如三纲五常,譬如打打算盘,吸吸大烟,做一做风味小菜?他又是如何学会了同他们安然相处,把一口铿锵有力的康巴话说得与川东话一样的流畅?当然,那时候的德格城里汉人不少,在我们的亲戚里就有一位做生意的陕西人,可他只要一说起他家乡的话,心里一定有一种亲切却又怅惘的感觉,家乡的风景历历在目,家乡的亲人时时浮现,面对就在他面前的已有异族血液的儿女们,他总是对他们说,要记住,你们姓程,你们是程家的后代。他多么希望他们能够永远地记得源自他身上的那一半血脉啊!

从家中珍藏的几本发黄的照相簿上,可以看到,那个形容清癯、个子不高的汉人,始终是一袭长袍马褂加身;在他的周围,群山广袤无边,寺院庞大,多么年轻、秀气的奶奶头结松石,藏袍曳地,我那还是少年的父亲眉头紧锁,身体单薄,似乎长子的重担已早早落下。

实际上,后来,大约在六十年代初,他曾重返过一次老家。那里还有他的结发妻子和两个女儿。但她们最终也没能挽留住如同被换了血液的他。他显然已无法适应在流逝的光阴中转变的一切了。说什么物是人非,其实物亦非物了。他的归宿已不在汉地而在德格了,在那个飘曳着袈裟、回荡着法号、弥漫着桑烟的小城。想当初,他没有姓氏,没有原籍,没有亲眷和朋友;他起先是一个人,内心惶恐,两手空空,身上有伤,匆匆而至;渐渐地,一种东西安慰了他,容纳了他,平息了曾经烧灼着他的功名心,它是否包括一个康巴女子、一个重新获得的家庭和阳光一般普照整个藏地的宗教呢?所以,他要回去,终究还是要回去,回到他那长长的因缘链上的其中一个故乡,真正的故乡——德格。尽管那时候,我奶奶离开人世已经十年了。

至于我的父亲,从他穿上过膝的军衣起,他就不是作为个人而活着,他几乎就没有作为个人而活过。因为他是军人,服从命令为军人的天职,而他几乎当了一生的军人。铁打的营盘流水的兵,说穿了,他就是一个移民,他的生活就是一个算术问题,他使他的家人都成了这样。他带着他的日喀则妻子,三个儿女,从已经变成红色而非绛红色的拉萨出发,在藏汉混杂的地方绕了一大圈,绕了整整二十年,最终,恰是一个再也无法抑制的秘密,让他返回了拉萨。这秘密,啊,这难以言传的秘密,催促着他,使他匆匆地完成了这道算术题。匆匆地,早早地，完成了，却留有一个余数，一直延伸到来世，来世他将以一名比丘，作为这余数、这抽象符号的完美体现。而这正是他在离开从来就不自主的现世之后，由藏医院的天文历算所的喇嘛卜算出来的。

有谁会想到他此生除不尽的是这样一个秘密呢？那还是多年以前，在西藏的边境上巡逻的时候，他看到，像是悬在半空中的山洞里，一个衣不遮体的人，鹤发童颜，精神矍铄，正在盘腿修行；一些异常珍贵、仅在壁画和唐卡里见过的动物围绕四周，或卧或立，却不喧哗。一切显得如此的宁静、祥和，他也轻轻地打马离开。从此，做这样一个超凡脱俗的人成了他毕生的愿望，这愿望如此隐蔽而又美妙，说给谁听谁都会以为是场梦。这样的愿望，现世根本实现不了，唯有来世，来世他才能自由自在，圆圆满满。

那么，就让亲缘，那隐而不见的亲缘，牵引着我内心的命中之马，把我带往那绛红色的房子吧，那才是我的家园，我唯一的、永远的家园。我知道，在我绛红色的家园里，我的亲人们早已换上了绛红色的衣袍，正静静地等候着我。……从小，我就困惑于故乡这个概念。如同困惑于我的血统。

我常常这么想，即便在一个地方消磨了一生，又能说明什么呢？因为有些东西，譬如血统，它一旦混杂就不伦不类，难以挽回，使得人的真实处境如置身于一块狭长的边缘地带，沟壑深深，道路弯弯，且被驱散不尽的重重迷雾所笼罩，难辨方向。而终生踯躅在这样一块边缘地带，这本身就已经把自己给孤立起来了，这边的人把你推过来，那边的人把你推过去，好不容易站稳了，举目四望，一片混沌。多么难以忍受的孤独啊！犹如切肤之痛，深刻，又很难愈合。

一个人的血统，是否就是累世业力的化现呢？长久以来，我一直有一种无所适从的感觉。但我同时深信，一旦找到故乡，便如叶落归根，就能过上真正意义上的生活。这真是好笑又矛盾，这时候，我竟忘却了血统那致命的影响力。当我终于回到拉萨，我要做的第一件事情，就是立即换上一生下来就有的却很少使用的藏名——唯色。全名是茨仁唯色，是我父亲起的，意思是永恒的光芒。这个名字，在藏人中不算常见，多为男人所用。我还偏爱另一个名字——仁增旺姆，是在仓央嘉措的诗歌里找到的，那可是一首意境优美而深远的诗歌：在东方的山顶上，升起皎洁的月亮；美丽的仁增旺姆，燃起祝福的高香。（仁增旺姆是谁？是人间的，还是天上的女子？）

我一直以为，名字可以对抗血统。或者说，一个恰当的名字，可以让人知道自己是谁。而且，通常换了名字，人会有一种重新出生的感觉。改名易姓，抑或隐姓埋名，这是一桩可以在现实中发生的不寻常的事件，富有戏剧性。可无论再生多少次，那如影随形的，除了业力还会有什么？

就像学藏文，作为母语的藏文就像是遗忘在茫茫脑海之外的东西，不管如何费劲去打捞总是难有所获，注定了此生只能在方块字的框框里活动。何况至今我仍然保存着方块字带给我的最初的喜悦，虽说我已忘记认识的第一个方块字是什么了。啊，许多方块字都似有魔力，比如"梦"这个字，它多像是森林中的一条暗河里的小鱼，或森林中的一只精灵的眼睛。

另外的，像对琵琶这种乐器的热爱，每每听到弹拨琵琶之声，总觉得那一声声全入了心里，因此也就理解了心弦这个词。有时会涌上泪来，似是被一种无名的忧愁带往某个很熟

悉、很亲切却早已丧失的地方。那是前世所在的地方吗？是一个什么样的地方呢？是藏文书中形容内地的说法——彩缎产地，还是形容西域的说法——豆蔻之乡？

不过，即便是名字确实可以与血统抗衡，但也要看是什么样的名字，尤为关键的，得看是谁给的名字。藏人习惯在孩子生下来以后，抱着孩子去寺院，请有名望的喇嘛或仁波切赐予孩子一个名字。他们一般不会自己给孩子起名。许多人也许说不出究竟，但他们会遵从这个不知从何时起便约定俗成的传统。许多人的名字因此是一样的，雷同的，像多吉（金刚）和卓玛（度母），是最常见的。在藏地肯定有成千上万个多吉和卓玛。对西藏和西藏人缺乏了解的人们或许会觉得如此多的重名很可笑，殊不知这里面蕴含着精神上的意义。它与转世的观念有关。它就像那流转的灵魂上的一个表记，需要发现，并在重新被发现的时候再一次予以肯定。

可不可以这样说，它像一条隐蔽的河流，只要溯源而上，便能到达真正的老家或故乡？可不可以这样说，有了这样的名字，血统便算不得什么了？而我一直蹉跎到四年前才有了这样的名字。几年前，当我的心开始转向的时候，我近乎迷信一般，几乎遍请有幸遇上的每一位仁波切赐名给我。这些仁波切，有成就的喇嘛上师，总是慨然应允，总是注视我半晌，然后给我一个名字。每一个名字都很动听。每一个名字，多么巧合啊，都有灯盏的含义。有的是佛灯——确尊，有的是神灯——拉尊，有的是获得解脱之灯——朗尊，总之都是供养之灯——尊。说不定，不，肯定是这样的，从前，我就是供在佛菩萨跟前的一盏灯。而他们一定认出了我。这些喇嘛上师们，一定认出了从前的一盏供灯。所以他们给我的名字，每一个名字都是静静燃着火苗的酥油供灯。感谢这些喇嘛上师，让我终于知道自己是谁了。我愿意做这样一盏供灯，愿意永远做一盏佛前的供灯，常燃不熄。

渐渐地，我也知道了我的老家或故乡在何处，实际上，老家或故乡是十分抽象的概念，它无法落在任何具体的地点上，即使似有一、两个地点，比如拉萨或德格，那也只是因为涂染在这些地点上的颜色是绛红色，——所有颜色中最美的颜色。如此而已。假如非得找一个确实的地点不可，那就是拉萨，那就是德格，或者说，整个西藏。

在德格，我寻找着令我倍觉亲切的老式民居。哪一幢房子，曾经盛放着我的亲人们的喜怒哀乐，梦想和创伤？自从父亲离世以后，我开始沉浸于在遥远的藏东有我的家园、旧屋这一颇为伤感的情结之中，尽管那里早已人去楼空。此时当我四下寻找，我才发现，连空楼亦不复存在，在原址上拔地而起的是国营相馆和商店，但我还是确信留在那里的、已经故去的亲人在等待着我。因此，我去另外一个地方，去远处半山上，那淹没在萋萋荒草里的坟地，与他们相见。

真的，连空楼亦不复存在了。我所看见的，不论多美的建筑，都是陌生的建筑。而我的亲人们，早就迁移了，他们弃下老房子，如弃下躯壳，皮囊；如今，在一座青山的怀抱中，那黄土和石块垒就的另一种房子里，恐怕只是一堆白骨了。

应该说，在藏人的丧葬习俗中，虽说有土葬，以及火葬、水葬，但普遍是天葬。很早以前盛行过土葬，比如吐蕃时代，由于连接人间国王与天国之间的绳梯在战斗中被砍断，从第八位赞普起，以方形坟墓的形式来存放赞普们的遗体。直至今天，在西藏的南部，还保留着一大片被称为藏王墓的墓群。后来（只能泛泛地说是后来）整个西藏开始流行天葬的葬俗，不仅仅出于把尸体奉献给秃鹫的这一利益众生的佛教行为，从密乘的教义来说，秃鹫被认为是十方空行母的化身，在有些秘密的经书中，它们被称作是"夏萨康卓"，意思是食肉的空行母。据说在天葬时，如果秃鹫井然有序地降落，将尸体吞噬干净，则有利于死者转世；相反，甚至更糟的是，秃鹫根本就不降落，这表示死者生前的业障很重。

不少人认为天葬很残酷。其实，葬俗中，再也没有哪一种比天葬更能让人了悟生死。赤条条来，赤条条去，今生今世的肉体不过是一件旧衣服，当那包裹在里面的，那隐形的，那本质的，或者说，魂要飞，魄要散，在这时候，将旧衣服弃之何足以惜！我倒是很乐意在我死后把我送去天葬。我希望把我的多少年来自珍自爱的肉体奉献给秃鹫。我希望秃鹫——这上面的、神秘的使者，带着我的骨肉飞向唯有喇嘛上师才知道的一个美妙的所在。

但是在德格，我指的是县城，似乎更习惯于土葬。事实上，康区有许多地方都有土葬的习俗。不知是亘古以来就这样，还是中途发生了变化，比如与汉人早在一个世纪前的涌入有关，据说晚清统辖康区的大将，那杀人如麻的赵尔丰就曾经明令禁止天葬和水葬，力倡土葬。总之，县城东郊的几乎满满一片山坡上，全是高低错落的坟茔，但不似汉地的坟茔，因不兴垒砌得又高又大，只能是一小土堆，上面铺放着刻有经文的石板；而且，旧时，在土葬前，要请喇嘛卦示出殡和入土的时间，并察地点穴。

我是和表姑及她的女儿一起去上坟的。除了她们，我在德格就没有别的亲戚了。表姑的父亲是陕西人，因为做生意来到这里，并娶了藏女定居下来，过着富足的生活。表姑德秋排行最小，哥哥、姐姐很早参加了革命，均是国家县、地级干部，留下她随"文革"期间被赶到乡下的父母一块务农，直至父母双亡才在几年前搬回德格。表姑完全是地道的康巴女人的模样，汉语说得很费力，见到我，她哭了，她说我长得真是太像我的父亲了。

几十年了，爷爷和奶奶的坟在哪里，表姑不清楚。她于是请来一位和表姑父沾亲带故的人，叔叔扎西多吉。他是藏区有名的大学者，通晓佛教中的显、密二续，擅长医术和星象学，曾教授过许多仁波切，已圆寂多年的第十世班禅大师还专门接见过他。在当地人的心目中，他其实是一位和喇嘛上师相当的大居士。许多人还请他为去世的亲人占卜，在坟茔重重的山坡上选择地点。我的爷爷和奶奶的坟地就是他给看的。六十多岁的他至今仍清楚地记得他们埋于何处。

有幸的是，我还请到了仲巴仁波切。仁波切亲赴坟山为先人修法，这对于我和我的亲人是多么大的恩德啊。正是中午时分，烈日当头，我们满身是汗，走了将近四公里才来到坟前。默默跪下，默默叩头，默默上供，默默流泪，啊，三炷香火，几捧坟茔，德格老家我愿它毫无意义，我愿它无路可寻……

本文情思灵动，运笔自由，涉笔丰富，文气贯通。写景述事融入回忆与想象，从容而又不失细腻委婉。

——选自《西藏文学》，2006年06期

五、我的母亲　　老　舍

【篇章导引】

老舍(1899~1966),满族人,原名舒庆春,字舍予,中国现代小说家、文学家、戏剧家、"京派"作家代表人物,是新中国第一位获得"人民艺术家"称号的作家。曾任中国文联副主席、中国作家协会副主席,中国民间文艺研究会副主席等职。20世纪20年代开始从事创作,作品大都取材于市民生活,为中国现代文学开拓了重要的题材领域。老舍以长篇小说和剧作著称于世。主要著作有:长篇小说《二马》、《猫城记》,中篇小说《我这一辈子》,短篇小说集《月牙儿》、《赶集》、《樱海集》、《东海巴山集》、《蛤藻集》、《火车集》和《贫血集》,剧本《龙须沟》、《茶馆》及《西望长安》。

我 的 母 亲

老　舍

母亲的娘家是北平德胜门外,土城儿外边,通大钟寺的大路上的一个小村里。村里一共有四五家人家,都姓马。大家都种点不十分肥美的地,但是与我同辈的兄弟们,也有当兵的,作木匠的,作泥水匠的,和当巡察的。他们虽然是农家,却养不起牛马,人手不够的时候,妇女便也须下地作活。

对于姥姥家,我只知道上述的一点。外公外婆是什么样子,我就不知道了,因为他们早已去世。至于更远的族系与家史,就更不晓得了;穷人只能顾眼前的衣食,没有功夫谈论什么过去的光荣;"家谱"这字眼,我在幼年就根本没有听说过。

母亲生在农家,所以勤俭诚实,身体也好。这一点事实却极重要,因为假若我没有这样的一位母亲,我以为我恐怕也就要大大的打个折扣了。

母亲出嫁大概是很早,因为我的大姐现在已是六十多岁的老太婆,而我的大外甥女还长我一岁啊。我有三个哥哥,四个姐姐,但能长大成人的,只有大姐,二姐,三姐,三哥与我。我是"老"儿子。生我的时候,母亲已有四十一岁,大姐二姐已都出了阁。

由大姐与二姐所嫁入的家庭来推断,在我生下之前,我的家里,大概还马马虎虎的过得去。那时候定婚讲究门当户对,而大姐丈是作小官的,二姐丈也开过一间酒馆,他们都是相当体面的人。

可是,我,我给家庭带来了不幸;我生下来,母亲晕过去半夜,才睁眼看见她的老儿子——感谢大姐,把我揣在怀中,致未冻死。

一岁半,我把父亲"克"死了。

兄不到十岁,三姐十二、三岁,我才一岁半,全仗母亲独力抚养了。父亲的寡姐跟我们一块儿住,她吸鸦片,她喜摸纸牌,她的脾气极坏。为我们的衣食,母亲要给人家洗衣服,缝补或裁缝衣裳。在我的记忆中,她的手终年是鲜红微肿的。白天,她洗衣服,洗一两大绿瓦盆,她做事永远丝毫也不敷衍,就是屠户们送来的黑如铁的布袜,她也给洗得雪白。晚间,她与三姐抱着一盏油灯,还要缝补衣服,一直到半夜。她终年没有休息,可是在忙碌中她还把院子屋中收拾得清清爽爽。桌椅都是旧的,柜门的铜活久已残缺不全,可是她的手老使破桌面上没有尘土,残破的铜活发着光。院中,父亲遗留下的几盆石榴与夹竹桃,永远会得到应有的浇灌与爱护,年年夏天开许多花。

哥哥似乎没有同我玩耍过。有时候,他去读书;有时候,他去学徒;有时候,他也去卖花生或樱桃之类的小东西。母亲含着泪把他送走,不到两天,又含着泪接他回来。我不明白这都是什么事,而只觉得与他很生疏。与母亲相依为命的是我与三姐。因此,她们做事,我老在后面跟着。她们浇花,我也张罗着取水;她们扫地,我就撮土……从这里,我学得了爱花,爱清洁,守秩序。这些习惯至今还被我保存着。有客人来,无论手中怎么窘,母亲也要设法弄一点东西去款待。舅父与表哥们往往是自己掏钱买酒肉食,这使她脸上羞得飞红,可是殷勤地给他们温酒作面,又给她一些喜悦。遇上亲友家中有喜丧事,母亲必把大褂洗得干干净净,亲自去贺吊——份礼也许只是两吊小钱。到如今如我的好客的习性,还未全改,尽管生活是这么清苦,因为自幼儿看惯了的事情是不易改掉的。

姑母常闹脾气。她单在鸡蛋里找骨头。她是我家中的阎王。直到我入了中学,她才死去,我可是没有看见母亲反抗过。"没受过婆婆的气,还不受大姑子的吗?命当如此!"母亲在非解释一下不足以平服别人的时候,才这样说。是的,命当如此。母亲活到老,穷到老,辛苦到老,全是命当如此。她最会吃亏。给亲友邻居帮忙,她总跑在前面:她会给婴儿洗三——穷朋友们可以因此少花一笔"请姥姥"钱——她会刮痧,她会给孩子们剃头,她会给少妇们绞脸……凡是她能做的,都有求必应。但是吵嘴打架,永远没有她。她宁吃亏,不斗气。当姑母死去的时候,母亲似乎把一世的委屈都哭了出来,一直哭到坟地。不知道哪里来的一位侄子,声称有承继权,母亲便一声不响,教他搬走那些破桌子烂板凳,而且把姑母养的一只肥母鸡也送给他。

可是,母亲并不软弱。父亲死在庚子闹"拳"的那一年。联军入城,挨家搜索财物鸡鸭,我们被搜两次。母亲拉着哥哥与三姐坐在墙根,等着"鬼子"进门,街门是开着的。"鬼子"进门,一刺刀先把老黄狗刺死,而后入室搜索。他们走后,母亲把破衣箱搬起,才发现了我。假若箱子不空,我早就被压死了。皇上跑了,丈夫死了,鬼子来了,满城是血光火焰,可是母亲不怕,她要在刺刀下,饥荒中,保护着儿女。北平有多少变乱啊,有时候兵变了,街市整条的烧起,火团落在我们院中。有时候内战了,城门紧闭,铺店关门,昼夜响着枪炮。这惊恐,这紧张,再加上一家饮食的筹划,儿女安全的顾虑,岂是一个软弱的老寡妇所能受得起的?可是,在这种时候,母亲的心横起来,她不慌不哭,要从无办法中想出办法来。她的泪会往心中落!这点软而硬的个性,也传给了我。我对一切人与事,都取和平的态度,把吃亏看作当然的。但是,在做人上,我有一定的宗旨与基本的法则,什么事都可将就,而不能超过自己划好的界限。我怕见生人,怕办杂事,怕出头露面;但是到了非我去不可的时候,我便不得不去,正像我的母亲。从私塾到小学,到中学,我经历过起码有廿位教师吧,其中有给我很大影响的,也有毫无影响的,但是我的真正的教师,把性格传给我的,是我的母亲。母亲并不识字,她给我的是生命的教育。

当我在小学毕了业的时候，亲友一致的愿意我去学手艺，好帮助母亲。我晓得我应当去找饭吃，以减轻母亲的勤劳困苦。可是，我也愿意升学。我偷偷地考入了师范学校——制服，饭食，书籍，宿处，都由学校供给。只有这样，我才敢对母亲提升学的话。入学，要交十元的保证金。这是一笔巨款！母亲作了半个月的难，把这巨款筹到，而后含泪把我送出门去。她不辞劳苦，只要儿子有出息。当我由师范毕业，而被派为小学校校长，母亲与我都一夜不曾合眼。我只说了句："以后，您可以歇一歇了！"她的回答只有一串串的眼泪。我入学之后，三姐结了婚。母亲对儿女是都一样疼爱的，但是假若她也有点偏爱的话，她应当偏爱三姐，因为自父亲死后，家中一切的事情都是母亲和三姐共同撑持的。三姐是母亲的右手。但是母亲知道这右手必须割去，她不能为自己的便利而耽误了女儿的青春。当花轿来到我们的破门外的时候，母亲的手就和冰一样的凉，脸上没有血色——那是阴历四月，天气很暖。大家都怕她晕过去。可是，她挣扎着，咬着嘴唇，手扶着门框，看花轿徐徐地走去。不久，姑母死了。三姐已出嫁，哥哥不在家，我又住学校，家中只剩母亲自己。她还须自晓至晚的操作，可是终日没人和她说一句话。新年到了，正赶上政府倡用阳历，不许过旧年。除夕，我请了两小时的假。由拥挤不堪的街市回到清炉冷灶的家中。母亲笑了。及至听说我还须回校，她愣住了。半天，她才叹出一口气来。到我该走的时候，她递给我一些花生，"去吧，小子！"街上是那么热闹，我却什么也没看见，泪遮迷了我的眼。今天，泪又遮住了我的眼，又想起当日孤独地过那凄惨的除夕的慈母。可是慈母不会再候盼着我了，她已入了土！

儿女的生命是不依顺着父母所设下的轨道一直前进的，所以老人总免不了伤心。我廿三岁，母亲要我结了婚，我不要。我请来三姐给我说情，老母含泪点了头。我爱母亲，但是我给了她最大的打击。时代使我成为逆子。廿七岁，我上了英国。为了自己，我给六十多岁的老母以第二次打击。在她七十大寿的那一天，我还远在异域。那天，据姐姐们后来告诉我，老太太只喝了两口酒，很早的便睡下。她想念她的幼子，而不便说出来。

七七抗战后，我由济南逃出来。北平又像庚子那年似的被鬼子占据了，可是母亲日夜惦念的幼子却跑西南来。母亲怎样想念我，我可以想象得到，可是我不能回去。每逢接到家信，我总不敢马上拆看，我怕，怕，怕有那不祥的消息。人，即使活到八九十岁，有母亲便可以多少还有点孩子气。失了慈母便像花插在瓶子里，虽然还有色有香，却失去了根。有母亲的人，心里是安定的。我怕，怕，怕家信中带来不好的消息，告诉我已是失了根的花草。

去年一年，我在家信中找不到关于老母的起居情况。我疑虑，害怕。我想象得到，如有不幸，家中念我流亡孤苦，或不忍相告。母亲的生日是在九月，我在八月半写去祝寿的信，算计着会在寿日之前到达。信中嘱咐千万把寿日的详情写来，使我不再疑虑。十二月二十六日，由文化劳军的大会上回来，我接到家信。我不敢拆读。就寝前，我拆开信，母亲已去世一年了！

生命是母亲给我的。我之能长大成人，是母亲的血汗灌养的。我之能成为一个不十分坏的人，是母亲感化的。我的性格，习惯，是母亲传给的。她一世未曾享过一天福，临死还吃的是粗粮。唉！还说什么呢？心痛！心痛！

——原载一九四三年四月桂林《半月文萃》第一卷第九、十合刊

【评析提示】

  这篇散文语言朴素,情感浓烈,向我们呈现了一位普通劳动妇女勤劳困苦的一生,表达了作者对母亲的深深感激和怀念之情。

  老舍是从母亲的身世谈起的,追本溯源,富于情节的发展变化,引人入胜。作者沿着母亲"活到老,穷到老,辛苦到老"线索,形象地写出了母亲的种种优秀品质。通过对母亲一生的描写,深刻地揭示了母亲的性格特征及对"我"的影响。重温和反思已经逝去的天伦之事,尽情地抒发了"我"对母亲的爱。全文从平静的语调开始,感情越来越浓厚,情调越来越激动,句势越来越紧促,直至结尾用近乎排比的句式写下了母亲对他的根本意义,最后以痛彻肺腑的呼告宣泄了对母亲故去的悲伤哀痛,传达了对母亲的深深怀念之情。

  老舍的语言浅显通俗,自然流畅,以无华的语言表达淳厚的情感。善于运用白描的手法刻画人物形象。白描是中国画传统技法之一,它是不着颜色,只以"墨线"勾勒形象的"轮廓"的一种画法。作者多处以白描手法勾勒母亲的形象,平实而生动。

【思考与练习】

  1. 本文是如何通过人物的语言和行动表现其丰富的内心世界的?
  2. 品读本文,分析其语言上的特色。
  3. 你熟悉的表现母爱的优秀作品还有哪些?谈谈你对母爱的理解。

【拓展阅读】

竹林的故事

废 名

(原文略)

  废名(1901~1967),原名冯文炳,湖北黄梅人。曾为语丝社成员,师从周作人,在文学史上被视为京派代表作家。1929年出版的《竹林的故事》是他的第一本小说集,属乡土文学。废名的代表作有长篇《桥》、《莫须有先生传》及《莫须有先生坐飞机以后》等。

  《竹林的故事》是一篇充满田园牧歌情调的乡土小说,自然平和地品味着生命。本文语言诗化,巧妙构思,借童心未泯的乡下姑娘的故事表现生活的情趣,洋溢着一种活泼、自然的气息,山村淳朴的民风营造出一股浓郁的田园氛围。

  ——选自《废名小说》,格非选编,浙江文艺出版社2007年版

六、伊豆的舞女 川端康成

【篇章导引】

  川端康成(1899~1972),日本小说家,日本唯美主义文学的代表之一。川端康成的命运

坎坷,幼年时父母早逝。1920 年,川端康成考入东京帝国大学英文系,次年即转入国文系。1924 年,大学毕业后的川端康成与人共同创办了《文艺时代》、《文学界》等杂志,曾任日本笔会会长、日本艺术院会员和国际笔会副会长。主要作品有创作集《情感的装饰》,短篇小说《水晶幻想》、《禽兽》,中篇小说《山之音》、《睡美人》等。1968 年,川端康成凭借《雪国》、《千只鹤》、《古都》,成为日本第一个诺贝尔文学奖的获得者。

伊豆的舞女

川端康成

一

山路变得弯弯曲曲,快到天城岭了。这时,骤雨白亮亮地笼罩着茂密的杉林,从山麓向我迅猛地横扫过来。

那年我二十岁,头戴高等学校的制帽[1],身穿藏青碎白花纹上衣和裙裤,肩挎一个学生书包。我独自到伊豆旅行,已是第四天了。在修善寺温泉歇了一宿,在汤岛温泉住了两夜,然后蹬着高齿木屐爬上了天城山。重叠的山峦,原始的森林,深邃的幽谷,一派秋色,实在让人目不暇接。可是,我的心房却在猛烈跳动。因为一个希望在催促我赶路。这时候,大粒的雨点开始敲打着我。我跑步登上曲折而陡峭的山坡,好不容易爬到了天城岭北口的一家茶馆,吁了一口气,呆若木鸡地站在茶馆门前。我完全如愿以偿。巡回艺人一行正在那里小憩。

舞女看见我呆立不动,马上让出自己的坐垫,把它翻过来,推到了一旁。

"噢……"我只应了一声,就在这坐垫上坐下。由于爬坡气喘和惊慌,连"谢谢"这句话也卡在嗓子眼里说不出来了。

我就近跟舞女相对而坐,慌张地从衣袖里掏出一支香烟。舞女把随行女子跟前的烟灰碟推到我面前。我依然没有言语。

舞女看上去约莫十七岁光景。她梳理着一个我叫不上名字的大发髻,发型古雅而又奇特。这种发式,把她那严肃的鹅蛋形脸庞衬托得更加玲珑小巧,十分匀称,真是美极了。令人感到她活像小说里的姑娘画像,头发特别丰厚。舞女的同伴中,有个四十出头的妇女、两个年轻的姑娘;还有一个二十五六岁的汉子,他身穿印有长冈温泉旅馆字号的和服外褂。

舞女这一行人至今我已见过两次。初次是在我到汤岛来的途中,她们正去修善寺,是在汤川桥附近遇见的。当时有三个年轻的姑娘,那位舞女提着鼓。我不时地回头看看她们,一股旅行的情趣油然而生。然后是翌日晚上在汤岛,她们来到旅馆演出。我坐在楼梯中央,聚精会神地观赏着那位舞女在门厅里跳舞。

……她们白天在修善寺,今天晚上来到汤岛,明天可能越过天城岭南行去汤野温泉。在天城山二十多公里的山路上,一定可以追上她们的。我就是这样浮想联翩,急匆匆地赶来的。赶上避雨,我们在茶馆里相遇了,我心里七上八下。

不一会儿,茶馆老太婆把我领到另一个房间去。这房间大概平常不用,没有安装门窗。

往下看去,优美的幽谷,深不见底。我的肌肤起了鸡皮疙瘩,牙齿咯咯作响,浑身颤抖了。我对端茶进来的老太婆说了声:"真冷啊!"

"唉哟!少爷全身都淋湿了。请到这边取取暖,烤烤衣服吧。"

老太婆话音未落,便拉着我的手,把我领到她们的起居室去了。

这个房间里装有地炉,打开拉门,一股很强的热气便扑面而来。我站在门槛边踟蹰不前。只见一位老大爷盘腿坐在炉边。他浑身青肿,活像个溺死的人。他那两只连瞳孔都黄浊的、像是腐烂了的眼睛,倦怠地朝我这边瞧着。身边的旧信和纸袋堆积如山。说他是被埋在这些故纸堆里,也不过分。我呆呆地只顾望着这个山中怪物,怎么也想象不出他还是个活人。

"让你瞧见这副有失体面的模样……不过,他是我的老伴,你别担心。他相貌丑陋,已经动弹不了,请将就点吧。"老太婆这么招呼说。

据老太婆谈,老大爷患了中风症,半身不遂。他身边的纸山,是各县寄来的治疗中风症的药方,以及从各县邮购来的盛满治疗中风症药品的纸袋。听说,凡是治疗中风症的药方,不管是从翻山越岭前来的旅客的口中听到的,或是从新闻广告中读到的,他都一一打听,照方抓药。这些信和纸袋,他一张也不扔掉,都堆放在自己的身边,凝视着它们打发日子。天长日久,这些破旧的废纸就堆积如山了。

老太婆讲了这番话,我无言以对,在地炉边上一味把脑袋耷拉下来。越过山岭的汽车,震动着房子。我落入沉思:秋天都这么冷,过不多久白雪将铺满山头,这位老大爷为什么不下山呢?我的衣衫升腾起一股水蒸气,炉火旺盛,烤得我头昏脑胀。老太婆在铺面上同巡回演出的女艺人攀谈起来。

"哦,先前带来的姑娘都这么大了吗?长得蛮标致的。你也好起来了,这样娇美。姑娘家长得真快啊。"

不到一小时的工夫,传来了巡回演出艺人整装出发的声响。我再也坐不住了。不过,只是内心纷乱如麻,却没有勇气站起来。我心想:虽说她们长期旅行走惯了路,但毕竟还是女人,就是让她们先走一二公里,我跑步也能赶上。我身在炉旁,心却是焦灼万分。尽管如此,她们不在身旁,我反而获得了解放,开始胡思乱想。老太婆把她们送走后,我问她:

"今天晚上那些艺人住在什么地方呢?"

"那种人谁知道会住在哪儿呢,少爷。什么今天晚上,哪有固定住处的哟。哪儿有客人,就住在哪儿呗。"

老太婆的话,含有过于轻蔑的意思,甚至煽起了我的邪念:既然如此,今天晚上就让那位舞女到我房间里来吧。

雨点变小了,山岭明亮起来。老太婆一再挽留我说:"再呆十分钟,天空放晴,定会分外绚丽。"可是,说什么我再也坐不住了。

"老大爷,请多保重,天快变冷了。"我由衷地说了一句,站了起来。老大爷呆滞无神,动了动枯黄的眼睛,微微点了点头。

"少爷!少爷!"老太婆边喊边追了过来,"你给这么多钱,我怎么好意思呢。真对不起啊。"

她抱住我的书包,不想交给我。我再三婉拒,她也不答应,说要把我直送到那边。她反复唠叨着同样的话,小跑着跟在我后头走了一町远。

"怠慢了,实在对不起啊!我会好生记住你的模样。下次路过,再谢谢你。下次你一定来呀。"

我只是留下一个五角钱的银币,她竟如此惊愕,感动得热泪都快要夺眶而出。而我只想尽快赶上舞女。老太婆步履蹒跚,反而难为我了。我们终于来到了山岭的隧道口。

"太谢谢了。老大爷一个人在家,请回吧。"我说说之后,老太婆好歹才放开了书包。

走进黑魆魆的隧道,冰凉的水滴滴达达地落下来。前面是通向南伊豆的出口,露出了小小的亮光。

二

山路从隧道出口开始,沿着崖边围上了一道刷成白色的栏杆,像一道闪电似的伸延过去。极目展望,山麓如同一副模型,从这里可以窥见艺人们的倩影。走了不到七百米,我追上了她们一行。但我不好突然放慢脚步,便佯装冷漠的样子,赶过了她们。独自走在前头二十米远的汉子,一看见我,就停住了步子。

"您走得真快……正好,天放晴了。"

我如释重负,开始同这汉子并肩行走。这汉子连珠炮似的向我问东问西。姑娘们看见我们两人谈开了,便从后面急步赶了上来。

这汉子背着一个大柳条包。那位四十岁的女人,抱着一条小狗。大姑娘挎着包袱。另一个姑娘拎着柳条包。各自都拿着大件行李。舞女则背着鼓和鼓架。四十岁的女人慢慢地也同我搭起话来。

"他是高中生呐。"大姑娘悄声对舞女说。

我一回头,舞女边笑边说:

"可能是吧。这点事我懂得。学生哥常来岛上的。"

这一行是大岛波浮港人。她们说,她们春天出岛,一直在外,天气转冷了,由于没作过冬准备,计划在下田呆十天左右,就从伊东温泉返回岛上。一听说是大岛,我的诗兴就更浓了。我又望了望舞女秀美的黑发,询问了大岛的种种情况。

"许多学生哥都来这儿游泳呢。"舞女对女伴说。

"是在夏天吧?"我回头问了一句。

舞女有点慌张地小声回答说:"冬天也……"

"冬天也?……"

舞女依然望着女伴,舒开了笑脸。

"冬天也能游泳吗?"我重问了一遍。

舞女脸颊绯红,非常认真地轻轻点了点头。

"真糊涂,这孩子。"四十岁的女人笑了。

到汤野,要沿着河津川的山涧下行十多公里。翻过山岭,连山峦和苍穹的色彩也是一派南国的风光。我和那汉子不住地倾心畅谈,亲密无间。过了荻乘、梨本等寒村小庄,山脚下汤野的草屋顶,便跳入了眼帘。我断然说出要同她们一起旅行到下田。汉子喜出望外。

来到汤野的小客店前,四十岁的女人脸上露出了惜别的神情。那汉子便替我说:

"他说,他要跟我们搭伴呐。"

她漫不经心地答道:"敢情好。'出门靠旅伴,处世靠人缘'嘛。连我们这号微不足道的人,也能给您消愁解闷呐。请进来歇歇吧。"

姑娘们都望了望我,显出若无其事的样子。她们一句话也没说,只是羞答答地望着我。

我和大家一起登上客店的二楼,把行李卸了下来。铺席、隔扇又旧又脏。舞女从楼下端茶上来。她刚在我的面前跪坐下来,脸就臊红了,手不停地颤抖,茶碗险些从茶碟上掉下来,于是她就势把它放在铺席上了。茶碗虽没落下,茶却洒了一地。看见她那副羞涩柔媚的表情,我都惊呆了。

"哟,讨厌。这孩子有恋情哩。瞧,瞧……"四十岁的女人吃惊地紧蹙起双眉,把手巾扔了过来。舞女捡起手巾,拘谨地揩了揩铺席。

我听了这番意外的话,猛然联想到自己。我被山上老太婆煽起的遐思,戛然中断了。

这时候,四十岁的女人仔细端详了我一番,抽冷子说:

"这位书生穿藏青碎白花纹布衣,真是潇洒英俊啊。"

她还反复地问身旁的女人:"这碎白花纹布衣,同民次的是一模一样的。瞧,对吧,花纹是不是一样呢?"

然后,她对我说:

"我在老家还有一个上学的孩子。现在想起来了,你这身衣服的花纹,同我孩子那身碎白花纹是一模一样的。最近藏青碎白花纹布好贵,真难为我们啊。"

"他上什么学校?"

"上普通小学五年级。"

"噢,上普通小学五年级,太……"

"是上甲府的学校。我长年住在大岛,老家是山梨县的甲府。"

小憩一小时之后,汉子带我到了另一家温泉旅馆。这以前,我只想着要同艺人们同住在一家小客店里。我们从大街往下走过百来米的碎石路和石台阶,蹚过小河边公共浴场旁的一座桥。桥那边就是温泉旅馆的庭院。

我在旅馆的室内浴池洗澡,汉子跟着进来了。他说,他快二十四岁了,妻子两次怀孕,不是流产,就是早产,胎儿都死了。他穿着印有长冈温泉字号的和服短外褂,起先我以为他是长冈人。从长相和言谈来看,他是相当有知识的。我想,他要么是出于好奇,要么是迷上了卖艺的姑娘,才帮忙拿行李跟着来的。

洗完澡,我马上吃午饭。早晨八点离开汤岛,这会儿还不到下午三点。

汉子临回去时,从庭院里抬头望着我,同我寒暄了一番。

"请拿这个买点柿子尝尝吧!从二楼扔下去,有点失礼了。"我说罢,把一小包钱扔了下去。汉子谢绝了,想要走过去,但纸包却已落在庭院里,他又回头捡了起来。

"这样不行啊。"他说着把纸包抛了上来,落在茅屋顶上。我又一次扔下去。他就拿走了。

黄昏时分,下了一场暴雨。巍巍群山染上了一层白花花的颜色。远近层次已分不清了。

前面的小河,眼看着变得浑浊,成为黄汤了。流水声更响了。这么大的雨,舞女们恐怕不会来演出了吧。我心里这么想,可还是坐立不安,一次又一次地到浴池去洗澡。房间里昏昏沉沉的。同邻室相隔的隔扇门上,开了一个四方形的洞,门框上吊着一盏电灯。两个房间共用一盏灯。

暴雨声中,远处隐约传来了咚咚的鼓声。我几乎要把挡雨板抓破似的打开了它,把身子探了出去。鼓声迫近了。风雨敲打着我的头。我闭目聆听,想弄清那鼓声是从什么地方传来、又是怎样传来的。良久,又传来了三弦琴声。还有女人的尖叫声、嬉闹的欢笑声。我明白了,艺人们被召到小客店对面的饭馆,在宴会上演出。可以辨出两三个女人的声音和三四个男人的声音。我期待着那边结束之后,她们会到这边来。但是,那边的筵席热闹非凡,看来要一直闹腾下去。女人刺耳的尖叫声像一道道闪电,不时地划破黑魆魆的夜空。我心情紧张,一直敞开门扉,惘然呆坐着。每次听见鼓声,心胸就豁然开朗。

"啊,舞女还在宴席上坐着敲鼓呐。"

鼓声停息,我又不能忍受了。我沉醉在雨声中。

不一会儿,连续传来了一阵紊乱的脚步声。他们是在你追我赶,还是在绕圈起舞呢?嗣后,又突然恢复了宁静。我的眼睛明亮了,仿佛想透过黑暗,看穿这寂静意味着什么。我心烦意乱,那舞女今晚会不会被人玷污呢?

我关上挡雨板,钻进被窝,可我的心依然阵阵作痛。我又去浴池洗了个澡,暴躁地来回划着温泉水。雨停了,月亮出来了。雨水冲洗过的秋夜,分外皎洁,银亮银亮的。我寻思:就是赤脚溜出浴池赶到那边去,也无济于事。这时,已是凌晨两点多钟了。

三

翌日上午九时许,汉子又到我的住处来访。我刚起床,邀他一同去洗澡。南伊豆是小阳春天气,一尘不染,晶莹透明,实在美极了。在浴池下方的上涨的小河,承受着暖融融的阳光。昨夜的烦躁,自己也觉得如梦似幻。我对汉子说:

"昨夜里闹腾得很晚吧?"

"怎么,都听见了?"

"当然听见啰。"

"都是本地人。本地人净瞎闹,实在没意思。"

他装出无所谓的样子。我沉默不响。

"那伙人已经到对面的温泉浴场去了……瞧,似乎发现我们了,还在笑呐。"

顺着他手指的方向,我看见河对面那公共浴场里,热气腾腾的,七八个光着的身子若隐若现。

一个裸体女子突然从昏暗的浴场里首跑了出来,站在更衣处伸展出去的地方,做出一副要向河岸下方跳去的姿势。她赤条条的一丝不挂,伸展双臂,喊叫着什么。她,就是那舞女。洁白的裸体,修长的双腿,站在那里宛如一株小梧桐。我看到这幅景象,仿佛有一股清泉荡涤着我的心。我深深地吁了一口气,噗嗤一声笑了。她还是个孩子呐。她发现我们,满心喜悦,就这么赤裸裸地跑到日光底下,踮起足尖,伸直了身躯。她还是个孩子呐。我更是快活、兴奋,又嘻嘻地笑了起来。脑子清晰得好像被冲刷过一样。脸上始终漾出微笑的影子。

舞女的黑发非常浓密,我一直以为她已有十七八岁了呢。再加上她装扮成一副妙龄女子的样子,我完全猜错了。

我和汉子回到了我的房间。不多久,姑娘到旅馆的庭院里观赏菊圃来了。舞女走到桥当中。四十岁的女人走出公共浴场,看见了她们两人。舞女紧缩肩膀,笑了笑,让人看起来像是在说:要挨骂的,该回去啦。然后,她疾步走回去了。四十岁的女人来到桥边扬声喊道:

"您来玩啊!"

"您来玩啊!"大姑娘也同样说了一句。

姑娘们都回去了。那汉子到底还是静坐到傍晚。

晚间,我和一个纸张批发商下起围棋来,忽然听见旅馆的庭院里传来的鼓声。我刚要站起来,就听见有人喊道:

"巡回演出的艺人来了。"

"嗯,没意思,那玩意儿。来,来,该你下啦。我走这儿了。"纸商说着指了指棋盘。他沉醉在胜负之中了。我却心不在焉。艺人们好像要回去,那汉子从院子里扬声喊了一句:"晚安!"

我走到走廊上,招了招手。艺人们在庭院里耳语了几句,就绕到大门口去。三个姑娘从汉子身后挨个向走廊这边说了声:"晚安。"便垂下手施了个礼,看上去一副艺妓的风情。棋盘上刹时出现了我的败局。

"没法子,我认输了。"

"怎么会输呢。是我方败着嘛。走哪步都是细棋。"

纸商连瞧也不瞧艺人一眼,逐个地数起棋盘上的棋子来,他下得更加谨慎了。姑娘们把鼓和三弦琴拾掇好,放在屋角上,然后开始在象棋盘上玩五子棋。我本是赢家,这会儿却输了。纸商还一味央求说:"怎么样,再下一盘,再下一盘吧。"

我只是笑了笑。纸商死心了,站起身来。

姑娘们走到了棋盘边。

"今晚还到什么地方演出吗?"

"还要去的,不过……"汉子说着,望了望姑娘们。

"怎么样,今晚就算了,我们大家玩玩就算了。"

"太好了,太高兴了。"

"不会挨骂吧?"

"骂什么?反正没客,到处跑也没用嘛。"

于是,她们玩起五子棋来,一直闹到十二点多才走。

舞女回去后,我毫无睡意,脑子格外清醒,走到廊子上试着喊了喊:

"老板!老板!"

"哦……"一个年近六旬的老人从房间里跑出来,精神抖擞地应了一声。

"今晚来个通宵,下到天亮吧。"

我也变得非常好战了。

四

我们相约翌日早晨八点从汤野出发。我将高中制帽塞进了书包,戴上在公共浴场旁边店铺买来的便帽,向沿街的小客店走去。二楼的门窗全敞开着。我无意之间走了上去,见艺人们还睡在铺席上。我惊慌失措,呆呆地站在廊道里。

舞女就躺在我脚跟前的那个卧铺上,她满脸绯红,猛地用双手捂住了脸。她和中间那位姑娘同睡一个卧铺。脸上还残留着昨夜的艳抹浓妆,嘴唇和眼角透出了些许微红。这副富有情趣的睡相,使我魂牵梦萦。她有点目眩似的,翻了翻身,依旧用手遮住了脸面,滑出被窝,坐到走廊上来。

"昨晚太谢谢了。"她说着,柔媚地施了个礼。我站立在那儿,惊慌得手足无措。

汉子和大姑娘同睡一个卧铺。我没看见这情景之前,一点儿也不知道他们俩是夫妻。

"对不起。本来打算今天离开,可是今晚有个宴会,我们决定推迟一天。如果您非今儿离开不可,那就在下田见吧。我们订了甲州屋客店,很容易找到的。"四十岁的女人从睡铺上支起了半截身子说。

我顿时觉得被人推开了似的。

"不能明天再走吗?我不知道阿妈推迟了一天。还是有个旅伴好啊。明儿一起走吧。"

汉子说过后,四十岁的女人补充了一句:

"就这么办吧。您特意同我们作伴,我却自行决定延期,实在对不起……不过,明天无论发生什么情况,我们也得起程。因为我们的宝宝在旅途中夭折了,后天是七七,老早就打算在下田做七七了。我们这么匆匆赶路,就是要赶在这之前到达下田。也许跟您谈这些有点失礼,看来我们特别有缘分。后天也请您参加拜祭吧。"

于是,我也决定推迟出发,到楼下去。我等候他们起床,一边在肮脏的帐房里同客店的人闲聊起来。汉子邀我去散步。从马路稍往南走,有一座很漂亮的桥。我们靠在桥栏杆上,他又谈起自己的身世。他说,他本人曾一度参加东京新派剧剧团[2]。据说,这剧种至今仍经常在大岛港演出。刀鞘像一条腿从他们的行李包袱里露出来[3]。有时,也在宴席上表演仿新派剧,让客人观赏。柳条包里装有戏装和锅碗瓢勺之类的生活用具。

"我耽误了自己,最后落魄潦倒。家兄则在甲府出色地继承了家业。家里用不着我啰。"

"我一直以为你是长冈温泉的人呐。"

"是么?那大姑娘是我老婆,她比你小一岁,十九岁了。第二个孩子在旅途上早产,活了一周就断气了。我老婆的身子还没完全恢复过来呢。那位是我老婆的阿妈。舞女是我妹妹。"

"嗯,你说有个十四岁的妹妹?……"

"就是她呀。我总想不让妹妹干这行,可是还有许多具体问题。"

然后他告诉我,他本人叫荣吉,妻子叫千代子,妹妹叫薰子。另一个姑娘叫百合子,十七岁,唯独她是大岛人,雇用来的。荣吉非常伤感,老是哭丧着脸,凝望着河滩。

我们一回来,看见舞女已洗去白粉,蹲在路旁抚摸着小狗的头。我想回到自己的房间去,便说:

"来玩吧。"

"嗯,不过,一个人……"

"跟你哥哥一起来嘛。"

"马上就来。"

不大一会儿,荣吉到我下榻的旅馆来了。

"大家呢?"

"她们怕阿妈唠叨,所以……"

然而,我们两人正摆五子棋,姑娘们就过了桥,嘎嘎地登上二楼来了。和往常一样,她们郑重地施了礼,接着依次跪坐在走廊上,踟蹰不前。第一个站起来的,是千代子。

"这是我的房间,请,请不要客气,进来吧。"

玩了约莫一个小时,艺人们到这旅馆的室内浴池洗澡去了。她们再三邀我同去,因为有三个年轻女子,所以我搪塞了一番,说我过一会儿再去。舞女马上一个人上楼来,转达千代子的话说:

"嫂嫂说请您去,好给您搓背。"

我没去浴池,同舞女下起五子棋来。出乎意料,她是个强手。循环赛时,荣吉和其他妇女轻易地输给我了。下五子棋,我实力雄厚,一般人不是我的对手。我跟她下棋,可以不必手下留情,尽情地下,心情是舒畅的。房间里只有我们两人。起初,她离棋盘很远,要伸长手才能下子。渐渐地她忘却了自己,一心扑在棋盘上。她那显得有些不自然的秀美的黑发,几乎触到我的胸脯。她的脸倏地绯红了。

"对不起,我要挨骂啦。"她说着扔下棋子,飞跑出去。阿妈站在公共浴场前。千代子和百合子也慌里慌张地从浴池里走上来,没上二楼就逃回去了。

这天,荣吉从一早直到傍晚,一直在我的房间里游乐。又纯朴又亲切的旅馆老板娘告诫我说:请这种人吃饭,白花钱!

入夜,我去小客店。舞女正在向她的阿妈学习三弦琴。她一眼瞧见我,就停下手了。阿妈说了她几句,她才又抱起三弦琴。歌声稍为昂扬,阿妈就说:

"不是叫你不要扯开嗓门唱吗!可你……"

从我这边,可以望见荣吉被唤到对面饭馆的三楼客厅里念什么台词。

"那是念什么?"

"那是……谣曲呀。"

"念谣曲,气氛不谐调嘛。"

"他是个多面手,谁知他会演唱什么呢。"

这时,一个四十开外的汉子打开隔扇,叫姑娘们去用餐。他是个鸟商,也租了小客店的一个房间。舞女带着筷子同百合子一起到贴邻的小房间吃火锅。她和百合子一起返回这边房间的途中,鸟商轻轻地拍了拍舞女的肩膀。阿妈板起可怕的面孔说:

"喂,别碰这孩子!人家还是个姑娘呢。"

舞女口口声声地喊着大叔大叔,请求鸟商给她朗读《水户黄门漫游记》。但是,鸟商读不多久,便站起来走了。舞女不好意思地直接对我说"接着给我朗读呀",便一个劲儿请求阿妈,好像要阿妈求我读。我怀着期待的心情,把说书本子拿起来。舞女果然轻快地靠近我。

我一开始朗读,她就立即把脸凑过来,几乎碰到我的肩膀,表情十分认真,眼睛里闪出了光彩,全神贯注地凝望着我的额头,一眨也不眨。好像这是她请人读书时的习惯动作。刚才她同鸟商也几乎是脸碰脸的。我一直在观察她。她那双娇媚地闪动着的、亮晶晶的又大又黑的眼珠,是她全身最美的地方。双眼皮的线条,也优美得无以复加。她笑起来像一朵鲜花。用笑起来像一朵鲜花这句话来形容她,是恰如其分的。

不多久,饭馆女佣接舞女来了。舞女穿上衣裳,对我说:

"我这就回来,请等着我,接着给我读。"

然后,走到走廊上,垂下双手施礼说:

"我走了。"

"你绝不能再唱啦!"阿妈叮嘱了一句。舞女提着鼓,微微地点点头。阿妈回头望着我说:

"她现在正在变嗓音呢……"

舞女在饭馆二楼正襟危坐,敲打着鼓。我可以望见她的背影,恍如就在跟她贴邻的宴席上。鼓声牵动了我的心,舒畅极了。

"鼓声一响,宴席的气氛就活跃起来。"阿妈也望了望那边。

千代子和百合子也到同一宴席上去了。

约莫过了一小时,四人一起回来了。

"只给这点儿……"舞女说着,把手里攥着的五角钱银币放在阿妈的手掌上。我又朗读了一会儿《水户黄门漫游记》。她们又谈起宝宝在旅途中夭折的事来。据说,千代子生的婴儿十分苍白,连哭叫的力气也没有。即使这样,他还活了一个星期。

对她们,我不好奇,也不轻视,完全忘掉她们是巡回演出艺人了。我这种不寻常的好意,似乎深深地渗进了她们的心。不觉间,我已决定到大岛她们的家去。

"要是老大爷住的那间就好啰。那间很宽敞,把老大爷撵走就很清静,住多久都行,还可以学习呢。"她们彼此商量了一阵子,然后对我说:"我们有两间小房,山上那间是闲着的。"

她们还说,正月里请我帮忙,因为大家已决定在波浮港演出……

这条乡间小径,铺满了落叶,壁峭路滑,崎岖难行。我下气不接上气,反而豁出去了。我用手掌支撑着膝头,加快了步子。眼看一行人落在我的后头,只听见林间送来说话的声音。舞女独自撩起衣服下摆,急匆匆地跟上了我。她走在我身后,保持不到两米的距离。她不想缩短间隔,也不愿拉开距离。我回过头去同她攀谈。她吃惊似的嫣然一笑,停住脚步回答我。舞女说话时,我等着她赶上来,她却依然驻足不前。非等我起步,她才迈脚。小路曲曲弯弯,变得更加险峻,我越发加快步子。舞女还是在后头保持两米左右的距离,埋头攀登。重峦叠嶂,寥无声息。其余的人远远落在我们的后面,连说话的声音也听不见了。

"家在东京什么地方?"

"不,我在学校住。"

"东京我也熟识,赏花时节我还去跳过舞呢……是在儿时,现在什么也不记得了。"

后来,舞女又断断续续地问了一通:"令尊健在吧?""你去过甲府吗?"她还谈起到了下田要去看电影,以及婴儿夭折一类的事。

爬到山巅,舞女把鼓放在枯草丛中的凳子上,用手巾擦了一把汗。她似乎要掸掉自己脚上的尘土,却冷不防地蹲在我跟前,替我抖了抖裙裤下摆。我连忙后退。舞女不由自主地跪在地上,索性弯着身子给我掸去身上的尘土,然后将撩起的衣服下摆放下,对站着直喘粗气的我说:

"请坐!"

一群小鸟从凳子旁飞起来。这时静得只能听见小鸟停落在枝头上时摇动枯叶的沙沙声。

"为什么要走得那么快呢?"

后来我明白了,她们的巡回演出日子并不像我最初想象的那么艰辛,而是无忧无虑的,旅途上更是悠闲自在。她们是母女兄妹,一缕骨肉之情把她们连结在一起。只有雇来的百合子总是那么腼腆,在我面前常常少言寡语。

夜半更深,我才离开小客店。姑娘们出来相送。舞女替我摆好了木屐。她从门口探出头来,望了望一碧如洗的苍穹。

"啊,月亮……明儿就去下田啦,真快活啊!要给宝宝做七七,让阿妈给我买把梳子,还有好多事呐。您带我去看电影好不好?"

巡回演出艺人辗转伊豆、相模的温泉浴场,下田港就是她们的旅次。这个镇子,作为旅途中的故乡,它飘荡着一种令人爱恋的气氛。

五

艺人们各自带着越过天城山时携带的行李。小狗把前腿搭在阿妈交抱的双臂上,一副缱绻的神态。走出汤野,又进入了山区。海上的晨曦,温暖了山腹。我们纵情观赏旭日。在河津川前方,河津的海滨历历在目。

"那就是大岛呀。"

"看起来竟是那么大。您一定来啊。"舞女说。

秋空分外澄澈,海天相连之处,烟霞散彩,恍如一派春色。从这里到下田,得走二十多公里。有段路程,大海忽隐忽现。千代子悠然唱起歌来。

她们问我:途中有一条虽然险峻却近两公里路程的山间小径,是抄近路还是走平坦的大道?我当然选择了近路。

舞女觉得异常闷热。我用手指咚咚地敲了敲鼓,小鸟全飞了。

"啊,真想喝水。"

"我去找找看。"

转眼间,舞女从枯黄的杂树林间空手而归。

"你在大岛干什么?"

于是,舞女突然列举了三两个女孩子的名字,开始谈了起来。我摸不着头脑。她好像不是说大岛,而是说甲府的事。又好像是说她上普通小学二年级以前的小学同学的事。完全是东拉西扯,漫无边际。

约莫等了十分钟,三个年轻人爬到了山顶。阿妈还晚十分钟才到。

下山时,我和荣吉有意殿后,一边慢悠悠地聊天,一边踏上归程。刚走了两百多米,舞女从下面跑了上来。

"下面有泉水呢。请走快点,大家都等着你呢。"

一听说有泉水,我就跑步奔走。清澈的泉水,从林阴掩盖下的岩石缝隙里喷涌而出。姑娘们都站立在泉水的周围。

"来,您先喝吧。把手伸进去,会搅浑的。在女人后面喝,不干净。"阿妈说。

我用双手捧起清凉的水,喝了几口。姑娘们眷恋着这儿,不愿离开。她们拧干手巾,擦擦汗水。

下了山,走到下田的市街,看见好几处冒出了烧炭的青烟。我们坐在路旁的木料上歇脚。舞女蹲在路边,用粉红的梳子梳理着狮子狗的长毛。

"这样会把梳齿弄断的!"阿妈责备说。

"没关系。到下田买把新的。"

这在汤野的时候,我就想跟她要这把插在她额发上的梳子。所以她用这把梳子梳理狗毛,我很不舒服。

我和荣吉看见马路对面堆放着许多捆矮竹,就议论说:这些矮竹做手杖正合适,便抢先一步站起身来。舞女跑着赶上,拿来了一根比自己身材还长的粗竹子。

"你干吗用?"荣吉这么一问,舞女有点着慌,把竹子摆在我前面。

"给您当手杖用。我捡了一根最粗的拿来了。"

"可不行啊。拿粗的人家会马上晓得是偷来的。要是被发现,多不好啊。送回去!"

舞女折回堆放矮竹捆的地方以后,又跑了过来。这回她给我拿了一根中指般粗的。她身子一晃,险些倒在田埂上,气喘吁吁地等待着其他妇女。

我和荣吉一直走在她们的前面,相距十多米远。

"把那颗牙齿拔掉,装上金牙又有什么关系呢?"舞女的声音忽然飞进了我的耳朵。我扭回头来,只见舞女和千代子并肩行走,阿妈和百合子相距不远,随后跟着。她们似乎没有察觉我回头,千代子说:

"那倒是,你就那样告诉他,怎么样?"

她们好像在议论我。可能是千代子说我的牙齿不整齐,舞女才说出装金牙的话吧。她们无非是议论我的长相,我不至于不愉快。由于已有一种亲切之情,我也就无心思去倾听。她们继续低头谈论了一阵子,我听见舞女说:

"是个好人。"

"是啊,是个好人的样子。"

"真是个好人啊,好人就是好嘛。"

这言谈纯真而坦率,很有余韵。这是天真地倾吐情感的声音。连我本人也朴实地感觉到自己是个好人。我心情舒畅,抬眼望了望明亮的群山。眼睑微微作痛。我已经二十岁了,再三严格自省,自己的性格被孤儿的气质扭曲了。我忍受不了那种令人窒息的忧郁,才到伊豆来旅行。因此,有人根据社会上一般看法,认为我是个好人,我真是感激不尽。山峦明亮起来,已经快到下田海滨了。我挥动着刚才那根竹子,斩断了不少秋草尖。途中,每个村庄的入口处都竖立着一块牌子:

"乞丐、巡回演出艺人禁止进村！"

六

"甲州屋"小客店坐落在下田北入口处不远。我跟在艺人们之后,登上了像顶楼似的二楼。那里没有天花板,窗户临街。我坐在窗边上,脑袋几乎碰到了房顶。

"肩膀不痛吗?"

"手不痛吗?"

阿妈三番五次地叮问舞女。

舞女打出敲鼓时那种漂亮的手势。

"不痛。还能敲,还能敲嘛。"

"那就好。"

我试着把鼓提起来。

"哎呀,真重啊。"

"比您想象的重吧。比您的书包还重呐。"舞女笑了。

艺人们和住在同一客店的人们亲热地相互打招呼。全是些卖艺人和跑江湖的家伙。下田港就像是这种候鸟的窝。客店的小孩小跑着走进房间,舞女把铜币给了他。我刚要离开"甲州屋",舞女就抢先走到门口,替我摆好木屐,然后自言自语似的柔声说道:

"请带我去看电影吧。"

我和荣吉找了一个貌似无赖的男子带了一程路,到了一家旅店,据说店主是前镇长。浴罢,我和荣吉一起吃了午饭,菜肴中有新上市的鱼。

"明儿要做法事,拿这个去买束花上供吧。"我说着,将一小包为数不多的钱让荣吉带回去。我自己则不得不乘明早的船回东京,因为我的旅费全花光了。我对艺人们说学校里有事,她们也不好强留我了。

午饭后不到三小时,又吃了晚饭。我一个人过了桥,向下田北走去,攀登下田的富士山,眺望海港的景致。归途经过"甲州屋",看见艺人们在吃鸡火锅。

"你也来尝尝怎么样? 女人先下筷虽不洁净,不过可以成为日后的笑料哩。"阿妈说罢,从行李里取出碗筷,让百合子洗净拿来。

明天是宝宝夭折第四十九天,哪怕推迟一天走也好嘛。大家又这样劝我。可是我还是拿学校有事作借口,没答应她们。阿妈来回唠叨说:

"那么,寒假大家到船上来迎您,请通知我们日期。我们等着呐。就别去住什么旅馆啦,我们到船上去接您呀。"

房间里只剩下千代子和百合子,我邀她们去看电影,千代子按住腹部让我看:

"我身体不好,走那么些路,我实在受不了。"

她脸色苍白,有点精疲力尽。百合子拘束地低下头来。舞女在楼下同客店里的小孩游玩,一看见,她就央求阿妈让她去看电影。结果脸上掠过一抹失望的阴影,茫然若失地回到了我这边,替我摆好了木屐。

"算了,让他带她一个人去不好吗?"荣吉插进来说。阿妈好像不应允。为什么不能带她一个人去呢? 我觉得不可思议。我刚要迈出大门,这时舞女抚摸着小狗的头。她显得很淡漠,我没敢搭话。她仿佛连抬头望我的勇气也没有了。

我一个人看电影去了。女解说员在煤油灯下读着说明书。我旋即走出来,返回旅馆。我把胳膊肘支在窗台上,久久地远眺着街市的夜景。这是黑暗和街市。我觉得远方不断隐约地传来鼓声。不知怎的,我的眼泪扑簌簌地滚落下来了。

七

动身那天早晨七点钟,我正在吃早饭,荣吉从马路上呼喊我。他穿了一件带家徽的黑外褂,这身礼服像是为我送行才穿的。姑娘们早已芳踪渺然。一种剜心的寂寞,从我心底里油然而生,荣吉走进我的房间,说:

"大家本来都想来送行的,可昨晚睡得太迟,今早起不来,让我赔礼道歉来了。她们说等着您冬天再来。一定来呀。"

早晨,街上秋风萧瑟。荣吉在半路上给我买了四包敷岛牌纸烟、柿子和"熏牌"清凉剂。

"我妹妹叫熏子。"他笑眯眯地对我说。"在船上吃橘子不好。柿子可以防止晕船,可以吃。"

"这个送给你吧。"

我脱下便帽,戴在荣吉的头上。然后从书包里取出学生制帽,把皱折展平。我们两人都笑了。

快到码头,舞女蹲在岸边的倩影赫然映入我的心中。我们走到她身边以前,她一动不动,只顾默默地把头耷拉下来。她依旧是昨晚那副化了妆的模样,这就更加牵动我的情思。眼角的胭脂给她的秀脸添了几分天真、严肃的神情,使她像在生气。荣吉说:

"其他人也来了吗?"

舞女摇了摇头。

"大家还睡着吗?"

舞女点了点头。

荣吉去买船票和舢板票的工夫,我找了许多话题同她攀谈,她却一味低头望着运河入海处,一声不响。每次我还没把话讲完,她就一个劲点头。

这时,一个建筑工人模样的汉子走了过来:

"老婆子,这个人合适哩。"

"同学,您是去东京的吧?我们信赖您,拜托您把这位老婆子带到东京,行不行啊?她是个可怜巴巴的老婆子。她儿子早先在莲台寺的银矿上干活,这次染上了流感,儿子、儿媳都死掉了。留下三个这么小不丁点的孙子。无可奈何,俺们商量,还是让她回老家。她老家在水户。老婆子什么也不清楚,到了灵岸岛,请您送她乘上开往上野站的电车就行了。给您添麻烦了。我们给您作揖。拜托啦。唉,您看她这般处境,也会感到可怜的吧。"

老婆子呆愣愣地站在那里,背上背着一个吃奶的婴儿。左右手各拖着一个小女孩,小的约莫三岁,大的也不过五岁光景。那个污秽的包袱里带着大饭团和咸梅。五六个矿工在安慰着老婆子。我爽快地答应照拂她。

"拜托啦。"

"谢谢,俺们本应把她们送到水户的,可是办不到啊。"矿工都纷纷向我致谢。

舢板猛烈地摇晃着。舞女依然紧闭双唇,凝视着一个方向。我抓住绳梯,回过头去,舞女想说声再见,可话到嘴边又咽了回去,然后再次深深地点了点头,舢板折回去了。荣吉频频地摇动着我刚才送给他的那顶便帽。直到船儿远去,舞女才开始挥舞她手中白色的东西。

轮船出了下田海面,我全神贯注地凭栏眺望着海上的大岛,直到伊豆半岛的南端,那大岛才渐渐消失在船后。同舞女离别,仿佛是遥远的过去了。老婆子怎样了呢?我窥视船舱,人们围坐在她的身旁,竭力抚慰她。我放下心来,走进了贴邻的船舱。相模湾上,波浪汹涌起伏。一落座就不时左跌右倒。船员依次分发着金属小盆[4]。我用书包当枕头,躺了下来。脑子空空,全无时间概念了。泪水簌簌地滴落在书包上。脸颊凉飕飕的,只得将书包翻了过来。我身旁睡着一个少年。他是河津一家工厂老板的儿子,去东京准备入学考试。他看见我头戴一高制帽,对我抱有好感。我们交谈了几句之后,他说:

"你是不是遭到什么不幸啦?"

"不,我刚刚同她离别了。"

我非常坦率地说了。就是让人瞧见我在抽泣,我也毫不在意了。我若无所思,只满足于这份闲情逸致,静静地睡上一觉。

我不知道海面什么时候昏沉下来。网代和热海已经耀着灯光。我的肌肤感到一股凉意,肚子也有点饿了。少年给我打开竹叶包的食物。我忘了这是人家的东西,把紫菜饭团抓起来就吃。吃罢,钻进了少年学生的斗篷里,产生了一股美好而又空虚的情绪,无论别人多么亲切地对待我,我都非常自然地接受了。明早我将带着老婆子到上野站去买前往水户的车票,这也是完全应该做的事。我感到一切的一切都融为一体了。

船舱里的煤油灯熄灭了。船上的生鱼味和潮水味变得更加浓重。在黑暗中,少年的体温温暖着我。我任凭泪泉涌流。我的头脑恍如变成了一池清水,一滴滴溢了出来,后来什么都没有留下,顿时觉得舒畅了。

—选自《川端康成小说选》,叶渭渠译,人民文学出版社1985年版

【注释】

[1]高等学校:即旧制大学预科。
[2]新派剧:新派剧是与歌舞伎相抗衡的现代戏。
[3]刀鞘:新派剧表演武打时使用的道具。露出刀鞘,表明他们也演新派剧武打。
[4]金属小盆:供晕船者呕吐用。

【评析提示】

《伊豆的舞女》是川端康成早期的代表作,也是作者自传性的小说。

作品情节简单,以第一人称的手法,讲述了"我"的一段经历。"我"因为人生孤寂,独自去伊豆旅行,途中遇上一伙江湖艺人,便与他们结伴而行。艺人们心地善良,性情纯朴,让"我"感到了人生的温暖。尤其是那个天真、烂漫并且可爱的小舞女,她让"我"产生了无限美好的浪漫联想,萌发出一种朦胧的恋情。伊豆的青山秀水与少男少女间纯净的爱慕之情交织在一起,互相辉映,清新而唯美。

作者从一种新的视角来描写了舞女形象。这篇文章中的舞女纯真而羞涩,少女的善良与纯净让"我"为之怦然心动。少女想要表达爱意却又小心翼翼地守护着自己的心意,少女情窦初开的那种淡淡的哀愁和羞涩之情一直贯穿始终,即使相伴而行后的离别,也是在无言中渐行渐远。作者虽追求的是平淡自然,舞女的天真无邪和"我"的朴质无华,看似轻描淡写,实则创造出一种纯洁美好的意境。

川端康成是日本新感觉派文学的代表人物,他的作品重在表现纤细而敏锐的感觉,技巧新颖。小说借鉴西方现代派,着重人物的心理刻画和意境的创造,整篇小说具有浓重的主观感情色彩。

【思考与练习】

1. 小说的叙事者是"我",品读全文,揣摩一下作者如何通过舞女的行动、语言来体现她的感情发展和变化。
2. 川端康成是个唯美主义作家,试从本篇分析其作品的情境。
3. 阅读川端康成另一部代表作品《雪国》,其中人物与这篇小说中的人物有何不同?

【拓展阅读】

命若琴弦

史铁生

(原文略)

史铁生(1951~2010),原籍河北涿县。曾任中国作家协会全国委员会委员,北京作家协会副主席,中国残疾人协会评议委员会委员。史铁生是当代中国最令人敬佩的作家之一。他的写作与他的生命完全同构在了一起,他用残缺的身体,说出了最为健全而丰满的思想。他体验到的是生命的苦难,表达出的却是存在的明朗和欢乐,他睿智的言辞,照亮了人们的内心。史铁生创作的散文《我与地坛》鼓励了无数的人。2002年获华语文学传媒大奖——年度杰出成就奖。

《命若琴弦》是一个抗争荒诞以获取生存意义的寓言故事,是一篇寄寓着深刻哲理,饱含人生况味的小说。故事中师徒两代人的顽强求生,投射着人类自强不息的精神,"命若琴弦"般脆弱,也要奏出最美好的音符。

——选自《现代人》,1985年第二期

第三单元　为国·为政

　　为国即治国；为政即管理政事。
　　自古至今，为国为政中贯穿着的最重要的精神就是以顺民心为本，以厚民生为本，以安而不忧为本。这里既包含着政治关系又包含着道德意识；既是等级秩序的经纬，又是精神道德的统领。在为国为政中，有无数的思想家以独立的思想、自由的意志，肩负起国家民族的道义，引导我们向着完美与至善前行。
　　本单元精聚其零珠碎玉，对话群贤，求策问计，使这些有共性的篇章，能够跨越时间和地域的阻隔而提供给学习者以借鉴和参考，用宏观的眼光通过去看历史发展的轨迹，从诸多细节处得出宏观的历史结论，躬身入局，以前人之力来把脉当今时代，自重、自省、自警、自励，以期成为为国为政的智者。

一、梁惠王下（节选）　孟　子

【篇章导引】

　　孟子（前372年～前289年），名轲，邹国（今山东省邹城市）人。战国中期著名思想家、政治家和教育家。孟子出身贫寒，幼年丧父，由母亲养育成人。他对孔子极为仰慕，受业于孔子之孙子思（孔伋）的门人，继承和发展了孔子的仁义思想，认为"民为贵，君为轻"，提倡"法先王"、"行仁政"，主张"性善"论。曾游说于齐、宋、滕、魏等国，一度为齐宣王客卿，但其学说被认为是"迂远而阔于事情"，终不被采用。晚年回到邹地，专心讲学和著述，与弟子共同写作了《孟子》一书。其思想对后代产生极大影响，成为孔子之后最重要的儒学大师，有"亚圣"之称，与孔子合称为"孔孟"。
　　《孟子》有七篇传世：《梁惠王》上下；《公孙丑》上下；《滕文公》上下；《离娄》上下；《万章》上下；《告子》上下；《尽心》上下。
　　其学说出发点为性善论，提出"仁政"、"王道"，主张德治。孟子的文章说理畅达，气势充沛并长于论辩，逻辑严密，尖锐机智，代表着传统散文写作最高峰。孟子在人性问题上提出性善论，即"人之初，性本善。"
　　南宋时朱熹将《孟子》与《论语》、《大学》、《中庸》合在一起称"四书"，是科举必考内容。

梁惠王下(节选)

孟 子

庄暴见孟子[1],曰:"暴见于王[2],王语暴以好乐[3],暴未有以对也。"曰:"好乐何如?"

孟子曰:"王之好乐甚,则齐国其庶几乎[4]!"

他日,见于王曰:"王尝语庄子以好乐,有诸?"

王变乎色[5],曰:"寡人非能好先王之乐也,直好世俗之乐耳[6]。"

曰:"王之好乐甚,则国其庶几乎,今之乐犹古之乐也。"

曰:"可得闻与?"

曰:"独乐乐[7],与人乐乐,孰乐?"

曰:"不若与人。"

曰:"与少乐乐,与众乐乐,孰乐?"

曰:"不若与众。"

"臣请为王言乐。今王鼓乐于此,百姓闻王钟鼓之声,管籥之音[8],举疾首蹙頞而相告曰[9,10]:'吾王之好鼓乐,夫何使我至于此极也[11]?父子不相见,兄弟妻子离散。今王田猎于此,百姓闻王车马之音,见羽旄之美,举疾首蹙頞而相告曰:'吾王之好田猎[12],夫何使我至于此极也?父子不相见,兄弟妻子离散。'此无他,不与民同乐也。"

"今王鼓乐于此,百姓闻王钟鼓之声,管籥之音,举欣欣然有喜色而相告曰:'吾王庶几无疾病与,何以能鼓乐也?'今王田猎于此,百姓闻王车马之音,见羽旄之美[13],举欣欣然有喜色而相告曰:'吾王庶几无疾病与,何以能田猎也?'此无他,与民同乐也。今王与百姓同乐,则王矣。"

——选自《孟子译注》,杨伯峻译注,中华书局1960年版

【注释】

[1]庄暴:齐国大臣。

[2]见(xiàn 现)于王:被齐王召见或朝见齐王。

[3]乐(luò 洛):《说文》:"五声八音总名。"《易》曰:"雷出地奋豫,先王以作乐崇德。"《礼记·乐记》:"先王之所以饰喜也""天地之和""德之华也"。可见,古代的乐是为了身心合德而作。音乐是道德感情的心声,也是回归天地万物和谐境界的途径。

[4]庶几:差不多。朱熹《集注》云:"近辞也,言近于。"

[5]乎色:改变了脸色。朱熹《集注》云:"变色者,惭其好之不正也。"赵注则说是宣王恼怒庄暴把他"好乐"的事告诉孟子。

[6]直:不过、仅仅。

[7]独乐乐:独自一人娱乐的快乐。前一个"乐(yào 药)"作动词用,下同。

[8]管籥(yuè 月):箫笛一类的乐器。

[9]举:皆、都。

[10] 疾首蹙頞(cuè 促遏):疾,《说文》:"病也。"蹙,《说文新附》:"迫也。"引申为聚也。赵注云"疾首,头痛也。蹙,愁貌。"王夫之《四书稗疏》云:"疾首者蓬头不理,低垂丧气,若病之容耳。"頞,《说文》:"鼻茎也。"

[11] 极:《说文》:"栋也。"《通训定声》按:在屋之正中至高处。引申为极致,极端。

[12] 田猎:在野外打猎。在春秋战国时代,这是一项带有军事训练性质的活动。由于它要发动百姓驱赶野兽,各级地方官员都要准备物资和亲自参与,所以古人主张应该在农闲时候有节制地举行,以免扰乱正常的生产秩序。

[13] 旄:旄,《说文》:"幢也。"通"毛"。古代用牦尾装饰的旗子,这种旗子为前军所持,故曰"前旄"。

【评析提示】

本文主要记叙了孟子和齐宣王关于"乐"的一次谈话。它由齐宣王的好乐而起,最后归结到与民同乐才能称王于天下的大问题上来,劝导齐宣王推行仁政,充分表现了孟子的人君应"与民同乐",实行"仁政"的理论主张和高超的论辩技巧。

文章开头即巧设悬念:庄暴与孟子的谈话。庄暴与孟子的谈话是一个引子,只有短短几句,由庄暴之言,提出齐王"好乐",而孟子的简单回答,则直接提出了本文的论题,齐王好乐与齐国大治的关系:"王之好乐甚,则齐国其庶几乎。"而其间的逻辑关系却只字未提。而在下文孟子面对齐王展开论述与民同乐的观点前,以庄暴与孟子的对话形式切入论题,有这样几个作用:正面提出论题;制造议论悬念;以庄暴无言以对齐王,说明此论题的难度,反衬孟子论辩术的高明。

《孟子》是对话体的文章,这种以对话形式切入论题,也是孟子散文的常见手法。下文中孟子向齐王阐述自己的观点,仍是用对话方式切入。

孟子"他日,见于王"提及"好乐"之事,齐王闻言变色,惭言非好古乐,直好今乐而已。孟子则以"王之好乐甚,则齐国其庶几乎"为说,引起了齐王的兴趣,巧妙地把谈话由音乐引入政治领域。然后再补充一句"今之乐犹古之乐也",既是承接齐王"先王之乐""世俗之乐"之言而来,又改变了原来的概念,进一步转换话题,避开容易引起齐王反感的音乐的雅俗问题,借题发挥,巧妙地把音乐话题转为政治话题,既不丧失自己对音乐的一贯立场,又把谈话引入了自己想说的领域。

话题的转换果然改变了齐王的情绪,激起了他的兴趣,忍不住主动问道"可得闻与?"向齐王进说的时机似乎已成熟,但孟子并未就此开始阐发他的道理,而是再以两问进一步加重谈话气氛,诱导齐王在思想感情上趋向自己与民同乐的观点。既然齐王同意独乐不如与人同乐,与少数人同乐不如与多数人同乐,那么自然也就容易接受与民同乐的观点。

至此,齐王在不知不觉中,终于说出了"不若与众"时,谈话条件已完全具备,这时趁势提出自己的政治主张已经是水到渠成。孟子则不然,他还是没有正面解释为什么说"今之乐犹古之乐",而是另外提了两个看似关系不大的问题:"独乐乐,与人乐乐,孰乐?""与少乐乐,与众乐乐,孰乐?"并进一步以齐王的音乐和畋猎活动在老百姓心中可能引起的不同感受,引出与民同乐的主题。这里,孟子没有讲枯燥的大道理,而是以两幅生动形象而又截然不同的画面的对比,来揭示是否与民同乐的不同政治效果,分别结以"此无他,不与民同乐也"和

"此无他,与民同乐也",说明了造成两种不同政治局面的原因,点出了本文的主题思想。最后以"今王与百姓同乐,则王矣"作结,进一步升华主题,与民同乐,推行仁政,人民归附,便能统一天下。

孟子在劝导的过程中,不流于说教,而是通过移情入境的悬想和代言方式,将"独乐乐"和"与众乐乐"的不同效果和百姓对它们的截然不同的反应,形象的展现出来,这种论说方法不仅富于逻辑的说服力,情绪的感染力也非常强烈。

《孟子》长于辩论,多采用类比论证的方法,气势浩然,感情激越,具有浩然之气,具有平易晓畅、精炼简约的语言风格。从《论语》到《孟子》,可以看出先秦论说性散文文体演变的基本倾向。《论语》大多是只言片语的记录,即使描写问答和对话,措辞也极为简约。《孟子》虽然沿用了语录体的形式,但文章围绕一个话题逐层展开,反复论证,篇幅有所增大,思辨的特质和论辩的色彩也更见浓厚。

【思考与练习】

1. 在描述百姓对齐王好乐和畋猎的两种不同反应时,孟子使用了同中有异的重章叠句的手法,这种写法的目的是什么?效果如何?
2. 比较本文与《论语·侍坐》,说说二者的语言风格的差异。
3. 你喜欢音乐吗?喜欢什么样的音乐?现在的音乐都有什么样的功能?

【拓展阅读】

以下所选《孟子》语录,主要反映了孟子重在经世治国的"仁政"思想。

《孟子》语录六则

一

庖有肥肉,厩有肥马,民有饥色,野有饿莩,此率兽而食人也。兽相食,且人恶之。为民父母,行政不免于率兽而食人。恶在其为民父母也。(《孟子 梁惠王上》)

二

挟太山以超北海,语人曰'我不能',是诚不能也。为长者折枝,语人曰'我不能',是不为也,非不能也。故王之不王,非挟太山以超北海之类也;王之不王,是折枝之类也。老吾老,以及人之老;幼吾幼,以及人之幼。天下可运于掌。(《孟子 梁惠王上》)

三

天时不如地利,地利不如人和。三里之城,七里之郭,环而攻之而不胜;夫环而攻之,必有得天时者矣;然而不胜者,是天时不如地利也。城非不高也,池非不深也,兵革非不坚利也,米粟非不多也;委而去之,是地利不如人和也。故曰:域民不以封疆之界。固国不以山溪之险,威天下不以兵革之利;得道者多助,失道者寡助;寡助之至,亲戚畔之;多助之至,天下顺之。以天下之所顺,攻亲戚之所畔。故君子有不战,战必胜矣。(《孟子·公孙丑下》)

四

景春曰:"公孙衍、张仪岂不诚大丈夫哉?一怒而诸侯惧,安居而天下熄。"孟子曰:

"是焉得为大丈夫乎?……居天下之广居,立天下之正位,行天下之大道;得志,与民由之;不得志,独行 其道。富贵不能淫,贫贱不能移,威武不能屈,此之谓大丈夫。"(《孟子·滕文公下》)

五

舜发于畎亩之中,傅说举于版筑之间,胶鬲举于鱼盐之中,管夷吾举于士,孙叔敖举于海,百里奚举于市。故天将降大任于是人也,必先苦其心志,劳其筋骨,饿其体肤,空乏其身,行拂乱其所为,所以动心忍性,曾益其所不能。人恒过,然后能改;困于心,衡于虑,而后作;征于色,发于声,而后喻。入则无法家拂士,出则无敌国外患者,国恒亡。然后知生于忧患而死于安乐也。(《孟子·告子下》)

六

民为贵,社稷次之,君为轻。是故得乎丘民而为天子,得乎天子为诸侯,得乎诸侯为大夫。诸侯危社稷,则变置。(《孟子·尽心下》)

——选自《孟子译注》,杨伯峻译注,中华书局1960年版

《孟子》语录,篇幅较《论语》有所衍长,论述也较为充分,说理生动且有气势。

二、谏太宗十思疏 魏 征

【篇章导引】

魏征(580～643),字玄成,馆陶(今属河北)人,唐初著名政治家。

唐太宗时拜谏议大夫,以能犯颜直谏著称,前后陈谏二百余事劝唐太宗居安思危、举贤任能、戒奢爱民,于"贞观之治"功效卓著。加光禄大夫,封郑国公。魏征病卒后,唐太宗亲自撰写碑文:"人以铜为镜,可以正衣冠;以古为镜,可以见兴替;以人为镜,可以知得失,魏征殁朕亡一镜矣!"可见其倚重。

魏征曾参与撰写《隋书》等,论列史实简明正确,时称"良史"。有《群书治要》、《魏郑公诗集》及《魏郑公文集》等。言论散见于《贞观纪要》。

谏太宗十思疏

魏 征

臣闻求木之长者,必固其根本;欲流之远者,必浚其泉源;思国之安者,必积其德义。源不深而望流之远,根不固而求木之长,德不厚而思国之安,臣虽下愚,知其不可,而况于明哲乎?人君当神器之重[1],居域中之大[2],不念居安思危,戒奢以俭,斯亦伐根以求木茂,塞源而欲流长也。

凡百元首,承天景命[3],善始者实繁,克终者盖寡。岂取之易,守之难乎?盖在殷忧[4],必竭诚以待下;既得志,则纵情以傲物。竭诚,则吴、越为一体;傲物,则骨肉为行路。虽董之以严刑[5],振之以威怒,终苟免而不怀仁,貌恭而不心服。怨不在大,可畏惟人,载舟覆舟,所

宜深慎。

诚能见可欲,则思知足以自戒;将有作[6],则思知止以安人;念高危,则思谦冲而自牧[7];惧满溢,则思江海下百川;乐盘游[8],则思三驱以为度[9];忧懈怠,则思慎始而敬终;虑壅蔽,则思虚心以纳下;惧谗邪,则思正身以黜恶;恩所加,则思无因喜以谬赏;罚所及,则思无因怒而滥刑。总此十思,宏兹九德[10]。简能而任之[11],择善而从之,则智者尽其谋,勇者竭其力,仁者播其惠,信者效其忠。文武并用,垂拱而治。何必劳神苦思,代百司之职役哉!

——选自《旧唐书·魏征传》,中华书局1975年版

【注释】

[1]神器:帝位。
[2]居域中之大:占据天地间的一大。《老子》上篇:"道大,天大,地大,王亦大。域中有四大,而王居其一焉。"域中:天地间。
[3]景:大。
[4]殷:深。
[5]董:督责,监督。
[6]作:兴作,建筑。指兴建宫室之类。
[7]谦冲:谦虚。自牧:自我修养。
[8]盘游:打猎游乐。
[9]三驱:一年打猎三次。《礼·王制》:"天子诸侯无事,则岁三田(猎)。"
[10]九德:指忠、信、敬、刚、柔、和、固、贞、顺。
[11]简:选拔。

【评析提示】

魏征写的《谏太宗十思疏》这篇文章,有其历史背景。在历史上,唐朝的贞观之治,是封建时代国力最强盛的时期。但在贞观中期,唐太宗逐渐骄傲腐化,大修庙宇宫殿,四处巡游,劳民伤财,舍勤俭而求奢侈。魏征对此甚为不满,并且四上奏折,旨在提醒、儆戒李世民居安思危、戒奢以俭、积聚德义以顺应民心,使天下长治久安。

文章观点鲜明,论述畅达,开篇即以形象的比喻:"求木之长者,必固其根本;欲流之远者,必浚其泉源",引出全文的主旨:"思国之安者,必积其德义。"其后的文字即紧紧围绕这一主题展开,接下来第二段指出,历代帝王,能好好开始,但能坚持到底的很少,是因为"既得志,则纵情以傲物",劝说唐太宗要竭诚以待下。这给当时骄奢忘本的唐太宗当头棒喝。紧接着在第三段提出"十思"的内容,是"积其德义"的具体化。十思是针对唐太宗当时存在的问题提出来的,在十思中"谦冲自牧"、"虚心纳下"、"慎始而敬终"尤其重要。不"纵情以傲物",就须"谦冲自牧",表现为"虚心纳下","虚心纳下"的态度为"慎始而敬终"。在落实"十思"的基础上,只要发挥下属的作用,知人善用,听取正确意见,那么不必皇帝劳神苦思,代百司之职役。太宗听后将此疏置于案头,奉为座右铭。

作者善于运用正反对举的方法援事说理,进行对比论证,论述简洁扼要,而事理昭然,是非、厉害、得失等相形益彰。文章还多用比喻、排比和对偶等修辞,化抽象为具体,使文章说

理生动可感,句式整饬,便于记诵。

【思考与练习】

1. 结合本文的中心论点,说明"国家安定"、"积聚德义"、"获取民心"、厉行"十思"四者之间的内在逻辑联系。
2. 以本文第一、二段为例,说明本文所采用的正反对举的论证方法。
3. 找出文中语义相反的对偶句,说明其效果。

【拓展阅读】

　　李斯,秦朝著名的政治家、文学家,战国时上蔡人,法家学派代表人物。初为上蔡郡小吏,后入秦辅助秦始皇,为统一中国,建立中国历史上第一个大统一的中央集权的封建主义国家作出了巨大贡献。后为秦朝丞相,参与制定了法律,统一车轨、文字、度量衡制度。秦始皇死后与赵高立少子胡亥为二世皇帝,为赵高所忌,腰斩于市。

　　据《史记·李斯列传》记载,秦王政听信宗室大臣的进言,认为来秦的客卿大抵都想游间于秦,就下令驱逐客卿。李斯也在被驱逐之列,故上《谏逐客书》。其立意高深,说明用客卿强国的重要性。

——本文选自《史记》,中华书局1982年版

谏逐客书

李 斯

　　臣闻吏议逐客,窃以为过矣!

　　昔缪公求士,西取由余于戎,东得百里奚于宛,迎蹇叔于宋,来丕豹、公孙支于晋,此五子者,不产于秦,而缪公用之,并国二十,遂霸西戎。孝公用商鞅之法,移风易俗,民以殷盛,国以富强,百姓乐用,诸侯亲服,获楚、魏之师,举地千里,至今治强。惠王用张仪之计,拔三川之地,西并巴、蜀,北收上郡,南取汉中,包九夷,制鄢、郢,东据成皋之险,割膏腴之壤,遂散六国之纵,使之西面事秦,功施到今。昭王得范雎,废穰侯,逐华阳,强公室,杜私门,蚕食诸侯,使秦成帝业。此四君者,皆以客之功。由此观之,客何负于秦哉!向使四君却客而不纳,疏士而不用,是使国无富利之实,而秦无强大之名也。

　　今陛下致昆山之玉,有随和之宝,垂明月之珠,服太阿之剑,乘纤离之马,建翠凤之旗,树灵鼍之鼓。此数宝者,秦不生一焉,而陛下悦之,何也?必秦国之所生然后可,则是夜光之璧不饰朝廷,犀象之器不为玩好,郑、卫之女不充后宫,而骏马驶䭿不实外厩,江南金锡不为用,西蜀丹青不为采。所以饰后宫、充下陈、娱心意、悦耳目者,必出于秦然后可,则是宛珠之簪、傅玑之珥、阿缟之衣、锦绣之饰不进于前,而随俗雅化、佳冶窈窕赵女不立于侧也。夫击瓮叩缶弹筝搏髀,而歌呼呜呜快耳者,真秦之声也。郑、卫、桑间,韶虞、武象者,异国之乐也。今弃击瓮而就郑、卫,退弹筝而取韶虞,若是者何也?快意当前,适观而已矣。今取人则不然,不问可否,不论曲直,非秦者去,为客者逐。然则是所重者在乎色乐珠玉,而所轻者在乎人民也。此非所以跨海内、制诸侯之术也。

臣闻地广者粟多,国大者人众,兵强则士勇。是以泰山不让土壤,故能成其大;河海不择细流,故能就其深;王者不却众庶,故能明其德。是以地无四方,民无异国,四时充美,鬼神降福,此五帝、三王之所以无敌也。今乃弃黔首以资敌国,却宾客以业诸侯,使天下之士退而不敢向西,裹足不入秦,此所谓藉寇兵而赍盗粮者也。

夫物不产于秦,可宝者多;士不产于秦,而愿忠者众。今逐客以资敌国,损民以仇,内自虚而外树怨于诸侯,求国之无危,不可得也。

《谏逐客书》论述立足巧妙,"谏逐客",却始终不谈客卿的利益,而是以秦国危亡为着眼点,为秦国统一大业着想,厉害对举,是非昭然,且语汇丰富,颇具文采,有战国时期纵横家剧谈雄辩的风格。

三、资治通鉴·赵武灵王胡服骑射(节选)　　司马光

【篇章导引】

司马光(1019~1086),字君实,号迂夫,晚年号迂叟,世称涑水先生。北宋陕州夏县涑水乡(今山西运城地区夏县)人,北宋时期著名政治家、史学家、散文家。卒赠太师、温国公、谥文正。司马光出生时,他的父亲司马池正担任光州光山县令(河南光山县),于是便给他取名"光"。司马光自幼嗜学,尤喜《春秋左氏传》。他主持编纂了《资治通鉴》,从发凡起例到删削定稿,均亲自动笔。有《司马文正公集》。

《资治通鉴》,简称"通鉴",是我国最大的一部多卷本编年体史书,全书共二百九十四卷,通贯古今,上起战国初期(前403年),下迄五代(959年),共一千三百六十二年。《资治通鉴》根据大量的史料,经精心剪裁融铸而成,内容详于政治军事,供统治者借鉴,书名的意思是:"鉴于往事,资于治道",即以历史的得失作为鉴诫来加强统治,所以叫《资治通鉴》。其文字简练,记事周详,是我国古代的一部重要史书,也有一定的文学价值。

赵武灵王(？—前295),名雍,赵肃侯之子,周显王四十四年(前325年)即位。为加强边防,于赵武灵王十九年(前307年)下令"胡服骑射"。胡服:战国时北方游牧民族的服装,窄袖短装,皮靴皮带,头戴羽冠。

资治通鉴·赵武灵王胡服骑射(节选)

司马光

赵武灵王北略中山之地[1],至房子[2],遂至代[3],北至无穷[4],西至河[5],登黄华之上[6]。与肥义谋胡服骑射以教百姓[7],曰:"愚者所笑,贤者察焉。虽驱世以笑我[8],胡地中山吾必有之。"遂胡服。

国人皆不欲,公子成称疾不朝[9]。王使人请之曰:"家听于亲,国听于君。今寡人作教易服而公叔不服[10],吾恐天下议之也。制国有常[11],利民为本;从政有经[12],令行为上[13]。

明德先论于贱[14],而从政先信于贵[15],故愿慕公叔之义以成胡服之功也[16]。"公子成再拜稽首曰[17]:"臣闻中国者[18],圣贤之所教也,礼乐之所用也,远方之所观赴也,蛮夷之所则效也[19]。今王舍此而袭远方之服,变古之道,逆人之心,臣愿王孰图之也[20]!"使者以报。王自往请之,曰:"吾国东有齐、中山,北有燕、东胡,西有楼烦、秦、韩之边[21]。今无骑射之备,则何以守之哉?先时中山负齐之强兵[22],侵暴吾地,系累吾民[23],引水围鄗[24];微社稷之神灵,则鄗几于不守也,先君丑之。故寡人变服骑射,欲以备四境之难,报中山之怨。而叔顺中国之俗,恶变服之名,以忘鄗事之丑,非寡人所望也。"公子成听命,乃赐胡服,明日服而朝。于是始出胡服令,而招骑射焉。

——选自《资治通鉴》(卷三),中华书局1956年版

【注释】

[1]北略:向北攻占。中山之地:中山国的土地,今河北定县一带。中山,古代国名。
[2]房子:古地名,今河北临城。
[3]代:古地名,代郡,今山西大同一带。
[4]无穷:自代郡上出塞外,大漠数千里,故称无穷。
[5]河:黄河。
[6]黄华:山名,在黄河边上。
[7]肥义:赵国的国相。
[8]驱世:意为世上所有的人。
[9]公子成:赵武灵王的叔父。
[10]不服:不穿胡服。
[11]制国:治理国家。
[12]有经:有一定的原则。
[13]令行:政令得以施行。
[14]明德句:意思是修明德行必须先让百姓论议明白。贱,指底层的百姓。
[15]而从政句:意思是贯彻政令首先要使贵族信服奉行。
[16]慕公叔之义:仰仗叔父的声望。
[17]稽首:叩头至地,是古时最恭敬的一种跪拜礼。
[18]中国:中原地区。
[19]则效:取法仿效。
[20]孰图:深思熟虑。孰,同"熟"。
[21]楼烦:古代国名,今山西省西北部。
[22]负:依仗。
[23]系累:用绳索捆绑,指被俘。
[24]鄗(hào):赵国城名,今河北柏乡县北。

【评析提示】

战国时代,各国为了富国强兵,雄立于诸侯之林,纷纷招贤纳士、锐意变法。在这些变法中,给历史发展以深远影响的,首推关中秦国的商鞅变法和山东赵国的武灵王胡服骑射。前

者是政治变法成功的代表,后者则是军事变法成功的典型。赵武灵王胡服骑射揭开了我国古代史上由战车时代转变为骑战时代的重要一页,并对中原地区民族融合、服饰制度的演变、思想文化的变革等都产生了重要影响。这段历史在《战国策》和《史记》中都有记载,而司马光在《资治通鉴》中则写得更加具体生动,通过赵武灵王为了国家的强盛,坚持"胡服骑射"这一改革而终于成功的历史故事,赞扬了勇于变革、坚持变革、善于变革的精神,对我们今天仍有很好的借鉴意义。

赵武灵王,名雍,三家分晋后赵国第六代国君。他大约生于前340年(赵肃侯十年),卒于前295年(赵惠文王四年),前325年至前299年在位。

赵武灵王即赵国王位是时,作为战国七雄之一的赵国其疆域仅次于秦国,位列第二。但就地理位置看,赵国偏居于中原北隅,东、西、北三面受到被燕、齐、秦、魏、韩等国兼并的威胁,并不时遭受东胡、楼烦等游牧民族的侵袭,国势日呈衰弱之势,可谓大而不强。面对这样的形式,赵武灵王下"胡服骑射"之令,终使赵国得以中兴。

赵武灵王推行的胡服形制,即短身小袖,皮靴皮带,头上著以金或铜饰的羽冠。这种服饰比中原地区的宽袍大袖、阔领肥腰的服装轻便的多,不仅只适于作战的需要,更便于人们的生产劳动与其他社会活动。赵武灵王胡服骑射导致了中原华夏族与北方游牧族的文化融合,对中华民族文化的发展起了积极的推动作用。在中国古代,汉族国家对少数民族一贯是十分瞧不起的。从"夷"、"蛮"等称呼上就可以看出来。而赵武灵王却力排众议,采纳了胡服的着装方式,他对外来文化的学习和吸收的态度是十分值得肯定的。

胡服骑射作为一个国家移风易俗的改革,在酝酿和实施初期,肯定不会是一帆风顺的,除肥义等个别近臣理解和支持外,可谓朝野一片反对声。对此,赵武灵王并没有采用强制的方式严令推行,而是抓住朝中要臣公子成作为击破点,请之在先,又亲自前往劝说,并从国家大局利益出发,耐心说服,以理服人,最终取得成功。

本文采取的对话体是古代历史散文经常采取的一种形式,即常选取最有代表性的两个人,互相论辩。如第二自然段,文章的主体部分,主要通过赵武灵王及其使者与王叔公子成之间的论战展开。公子成的理由是:中原大同为礼乐中心,不能效法蛮夷之道,否则人心不服。赵武灵王的理由:加强军备可以抵御外辱;前有中山国侵鄗的历史教训;叔父保守,拘泥于旧俗。这样,在正反两方面的叙述中,阐明事情的由来、利害以及各种不同势力的立场,从而达到突出文章主题的作用。

课文的人物对话,富含感情色彩,令人物形象栩栩如生。如武灵王的执着坚定,有创新意识,讲求实用,富有谋略,有政治进取心的个性特点,都通过人物对话一一展现。

【思考与练习】

1. 赵武灵王和公子成分别代表了变革和保守的两面,他们分别阐述了自己主张的哪几项理由?你觉得公子成听服于赵武灵王的原因又有哪些?
2. 本文主要通过对话方式说理、刻画人物,表现在哪里?
3. 你认为赵武灵王推行胡服骑射的历史意义是什么?

【拓展阅读】

王安石(1021～1086),字介甫,晚号半山,临川(今江西)人。封荆国公,世称王荆公,北宋政治改革家,唐宋八大家之一,其散文以识见高超、议论犀利、逻辑严谨和笔力雄健著称,有《临川先生文集》。

宋神宗熙宁元年(1068年)四月,宋神宗召见翰林学士王安石,问曰:"祖宗守天下,能百年无大变,粗致太平,以何道也?"王安石退而奏此札。

本朝百年无事札子

王安石

臣前蒙陛下问及本朝所以享国百年,天下无事之故。臣以浅陋,误承圣问,迫于日暮,不敢久留,语不及悉,遂辞而退。窃惟念圣问及此,天下之福,而臣遂无一言之献,非近臣所以事君之义,故敢昧冒而粗有所陈。

伏惟太祖躬上智独见之明,而周知人物之情伪,指挥付托必尽其材,变置施设必当其务。故能驾驭将帅,训齐士卒,外以捍夷狄,内以平中国。于是除苛赋,止虐刑,废强横之藩镇,诛贪残之官吏,躬以简俭为天下先。其于出政发令之间,一以安利元元为事。太宗承之以聪武,真宗守之以谦仁,以至仁宗、英宗,无有逸德。此所以享国百年而天下无事也。

仁宗在位,历年最久。臣于时实备从官,施为本末,臣所亲见。尝试为陛下陈其一二,而陛下详择其可,亦足以申鉴于方今。伏惟仁宗之为君也,仰畏天,俯畏人;宽仁恭俭,出于自然,而忠恕诚悫,终始如一。未尝妄兴一役,未尝妄杀一人;断狱务在生之,而特恶吏之残扰。宁屈己弃财于夷狄,而终不忍加兵。刑平而公,赏重而信。纳用谏官御史,公听并观,而不蔽于偏至之谗。因任众人耳目,拔举疏远,而随之以相坐之法。盖监司之吏以至州县,无敢暴虐残酷,擅有调发以伤百姓。自夏人顺服,蛮夷遂无大变,边人父子夫妇得免于兵死,而中国之人安逸蕃息,以至今日者,未尝妄兴一役,未尝妄杀一人,断狱务在生之,而特恶吏之残扰,宁屈己弃财于夷狄,而不忍加兵之效也。大臣贵戚、左右近习,莫敢强横犯法,其自重慎,或甚于闾巷之人,此刑平而公之效也。募天下骁雄横猾以为兵,几至百万,非有良将以御之,而谋变者辄败;聚天下财物,虽有文籍,委之府史,非有能吏以钩考,而断盗者辄发;凶年饥岁,流者填道,死者相枕,而寇攘者辄得。此赏重而信之效也。大臣贵戚、左右近习,莫能大擅威福,广私货赂,一有奸慝,随辄上闻;贪邪横猾,虽间或见用,未尝得久。此纳用谏官、御史,公听并观,而不蔽于偏至之谗之效也。自县令京官以至监司台阁,升擢之任,虽不皆得人,然一时之所谓才士,亦罕蔽塞而不见收举者,此因任众人之耳目,拔举疏远,而随之以相坐之法之效也。升遐之日,天下号恸,如丧考妣,此宽仁恭俭,出于自然,忠恕诚悫,终始如一之效也。

然本朝累世因循末俗之弊,而无亲友群臣之议。人君朝夕与处,不过宦官女子;出而视事,又不过有司之细故。未尝如古大有力之君,与学士大夫讨论先王之法,以措之天下也。一切因任自然之理势,而精神之运有所不加,名实之间有所不察。君子非不见贵,然小人亦得厕其间;正论非不见容,然邪说亦有时而用。以诗赋记诵求天下之士,而无学校养成之法;以科名资历叙朝廷之位,而无官司课试之方。监司无检察之人,守将非选择之吏。转徙之亟既难于考绩,而游谈之众因得以乱真。交私养望者多得显官,独立营职者或见排沮。故上下偷惰取容而已,虽有能者在职,亦无以异于庸人。农民坏于繇役,而未尝特见救恤,又不为之设官,以修其水土之利。兵士杂于疲老,而未尝申敕训练,又不为之择将,而久其疆场之权。宿卫则聚卒伍无赖之人,而未有以变五代姑息羁縻之俗;宗室则无教训选举之实,而未有以合先王亲疏隆杀之宜。其于理财,大抵无法,故虽俭约而民不富,虽忧勤而国不强。赖非夷狄昌炽之时,又无尧、汤水旱之变,故天下无事,过于百年。虽曰人事,亦天助也。盖累圣相继,仰畏天,俯畏人,宽仁恭俭,忠恕诚悫,此其所以获天助也。

伏惟陛下躬上圣之质,承无穷之绪,知天助之不可常恃,知人事之不可怠终,则大有为之时,正在今日。臣不敢辄废将明之义,而苟逃讳忌之诛。伏惟陛下幸赦而留神,则天下之福也。取进止。

——选自《王安石散文精品选》,谈凤梁、王欲祥编著,陕西人民出版社1995年版

本文中,王安石先简明扼要地列举现今宋神宗之前五位皇帝的英明统治所在,赞颂他们的或聪武或谦仁或有德,在歌功颂德般的铺垫下,笔锋一转,列举当时神宗治下"末俗之弊",主张振作精神、有所作为、变法图治,进而进谏皇上要"仰畏天,俯畏人宽仁恭俭,忠恕诚悫",这样才能得"人事"和"天助",才能"大有为"。文章纲目清晰,逻辑严密,文字质朴,是历代奏议中的佳作。

四、《北京大学月刊》发刊词　蔡元培

【篇章导引】

蔡元培(1868~1940),字鹤卿,号子民,浙江绍兴山阴县(今绍兴县)人。著名的民主革命家、教育家思想家。早年考中进士,任翰林院编修,后投身革命。民国成立前后两度赴德国莱比锡大学研修。历任民国政府教育总长,大学院院长,中央研究院院长等。1917年起,先后两次担任北京大学校长共十年余,革新北大,开"学术"与"自由"之风,成就斐然,影响深远。其著述均收入后人所编《蔡元培全集》。

蔡元培是中国现代伟大的高等教育家,他的大学教育思想是中国现代思想的宝贵财富。而本篇即是其大学理念的最早的也是最集中的阐发。

《北京大学月刊》发刊词

蔡元培

北京大学之设立,既二十年于兹,向者自规程而外,别无何等印刷品流布于人间。自去年有《日刊》,而全校同人始有联络感情、交换意见之机关,且亦借以报告吾校现状于全国教育界。顾《日刊》篇幅无多,且半为本校通告所占,不能载长篇学说,于是有《月刊》之计划。

以吾校设备之不完全,教员之忙于授课,而且或于授课以外,兼任别种机关之职务,则夫

《月刊》取材之难,可以想见。然而吾校必发行《月刊》者,有三要点焉:

一曰尽吾校同人所能尽之责任　所谓大学者,非仅为多数学生按时授课,造成一毕业生之资格而已也,实以是为共同研究学术之机关。研究也者,非徒输入欧化,而必于欧化之中为更进之发明;非徒保存国粹,而必以科学方法,揭国粹之真相。虽曰吾校实验室、图书馆等,缺略不具;而外界学会、工场之属,无可取资,求有所新发明,其难固倍蓰于欧美学者。然十六七世纪以前,欧洲学者,其所凭借,有以逾于吾人乎?即吾国周、秦学者,其所凭借,有以逾于吾人乎?苟吾人不以此自馁,利用此简单之设备、短少之时间,以从事于研究,要必有几许之新义,可以贡献于吾国之学者,及世界之学者。使无《月刊》以发表之,则将并此少许之贡献,亦靳而不与,吾人之愧歉当何如耶?

二曰破学生专己守残之陋见　吾国学子,承举子、文人之旧习,虽有少数高才生知以科学为单纯之目的,而大多数或以学校为科举,但能教室听讲,年考及格,有取得毕业证书之资格,则他无所求;或以学校为书院,媛媛姝姝,守一先生之言,而排斥其他。于是治文学者,恒蔑视科学,而不知近世文学,全以科学为基础;治一国文学者,恒不肯兼涉他国,不知文学之进步,亦有资于比较;治自然科学者,局守一门,而不肯稍涉哲学,而不知哲学即科学之归宿,其中如自然哲学一部,尤为科学家所需要;治哲学者,以能读古书为足用,不耐烦于科学之实验,而不知哲学之基础不外科学,即最超然之玄学,亦不能与科学全无关系。有《月刊》以网罗各方面之学说,庶学者读之,而于专精之余,旁涉种种有关系之学理,庶有以祛其褊狭之意见,而且对于同校之教员及学生,皆有交换知识之机会,而不至于隔阂矣。

三曰释校外学者之怀疑　大学者,"囊括大典,网罗众家"之学府也。《礼记》《中庸》曰:"万物并育而不相害,道并行而不相悖。"足以形容之。如人身然,官体之有左右也,呼吸之有出入也,骨肉之有刚柔也,若相反而实相成。各国大学,哲学之唯心论与唯物论,文学、美术之理想派与写实派,计学之干涉论与放任论,伦理学之动机论与功利论,宇宙论之乐天观与厌世观,常樊然并峙于其中,此思想自由之通则,而大学之所以为大也。吾国承数千年学术专制之积习,常好以见闻所及,持一孔之论。闻吾校有近世文学一科,兼治宋、元以后之小说、曲本,则以为排斥旧文学,而不知周、秦、两汉文学,六朝文学,唐、宋文学,其讲座固在也;闻吾校之伦理学用欧、美学说,则以为废弃国粹,而不知哲学门中,于周、秦诸子,宋、元道学,固亦为专精之研究也;闻吾校延聘讲师,讲佛学相宗,则以为提倡佛教,而不知此不过印度哲学之一支,借以资心理学、伦理学之印证,而初无与于宗教,并不破思想自由之原则也。论者知其一而不知其二,则深以为怪。今有《月刊》以宣布各方面之意见,则校外读者,当亦能知吾校兼容并收之主义,而不至以一道同风之旧见相绳矣。

以上三者,皆吾校所以发行《月刊》之本意也。至《月刊》之内容,是否能副此希望,则在吾校同人之自勉,而静俟读者之批判而已。

——选自《蔡元培全集》第3卷,人民教育出版社2001年版

【评析提示】

报纸刊物创刊或复刊时,应有一篇发刊词或复刊词。它是编者在读者面前的第一次亮相,也是编辑创办该报刊的"宣言",因而有助于读者对报刊的了解,能帮助报刊迅速扩大影

响。发刊词有时也称"见面的话"、"开篇絮语"、"致读者"等。发刊词在写法上,或明白晓畅,或含蓄深沉,或激情磅礴,或舒徐婉转。这种不同的风格,和报刊的性质有关,和特定的时代气氛有关,也和编者的审美情趣、精神气质有关。

民国初年,中国的近代高等教育刚刚诞生,近代大学理念尚未确定。1916年12月26日,回国后的蔡元培被正式任命为北大校长,1917年初,正式出任执掌校务。1917年1月9日,他到校后第一次演说,即针对旧北大"了无宗旨"的致命缺陷,明确点明:"大学者,研究高深学问者也"。在这次为《北京大学月刊》写的发刊词中,他再次阐发了这一看法,而且更为具体。

本文写于1918年,当时,作者蔡元培已是北京大学的校长,面临着北京大学的改造的艰巨任务,这篇文章初次刊登于1919年《北京大学月刊》第一卷第一号。文中不仅说明《北京大学月刊》创办的宗旨和意义,更是重点阐发了作者对大学的看法和他的办学原则亦即其大学理念的精义——"循思想自由原则、取兼容并包之义"。当时,作者蔡元培已是北京大学的校长,面临着北京大学的学风,欲加之以彻底改造,首先必须从观念上厘清何为大学、大学何以为大。作者此前两度赴欧考察,结合中国实际,研究高等教育,基本形成了成熟大学理念,而在此文中第一次作了集中阐述。

本文的结构清晰明确。开头部分,简略说明《北京大学月刊》创办的缘起。后半部分,则分三个要点阐述了办刊的必要性,同时论及近代大学的三项要义。

关于《月刊》的宗旨和必要性,作者讲了三点:第一,发表学校师生的研究成果,以尽学术贡献之责任;第二,刊载各学科学说,破除学生固守专业、抱残守缺的旧习;第三,发表各家各派的见解,消除校外学者的怀疑。

近代大学的三项要义:第一,大学为研究学术之机关,应贡献于学术;这种研究,既不是单纯输入欧化,也不是一味保存国粹,而是要用科学方法揭示传统学术的真相,在近代学术的基础上作进一步的发展。第二,大学学生不应以获取毕业证书为目的,要破除学生固守专业、抱残守缺的旧习,应于专精之余,旁涉各种有关学科的学理,成为一定意义上的通才,而避免偏狭。第三,大学是包容古今中外不同学术派别、典籍、思想,广泛延揽各家各派学者的研治学术的机关,应循思想自由原则,行兼容并收主义。

以上所论大学理念之三要义:第一项是论大学之性质;第二项实际是论大学的通识与通才教育;第三项则论学术自由原则。

作者心中的大学应该是学术研究的一片"净土",在这里"囊括大典,网络众家"。在中国的教育面临改革的今天,重新品读先贤们的著作,领悟他们的思想,认真解读现代大学的精神,这对于重新定位大学在现代社会中的作用,采取正确的改革措施有着积极的意义。"循思想自由原则、取兼容并包之义"这样宝贵的办学理念和精神象征,在今天中国大学的改革和发展中不可忽视的借鉴意义。作者在文章中重点阐述的大学的办学理念"循思想自由原则、取兼容并包之义",在中国的现代教育史上有着深远的影响。

本文在文风上的特点也是很明显的。首先,作者的态度平和恳挚。其次,从整篇文章来看,行文朴实,措辞严谨,层次清晰,表意明确。这种文风,是作者内在的人格精神的外在表现。作者以忠厚长者闻名于世,又讲求思想、学术上的宽容、平等。他是有着深厚学问功底的美学家、伦理学家和教育学家,是有着坚定明确的文化立场和是非原则的思想家。这些特质浑然相融,凝结成他的人格精神:诚恳、宽厚、温润、恬淡、坚定、从容。

本文是一篇"发刊词体"的论说文,阐发观点并加以论证其核心。本文写于"五四"新文化运动时期,其时散文语言尚处于由清末"新文体"向现代白话文过渡的阶段,本文使用的是浅近文言。这也是学习本文时应予以关注的。

【思考与练习】

1. 通过学习本文,你如何看待蔡先生所提出的"学术自由、兼收并蓄"的思想?
2. 你喜欢这种浅近文言的风格吗?这种浅近文言的风格今天还有生命力吗?

【拓展阅读】

少年中国说

梁启超

(原文略)

梁启超(1873～1929),字卓如,号任公,别号饮冰室主人、饮冰子、哀时客和中国之新民等,清朝光绪年间广东新会人。近代中国思想启蒙者,资产阶级改良主义政治家、学者,戊戌变法运动领袖之一。戊戌变法失败后,流亡日本,创办《清议报》、《新民丛报》及《新小说》,鼓吹改良主义,坚持立宪保皇立场;倡导"诗界革命"、"小说界革命",提倡"新文体"。辛亥革命后,曾拥袁反袁,与段祺瑞合作。反对"五四"新文化运动。晚年讲学于清华大学。著有《饮冰室合集》。此文为作者在1898年戊戌变法失败后流亡日本初期写的。

《少年中国说》是清朝末年梁启超所作的散文,写于戊戌变法失败后的1900年,文中极力歌颂少年的朝气蓬勃,指出封建统治下的中国是"老大帝国",热切希望出现"少年中国",振奋人民,具有强烈的进取精神,寄托了作者对少年中国的热爱和期望。

文章不拘格式,多用比喻,具有强烈的鼓动性。酣畅淋漓,多用比喻、对比,充满了对"少年中国"的未来的热切追求和美好向往,让人觉得天空海阔前程无量,文虽终而情未尽,悠远绵长,耐人回味。在他使用的散文语言中,不仅大量地吸取了口语的精华,而且还融进了外来词语法,能够做到平易畅达,挟带情感,对于读者别有一种魔力。

——选自《梁启超选集》,李兴华、吴嘉勋编,上海人民出版社1984年版

五、中国人,你为什么不生气   龙应台

【篇章导引】

龙应台1952年出生于高雄县大寮乡,1974年毕业于台南成功大学外文系,后获美国堪萨斯州立大学英文博士学位,曾任教于美国、中国台湾地区、德国多所大学。1999年至2003年春为首任台北市文化局局长,现任教于香港大学及台湾国立清华大学。著有《野火集》、《银色仙人掌》、《百年思索》、《我的不安》和《孩子你慢慢来》等十多部作品。

本文发表于台北《中国时报》1984年11月20日,后收入《野火集》。

中国人，你为什么不生气

龙应台

在昨晚的电视新闻中，有人微笑着说："你把检验不合格的厂商都揭露了，叫这些生意人怎么吃饭？"

我觉得恶心，觉得愤怒。但我生气的对象倒不是这位人士，而是台湾一千八百万懦弱自私的中国人。

我所不能了解的是：中国人，你为什么不生气？

包德甫的《苦海余生》英文原本中有一段他在台湾的经验：他看见一辆车子把小孩撞伤了，一脸的血。过路的人很多，却没有一个人停下来帮助受伤的小孩，或谴责肇事的人。我在美国读到这一段，曾经很肯定地跟朋友说：不可能！中国人以人情味自许，这种情况简直不可能！

回国一年了，我睁大眼睛，发觉包德甫所描述的不只可能，根本就是每天发生、随地可见的生活常态。在台湾，最容易生存的不是蝉螂，而是"坏人"，因为中国人怕事、自私，只要不杀到他床上去，他宁可闭着眼假寐。

我看见摊贩占据着你家的骑楼，在那儿烧火洗锅，使走廊垢上一层厚厚的油污，腐臭的菜叶塞在墙角。半夜里，吃客喝酒猜拳作乐，吵得鸡犬不宁。

你为什么不生气？你为什么不跟他说"滚蛋"？

哎呀！不敢呀！这些摊贩都是流氓，会动刀子的。

那么为什么不找警察呢？

警察跟摊贩相熟，报了也没有用；到时候若曝了光，那才真惹祸上门了。

所以呢？

所以忍呀！反正中国人讲忍耐！你耸耸肩、摇摇头！

在一个法治上轨道的社会里，人是有权利生气的。受折磨的你首先应该双手叉腰，很愤怒地对摊贩说："请你滚蛋！"他们不走，就请警察来。若发觉警察与小贩有勾结——那更严重。这一团怒火应该往上烧，烧到警察肃清纪律为止，烧到摊贩离开你家为止。可是你什么都不做；畏缩地把门窗关上，耸耸肩、摇摇头！

我看见成百的人到淡水河畔去欣赏落日、去钓鱼。我也看见淡水河畔的住家整笼整笼地把恶臭的垃圾往河里倒；厕所的排泄管直接通到河底。河水一涨，污秽气直逼到呼吸里来。

爱河的人，你又为什么不生气？

你为什么没有勇气对那个丢汽水瓶的少年郎大声说："你敢丢我就把你也丢进去？"你静静坐在那儿钓鱼（那已经布满癌细胞的鱼），想着今晚的鱼场，假装没看见那个几百年都化解不了的汽水瓶。你为什么不丢掉鱼竿，站起来，告诉他你很生气？

我看见计程车穿来插去，最后停在右转线上，却没有右转的意思。一整列想右转的车子就停滞下来,造成大阻塞。你坐在方向盘前,叹口气,觉得无奈。

你为什么不生气?

哦!跟计程车可理论不得!报上说,司机都带着扁钻的。

问题不在于他带不带扁钻。问题在于你们这廿个受他阻碍的人没有种推开车门,很果断地让他知道你们不齿他的行为,你们很愤怒!

经过郊区,我闻到刺鼻的化学品燃烧的味道。走近海滩,看见工厂的废料大股大股地流进海里,把海水染成一种奇异的颜色。湾里的小商人焚烧电缆,使湾里生出许多缺少脑子的婴儿。我们的下一代——眼睛明亮、嗓音稚嫩、脸颊透红的下一代,将在化学废料中学游泳,他们的血管里将流着我们连名字都说不出来的毒素——你又为什么不生气呢?难道一定要等到你自己的手臂也温柔地捧着一个无脑婴儿,你再无言地对天哭泣?

西方人来台湾观光,他们的旅行社频频叮咛:绝对不能吃摊子上的东西,最好也少上餐厅;饮料最好喝瓶装的,但台湾本地出产的也别喝,他们的饮料不保险……

这是美丽宝岛的名誉;但是名誉还真是其次;最重要的是我们自己的健康、我们下一代的健康。一百位交大的学生食物中毒——这真的只是一场笑话吗?中国人的命这么不值钱吗?好不容易总算有几个人生起气来,组织了一个消费者团体。现在却又有"占着茅坑不拉屎"的卫生署、为不知道什么人做说客的立法委员要扼杀这个还没做几桩事的组织。

你怎么能够不生气呢?你怎么还有良心躲在角落里做"沉默的大多数"?你以为你是好人,但是就因为你不生气、你忍耐、你退让,所以摊贩把你的家搞得像个破落大杂院,所以台北的交通一切乌烟瘴气,所以淡水河是条烂肠子;就是因为你不讲话、不骂人、不表示意见,所以你疼爱的娃娃每天吃着、喝着、呼吸着化学毒素,你还在梦想他大学毕业的那一天;你忘了,几年前在南部有许多孕妇,怀胎九月中,她们也闭着眼梦想孩子长大的那一天。却没想到吃了滴滴纯净的沙拉油,孩子生下来是瞎的、黑的!

不要以为你是大学教授,所以作研究比较重要;不要以为你是杀猪的,所以没有人会听你的话;也不要以为你是个学生,不够资格管社会的事。你今天不生气,不站出来说话,明天你——还有我、还有你我的下一代,就要成为沉默的牺牲者、受害人!如果你有种、有良心,你现在就去告诉你的公—仆立法委员、告诉卫生署、告诉环保局:你受够了,你很生气!

你一定要很大声地说。

——原载于1984年11月20日《中国时报·人间》

【评析提示】

在这篇文章中,作者率真无畏地抨击社会的种种弊端,让触目惊心的事实逼迫人们去看、去想、去反省。并向大众发出充满激情的斥问:"中国人,你为什么不生气","你怎么能不生气呢"。她呼吁社会各界,都不应该成为沉默的牺牲者、受害人,为了自己,为了别人,也为了下一代,都应该勇敢地站出来抗议,大声地说:"你受够了,你很生气"!

本文虽然是具体针对台湾社会现实问题而发,但实际上是面对整个中国政治、文化、社会、生活和观念及习俗等所作的反省和审视。其文直言不讳,一针见血,揭露出人性中的自私、懦弱的阴暗面,这也许会刺痛我们引以为豪的民族情感,但有社会问题和文化危机并不可怕,可怕的是面对问题和危机的麻木不仁、良知泯灭,是认同、纵容种种为非作歹,甚至助纣为虐。

本文辞锋犀利,思维缜密,例证鲜明,说理雄辩。那一句句"中国人,你为什么不生气"的重复,那饱含激情的论说,把文章层层推向高潮,形成了令人无处回避、无法躲闪的思想力量,使人读后为之振奋,从而收到了催人猛醒的艺术效果。正因如此,本文一经发表,其犀利的笔锋即在台湾形成烈火燎原之势,刮起了股席卷台湾文坛的"龙卷风"。

【思考与练习】

1. 深刻反思现存的社会问题和文化危机,对于改进和持续发展有何意义?
2. 此文激情感人,读后有何感想?

【拓展阅读】

王蒙,1934年10月15日生于北京。中国当代作家、学者,著有长篇小说《青春万岁》、《活动变人形》等近百部小说,其作品反映了中国人民在前进道路上的坎坷历程。他乐观向上、激情充沛,成为当代文坛上创作最为丰硕、始终保持创作活力的作家之一。

《老子的帮助·天地不仁》主要内容是对《老子》的意译和证词。王蒙的"意译"吸收、综合了诸多作家的成果,而用自己的语言化出,以杂感和随笔的方式来谈人生。"证词"部分是王蒙以他的亲见、亲闻、亲历与认真的推敲思忖为老子的玄之又玄众妙之门的理论提供一个当代中国的人证、见证、事证、论证,甚至反证。

老子的帮助·天地不仁

王 蒙

天地不仁,以万物为刍狗。圣人不仁,以百姓为刍狗。

天地之间,其犹橐籥乎?虚而不屈,动而愈出。

多言数穷,不如守中。

天与地是不讲仁爱的,它们将万物视如草芥——草扎的祭祀用的狗,任其生灭存毁。大人物——有道行的人也是不讲仁爱的,他们视老百姓如草芥——草扎的狗,任其生死存毁。

天地之间,不就像个橐籥(音驼月)——羊皮风箱袋吗?空无一物却不会穷竭,越是操作,它出来的风就越多。

话说多了反而容易理屈词穷,不如保守一点,保持一个恰当的度。

我不知道老子是怎么样写下第五章的开头两句话的。我每每读到这里,都受震动,心怦怦然。我感到的是何等的冷酷!天地不仁!圣人不仁!这更像是窦娥喊冤的戏词啊:

却为何天地清浊你不辨?

却为何人世黑白颠倒颠?

问苍天为什么纵恶欺善,

问大地为什么横遭奇冤,

地啊地,不分好歹你何为地!

天哪天,错勘愚贤你枉为天!

不仁是一个很重的贬词啊,不是吗?我们如果讲谁"为富不仁",不是像在批斗恶霸地主黄世仁吗?

然而老子说的是一个真理,至少是一部分真理。天地不仁,这是对的,至少是有相当的真理性的。这是许多人许多年来不敢正视的事实。老子最明白,仁爱的另一面是厌弃、嫌恶,无仁爱也就无厌弃、无嫌恶、无偏向、无感情。对于天地,不要太自作多情了吧。如同王小波的名言,不要瞎浪漫了吧。天地生成了万物,培育了万物,造就了万物,愉悦着万物,振奋着万物,也毁灭着万物,试炼着万物,折磨着万物。天地为万物准备了盛宴也准备了毒酒,准备了庆典也准备了丧仪,准备了轰轰烈烈也准备了冷冷清清,准备了天公地道也准备了沉冤海底,准备了善良感动也准备了野蛮残忍。天地的多情其实是无情的表现,是可能多情也可能无情、可能亲爱也可能恶劣的表现。多情反被无情恼,不要再对着苍天阔地哭天抹泪、自作多情了吧。

其实类似的思考并非从老子始,《论语》里就讲了孔夫子的话:"天何言哉?四时行焉,百物生焉,天何言哉?"还有《诗经·大雅·文王》说:"上天之载,无声无臭。"《礼记·哀公问》说:"无为而物成,是天道也。"《春秋繁露·深察名号》说:"天不言,使人发其意;弗为,使人行其中。"所有这些话,意在说明天并非有意志有爱憎有目的地做什么或不做什么。

但是老子最彻底。他的一句天地不仁,给了你一个透心凉!于是,你看透了:天地压根儿不管你人间的爱心啊、人道啊、怜悯啊、苦难啊、救赎啊……这么多难分难解的事儿。

天地不仁,圣人不仁,这是两枚大杀伤力炸弹,多少中产、小资、白领、妙龄、诗意的玫瑰色软趴趴(读 piā)一厢情愿瞎浪漫的世界被它炸毁啦!

再说圣人不仁呢,就更复杂、更敏感了。

第一层意思,圣人是有道行的人,他掌握的遵循的是大道,是无为而治不言而教的道行。他不需要婆婆妈妈、妇人之仁,更不会在仁的名义下去干扰、去妨碍对于真理的认知,去干扰百姓的正常的自然而然的生活。圣人无为而无不为,不言而自教。他的不仁是最大的仁,无情是最大的情:有利于而不是有害于百姓的生活幸福自在。

第二层意思,孔夫子辛辛苦苦地讲仁,是不是讲出了一大堆矫揉造作、假仁假义、条条框框、竞相标榜、互相责备、劳民伤财、口焦舌燥呢?还不如少说假大空话,多让老百姓自自然然地过日子呢。

第三层意思,圣人是大人物,大人物做的是修身齐家治国平天下的大事,而不是我爱你、我同情你、我心疼你、我是你亲兄弟姐妹等的感情用事。圣人办大事的过程中,不是不知道要付出代价,不是不知道要奋斗就有牺牲,死人的事情常常发生,但是如果因此就心慈手软、缠缠绵绵,该出手时不出手,还算什么圣人?只能算是废物。圣人的不仁,方是大仁:这就是不仁者大仁也的解释。

第四层意思,老百姓不能指望天地的怜悯、圣人的怜悯,不能嗷嗷待哺望穿双眼地指望得到仁爱得到赏赐得到温馨得到援手。老百姓要做好一切准备,艰难困苦,忍辱负重,好自为之,自己帮助自己、自己解放自己、自己发展自己。

不靠天地,不靠圣人,这就是解放自身的开始。

老子的许多言语是教人柔弱(至少是表面上)而不是教人刚强的。然而,经过天地与圣人两个"不仁"的杀戮与洗礼,你客观上会变得成熟些、坚强些。

认真读《老子》的人,虽然未必因了老子而坚强雄壮,却也不会因了老子而柔弱到哪里去。原因在此。

天地不仁与圣人不仁,这两句话是相当残酷的。然而通观老子,他并不凶恶,讲起战争兵法,他颇有仁义之心。那么对他的"残酷",我称之为智慧的残酷。这与人性恶中的残酷不是一回事。

老子个人未曾做过什么残酷的事,但是他看穿了人性中的丑恶,看穿了仁义道德的无力,看穿了多言只能数穷,不管你讲出多少花朵云霞。他还看出了百姓的没有力量,圣人的没有可能过于仁慈,天地的不闻不问,仁爱有些时候的无济于事。他看出了如黑格尔所说,你想进这间房子,结果只能是进那间不同的房子。他看出了许多美善的幻想都仅仅是一厢情愿。他的智慧有可能冲击了善良,冲击了(对于天地与圣人的)信念,破坏了温馨浪漫。他看出了许多人对于美善的愿望,恰恰在推动着他们做一些缘木求鱼、南辕北辙、徒劳无功、适得其反的蠢事。他看出了多少人把蠢事当做大事、好事、聪明的事、非做不可的事,得意洋洋、热火朝天地做着。他明明知道自取灭亡的人常常自以为是背起了十字架;异想天开的人自以为是在扭转乾坤;好勇斗狠的人自以为是在垂范千古。想着一步登天的人只能是滚入泥沼,也就是如西洋哲学家所讲的:由于某种走入天堂的愿望,而把自己推进地狱。

智慧对于百姓,有时是残酷的。鲁迅的许多文字中表达过这种残酷感:

……于浩歌狂热之际中寒;于天上看见深渊。于一切眼中看见无所有;于无所希望中得救。……

……有一游魂,化为长蛇,口有毒牙。不以啮人,自啮其身,终以殒颠……

(出自《野草·墓碣文》)

我们知道了一个说法,叫做智慧的痛苦,我们现在又体会到了智慧的严峻与残酷。

真理有时候是严峻和带几分冷酷的。我们可以再举一个更震动的例子:革命导师强调暴力革命的不可避免,这并不是因为导师本人的暴力倾向。导师本人并没有嗜暴施暴的记录,他只是把带有苦味儿的真理告诉人众。明明见到了不仁、见到了暴力、见到了愚蠢,是告诉人们这是不仁这是暴力这是愚蠢才算得上仁慈呢,还是隐瞒这一切,用美丽的童谣与儿歌的虚拟,代替对于世界的观察与思考才算仁慈呢?

仁与不仁,全在一心。

有时候貌似不仁实为大仁,但是也要警惕以此为理由而公然否定一切的仁爱、爱心。作为世界观,仁是不够用的。作为人际关系伦理关系例如中国人讲的五伦,当然没有爱心不成。

当然,老子的结论与鲁迅与革命导师根本不同,他的结论要消极得多,他的结论对于自强不息的积极有为的人生观价值观是一个补充;对于急性病、浮躁与唯意志论,对于假大空与夸夸其谈,则是一个必要的矫治;对于一个社会一个人的人生全部,却远不够用。

这样的假定根本不存在:我只读过《老子》一本书,只写过《关于老子的手下》这一本书。或者是读者只可能读这样一本书。所有关于只有一本书或只读这一本书的设想,从而引起的担忧、反感、辩驳的冲动,都是无的放矢。

这里还有一个问题值得讨论。此前,老子一直讲的是道,这一处讲到了天地,大道比天地抽象也笼统得多。天地,是道的硬件,我想是这样。天地是硬件,才要强调它的非意志非仁爱性,它的生活性,它的自然性。老子的道有两方面的含义,从硬件上说是自然,是天地,是惚恍与混沌;从软件上说是道理,是法则,是规律,是程序,是定义,是本质与概念之神、概念之王。同时,二者都意味着无限大,都具有想象性、模糊性、似或性。

这里还有一个大问题,刍狗的含义重心何在?台湾友人、老子研究专家陈鼓应教授,将之解释为令万物自生自长。这太温柔了,这显然是陈老师的仁厚慈祥之心投射到了老子身上与书上。窃以为,刍狗的核心意义是它们的毁灭或被毁灭的结局。万物都存在着生、起、坏、灭,最后是灭。百姓的个体,最后也是死亡,是坏灭。中国少有哲学家如此郑重而又无情(即不仁)地讨论毁灭的问题。然而,毁灭或坏灭,存在于时时刻刻,每分每秒。它与生成,与生命、生起,永远紧密相连。没有生命就不会有毁灭,反过来说,没有坏灭也就无所谓生命。如果你的存在只有永生、只有万寿无疆一种状态而没有死亡的结局,那么你的生又有什么比照、证明、彰显与意义呢?没有人死,哪儿来的人生?永生者,活了一万年和没有活过一天有什么区别?一岁与百万岁有什么区别?幸福与不幸又有什么区别?

我始终佩服印度教的教义:宇宙中有三位主神——梵天、毗湿奴和湿婆。梵天是创造万物的始祖,是创造之神;毗湿奴是宇宙的维持者,是保护之神,并能创造和降伏魔鬼;湿婆是毁灭之神,有说是第三位的主神,也有说祂(她)才是最大最重要的主神。祂是世界的破坏者,以男性生殖器为象征,变化莫测。这最后的描述颇有些幽默,却原来幽默也是通向真理的一个路径,哪怕是排在最后的一个小路曲径,所以说"曲径通幽"。幽,是幽深,是幽雅,是幽暗,是幽灵也是幽默。完全没有幽默感的人表现了自身的心智不全、人格不完全,当然不能很好地去接受真理、发现真理、解悟真理。

生成与毁灭,生起与坏灭,都是天地与圣人的应有之义,都是大道的体现。万物可以成为刍狗,人众(百姓中的一个个个体)可以成为刍狗,不必哭天抢地。而大道永存,虚而不屈,动而愈出。这使我们在被泼了一通冷水之后感到了安慰与澄明、从容与踏实。

把天地比喻成橐龠,别开生面。这是形象思维,也是生拉硬拽。老子惊异于风箱中嘛也没有,却鼓出了无尽的大风,使炉火熊熊,使温度升高,使烂铁成钢成器。他从中悟出了无的伟力。其实橐龠那里不是无,而是空气大大地有。老子那时候还没有对于空气的认知。

古人也有将天地作各式比喻的,多半是喻成房屋、帐篷。如苏轼的词:

醉醒醒醉,凭君会取这滋味,浓斟琥珀香浮蚁。一到愁肠,别有阳春意。须将幕席为天地,歌前起舞花前睡。从他落魄陶陶里。犹胜醒醒,惹得闲憔悴。

苏轼的天地里充满了春意酒意睡意才子意。他是无中自有千番愁千番醉。

而《敕勒歌》里则是这样唱的:

敕勒川,阴山下。

天似穹庐,笼盖四野。

天苍苍,野茫茫,风吹草低见牛羊。

这是讲无的背景下的有,由于无的背景,才有如许苍茫。

著名的张打油则吟咏大雪后的天地说:

天地一笼统,井上黑窟窿。黄狗身上白,白狗身上肿。

天地一笼统云云,倒有点不小心撞到老子身上的味道。笼统接近于混沌,接近于恍兮惚兮,接近于大道了。

至于把天地比作橐龠,只有老子一家。但三首诗(词)里,都有那种"虚而不屈,动而愈出"的味道。呜呼天地,多少人物在你这里生灭,多少故事在你这里始终,多少智慧在你这里光耀,多少歌哭在你这里感动!你当然不会屈、不会不出了,你如果屈了、不出了,还有什么东西能够剩下?

认识真理,尤其是力图靠近终极的真理,仅仅靠逻辑推论,靠实验与演算,靠实证的综合是不够的,也要靠形象思维,靠灵感悟性,靠假想猜测,有时候也或有生拉硬扯。橐龠的比喻是有趣味也有内涵的。虚而不屈,动而愈出,无中生有(虽然空气是原有的,风动却是"愈出"出来的),不终不竭。老子喜欢观察这种相反相成的事例,喜欢琢磨黑中之白、无中之有、败中之胜及弱中之强。他喜欢从反面琢磨道与理。

还有一个细节:任继愈的《老子绎读》的有关注解中,提到据吴澄解,古代的橐龠是由皮口袋制成的。太棒了,因为至少在新疆,农村铁匠至今仍然用着羊皮口袋做的风箱,我亲眼见过多次。有关老子的知识里,不无生活细节,不无生活气息。

——选自《老子的帮助》,华夏出版社2009年版

文章开篇先引用老子说"天地不仁,以万物为刍狗"。作者的解读是:天与地是不讲仁爱的,它们将万物视如草芥——草扎的祭祀用的狗。初读感到老子的冷酷,随着文章的深读,敬畏自然已经成为一种潜意识渗透其中。

天地无所偏爱,纯任万物自然生长,既不有所作为,也不经意创造,与其说天地是冷酷无情的,弗如说是客观的。道法自然,超越于爱恨情仇,才是大仁大爱。生命不以时间论短长,也不依金塑、草扎分贵贱,天地有容,任尔为之。"天地之间,其犹橐龠乎!虚而不屈,动而愈出",阐释了哲学的天地大境界。老子的智慧,是大智慧;是对人类的大帮助。

六、战争,还是和平　　[以色列]拉　宾

【篇章导引】

扎克·拉宾(Yitzhak Rabin,1922~1995),以色列著名政治家、军事家。生于耶路撒冷一个犹太复国主义分子家庭,是犹太人第一支武装帕马尔契成员。在第一次中东战争中以旅长身份打通耶路撒冷的交通线成名,第三次阿以战争——1967年"六·五"战争以方的主要组织者和指挥者。退役后出任以色列总理,主张和巴勒斯坦人和解。1995年被犹太激进分子刺杀身亡。他是首位出生于以色列本土的总理。

1994年,拉宾获诺贝尔和平奖,本文是拉宾在获奖庆典上发表的演讲,同时也是拉宾和平主义思想的宣言。

战争,还是和平

[以色列]拉 宾

国王、王后陛下,尊贵的挪威诺贝尔和平奖委员会主席和各位成员,尊敬的挪威首相,我的获奖伙伴阿拉法特主席和以色列外长西蒙·佩雷斯先生,各位贵宾:

就我知道的,还没有一个人一生可以两次获得诺贝尔奖的先例,请允许我利用这个机会触摸一下这一举世闻名的奖项。

当多数年轻人正努力求解数学难题,或者《圣经》的奥秘的时候,当第一次爱情在慢慢滋长的时候,我,在这个娇弱的年龄,在16岁的时候,却领到了一支步枪,以便可以保护自己。

这不是我的梦想。我想做的是水利工程师。我在农业学校上的学,在我看来,在中东那样干旱的环境里,水利工程师是一项有意义的职业。今天,我仍然是这样的看法。然而,我被迫拿起了枪。

我在军队中服务了几十年。经我之手,那些渴望生活、渴望爱情的青年男女却走向了墓地。他们为了保卫我们而献出了生命。

………

我现在的职位使我可以有足够的机会乘飞机横跨以色列全境,然后再飞越中东其他地区。在飞机上俯瞰大地,景色让人怦然心动:深蓝的海洋、湖泊,绿油油的农田,暗褐色的沙漠,岩灰色的山峦,白墙红顶的房屋遍布各地。

同时跃入眼帘的还有墓地,视野可及之处看到的那些墓地。

成千上万的墓地,出现在世界的这个角落,在中东,包括我们的祖国以色列,还有埃及、叙利亚、约旦和黎巴嫩。透过飞机的窗口,从几千英尺的高空俯瞰,无数墓碑无言地矗立着。然而,数十年来,他们愤怒的声音已经从中东传向了世界。

今天,站在这里,我愿意把我的哀悼献给我们所爱的人,也献给过去我们的宿敌。我愿意向过去战争中牺牲的各国死难者、向那些一直承受着生活离别之痛的家庭、向那伤残已然无法治愈的人们,表示哀悼。今晚,我希望向他们所有的人表示敬意,因为这个伟大的奖项是属于他们的。

………

我曾经是一个年轻人,而现在已经历沧桑。在希伯来语中,我们的说法是:Narar hayiti, vegam zakanti。在我72年的生涯里,留下了很多记忆,但印象最深,会一直保持到我生命最后一刻的,是那些沉默无言的时刻:事后是一种异常沉重的沉默,而事前则是令人恐怖的沉默。

作为军人,作为指挥官,作为国防部长,我下达过很多军事行动的命令。每次,伴随着胜利的喜悦,承受了人员伤亡的痛苦,我往往会想起在刚刚作出决定那一刹那的情景:各位高级将领、政府部长从位置上缓缓起立,一言不发;还有他们渐渐远去的背影,大门关上的声音,最后,我一个人留在沉默中。

在这种时刻,你完全理解,伴随着你的决定,人们将走向死亡。我自己的同胞,还有其他国家的人民。他们对此却还一无所知。在这一刻,他们还在纵情欢笑或者哭泣,还在编织自己的计划,梦想爱情的降临,还在考虑是否翻整一下花园,造一座新居;他们无法想象,这已经是他们生命的最后时刻。厄运将会在谁头上降临?明天的报纸上将会是谁的照片出现在黑框里?哪位母亲将陷入哀恸?哪一个世界将因这种离去而坍塌?

作为一个服过役的军人,同样,我会永远记得行动之前的那种沉默:时钟无声地往前转动,时间临近了,下一个小时,下一分钟,惨剧就将发生。

在扳机扣动之前,或者导火索即将引燃前那紧张的一刹那,仍然有余暇让我们疑惑,独自一个人疑惑:真的非做不可吗?没有其他选择、其他办法了吗?

"上帝怜悯幼儿",这是诗人耶胡达·阿米亥的诗句。今晚他也在场。我引用一段他的诗句:

上帝怜悯幼儿,
却不怜悯少年,
对青年更丢开不顾,
让他们自生自灭。
他们有时要匍匐在地,
爬过燃烧的沙砾,
找到救护的地方,
浑身都是血迹。

而数十年来,上帝没有怜悯中东的幼儿,没有怜悯它的少年、青年。这里,一代复一代的人都没有得到怜悯。

各位女士、先生:

我曾经是一个年轻人,而现在已经历经沧桑。在我72年的生涯里,留下了很多记忆,现在我回想起来的是那些希望。

我们的人民选择了我们去捍卫他们的生命。听起来也许可怕:他们的生命竟然掌握在我们的手里。今晚,他们一定在注视着我们,心里在疑问:这些男男女女,得到了授予的权力,会做什么用呢?他们要做什么决定?明天醒来,我们将看到怎样一个早晨?是和平的一天,还是战争?是欢笑,还是哭泣?

一个幼小生命的诞生,其方式全然背离了民主:他无法选择父母亲,无法选择性别、肤色、宗教、民族和祖国。他或是出生于大户,或是出生于寒门,或是生于专制政体,或是身在民主国家,这都不是他能选择的。从他攥紧着拳头呱呱坠地的那一刻起,他的命运很大一部分就要由他的国家的领袖们决定。这些领导人将会决定他的生活是幸福或者失败,安全或者动荡。他的命运交给了我们,交到了各国政府的手里,而无论是否是民主政府。

各位女士、先生:

正如没有完全相同的两个指纹,两个民族也不可能完全相像,每个国家都会有自己的法律、文化,自己的传统和领袖。然而,有一个共同的启示却可以使用于整个世界;这是一个不同政体形式、绝无相似的种族、互相隔膜的文化都可以共享的观念;这是几千年来在犹太民族身上所体现的、在《圣经》中可以找到的启示:"如是,要善待自己。"用今天的语言来表达,就是启示我们生命的高贵神圣。

各国的领导人必须为他的人民提供基本的条件,以便使他们能够幸福地生活。人民应该享有言论和迁移自由,享有食物和住所,尤其重要的是享有生命本身。一个人失去了生命,任何权利都无法享受。所以,各个国家都应该维护国民精神中这个最基本的要素:公民的生命。

正是为了保卫人民的生命安全,我们才号召公民参军,而为了保护这些战士的生命安全,我们才耗费巨资订购飞机、坦克,还有其他各类武器。然而,尽管有这种种准备,我们仍然没有能够保护这些公民、战士的生命。遍布世界每一个角落的军人公墓正是一种无声的证明,证明了各国领导人在尊重生命方面的失败。

要真正尊重人的生命,只有一种极端的方式。这个极端的方式就是,实现真正的和平。

各位女士、先生:

军人这一职业本身就体现了某种矛盾。从青年人中,我们选出最杰出、最勇敢的进入军队,我们不惜耗费巨资为他们添置武器装备,并且不惜精力训练他们,为了将来他们可以履行职责,而在内心我们也期望他们能够做好。然而同时,我们又在热诚地祈求这一永远不会来临,盼望飞机永远不要起飞,坦克永远无须前进,战士永远不必像训练时那样发动一次次的攻击。

我们祈求这一切永远不要发生,是因为生命的神圣。

整个人类历史,尤其在当代的历史,曾经目睹了众多令人痛心的时刻。无论是我们世代,还是未来世代的每一位领袖,他们眼前都应该摆放上儿童列队前行等待屠杀的照片,放上火葬场外惊恐万状的妇人们的照片。这些应该成为对所有掌权者的警告。

几乎所有不尊重生命、不把生命原则作为自己世界观中心观念的政体,都已经崩塌,不复存在。在今天我们自己就可以看到这个事实。

可是这不是全部。有时,为了捍卫生命的尊严,我们不得不承担牺牲生命的危险。有时,为了保卫我们的公民,我们别无选择,只有战斗,才能保护他们的生命、安全和自由。这是所有民主国家都会认可的信念。

各位女士、先生:

我们的和平正在缔造之中。今晚,当我们相聚的时候,那些建筑师、工程师们仍然在埋头工作,一层一层、一级一级地垒起和平的大厦。这是一项复杂、艰巨而又让人饱受折磨的工作。种种的错误,都会使大厦倾覆,灾难降临。

正是因为这个原因,我们决心尽力完成它,无论恐怖分子如何制造一起又一起惨案,无论和平的敌人如何狂热而凶残。

我们将继续追求和平,义无反顾,决不退缩。我们决不泄气,决不放弃。和平将会战胜一切对手,因为,其他任何选择只会使情形更加糟糕。我们终将胜利。

我们所以会胜利,因为我们认为,缔造和平无论对于我们还是子孙后代,都是一项无与伦比的恩典;同时,它对于我们立场各异的邻国,对于共同参与这一事业的伙伴,也是一种祝福。这些伙伴包括美国、俄罗斯、挪威,由于他们的大量工作,才有了这份最先在奥斯陆草签、随后在华盛顿和开罗签署的协议,从而,为解决阿以冲突中为期最长、也是最为棘手的巴以纷争打下了基础。我们还要感谢其他许多为之付出努力的人们。

每天清晨我们醒来,我们彼此互不相同。和平共处是可以实现的。在孩子的眼睛里,我们看到了希望;在战士的脸上,在大街上,在公共汽车中,在村庄里,我们都看到了它的微光。我们不能让他们失望,我们不会让他们失望。

今天,站在奥斯陆的这个小讲坛上,我并不感到孤独。我在这里所传的,是几代以色列人和犹太人的声音,是以色列牧羊人的声音——你们知道,大卫王就是牧羊人,大约三千年前是他最早开始建造耶路撒冷城的;它也是先知阿莫司那样的牧人和果农的声音,是先知耶利米那样的反叛者的声音,是先知约拿那样走向海里的人的声音。

我在这里传达的,是诗人、是先知以赛亚那样梦想不再有战争的人的声音。

我在这里传达的也是阿尔伯特·爱因斯坦、巴鲁克·斯宾诺莎、迈蒙尼德、西格蒙德·弗洛伊德和弗兰茨·卡夫卡那样同属犹太民族子孙的人们的声音。

同时,我也是千百万大屠杀遇难者的使者,在焚尸房的烈火中,我们,还有人类必定损失了更多的爱因斯坦和弗洛伊德。

………

我是那些在作画描绘和平的孩子们的使者,是所有来自圣彼得堡和亚的斯亚贝巴的移民的使者。

我主要是为了未来的人们而站在这里。这样,将来的人们才会认为我们配得上你们所授予我和我的同伴的奖章。

如果他们同意,今天,我是作为所有把我们视为敌人的邻国的使者,才站在这里。

我是作为一个有着伟大理想的民族的使者,站在这里。这个民族,承受了历史所可能施与的最艰难的情况,而仍然留下了自己的印记,不管是在犹太民族的编年史中,还是在人类的纪元上。

和我一同站在这里的,有五百万以色列公民,其中包括犹太人、阿拉伯人、德鲁兹人和切尔克斯人,有五百万颗为和平而跳动的心脏,五百万双满含和平的期待注视着我们的眼睛。

各位女士、先生:

这里我最先也是最想要感谢的,是以色列的全体人民,无论他们的政治观点为何。

我要感谢一起选择了和平道路,揭开了中东历史新的一页的伙伴,包括埃及人、约旦人,以及在巴解组织主席——今天和平奖的另一位获奖者亚西尔·阿拉法特领导下的巴勒斯坦人民。

我要感谢以色列内阁的所有成员,尤其是我的伙伴西蒙·佩雷斯先生,他为和平事业所付出的心血和劳动,足以为我们所有人效仿。

我要感谢在我的全部旅程中始终在支持我的家人。

当然,我也要感谢诺贝尔和平奖委员会的主席和所有成员,感谢勇敢的挪威人民把这项荣誉授予我和我的同伴。

各位女士、先生:

最后,我愿意引用一段犹太教传统的祝词和大家分享。我的同胞无论是在欢乐还是在灾难面前,都会用这一段话表达他们最深切的渴望:

"主会赐给他的子民以力量,主会赐给他的子民——还有我们所有的人——以和平。"

—选自《犹太名人读本》,赛妮亚编,内蒙古人民出版社2004年版

【评析提示】

　　本文传达了作者这样的思想:靠战争和流血是不能构筑保卫家园的坚固堡垒的,只有与邻国和睦相处,才是唯一正道,和平应该是唯一的选择。

　　拉宾获得诺贝尔和平奖,是因为他在和平解决巴勒斯坦和以色列问题上所做的努力及其明显的成效。他的演讲也紧紧围绕巴以和平问题表达了对两国和平与友谊的呼吁和对结束冲突的热切希望,体现了为和平义无反顾的坚强毅力。可是,令人遗憾的是,他的和平使命尚未完成,就被以色列右翼极端分子暗杀,而中东至今仍然淹没在战争和血腥中。

　　文章首先从自己的亲身经历和感受起笔,谈战争给中东人民带来的巨大伤害,也谈自己作为一个曾经服役的军人和现在的以色列总理,心灵在战争中受到的巨大伤害。在此基础上,文章进一步从逻辑上论证了战争的残酷和非人性,呼吁人们抛弃战争,建立起真正的和平。最后,作者回顾了自己民族的和平传统,在寄希望于得到更多和平支持的同时,更表达了对和平的希望和信心。

　　作为一篇演讲词,本文最大的艺术特点是感情充沛,富于感染力。文章从人性的角度分析和平的宝贵,战争的残酷,思路清晰流畅,寓理于情,情理交融,深刻感人。同时,这篇演讲词其演讲气势高屋建瓴,表现了一个政治家宏伟的思想和宽阔的政治胸怀。

【思考与练习】

1. 本文是如何将情感和思想融为一体的?
2. 选择文中你认为最具感染力的段落,谈谈自己的感受。
3. 结合你所知道的以色列历史和巴以冲突情况,谈谈你对该文的体会。

【拓展阅读】

共产党宣言(一、四节选)

［德国］马克思　　［英国］恩格斯

(原文略)

　　《共产党宣言》又译《共产主义宣言》,是卡尔·马克思和弗里德里希·恩格斯为共产主义者同盟起草的纲领,国际共产主义运动第一个纲领性文献,马克思主义诞生的重要标志。由马克思执笔写成。1848年2月在伦敦第一次以单行本问世。宣言第一次全面系统地阐述了科学社会主义理论,指出共产主义运动已成为不可抗拒的历史潮流。

　　《共产党宣言》是一篇宣言,更是一篇预言,它充满激情,思辨性强,语言气势磅礴,气韵生动,表现出一个思想家的伟大气魄。

—选自《共产党宣言》,中央编译局编译,人民出版社1997年版

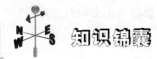

古代汉语语法常识

阅读文言文,必须掌握一定的古代汉语语法知识;与现代汉语比较,其中最突出的难点,是对文言虚词、词性活用和特殊文言句式的理解和翻译。现依据本教材文言课文中所出现的例句,对这几种疑难语法现象,做一简要的归纳和说明。

一、文言虚词

1. 之

（1）用作代词,在句子中充当动词或介词的宾语,可译作"他（们）"或"它（们）",有时也可译为"这"、"这样"。如:

① 择其善者而从之。（《先秦诸子语录》）
② 取之无禁,用之不竭。（《前赤壁赋》）
③ 圣俞亦自以其不得志者,乐于诗而发之。（《梅圣俞诗集序》）

（2）用作助词,在定语和中心词之间,相当于现代汉语中的"的"。如:

① 老吾老,以及人之老。（《先秦诸子语录》）
② 倚曲沮之长洲。（《登楼赋》）
③ 当诗道荒秽之时。（《徐文长传》）

（3）用作助词,用在主语和谓语之间,使主谓两部分取消了独立性,成为短语或形成分句,翻译时可以不译。如:

① 计中国之在海内,不似稊米之在大仓乎？（《秋水》）
② 此天之亡我,非战之罪也。（《垓下之围》）

（4）用作助词,置于动词之后,用于调整音节,没有实义,可以不译。如:

① 知之为知之,不知为不知,是知也。（《孔孟语录》）
② 笑啼杂之。（《西湖七月半》）

［附］"之"作为实词,是动词,当"往"讲。如:文长,无之而不奇者也。（《徐文长传》）

2. 其

（1）用作代词,在句中充当定语,可译作"他（们）的"、"它（们）的",有时也可译作"那（些）"。如:

① 竹工破之,刳去其节。（《黄州新建小竹楼记》）
② 一切疏记,皆出其手。（《徐文长传》）

（2）用作代词,在句中充当主谓词组的主语,可译作"他（们）"、"它（们）"。如:

① 此其过江河之流,不可以量数。（《秋水》）
② 方其破荆州,下江陵。（《前赤壁赋》）
③ 提携捧负,畏其不寿。（《吊古战场文》）

④ 其存其没,家莫闻知。(《吊古战场文》)
(3)用作语气副词,在句中表示推断、拟测、期望等语气,可译作"大概"、"或许"、"难道"、"恐怕"等。如:
① 如吾之衰者,其能久存乎?(《祭十二郎文》)
② 呜呼!其信然邪?其梦邪?(《祭十二郎文》)

3.以

(1)用作介词,与名词构成介宾词组,在句中充当状语,起到把名词介绍给动词谓语的作用,用来表示与这个动作有关的工具、方法、条件、原因、对象、时间等。如:
① 乃以铁如意击石。(《登西台恸哭记》)
上面一句中的"以"字表示与动作有关的对象,可译作"用"、"拿"。
② 固国不以山溪之险。(《先秦诸子语录》)
上面一句中的"以"字表示动作所凭借的条件,可译作"凭"、"靠"、"按照"等。
③ 臣以险衅,夙遭闵凶。(《陈情表》)
④ 圣俞以疾卒于京师。(《梅圣俞诗集序》)
以上两句中的"以"字表示动作发生的原因,可译作"因为"、"由于"。
(2)用作连词。
① 无求生以害仁,有杀身以成仁。(《先秦诸子语录》)
② 举匏樽以相属。(《前赤壁赋》)
③ 挟飞仙以遨游。(《前赤壁赋》)
以上三句中的"以"字是连接两个动作,前一个动作往往是后一个动作的手段、方式、过程,后一个动作则是前一个动作的目的、结果,可译作"来"、"去"。
④ 乃分其骑以为四队。(《垓下之围》)
⑤ 心凄怆以感发兮,意忉怛而憯恻。(《登楼赋》)
以上两句中的"以"字所连接的两个词或词组是并列关系,其作用与"而"相当。
⑥ 以故二鼓以前,人声鼓吹,如沸如撼。(《西湖七月半》)
以上一句中的"以"字与"是"、"故"等组成顺承连词。凡"是以"、"以故"、"以此"等承连词,均可译作"因此"。

4.于

(1)用作介词,介绍动作的有关地点、方面和境地,可译作"在"、"从"、"自"、"到"等。如:
① 天下可运于掌。(《先秦诸子语录》)
② 舜,发于畎亩之中。(《先秦诸子语录》)
(2)用作介词,介绍动作所涉及的对象,可译作"对"、"向"、"同"、"给"等。如:
① 酒间偶言于公。(《徐文长传》)
(3)用作介词,介绍引进动作的主动者或比较的对象,可译作"被"。如:
① 吾长见笑于大方之家。(《秋水》)

② 此非孟德之困于周郎乎？（《前赤壁赋》）

5. 而

（1）用作连词，可以连接词、词组、句子。如连接的两个成分是并列关系，可译作"又"、"而且"，有时也可不译。如：

① 襟三江而带五湖。（《滕王阁序》）
② 纤歌凝而白云遏。（《滕王阁序》）

（2）用作连词，如连接的两个成分是顺承关系，可译作"就"、"而且"。如：

① 择其善者而从之。（《先秦诸子语录》）
② 将成家而致汝。（《祭十二郎文》）
③ 竟以此而殒其生乎？（《祭十二郎文》）

（3）用作连词，如连接的两个成分是转折关系，可译作"却"、"但是"。如：

① 不义而富且贵，于我如浮云。（《先秦诸子语录》）
② 然而不王者，未之有也。（《先秦诸子语录》）
③ 逝者如斯，而未尝往也。（《前赤壁赋》）
④ 悲不几时，而不悲者无穷期矣。（《祭十二郎文》）

（4）用作连词，如连接的两个成分是递进关系，可译作"并且"。如：

① 纵江东父老怜而王我。（《垓下之围》）
② 分裂天下，而封王侯。（《垓下之围》）

（5）用作连词，如连接的两个成分是状语和中心词的关系，则译法须灵活。如：

① 倚歌而和之。（《前赤壁赋》）
② 顺流而东也。（《前赤壁赋》）

6. 则

（1）用作连词，主要连接分句与分句。如表示分句之间是顺承关系，可译作"就"。如：

① 与所别之处，及其肘适相类，则徘徊顾盼，悲不敢泣。（《登西台恸哭记》）

（2）用作连词，如表示分句之间是假设条件关系，可译作"那么"、"就"。如：

① 臣欲奉诏奔驰，则刘病日笃。（《陈情表》）

（3）用作连词，如表示分句之间是转折关系，可译作"却"。如：

① 人则无法家拂士，出则无敌国外患者，国恒亡。（《先秦诸子语录》）

7. 乃

（1）用作副词，放在动词谓语之前，表示顺承，可译作"就"、"于是"。如：

① 夜闻汉军四面皆楚歌，项王乃大惊。（《垓下之围》）
② 项王乃复引兵而东。

（2）用作副词，放在动词谓语之前，表示转折，可译作"竟"、"却"。如：

① 项王至阴陵，迷失道，问一田父，田父绐曰："左。"左，乃陷大泽中。（《垓下之围》）
② 乃引"天亡我，非用兵之罪也"，岂不谬哉！

（3）用作副词，放在动词谓语之前，相当于"方"、"才"。如：

① 观于大海,乃知尔丑。(《秋水》)
② 平明,汉军乃觉之。(《垓下之围》)
③ 行又三十里,又越宿乃至。(《登西台恸哭记》)
(4)用作副词,相当于"仅"。如:
① 至东城,乃有二十八骑。(《垓下之围》)

二、词性活用

1. 使动用法

这是古代汉语中一种特殊的动宾结构。其中动词所表示的意义不是主语所具有的,而是主语使宾语所具有的,所以叫做使动用法。这里的动词有不少由形容词转来,也有由名词充当。一般可译作"使他(它)怎么样"、"让他(它)怎么样"。如:

① 固国不以山溪之险。(固国:使国家强固)(《先秦诸子语录》)
② 苦其心志,劳其筋骨。(苦其心志:使他的心志痛苦;劳其筋骨:使他的筋骨劳累)(《先秦诸子语录》)
③ 长吾女与汝女,待其嫁。(长吾女与汝女:抚养我的女儿和你的女儿,使她们长大成人)(《祭十二郎文》)
④ 舞幽壑之潜蛟,泣孤舟之嫠妇。(舞潜蛟:使潜伏的蛟龙起舞;泣嫠妇:使寡妇哭泣)(《前赤壁赋》)

2. 意动用法

这也是古代汉语中一种特殊的动宾结构。其主语在意念中认为宾语具有动词所表示的意义,所以叫意动用法。其动词往往由形容词、名词转来。一般可译作"以……为……"("把什么当作什么","认为什么怎么样")的句式。如:

① 少仲尼之闻而轻伯夷之义。(少仲尼之闻:认为孔子的见识很少;轻伯夷之义:认为伯夷的节义很轻)(《秋水》)
② 襟三江而带五湖。(襟三江:把三江当作衣襟;带五湖:把五湖当作衣带)(《滕王阁序》)
③ 侣鱼虾而友麋鹿。(侣鱼虾:把鱼虾当作伴侣;友麋鹿:把麋鹿当作朋友)(《前赤壁赋》)
④ 叱而奴之。(奴之:把他们视作贱奴)(《徐文长传》)

3. 名词用作状语

在古代汉语中,名词常常可直接用在动词的前面,充当句中的状语,表示动作所用的工具、方法,或发生的地点、时间、状态等。如:

① 秋水时至。(时:按时)(《秋水》)
② 项王乃欲东渡乌江。(东:往东)(《垓下之围》)
③ 西望夏口,东望武昌。(西:向西;东:向东)(《前赤壁赋》)
④ 沙草晨牧,河水夜渡。(晨:在早晨;夜:在晚上)(《吊古战场文》)

⑤膝语蛇行。(膝:跪着;蛇:像蛇一样匍匐蠕动)(《徐文长传》)

4. 名词用作动词

在古代汉语中,名词往往可以活用为动词,后面可以跟宾语。如:
① 项王乃复引兵而东。(东:向东进发)(《垓下之围》)
② 既城朔方。(城:筑城)(《吊古战场文》)
③ 不舟不车,不衫不帻。(舟:乘船;车:坐车;衫:穿长衫;帻:戴头巾)(《西湖七月半》)
④ 遂貌其呆状。(貌:模拟,描述)(《阿宝》)

三、特殊句式

1. 被动句式

本教材的课文中所出现的古汉语被动句式,主要有以下三种表示方式:
(1)在动词谓语后面,用介词"于"介绍出动作行为的发出者(主动者)。如:
① 此非孟德之困于周郎乎?(困于周郎:被周郎所困)(《前赤壁赋》)
(2)在动词前面加上助词"见",同时在动词后面加介词"于"介绍出动作行为的发出者(主动者),形成"见……于……"句式。如:
① 吾长见笑于大方之家。(见笑于大方之家:被大方之家所笑)(《秋水》)
(3)在动词前面加上助动词"为",表示被动。如:
① 恐将为显者笑。(为显者笑:被显贵者嘲笑)(《阿宝》)
② 久益为人贱。(为人贱:被别人视为低贱)

2. 倒序句式

在现代汉语中,宾语一般位于动词(或介词)的后面。但在古代汉语中,在某些条件下,动词(或介词)的宾语可以提到动词(或介词)的前面,从而就形成倒序句式。这类倒序句式主要有下列三种情形:
(1)在否定句中,如代词(之、我、己等)作宾语,一般提到动词之前。如:
① 然而不王者,未之有也。(未之有:未有之)(《先秦诸子语录》)
② 以为莫己若者。(莫己若者:没有能比得上自己的)(《秋水》)
(2)在疑问句中,如疑问代词(何、奚等)作宾语,一般提到动词(或介词)之前。如:
① 又奚以自多?(奚以:拿什么)(《秋水》)
(3)在肯定句中,当宾语有代词(之、是)复指时,宾语连同它的复指成分一起提到动词之前。如:
① 我之谓也。(即:说的就是我呀)(《秋水》)
② 惟兄嫂是依。(即:所依靠的只有兄嫂)(《祭十二郎文》)

此外,为了加强感叹语气,有时可将句子中的谓语提到主语之前,从而形成主谓倒序句式。如:
① 伤哉,老大也!(即:这样的"老大",是多么令人悲伤啊)(《少年中国说》)
② 美哉我少年中国!(即:我少年中国是多么美好啊)(《少年中国说》)

第四单元　品格·品德

良好的品格品德是高尚灵魂所聚的结晶。品格所表现出来的道德准则,代表了整个社会的良知。一个人拥有高尚的品格,是人性最高形式的体现,因为高尚的品德能最大限度地体现出人的自我价值。

每一种真正美好的品格品德,如勤劳、正直、自律、诚实,都自然而然地得到了人类的崇敬。因为在这个世界上,这些美德弘扬了人间正气,使得我们赖以生存的世界日趋一日、年复一年地变得令人憧憬和向往;这些美德不仅是个体生命的依存依据与精神资源,也是我们人类的精神家园,使我们摆脱虚无、迷茫与绝望,获得信心、热情、力量与希望。宽阔的胸怀、思想的深度、高尚的鉴赏力、涉世的经验、优雅的举止、行动的策略、充沛的精力、对真理的追求、诚实的为人以及和蔼可亲的态度……所有美好的品格品德,像高山之巅的精神之光,照耀着一代代后来者的心灵,引导后来者走向良好的道德轨道。美好高尚的品德品格的巨大的榜样作用,是整个人类普遍的宝贵财富,是整个人类最灿烂的遗产。

一、《老子》五章　老子

【篇章导引】

老子(约前571~前471),姓李,名耳,字聃,春秋末期楚国人。是我国古代伟大的哲学家和思想家,道家学派创始人。相传他写作《道德经》五千言,又称《老子》,是道家思想的经典。

《老子》五章

道可道(第一章)

道可道,非常道。名可名,非常名。无名天地之始。有名万物之母。故常无欲以观其妙。常有欲以观其徼[1]。此两者同出而异名,同谓之玄。玄之又玄,众妙之门。

上善若水（第八章）

上善若水。水善利万物而不争,处众人之所恶,故几于道[2]。居善地,心善渊,与善仁[3],言善信,正善治,事善能,动善时。夫唯不争,故无尤[4]。

有物混成（第二十五）

有物混成先天地生。寂兮寥兮[5],独立不改,周行而不殆,可以为天下母。吾不知其名,字之曰道[6]。强为之名曰大[7]。大曰逝,逝曰远,远曰反。故道大、天大、地大、人亦大[8]。域中有大,而人居其一焉。人法地,地法天,天法道,道法自然。

大成若缺（第四十五章）

大成若缺,其用不弊[9]。大盈若冲[10],其用不穷。大直若屈。大巧若拙。大辩若讷[11]。静胜躁,寒胜热。清静为天下正。

天之道（第七十七章）

天之道[12],其犹张弓与。高者抑之,下者举之。有余者损之,不足者补之。天之道,损有余而补不足。人之道,则不然,损不足以奉有余。孰能有余以奉天下[13],唯有道者。是以圣人为而不恃,功成而不处。其不欲见贤邪[14]。

——选自《老子注》,王弼(魏),中华书局1954年版

【注释】

[1]徼(jiao):边际、边界。引申端倪的意思。

[2]几于道:几,接近。即接近于道。

[3]与善仁:与,指与别人相交相接。善仁,指有修养之人。

[4]尤:怨咎、过失、罪过。

[5]寥:空旷。

[6]字:取名。

[7]强为之名:勉强地形容描述它。

[8]人:此与下句"人居其一"的"人"原均作"王",此据别本改。

[9]弊:破败。

[10]冲:空虚。

[11]讷:拙于言辞。

[12]天之道:大自然运行的规律。

[13]奉:供给。

[14]见:显露。

【评析提示】

老子是我国古代道家学派的创始人,在诸子百家争鸣的春秋战国时代,他较早提出了天地万物的起源与存在的哲学命题,试图总结世界的本原和万物运行的规律。在《道德经》中,老子认为天地万物的本原为"道",全书即围绕"道"这一范畴展开。

在第一章里,老子说"道"产生了天地万物,但它不可以用语言来说明,是非常深邃奥妙

的,并不是可以轻而易举地加以领会,这需要一个从"无"到"有"的循序渐进的过程。"道"是"无",是一切存在的根源,"无"生"有",万物由此产生。"道"永远存在,运行不息。老子的"道"是具有一种对宇宙人生独到的悟解和深刻的体察,这是源于他对自然界的细致入微的观察和一种强烈的神秘主义直觉而至。这种对自然和自然规律的着意关注,是构成老子哲学思想的基石。在"道"的解释中,历代学者们也有大致相同的认识,即认为它是运动变化的,而非僵化静止的;而且宇宙万物包括自然界、人类社会和人的思维等一切运动,都是遵循"道"的规律而发展变化。

老子提出"道"这个概念,作为自己的哲学思想体系的核心,它的涵义博大精深,是中国古典哲学的最高范畴。

老子的人生论和社会政治主张同样包含启人心智的深邃哲理。第八章和第四十五章是老子的人生论。老子主张清净以修身,辩证地提出了"大成"与"缺"、"大盈"与"冲"、"大直"与"屈"、"大巧"与"拙"、"大辨"与"讷"之间的辩证关系,教人以处世为人的原则和生活态度。老子在自然界万事万物中最赞美水,认为水德是近于道的。而理想中的"圣人"是道的体现者,因为水滋润万物而无取于万物,而且甘心停留在最低洼、最潮湿的地方。文中的七个并列排比句中,并列举出七个"善"字,都具有关水德的写状,同时也是介绍善之人所应具备的甘于卑下,心胸宽阔,不与人争,言而有信,应时而动的品格。第七十七章,老子认为社会的弊端在于违背自然之道,"损不足以奉有余",主张应效法"天之道","损有余而补不足"。

老子善于譬喻论证,如将"上善"比作水,将"人之道"与"天之道"对比等,其语言韵散结合,辞意洗练,行文参差错落,文气流畅而富有诗意,以优美的语言表达了抽象的哲理和思辨命题,是古代哲学思想最精彩的表达形式之一。

【思考与练习】

1. 你是怎样理解老子的论述中,"天之道"与"人之道"的区别?
2. 孔子在《论语》中也多次提到"道",比较孔子的"道"和老子的"道"之间的异同。

【拓展阅读】

史记·老子韩非子列传

(原文略)

《史记·老子韩非子列传》是一篇关于先秦道家和法家代表人物的重要传记,主要描写老子、韩非子和庄子的点滴琐事。文中可以看到老子的无为自化、清静自化,庄子对权贵的极端蔑弃。

——选自《史记选》,人民文学出版社1982年版

二、楚辞·渔父　屈原

【篇章导引】

屈原(约前339～前278),名平,字原,通常称为屈原,又名正则,字灵均,战国末期楚国丹阳(今湖北秭归)人,著名文学家、政治家。楚武王熊通之子屈瑕的后代。屈原虽忠事楚怀王,任过左徒、三闾大夫等官,却屡遭排挤,怀王死后又因顷襄王听信谗言而被流放,后因对楚国政治感到绝望,投汨罗江而死。屈原是中国最伟大的浪漫主义诗人之一,也是我国已知最早的著名诗人,世界文化名人。他创立了"楚辞"这种文体,代表作品有《离骚》《九歌》等。

这篇文章古人多相信是屈原所作,而今人则多数认为作者并非屈原本人,而是某个和屈原关系很密切的人。但无论的作者是不是屈原,其内容与屈原的思想和经历都有非常密切的关系,对于我们了解屈、认识屈原有重要意义。

渔　父

屈　原

屈原既放,游于江潭,行吟泽畔,颜色憔悴,形容枯槁。渔父见而问之曰:"子非三闾大夫与[1]?何故至于斯?"

屈原曰:"举世皆浊我独清,众人皆醉我独醒,是以见放。"

渔父曰:"圣人不凝滞于物,而能与世推移。世人皆浊,何不淈其泥而扬其波[2]?众人皆醉,何不餔其糟而歠其醨[3]?何故深思高举[4],自令放为?"

屈原曰:"吾闻之,新沐者必弹冠,新浴者必振衣。安能以身之察察[5],受物之汶汶乎[6]?宁赴湘流,葬于江鱼之腹中,安能以皓皓之白,而蒙世俗之尘埃乎?"

渔父莞尔而笑,鼓枻而去[7]。歌曰:"沧浪之水清兮[8],可以濯吾缨;沧浪之水浊兮,可以濯吾足。"遂去,不复与言。

——选自《屈原校注》,金开诚、高路明、董洪利著,中华书局1981年版

【注释】

[1] 三闾大夫:掌管楚国王族屈、景、昭三姓事务的官。屈原曾任此职。

[2] 淈(gǔ)古:搅混。

[3] 餔(bǔ补):吃。歠(chuò啜):饮。醨(lí离):薄酒。

[4] 高举:高出世俗的行为。在文中与"深思"都是渔父对屈原的批评,有贬义,故译为(在行为上)自命清高。举,举动。

[5] 察察:洁净。

[6] 汶(mén门)汶:玷辱。

[7] 鼓枻(yì):敲打船桨。枻即楫,船桨。

[8] 沧:水名,汉水的支流,在湖北境内。或谓沧浪为水清澈的样子。"沧浪之水清兮"四句:按这首《沧浪歌》也见于《孟子·离娄上》,二"吾"字皆作"我"字。

【评析提示】

　　本文以简短而凝练的文字塑造了屈原和渔父两个人物形象,其内容可以理解为真实事件,但也可能只是虚拟对白的文学手法,借助对话表现屈原内心的矛盾冲突。屈原是一个很有理想的政治家,他对于社会、对于人生,都有自己一种很美好的看法,而且为实现自己美好的理想,一直在奋斗。他被流放,实际上是他奋斗遇到了挫折、遇到了失败。他就是在这样一个背景下:故国处在危机当中,个人的事业处在挫折当中;在这样一个困厄的情况下写下了此文。

　　渔父是一个懂得与世推移,随遇而安,乐天知命的隐士。他看透了尘世的纷纷扰扰,但决不回避,而是恬然自安,将自我的情操寄托到无尽的大自然中,在随性自适中保持自我人格的节操。在他的和光同尘、不做抗争的主张中,包含了睿智和超脱。正因如此,后世文人面临挫折时,"渔父"意象总能够触发情思,让他们吟咏不绝。比如柳宗元"孤舟蓑笠翁,独钓寒江雪",这个"独钓寒江雪"的画面和里面的这种意味,我们可以体会。它品格高洁,然后是一种自信。再比如电视连续剧《三国演义》,一开始的主题曲"白发渔樵江渚上,惯看秋月春风。"其中"渔樵",也具有隐逸的味道,而隐逸又和渔父这个意象是连在一起的。所以这个作品虽然很短小,但它却成为文学史上,甚至于某种程度文化史上、思想史上的一个经典。渔父是作为屈原的对面存在的,面对社会的黑暗、污浊,屈原则显得执着、决绝,始终坚守着人格之高标,追求清白高洁的人格精神,宁愿舍弃生命,也不与污浊的尘世同流合污,虽然理想破灭了,但至死不渝。

　　通过对比,两个形象的差异更加明显,两种人生态度的不同更加凸现。所以《渔父》表现了屈原自己内心的矛盾以及在矛盾面前最终的抉择。这种矛盾的思想,通过外化为渔父和屈原两个形象,生动地展现出来。一个洒落超脱,全身远害;一个坚守信念,宁为玉碎,两者孰是孰非,给读者留下了极大的思考空间。

　　《渔父》是楚辞中一篇内容和风格都十分独特的文字。作品通过屈原与渔父的对话,一问一答,既充分展示了屈原的内心情感世界,又精到地阐释了一种透彻的人生哲理。本文形式以散句为主,在对话中也运用了对仗这一韵文特有的手法,如"举世皆浊我独清,众人皆醉我独醒","安能以身之察察,受物之汶汶者乎",同时还杂入了《楚辞》的文体特点,如"沧浪之水清兮,可以濯吾缨。沧浪之水浊兮,可以濯吾足",文章虽短,却兼具众体。

【思考与练习】

　　1. 如何理解"沧浪之水清兮,可以濯吾缨;沧浪之水浊兮,可以濯吾足"?
　　2. 在屈原的执着与渔父的旷达之间,你更欣赏哪一个?理由是什么?
　　3. 请联系曾学过的屈原其他作品,谈谈你对屈原的人格魅力的理解。

【拓展阅读】

　　《离骚》是战国时期著名诗人屈原的代表作,也是中国古代诗歌史上最长的一首浪漫主义的政治抒情诗。诗人从自叙身世、品德、理想写起,抒发了自己遭谗被害的苦闷与矛盾,斥责了楚王昏庸、群小猖獗与朝政日非,表现了诗人坚持"美政"理想和不与邪恶势力同流合污的斗争精神,表达了至死不渝的爱国热情。

　　《诗经》中的《国风》,《楚辞》中屈原的《离骚》,后世风骚并举,用来泛称文学及在文坛居于领袖地位的大家或文学作品为"独领风骚"或"风骚并举"。

离　　骚

屈　原

帝高阳之苗裔兮,朕皇考曰伯庸。
摄提贞于孟陬兮,惟庚寅吾以降。
皇览揆余初度兮,肇锡余以嘉名。
名余曰正则兮,字余曰灵均。
纷吾既有此内美兮,又重之以修能。
扈江离与辟芷兮,纫秋兰以为佩。
汨余若将不及兮,恐年岁之不吾与。
朝搴阰之木兰兮,夕揽洲之宿莽。
日月忽其不淹兮,春与秋其代序。
惟草木之零落兮,恐美人之迟暮。
不抚壮而弃秽兮,何不改乎此度?
乘骐骥以驰骋兮,来吾道夫先路!
昔三后之纯粹兮,固众芳之所在。
杂申椒与菌桂兮,岂维纫夫蕙茝!
彼尧、舜之耿介兮,既遵道而得路。
何桀纣之昌披兮,夫唯捷径以窘步。
惟党人之偷乐兮,路幽昧以险隘。
岂余身之惮殃兮,恐皇舆之败绩!
忽奔走以先后兮,及前王之踵武。
荃不揆余之中情兮,反信谗以齌怒。
余固知謇謇之为患兮,忍而不能舍也。
指九天以为正兮,夫唯灵修之故也。
曰黄昏以为期兮,羌中道而改路!
初既与余成言兮,后悔遁而有他。

余既不难夫离别兮,伤灵修之数化。
余既滋兰之九畹兮,又树蕙之百亩。
畦留夷与揭车兮,杂杜衡与芳芷。
冀枝叶之峻茂兮,原俟时乎吾将刈。
虽萎绝其亦何伤兮,哀众芳之芜秽。
众皆竞进以贪婪兮,凭不厌乎求索。
羌内恕己以量人兮,各兴心而嫉妒。
忽驰骛以追逐兮,非余心之所急。
老冉冉其将至兮,恐修名之不立。
朝饮木兰之坠露兮,夕餐秋菊之落英。
苟余情其信姱以练要兮,长顑颔亦何伤。
擥木根以结茝兮,贯薜荔之落蕊。
矫菌桂以纫蕙兮,索胡绳之纚纚。
謇吾法夫前修兮,非世俗之所服。
虽不周于今之人兮,原依彭咸之遗则。
长太息以掩涕兮,哀民生之多艰。
余虽好修姱以鞿羁兮,謇朝谇而夕替。
既替余以蕙纕兮,又申之以揽茝。
亦余心之所善兮,虽九死其犹未悔。
怨灵修之浩荡兮,终不察夫民心。
众女嫉余之蛾眉兮,谣诼谓余以善淫。
固时俗之工巧兮,偭规矩而改错。
背绳墨以追曲兮,竞周容以为度。
忳郁邑余侘傺兮,吾独穷困乎此时也。
宁溘死以流亡兮,余不忍为此态也。
鸷鸟之不群兮,自前世而固然。
何方圜之能周兮,夫孰异道而相安?
屈心而抑志兮,忍尤而攘诟。
伏清白以死直兮,固前圣之所厚。
悔相道之不察兮,延伫乎吾将反。
回朕车以复路兮,及行迷之未远。
步余马于兰皋兮,驰椒丘且焉止息。
进不入以离尤兮,退将复修吾初服。
制芰荷以为衣兮,集芙蓉以为裳。
不吾知其亦已兮,苟余情其信芳。

高余冠之岌岌兮，长余佩之陆离。
芳与泽其杂糅兮，唯昭质其犹未亏。
忽反顾以游目兮，将往观乎四荒。
佩缤纷其繁饰兮，芳菲菲其弥章。
民生各有所乐兮，余独好修以为常。
虽体解吾犹未变兮，岂余心之可惩。
女媭之婵媛兮，申申其詈予，曰：
"鲧婞直以亡身兮，终然夭乎羽之野。
汝何博謇而好修兮，纷独有此姱节？
薋菉葹以盈室兮，判独离而不服。"
众不可户说兮，孰云察余之中情？
世并举而好朋兮，夫何茕独而不予听？
依前圣以节中兮，喟凭心而历兹。
济沅、湘以南征兮，就重华而陈词：
启《九辨》与《九歌》兮，夏康娱以自纵。
不顾难以图后兮，五子用失乎家巷。
羿淫游以佚畋兮，又好射夫封狐。
固乱流其鲜终兮，浞又贪夫厥家。
浇身被服强圉兮，纵欲而不忍。
日康娱而自忘兮，厥首用夫颠陨。
夏桀之常违兮，乃遂焉而逢殃。
后辛之菹醢兮，殷宗用而不长。
汤、禹俨而祗敬兮，周论道而莫差。
举贤才而授能兮，循绳墨而不颇。
皇天无私阿兮，览民德焉错辅。
夫维圣哲以茂行兮，苟得用此下土。
瞻前而顾后兮，相观民之计极。
夫孰非义而可用兮？孰非善而可服？
阽余身而危死兮，览余初其犹未悔。
不量凿而正枘兮，固前修以菹醢。
曾歔欷余郁邑兮，哀朕时之不当。
揽茹蕙以掩涕兮，霑余襟之浪浪。
跪敷衽以陈辞兮，耿吾既得此中正。
驷玉虬以桀鹥兮，溘埃风余上征。
朝发轫于苍梧兮，夕余至乎县圃。

欲少留此灵琐兮，日忽忽其将暮。
吾令羲和弭节兮，望崦嵫而勿迫。
路曼曼其修远兮，吾将上下而求索。
饮余马于咸池兮，总余辔乎扶桑。
折若木以拂日兮，聊逍遥以相羊。
前望舒使先驱兮，后飞廉使奔属。
鸾皇为余先戒兮，雷师告余以未具。
吾令凤鸟飞腾兮，继之以日夜。
飘风屯其相离兮，帅云霓而来御。
纷总总其离合兮，斑陆离其上下。
吾令帝阍开关兮，倚阊阖而望予。
时暧暧其将罢兮，结幽兰而延伫。
世溷浊而不分兮，好蔽美而嫉妒。
朝吾将济于白水兮，登阆风而绁马。
忽反顾以流涕兮，哀高丘之无女。
溘吾游此春宫兮，折琼枝以继佩。
及荣华之未落兮，相下女之可诒。
吾令丰隆乘云兮，求宓妃之所在。
解佩纕以结言兮，吾令謇修以为理。
纷总总其离合兮，忽纬繣其难迁。
夕归次于穷石兮，朝濯发乎洧盘。
保厥美以骄傲兮，日康娱以淫游。
虽信美而无礼兮，来违弃而改求。
览相观于四极兮，周流乎天余乃下。
望瑶台之偃蹇兮，见有娀之佚女。
吾令鸩为媒兮，鸩告余以不好。
雄鸠之鸣逝兮，余犹恶其佻巧。
心犹豫而狐疑兮，欲自适而不可。
凤皇既受诒兮，恐高辛之先我。
欲远集而无所止兮，聊浮游以逍遥。
及少康之未家兮，留有虞之二姚。
理弱而媒拙兮，恐导言之不固。
世溷浊而嫉贤兮，好蔽美而称恶。
闺中既以邃远兮，哲王又不寤。
怀朕情而不发兮，余焉能忍而与此终古？

索琼茅以筳篿兮，命灵氛为余占之。
曰："两美其必合兮，孰信修而慕之？
思九州之博大兮，岂惟是其有女？"
曰："勉远逝而无狐疑兮，孰求美而释女？
何所独无芳草兮，尔何怀乎故宇？"
世幽昧以眩曜兮，孰云察余之善恶？
民好恶其不同兮，惟此党人其独异！
户服艾以盈要兮，谓幽兰其不可佩。
览察草木其犹未得兮，岂珵美之能当？
苏粪壤以充祎兮，谓申椒其不芳。
欲从灵氛之吉占兮，心犹豫而狐疑。
巫咸将夕降兮，怀椒糈而要之。
百神翳其备降兮，九疑缤其并迎。
皇剡剡其扬灵兮，告余以吉故。
曰："勉升降以上下兮，求矩矱之所同。
汤、禹俨而求合兮，挚、咎繇而能调。
苟中情其好修兮，又何必用夫行媒？
说操筑于傅岩兮，武丁用而不疑。
吕望之鼓刀兮，遭周文而得举。
宁戚之讴歌兮，齐桓闻以该辅。
及年岁之未晏兮，时亦犹其未央。
恐鹈鴂之先鸣兮，使夫百草为之不芳。"
何琼佩之偃蹇兮，众薆然而蔽之。
惟此党人之不谅兮，恐嫉妒而折之。
时缤纷其变易兮，又何可以淹留？
兰芷变而不芳兮，荃蕙化而为茅。
何昔日之芳草兮，今直为此萧艾也？
岂其有他故兮，莫好修之害也！
余以兰为可恃兮，羌无实而容长。
委厥美以从俗兮，苟得列乎众芳。
椒专佞以慢慆兮，樧又欲充夫佩帏。
既干进而务入兮，又何芳之能祗？
固时俗之流从兮，又孰能无变化？
览椒兰其若兹兮，又况揭车与江离？
惟兹佩之可贵兮，委厥美而历兹。

芳菲菲而难亏兮，芬至今犹未沬。
和调度以自娱兮，聊浮游而求女。
及余饰之方壮兮，周流观乎上下。
灵氛既告余以吉占兮，历吉日乎吾将行。
折琼枝以为羞兮，精琼靡以为粻。
为余驾飞龙兮，杂瑶象以为车。
何离心之可同兮？吾将远逝以自疏。
邅吾道夫昆仑兮，路修远以周流。
扬云霓之奄蔼兮，鸣玉鸾之啾啾。
朝发轫于天津兮，夕余至乎西极。
凤皇翼其承旗兮，高翱翔之翼翼。
忽吾行此流沙兮，遵赤水而容与。
麾蛟龙使梁津兮，诏西皇使涉予。
路修远以多艰兮，腾众车使径待。
路不周以左转兮，指西海以为期。
屯余车其千乘兮，齐玉轪而并驰。
驾八龙之婉婉兮，载云旗之委蛇。
抑志而弭节兮，神高驰之邈邈。
奏《九歌》而舞《韶》兮，聊假日以偷乐。
陟升皇之赫戏兮，忽临睨夫旧乡。
仆夫悲余马怀兮，蜷局顾而不行。
乱曰:已矣哉！国无人莫我知兮，又何怀乎故都！
既莫足与为美政兮，吾将从彭咸之所居！

——选自《屈原集校注》，金开诚、高路明、董洪利著，中华书局1981年版

《离骚》是战国时期著名诗人屈原的代表作,也是中国古代诗歌史上最长的一首浪漫主义的政治抒情诗。诗人从自叙身世、品德、理想写起,抒发了自己遭谗被害的苦闷与矛盾,斥责了楚王昏庸、群小猖獗与朝政日非,表现了诗人坚持"美政"理想和不与邪恶势力同流合污的斗争精神,表达了至死不渝的爱国热情。

《诗经》中的《国风》,《楚辞》中屈原的《离骚》,后世风骚并举,用来泛称文学及在文坛居于领袖地位的大家或文学作品为"独领风骚"或"风骚并举"。

三、礼记·大学(节选)

【篇章导引】

《大学》文本的作者及其成篇时代,是一个因史料缺载而颇难论定的问题。朱熹说:"右经一章,盖孔子之言,而曾子述之。其传十章,则曾子之意而门人记之也"(注:见朱熹《四书集注》,岳麓书社1998年版)。朱熹认为《大学》的作者为曾子及其弟子的说法,根据不足,只能说是一种泛泛之说。不过,它所记述反映的是地道的儒家思想则毫无疑问。《大学》是《礼记》中的一篇。《礼记》是用以阐释《礼经》经文的意义,或对经文的内容加以补充的辅助性资料。其作者主要是孔子再传弟子及其后学,写作在战国至秦汉之间,最后的编定则在东汉晚期。由于它论述了儒家为学治世的基本原理、原则、方针、步骤和方法等,所以中唐以后,逐渐受到儒家学者的重视。唐代韩愈、李翱始把它看做与《孟子》、《易经》同样重要的"经书"。北宋中期司马光《中庸大学广义》出,《大学》始离《礼记》而单行,理学家程颐、程颢对《大学》更是格外推崇,并予以编次、解说。南宋理学家朱熹继承二程观点,将《大学》、《中庸》与《论语》、《孟子》并列,合称"四书";又作《大学》、《中庸》章句与《论语》、《孟子》集注,其中对《大学》所付精力最多,不仅分别经、传,还补写了他认为已佚失的论格物致知的传第五章。自谓"平生精力,尽在此书"。后《四书章句集注》被立于官学,官方规定以《四书集注》取士,从此《四书集注》成为士人的必读之书,奠定了它在封建正统思想文化中的地位。此后对古代教育,甚至整个中国社会、传统文化都产生了极大的影响。

礼记·大学

大学之道[1],在明明德[2],在亲民[3],在止于至善。知止而后有定[4],定而后能静,静而后能安,安而后能虑,虑而后能得[5]。物有本末,事有终始。知所先后,则近道矣。古之欲明明德于天下者,先治其国。欲治其国者,先齐其家[6]。欲齐其家者,先修其身[7]。欲修其身者,先正其心。欲正其心者,先诚其意。欲诚其意者,先致其知[8],致知在格物[9]。物格而后知至,知至而后意诚,意诚而后心正,心正而后身修,身修而后家齐,家齐而后国治,国治而后天下平。自天子以至于庶人,壹是皆以修身为本[10]。其本乱而末治者,否矣[11]。其所厚者薄,而其所薄者厚[12],未之有也。此谓知本,此谓知之至也[13]。

——选自《礼记训纂》,(清),中华书局1996年版

【注释】

[1]大学之道:大学的宗旨。大,旧读为"太"。大学,古代一种高级学校的名称。《大戴礼记·保傅》:"古者年八岁而出就外舍,(即小学),学小艺焉,履小节焉;束发(指成童,约十五岁)而就大学,学大艺焉,履大节焉。"当时能入大学学习者多为贵族子弟,学习伦理、政治、哲学等"穷理正心,修己

治人"的学问。"道"的本义是道路,引申为规律、原则等,在中国古代哲学、政治学里,也指宇宙万物的本原、个体,一定的政治观或思想体系等。

[2] 明明德:前一个"明"作动词,有使动的意味,即"使彰明",也就是发扬、弘扬的意思。后一个"明"作形容词,明德也就是光明正大的品德。

[3] 亲民:根据后面的"传"文,"亲"应为"新",即革新、弃旧、图新。亲民:也就是新民,使人道德境界不断更新。

[4] 知止:知道目标所在。定:有确定的志向。静:心态平静。安:精神安宁。虑:思虑。

[5] 得:有所收获。

[6] 齐其家:依字面可解为"整顿其家庭或家族",但本文所说的"家",与现代意义上的"家庭"有所不同,内涵着封建家族所特有的宗法、等级含义。

[7] 修其身:修养其自身的品性。

[8] 致其知:使自己获得知识。

[9] 格物:认识、研究万事万物。格:至;物:事物。

[10] 壹是:都是。本:根本。

[11] 末:相对于本而言,指枝末、枝节。

[12] 所厚者:指"本"。所薄者:指"末"

[13] 知之至:智慧的极致。知,即智。

【评析提示】

本文为《礼记·大学》节选,一文字虽短,但却是一篇思想深刻、影响甚远,但又充满疑问、备引争议的儒学经典。

本文为《大学》第一章,集中阐述了儒家关于教育的宗旨、步骤及作用的理论,鲜明地体现了儒家学派"内圣外王"的人格理想,是儒家人生教育的道德纲领,也是维护封建宗法制度的政治纲领。《大学》以相当成熟的理论思维构建了一个中国封建社会儒家人生教育的总体框架,构建了一个中国封建社会士人人生发展的宏观图式。全篇将道德修养和政治议论结合在一起,将人生哲学和政治哲学合而为一,是儒家"入世"思想的全面体现。

文章的第一节,概括了大学教育的基本宗旨,即以"明明德"、"新民"、"止于至善"的"三纲领"。"明明德"强调的是自我的道德完善;"新民"强调的是推己及人的道德感化作用;"止于至善"则强调为善不已,守善不渝的道德境界。它既是《大学》的纲领旨趣,也是儒学"垂世立教"的目标所在,表明以道德的完善为教育的最高目标,具有浓厚的道德理想主义色彩。

第二节则反复论证了修养的步骤及其实践效果,即所谓"八条目"。

"八条目",是指格物、致知、诚意、正心、修身、齐家、治国、平天下。它既是为达到"三纲"而设计的条目工夫,也是儒学为我们所展示的人生进修阶梯。这八条目实际上包括"内修"和"外治"两大方面:前面四级"格物、致知,诚意、正心"是"内修";后面三纲"齐家、治国、平天下"是"外治"。而其中间的"修身"一环,则是联结"内修"和"外治"两方面的枢纽,它与前面的"内修"项目连在一起,是独善其身的"内圣";它与后面的"外治"项目连在一起,是兼善天下的"外王"。将这八条合而观之,是"内圣外王"的人格理想的最佳表述,凝聚了儒家学派关于人生与社会、道德与政治等问题的思想精髓,表达了完善自我并改造社会的愿望,它实质上已不仅仅是一系列学说性质的进修步骤,而是具有浓厚实践色彩的人生追求阶梯,成为有志之士用以自励并为之奋斗的人生目标。

作为封建社会及其文化的产物,这种文化有其历史和文化的局限。其"善"与"德"、"家"与"国"、"天下"都有特定的社会与历史内涵,我们今天在学习时必须予以注意和鉴别。

本文使用了大量的排比和蝉联句法,造成一种环环相扣、间不容发的逻辑感和不容置疑的雄辩气势。

【思考与练习】

1. 本文所说的"大学"与今天的大学有什么不同之处?
2. 道德修养与知识探求是什么关系?二者是否等同?能否统一起来?

【拓展阅读】

《中庸》,见于西汉成书的《小戴礼记》(戴圣,西汉官员、学者,汉代今文经学的开创者。生卒年不详,字次君,世称小戴,西汉梁(郡治在今河南商丘)人,相传为战国时孔伋(字子思,孔子之孙)所作。宋代朱熹将《大学》、《中庸》、《论语》、《孟子》合编注释,称为《四书》,成为儒家的经典著作。

中　庸　第二十章　(节选)

或生而知之,或学而知之,或困而知之,及其知之一也。或安而行之,或利而行之,或勉强而行之,及其成功一也。子曰:"好学近乎知,力行近乎仁,知耻近乎勇。知斯三者,则知所以修身;知所以修身,则知所以治人;知所以治人,则知所以治天下国家矣。"

凡为天下国家有九经,曰:修身也,尊贤也,亲亲也,敬大臣也,体群臣也,子庶民也,来百工也,柔远人也,怀诸侯也。修身则道立,尊贤则不惑,亲亲则诸父昆弟不怨,敬大臣则不眩,体群臣则士之报礼重,子庶民则百姓劝,来百工则财用足,柔远人则四方归之,怀诸侯则天下畏之。

齐明盛服,非礼不动,所以修身也。去谗远色,贱货而贵德,所以劝贤也。尊其位,重其禄,同其好恶,所以劝亲亲也。官盛任使,所以劝大臣也。忠信重禄,所以劝士也。时使薄敛,所以劝百姓也。日省月试,既廪称事,所以劝百工也。送往迎来,嘉善而矜不能,所以柔远人也。继绝世,举废国,治乱持危,朝聘以时,厚往而薄来,所以怀诸侯也。

凡为天下国家有九经,所以行之者一也。凡事豫则立,不豫则废。言前定则不跲,事前定则不困,行前定则不疚,道前定则不穷。

在下位不获乎上,民不可得而治矣。获乎上有道:不信乎朋友,不获乎上矣。信乎朋友有道:不顺乎亲,不信乎朋友矣。顺乎亲有道:反诸身不诚,不顺乎亲矣。诚身有道:不明乎善,不诚乎身矣。

诚者,天之道也;诚之者,人之道也。诚者,不勉而中,不思而得,从容中道,圣人也。诚之者,择善而固执之者也。博学之,审问之,慎思之,明辨之,笃行之。有弗学,学之弗能弗措也;有弗问,问之弗知弗措也;有弗思,思之弗得弗措也;有弗辨,辨之弗明弗措也;有弗行,行之弗笃弗措也。人一能之,己百之;人十能之,己千之。果能此道矣,虽愚必明,虽柔必强。

——选自《大学中庸译注》,王文锦著,中华书局2008年版

本文所选《中庸第二十章》,论述了获取知识的为学程序,实行儒道,进而达到"诚"的道德境界,并把这种求知与修养作为经世治国的能力和道德基础,强调"择善而固执之"的勤奋不懈精神。其中关于博学慎思、明辨笃行的治学精神,至今仍有借鉴意义。

四、不朽——我的宗教　胡　适

【篇章导引】

胡适(1891~1962),字适之,安徽绩溪人。著名文学家、学者、教育家、社会活动家。早年赴美,就读于康奈尔大学和哥伦比亚大学。1917年回国,宣扬民主、科学,倡导反封建的新文化运动,发表《文学改良刍议》、《文学进化观念与戏剧改良》等文章,率先从事白话新诗与文学史的写作,成为"五四"新文学运动的主要代表人物。曾任北京大学教授(1917)、文学院长(1930)、校长(1946),台湾"中央研究院"院长(1957)等。其著作辑有《胡适文集》、《胡适全集》等。

不朽——我的宗教

胡　适

不朽有种种说法,但是总括看来,只有两种说法是真有区别的。一种是把"不朽"解作灵魂不灭的意思。一种就是《春秋左传》上说的"三不朽"。

一、神不灭论。宗教家往往说灵魂不灭,死后须受末日的裁判:做好事的享受天国天堂的快乐,做恶事的要受地狱的苦痛。这种说法,几千年来不但受了无数愚夫愚妇的迷信,居然还受了许多学者的信仰。但是古今来也有许多学者对于灵魂是否可离形体而存在的问题,不能不发生疑问。最重要的如南北朝人范缜的《神灭论》说:"形者神之质,神者形之用……神之于质,犹利之于刀;形之于用,犹刀之利。……舍利无刀,舍刀无利。未闻刀没而利存,岂容形亡而神在?"宋朝的司马光也说:"形既朽灭,神亦飘散,虽有判烧舂磨,亦无所施。"但是司马光说的"形既朽灭,神亦飘散",还不免把形与神看作两件事,不如范缜说的更透切。范缜说人的神灵即是形体的作用,形体便是神灵的形质。正如刀子是形质,刀子的利钝是作用;有刀子方才有利钝,没有刀子便没有利钝。人有形体方才有作用:这个作用,我们叫做"灵魂"。若没有形

体,便没有作用了,便没有灵魂了。范缜这篇《神灭论》出来的时候,惹起了无数人的反对。梁武帝叫了七十几个名士作论驳他,都没有什么真有价值的议论。其中只有沈约的《难神灭论》说:"利著追施四方,则利体无处复立;利之为用正存一边毫毛处耳。神之与形,举体若合,又安得同乎? 若以此譬为尽耶,则不尽;若谓本不尽耶,则不可以为譬也。"这一段是说刀是无机体,人是有机体,故不能彼此相比。这话固然有理,但终不能推翻"神者形之用"的议论。近世唯物派的学者也说人的灵魂并不是什么无形体,独立存在的物事,不过是神经作用的总名;灵魂的种种作用都即是脑部各部分的机能作用;若有某部被损伤,某种作用即时废止;人幼年时脑部不曾完全发达,神灵作用也不能完全,老年人脑部渐渐衰耗,神灵作用也渐渐衰耗。这种议论的大旨,与范缜所说"神者形之用"正相同。但是有许多人总舍不得把灵魂打消了,所以咬住说灵魂另是一种神秘玄妙的物事,并不是神经的作用。这个"神秘玄妙"的物事究竟是什么,他们也说不出来,只觉得总应该有这么一件物事。既是"神秘玄妙",自然不能用科学试验来证明他,也不能用科学试验来驳倒他。既然如此,我们只好用实验主义的方法,看这种学说的实际效果如何,以为评判的标准。依此标准看来,信神不灭论的固然也有好人,信神灭论的也未必全是坏人。即如司马光范缜赫胥黎一类的人,说不信灵魂不灭的话,何尝没有高尚的道德? 更进一层说,有些人因为迷信天堂,天国,地狱,末日裁判,方才修德行善,这种修行全是自私自利的,也算不得真正道德。总而言之,灵魂灭不灭的问题,于人生行为上实在没有什么重大影响;既没有实际的影响,简直可说是不成问题了。

二、三不朽说。《左传》说的三种不朽是:(一)立德的不朽,(二)立功的不朽,(三)立言的不朽。"德"便是个人人格的价值,像墨翟耶稣一类的人,一生刻意孤行,精诚勇猛,使当时的人敬爱信仰,使千百年后的人想念崇拜。这便是立德的不朽。"功"便是事业,像哥仑布发现美洲,像华盛顿造成美洲共和国,替当时的人开一新天地,替历史开一新纪元,替天下后世的人种下无量幸福的种子。这便是立功的不朽。"言"便是语言著作,像那《诗经》三百篇的许多无名诗人,又像陶潜、杜甫、莎士比亚、易卜生一类的文学家,又像柏拉图、卢梭、弥儿顿一类的文学家,又像牛顿、达尔文一类的科学家,或是做了几首好诗使千百年后的人欢喜感叹;或是做了几本好戏使当时的人鼓舞感动,使后世的人发愤兴起;或是创出一种新哲学或是发明了一种新学说,或在当时发生思想的革命,或在后世影响无穷。这便是立言的不朽。总而言之,这种不朽说,不问人死后灵魂能不能存在,只问他的人格,他的事业,他的著作有没有永远存在的价值。即如基督教徒说耶稣是上帝的儿子,他的灵魂永远存在,我们正不用驳这种无凭据的神话,只说耶稣的人格,事业和教训都可以不朽,又何必说那些无谓的神话呢? 又如孔教会的人到了孔丘的生日,一定要举行祭孔的典礼,还有些人学那"朝山进香"的法子,要赶到曲阜孔林去对孔丘的神灵表示敬意。其实孔丘的不朽全在他的人格与教训,不在他那"在天之灵"。大总统多行两次了祭,孔教会多走两次"朝山进香",就可以使孔丘格外不朽了吗? 更进一步说,像那《三百篇》里的诗人,也没有姓名,也没有事实,但是他们都可说是立言的不朽。为什么呢? 因为不朽全靠一个人的真价值,并不靠姓名事实的流传,也不靠灵魂的存在。试看古今来的多少大发明家,那发明火的,发明养蚕的,发明丝的,发明织布的,发明水车的,发明舂米的水车的,发明规矩的,发明秤的,……虽然姓名不传,事实湮没,但他们的功业永远存在,他们也就都不朽了。这种不朽比那个人的小小灵魂的存在,可不是更可宝贵,更可羡慕吗?况且那灵魂的有无还在不可知之中,这三种不朽——德,功,言,——可是实在的。这三种不朽可不是比那灵魂的不灭更靠得住吗?

  以上两种不朽论,依我个人看来,不消说得,那"三不朽说"是比那"神不灭说"好得多了。但是那"三不朽说"还有三层缺点,不可不知。第一,照平常的解说看来,那些真能不朽的人只不过那极少数有道德,有功业,有著述的人。还有那无量平常人难道就没有不朽的希望吗?世界上能有几个墨翟耶稣,几个哥仑布华盛顿,几个杜甫陶潜,几个牛顿达尔文呢?这岂不成了一种"寡头"的不朽论吗?第二,这种不朽论单从积极一方面着想,但没有消极的裁制。那种灵魂的不朽论既说有天国的快乐,又说有地狱的苦楚,是积极消极两方面都顾着的。如今单说立德可以不朽,不立德又怎样呢?立功可以不朽,有罪恶又怎样呢?第三,这种不朽论所说的"德,功,言"三件,范围都很含糊。究竟怎样的人格方才可算是"德"呢?怎样的事业方才可算是"功"呢?怎样的著作方才可算是"言"呢?我且举下个例。哥仑布发现美洲固然可算得立了不朽之功,但是他船上的水手火头又怎样呢?他那只船的造船工人又怎样呢?他船上用的罗盘器械的制造工人又怎样呢?他所读的书的著作者又怎样呢?……举这一条例,已可见"三不朽"的界限含糊不清了。

  因为要补足这三层缺点,所以我想提出第三种不朽论来请大家讨论。我一时想不起别的好名字,姑且称他做"社会的不朽论"。

  三、社会的不朽论。社会的生命,无论是看纵剖面,是看横截面,都像一种有机的组织。从纵剖面看来,社会的历史是不断的;前人影响后人,后人又影响更后人;没有我们的祖宗和那无数的古人,又哪里有今日的我和你?没有今日的我和你,又哪里有将来的后人?没有那无量数的个人,便没有历史,但是没有历史,那无数的个人也决不是那个样子的个人;总而言之,个人造成历史,历史造成个人。从横截面看来,社会的生活是交互影响的:个人造成社会,社会造成个人;社会的生活全靠个人分工合作的生活,但个人的生活,无论如何不同,都脱不了社会的影响;若没有那样这样的社会,决不会有这样那样的我和你;若没有无数的我和你,社会也决不是这个样子。来勃尼慈(eibnitz)说得好:

  这个世界乃是一片大充实,其中一切物质都是接连着的。一个大充实里面有一点变动,全部的物质都要受影响,影响的程度与物体距离的远近成正比例。世界也是如此。每一个人不但直接受他身边亲近的人的影响,并且间接又间接的受距离很远的人的影响。所以世间的交互影响,无论距离远近,都受得着。所以世界上的人,每人受着全世界一切动作的影响。如果他有周知万物的智慧,他可以在每人的身上看出世间一切施为,无论过去未来都可看得出,在这一个现在里面便有无穷时间空间的影子。

  从这个交互影响的社会观和世界观上面,便生出我所说的"社会的不朽论"来。我这"社会的不朽论"的大旨是:

  我这个"小我"不是独立存在的,是和无量数小我有直接或间接的交互关系的;是和社会的全体和世界的全体都有互为影响的关系的；是和社会世界的过去和未来都有因果关系的。种种从前的因，种种现在无数"小我"和无数他种势力所造成的因，都成了我这个"小我"的一部分。我这个"小我"，加上了种种从前的因，又加上了种种现在的因，传递下去，又要造成无数将来的"小我"。这种种过去的"小我"，和种种现在的"小我"，和种种将来无穷的"小我"，一代传一代，一点加一滴；一线相传，连绵不断；一水奔流，滔滔不绝：——这便是一个"大我"。"小我"是会消灭的，"大我"是永远不灭的。"小我"是有死的，"大我"是永远不死，永远不朽的。"小我"虽然会死，但是每一个"小我"的一切作为，一切功德罪恶，一切语言行事，无论大小，无论是非，无论善恶，——都永远留存在那个"大我"之中。那个"大我"，便是古往今来一切"小我"的纪功碑，彰善祠，罪状判决书，孝子慈孙百世不能改的恶谥法。这个"大我"是永远不朽的，故一切"小我"的事业，人格，一举一动，一言一笑，一个念头，一场功劳，一桩罪过，也都永远不朽。这便是社会的不朽，"大我"的不朽。

那边"一座低低的土墙，遮着一个弹三弦人。"那三弦的声浪，在空间起了无数波澜；那被冲动的空气质点，直接间接冲动无数旁的空气质点；这种波澜，由近而远，至于无穷空间；由现在而将来，由此刹那以至无量刹那，至于无穷时间：——这已是不灭不朽了。那时间，那"低低的土墙"外边来了一位诗人，听见那三弦的声音，忽然起了一个念头；由这一个念头，就成了一首好诗；这首好诗传诵了许多；人人读了这诗，产生种种念头；由这种种念头，更发生无量数的念头，更发生无数的动作，以至于无穷。然而那"低低的土墙"里面那个弹三弦的人又如何知道他所发生的影响呢？

一个生肺病的人在路上偶然吐了一口痰。那口痰被太阳晒干了，化为微尘，被风吹起空中，东西飘散，渐吹渐远，至于无穷时间，至于无穷空间。偶然一部分的病菌被体弱的人呼吸进去，便发生肺病，由他一身传染一家，更由一家传染无数人家。如此辗转传染，至于无穷空间，至于无穷时间。然而那先前吐痰的人的骨头早已腐烂了，他又如何知道他所种的恶果呢？

一千五六百年前有一个人叫做范缜说了几句话道："神之于形，犹利之于刀；未闻刀没而利存，岂容形亡而神在？"这几句话在当时受了无数人的攻击。到了宋朝有个司马光把这几句话记在他的《资治通鉴》里。一千五六百年之后，有一个十一岁的小孩子，——就是我，——看《通鉴》到这几句话，心里受了一大感动，后来便影响了他半生的思想行事。然而那说话的范缜早已死了一千五六百年了！

二千六七百年前，在印度地方有一个穷人病死了，没人收尸，尸首暴露在路上，已腐烂了。那边来了一辆车，车上坐着一个王太子，看见了这个腐烂发臭的死人，心中起了一念；由这一念，辗转发生无数念。后来那位王太子把王位也抛了，富贵也抛了，父母妻子也抛了，独自去寻思一个解脱生老病死的方法。后来这位王子便成了一个教主，创了一种哲学的宗教，感化了无数人。他的影响势力至今还在；将来即使他的宗教全灭了，他的影响势力终久还存在，以至于无穷。这可是那腐烂发臭的路毙所曾梦想到的吗？

以上不过是略举几件事，说明上文说的"社会的不朽"，"大我的不朽"。这种不朽论，总而言之，只是说个人的一切功德罪恶，一切言语行事，无论大小好坏，——都留下一些影响在那个"大我"之中,——都与这永远不朽的"大我"一同永远不朽。

上文我批评那"三不朽论"的三层缺点:(一)只限于极少数的人,(二)没有消极的裁制,(三)所说"功、德、言,"的范围太含糊了。如今所说"社会的不朽",其实只是把那"三不朽论"的范围更推广了。既然不论事业功德的大小,一切都可不朽,那第一第三两层短处都没有了。冠绝古今的道德功业固可以不朽,那极平常的"庸言庸行",油盐柴米的琐屑,愚夫愚妇的细事,一言一笑的微细,也都永远不朽。那发现美洲的哥仑布固可以不朽,那些和他同行的水手火头,造船的工人,造罗盘器械的工人,供给他粮食衣服银钱的人,他所读的书的著作家,生他的父母,生他父母的父母祖宗,以及生育训练那些工人商人的父母祖宗,以及他以前和同时的社会,……都永远不朽。社会是有机的组织,那英雄伟人可以不朽,那挑水的,烧饭的,甚至于浴堂里替你擦背的,甚至于每天替你家掏粪倒马桶的,也都永远不朽。至于那第二层缺点,也可免去。如今说立德不朽,行恶也不朽;立功不朽,犯罪也不朽:"流芳百世"不朽,"遗臭万年"也不朽;功德盖世因是不朽的善因,吐一口痰也有不朽的恶果。我的朋友李守常先生说得好:"稍一失脚,必致遗留层层罪恶种子于未来无量的人,——即未来无量的我,——永不能消除,永不能忏悔。"这就是消极的裁制了。

中国儒家的宗教提出一个父母的观念,和一个祖先的观念,来做人生一切行为的裁制力。所以说,"一出言而不敢忘父母,一举足而不敢忘父母。"父母死后,又用丧礼祭礼等等见神见鬼的方法,时刻提醒这种人生行为的裁制力。所以又说,"斋明盛服,以承祭祀,洋洋乎如在其上,如在其左右。"又说,"斋三日,则见其所为斋者;祭之日,入室,接然必有见乎其位;周还出户,肃然必有闻乎其容声;出户而听,忾然必有闻乎其叹息之声。"这都是"神道设教",见神见鬼的手段。这种宗教的手段在今日是不中用了。还有那种"默示"的宗教,神权的宗教崇拜偶像的宗教,在我们心里也不能发生效力,不能裁制我们一生的行为。以我个人看来,这种"社会的不朽"观念很可以做我的宗教了。我的宗教的教旨是:

我这个现在的"小我",对于那永远不朽的"大我"的无穷过去,须负重大的责任。对于那永远不朽的"大我"的无穷未来,也须负重大的责任。我需要时时想着,我应该如何努力利用现在的"小我",方才可以不辜负了那"大我"的无穷过去,方才可以不遗害那"大我"的无穷未来?

(跋)这篇文章的主意是民国七年年底当我的母亲丧事里想到的。那时只写成一部分,到八年二月十九日方才写定付印。后来俞颁华先生在报纸上指出我论社会是有机体一段很有语病,我觉得他的批评很有理,故九年二月间我用英文发表这篇文章时,我就把那一段完全改过了。十年五月,又改定中文原稿,并记作文与修改的缘起于此。

——选自《胡适文萃》,杨犁编,作家出版社 1991 版

【评析提示】

本文原载 1919 年 2 月 15 日《新青年》第 6 卷第 2 号。

文章在肯定传统的立德、立功、立言"三不朽"说的历史价值的同时,提出"社会的不朽论",认为每个"现在"的"小我",都对社会"大我"的"无穷过去"和"无穷未来"负

有重大责任。

　　本文开头一段作为"小引",导入正文。其余可分为四个部分。第一部分即"神不灭论";第二部分即"三不朽说";第三部分即"社会的不朽论";第四部分从重提"三不朽论"的"三层缺点"到末尾。

　　第一部分可分作两个层次。首先,是围绕范缜、司马光、沈约有关"神灭论"的分析介绍;其次,从"近世唯物派的学者"开始,强调所谓人的灵魂"不过是神经作用的总名";同时进一步强调用实验主义的方法来剖析"神不灭论"。

　　第二部分也可分作两个层次。首先,是介绍、解说"三种不朽"。所谓"德、功、言","可是实在的"。其次,是对"三不朽说"的剖析。作者发现了"三不朽说"的"三层缺点":即如何看"无量平常人",缺乏消极的裁制以及界限含糊不清。

　　第三部分是作者正面提出自己的"社会的不朽论"观点。其中第一层次着重于理论阐述。从来勃尼慈的论述到"社会的不朽论"的"大旨"。第二层次为事例剖析,从"三弦的声浪"、吐痰到司马光记范缜的话以及佛教的产生,以此来深化自己的"社会的不朽论"。

　　第四部分是全文的概括和总结。从"三不朽论"的"三层缺点"重提,到剖析"中国儒家的宗教"的"父母的观念"和"祖先的观念",最后得出结论:每个人的"小我"应该对永远不朽的"大我"负责。

　　全文思路清晰,论理层近,逻辑严密,见解中肯,结论积极。

　　本文的基本特色是深入浅出,纵横捭阖却重在以理服人。通过具体的事例来说明道理,使复杂的问题变得通俗易懂。

　　首先,层层剖解,严密的逻辑性。从表面上看,文章从古到今、从外国到中国,似乎漫漫而谈,但细读之下,便可感受其主题紧紧围绕"不朽"展开,阐述丝丝入扣。作者以在中国人心目中根深蒂固的"神不灭论"与"三不朽说"为剖析对象,从"正名"介绍到内容,紧追"为什么",最终亮出这种种说法的荒诞与片面。在"破"的基础上,作者又"立"出自己观点。于是一破一立、一反一正,使全文的逻辑性趣味盎然。其次,从理论到实际娓娓道来。胡适的杂感随笔有一种轻松、随和、娓娓道来的感觉。《不朽》中其实涉及深奥的人生观、宗教观、哲学观等等很复杂的理论问题,胡适都用自己口语化的语言来表述,并列举生活中的实例,使人一看就懂、一读就明白;同时又进一步去思索其背后的深刻性。第三,情感深沉。胡适文章表述的口语化,并不影响其表述深沉情感。这篇文章的"跋"值交代该文是在"母亲丧事里"想到"不朽"的题目,蕴藉了对母亲的追思、怀念与永久的挚爱。胡适在文章中似乎没有去涉及这种感情;但是,围绕"不朽"而生发的议论,却饱含着一个儿子对母亲的眷爱。因此,当我们读完全文而看到"跋"时,一定会产生出更多的联想。

【思考与练习】

　　1. 谈谈你对"三不朽"的看法。
　　2. 本文为什么能做到论题重大,读来却极其通俗易懂?试简要说明。

【拓展阅读】

《知识的责任》，作者罗家伦。

罗家伦(1897~1969)，字志希，浙江进贤人。中国现代教育家，曾参加五四运动，先后担任清华大学校长、中央大学校长等职。

知识的责任

罗家伦

要建立新人生观，除了养成道德的勇气外，还要能负起知识的责任(Intellectual responsibility)。本来责任是人人都有的，无论是耕田的，做工的，从军的，或者是任政府官吏的，都各有各的责任。为什么我要特别提出"知识的责任"来讲？知识是人类最高智慧发展的结晶，是人类经验中最可珍贵的宝藏，不是人人都能取得，都能具备的；因此凡求得知识机会的人，都可说是得天独厚，享受人间特惠的人，所以都应该负一种特殊的责任。而且知识是精神生活的要素，是指挥物质生活的原动力，是我们一切行为的最高标准。倘使有知识的人不能负起他特殊的责任，那他的知识就是无用的，不但无用，并且受了糟蹋。糟蹋知识是人间的罪恶；因为这是阻碍或停滞人类文化的发达和进步。所以知识的责任问题，值得我们加以严重的注意。我们忝属于所谓知识分子，尤其觉得这是一个切身问题。

所谓知识的责任，包含三层意义：

第一是要有负责的思想。思想不是空想，不是幻想，不是梦想，而是搜集各种事实的根据，加以严格逻辑的审核，而后构成的一种有周密系统的精神结晶。所以一知半解，不足以称为成熟的思想；强不知以为知，更不能称为成熟的思想。思想是不容易成立的；必须要经过逻辑的陶熔，科学的锻炼。凡是思想家，都是不断的劳苦工作者。"焚膏油以继晷，恒兀兀以穷年"，他的求知的活动，是一刻不停的，所以他才能孕育出伟大成熟的思想，以领导一世的思想。思想家都是从艰难困苦中奋斗出来的。他们为求真理而蒙受的牺牲，绝不亚于在战场上鏖战的牺牲。拿科学的实验来说。譬如在实验室里试验炸药的人，被炸伤或炸死者，不知多少。又如到荒僻的地方调查地质，生物，人种的人，或遇天灾而死，或染疾而死，或遭盗匪蛮族杀害而死的，也不知多少。他们从这种艰苦危难之中得到的思想，自然更觉得亲切而可以负责。西洋学者发表一篇学术报告或论文，都要自己签字，这正是负责的表现。

其次是除有负责的思想而外，还要能对负责的思想负责。思想既是不易得到的真理，则一旦得到以后，就应该负一种推进和扩充的责任。真理是不应埋没的，是要发表的。在发表以前，固应首先考虑他是不是真理，可不可以发表；但是既已考虑发表以后，苟无新事实新理论的发展和修正，或是为他人更精辟的学说所折服，那就应当本着大无畏的精神把他更尖锐地推进，更广大地扩充。我们读西洋科学史，都知道科学家为真理的推进和扩充而奋斗牺牲的事迹，真是"史不绝书"。譬如哥白尼(Copernicus)最先发现地动学说，说太阳是不动的，地球及其他行星都在他的周围运行，就因此受了教会多少的阻碍。后来布鲁诺(Bruno)出来，继续研究，承认了这个真理，极力传播，弄到触犯了教会的大怒，不仅是被捕入狱，而且被"点天灯"而死。伽利略（Galileo）继起，更加以物理学的证明，去阐扬这种学说，到老年还铁锁银铛，饱受铁窗的风味。他们虽受尽压迫和困辱，但始终都坚持原来的信仰，有"鼎镬甘始饴，求之不可得"的态度。他们虽因此而牺牲，但是科学上的真理，却因为他们的牺牲而确定。像这种对于思想负责的精神，才正是推动人类文化的伟大动力。

再进一层说，知识分子既然得天独厚，受了人间的特惠，就应该对于国家民族社会人群，负起更重大的责任来。世间亦唯有知识分子才有机会去发掘人类文化的宝藏，才有特权去承受过去时代留下最好的精神遗产。知识分子是民族最优秀的分子，同时也是国家最幸运的宠儿。如果不比常人负更重更大的责任，如何对得起自己天然的秉赋？如何对得起国家民族的赐予？又如何对得起历代先哲的伟大遗留？知识分子在中国一向称为"士"。曾子说："士不可以不弘毅，任重而道远。仁以己任，不亦重乎？死而后已，不亦远乎？"身为知识分子，就应该抱一种舍我其谁至死无悔的态度，去担当领导群伦继往开来的责任。当民族生死存亡的紧急关头，知识分子的责任尤为重大。范仲淹主张"先天下之忧而忧，后天下之乐而乐"。必须有这种抱负，才配做知识分子。他的"胸中十万甲兵"，也是由此而来的。

提起中国的知识分子，我们很觉痛心。中国社会一般的通病，就是不负责任，而以行政的部分为尤甚（这当然是指行政的一部分而言）。从前的公文程式，是不用引号的；办稿的时候，引到来文不必照钞，只写"云云"二字，让书吏照原文补写进去。传说沈葆桢做某省巡抚，发现某县的来文上，书吏照钞云云二字，不曾将原引来文补入，该县各级负责人员，也不曾觉察。于是他很幽默的批道："吏云云，幕云云，官亦云云，想该县所办之事，不过云云而已。"这是一个笑话，但是很足以形容中国官僚政治的精神。中国老官僚办公事的秘诀，是不负责任，推诿责任。所以上级官厅对下的公事，是把责任推到下面去；下级官厅对上的公事，是把责任推到上面去。责任是一个皮球，上下交踢。踢来踢去的结果，中间竟和火线中间，有一段"无人之境"（No man's land）一样。这是行政界的通病，难道知识界就没有互相推诿不负责任的情形吗？有多少人挺身而出，本着自己的深信，拿出自己的担当来说，这是我研究的真理，这是我服务的责任，我不退缩，我不推诿！这种不负责任的病根，诊断起来，由于下列各点：

第一是缺少思想的训练。他的思想，不曾经过严格的纪律，因此已有的思想固不能发挥，新鲜的思想也无从产生。外国的思想家常提倡一种严正而有纪律的思想（"Rigorus thinking"），就是一种用逻辑的烈火来锻炼过的思想。正确的思想是不容易获得的；必得经过长期的痛苦，严格的训练，然后才能为我所有。思想的训练，是教育上的重大问题。历次世界教育会议，对于这个问题，都曾加以讨论。有人主张研究社会科学的人，也得学高深的数学，不是因为他用得着这些数学，乃是因为这种数学是他思想的训练。思想是要有纪律的。思想的纪律绝不是去束缚思想，而是去引申思想，发展思想。中国知识界现在就正缺少这种思想上的锻炼。

第二是容易接受思想。中国人向来很少坚持他特有的思想，所以最容易接受他人的思想。有人说中国人在思想上最为宽大,最能容忍,这是美德,不是毛病。但是思想这件事,是就是是,非就是非,谈不到什么宽大和容忍。不是东风压倒西风,便是西风压倒东风。哥白尼主张地动说,固然自己深信是对的;就是白兰罗和盖律雷研究这个学说认为他是对的以后,也就坚决地相信他,拥护他,至死终不改变。试看西洋科学与宗教战争史中,为这学说奋斗不懈,牺牲生命的人,曾有多少。这才是对真理应有的态度。中国人向来本相信天圆地方,"气之轻清,上浮者为天,气之重浊,下凝者为地。"但是西洋的地动学说一传到中国,中国人立刻就说地是圆的;马上接受,从未发生过流血的惨剧。又如达尔文的生物进化论,也是经过多少年宗教的反对,从苦斗中挣扎出来的。直到一九一一年,德国还有一位大学教授,因讲进化论而被辞退;甚至到了一九二一年,美国坦尼西(Tennessee)州,还有一位中学教员因讲进化论而遭诉讼。这虽然可以说是他们守旧势力的顽固,但是也可表现西洋人对于新思想的接受不是轻易的。可是在中国却不然。中国人本来相信盘古用金斧头开天辟地。"自从盘古开天地三皇五帝定乾坤",不是多少小说书上都有的吗?但是后来进化论一传进来,也就立刻说起天演,物竞天择,和人类是猴子变的来,(其实人类是猴子的"老表")。人家是经过生物的实验而后相信的。我们呢?我们只是因为严复译了赫胥黎的《天演论》,文章作得极好,吴挚甫恭维他"骎骎乎周秦诸子矣"一来,于是全国风从了。像这样容易接受思想,只足以表示我们的不认真,不考虑,那里我们的美德?容易得,也就容易失;容易接受思想,也就容易把他丢掉。这正是中国知识界最显著的病态。现在中国某省愈是中学生愈好谈主义,就是这个道理。

　　第三是混沌的思想。既没有思想的训练,又容易接受外来的思想,其当然的结果,就是思想上的混沌。混沌云者,就是混合不清。况且这种混合是物理上的混合,而不是化学上的化合。上下古今,不分皂白,搅在一起,这就是中国思想混合的方式。我不是深闭固拒,不赞成采取他人好的思想,只是采取他人思想,必须加以自己的锻炼,才能构成自己思想的系统。这才真是化学的化合呢!西洋人也有主张调和的,但是调和要融合(Harmony)才对,不然只是迁就(Compromise);真理是不能迁就的。我常怪中国的思想中,"杂家"最有势力。如春秋战国时代,百家争鸣,极端力行的墨,虚寂无为的老,都是各树一帜,思想上的分野是很清楚。等到战国收场的时候,却有《吕氏春秋》出现,混合各派,成为一个"杂家"。汉朝斥百家而尊儒孔,实际上却尚黄老,结果淮南子得势,混合儒道,又是一个杂家。这种混杂的情形,直至今日,仍相沿未改。二十年前我造了一个"古今中外派"的名词,就是形容这种思想混杂的人。丈夫信仰基督教,妻子不妨念佛,儿子病了还要请道士"解太岁"。这是何等的容忍!容忍到北平大出丧,一班和尚,一班道士,一班喇嘛,一班军乐队,同时并列,真是蔚为奇观!这真是中国人思想的缩影!

　　第四是散漫的思想。这种是片断的,琐碎的,无组织的。散漫思想的由来,固且由于思想无严格的训练,但是主要的原因还是懒。他思想的方式是触机,只是他灵机一来之后,就在这灵机来的一刹那停止了,不追求下去了。这如何能发生系统的思想,精密的思想?于是成了"万物皆出于几,万物皆入于几"的现象。他只是让他的思想,像电光石火一样的一阵阵的过去。有时候他的思想未始不聪明，不过他的聪明就止于此。六朝人的隽语，是由此而来的。《世说新语》的代代风行也是为此。中国人的善于"玩字"，没有其他的理由。因此系统的精密的专门哲学，在中国很难产生。因此中国文学里很少有西洋式如弥尔敦的《天国云亡》，歌德的《浮士德》那般成本的长诗。因此笔记小说为文人学士消闲的无上神品。现在还有人提倡袁中郎，《浮生六记》，和小品文艺，正是这种思想的斜晖落照！不把思想的懒根性去掉，系统的伟大思想是不会产生的。

　　第五是颓废的思想。颓废的思想是思想界的鸦片烟，是民族的催眠术——并且由催眠术而进为催命符。颓废的思想就是没有气力的思想，没有生力的思想。什么东西经过他的思想沙漏缸一经过，都是懒洋洋的。颓废的思想所发生的影响，就是颓废的行为。以现在的文艺品来说罢，有许多是供闺秀们消闲的，是供老年人娱晚景的。有钱的人消闲可以，这是一格；但是我们全民族是在没有饭吃的时候，没有生存余地的时候呀！老年人消闲可以，因为他的日子是屈指可算的，但是给青年人读可为害不浅了。而现在喜欢读这些刊物反而是青年人！文人喜欢诗酒怡情，而以李太白为护符。是的，李太白是喜欢喝酒。"李白斗酒诗百篇"。你酒是喝了，但是像李太白那样的一百篇诗呢？我们学李太白更不要忘记他是"十五学剑术，遍干诸侯，三十成文章，力抵卿相，虽长不满七尺，而心雄万夫"的人呀！你呢？颓废的思想不除，民族的生力不能恢复。

　　第六不能从力行中体会思想，更以思想证诸力行。中国的文人，是中国的"士"，是最长于清谈的，最长于享受。在魏晋六朝是"清谈"，在以后蜕化而为"清议"。清谈清议是最不负责任的思想的表现。南宋是清议最盛的时代，所以弄到议未定而金兵已渡河。明末也是清议最盛的时代，所以弄到忠臣义士，凡事不能作有计划的进行，逼得除了一死以外，无以报国。"清议可畏"，真是可畏极了！横直自己不干，人家干总是可以说风凉话了。自己叹叹气，享享乐罢。"且以喜乐，且以永日，我躬不阅，遑恤我后。"老实说，现在我们国内的知识分子，也不免宋明的清议风气，只是享乐则换了一套近代化的方式。我九年前到北平去，看见几位知识界的朋友们，自己都有精致的客厅，优美的庭园，莳着或名卉异草；认为不足的时候，还可到北海公园去散散步。我当时带笑的说道，现在大家是"花萼夹城通御气"，恐怕不久要"芙蓉小院入边愁"。现在回想起来，字字都是伤心之泪。这不但北平如此，他处又何独不然？我们还知道近年来通都大邑有"沙龙"的风气吗？"我们太太的沙龙"是见诸时人小说的。很好，有空闲的下午，在精致的客厅里，找几位时髦的女士在一道，谈谈文艺，谈谈不负责任的政治。是的，这是法国的风气，巴黎有不少的沙龙，但是法国当年还靠着莱茵河那边绵延几百里的乌奇诺防线呀！哪知道纸醉金迷的结果，铜墙铁壁的马奇诺竟全不可靠。色当一役，使堂堂不可一世的头等强国，重蹈拿破仑第三时代的覆辙，夷为奴隶牛马，这是历史上何等的悲剧？我不否认享乐是人生应有的一部分，只是要看环境和时代。我们苦还没有动头呢！我们不愿意苦，敌人也还是要逼得我们苦的。"来日大难"，现在就是，何待来日？我们现在都应忏悔。我们且先从坚苦卓绝的力行里体会我们的思想，同时把我们坚强而有深信的思想，放射到力行里面去。

以上的话,是我们互责的话,也是我们互勉的话。因为如果我脑筋里还有一格兰姆智识的话,我或者也可以忝附于知识分子之列。我所犯的毛病,同样的也太多了。不过我们要改造民族的思想的话,必定先要自己负起知识的责任来。尤其是在现在,知识分子对于青年的暗示太大了。我们对于青年现在最不可使他们失望,使他们丧失民族的自信心。我们稍见挫折,便对青年表示无办法,是最不可以的事。领导青年的知识分子尚且如此,试问青年心理的反应如何？我们要告诉他们世界上没有没有办法的事,民族断无绝路,只要我们自己的脑筋不糊涂！知识是要解决问题的。知识不怕困难。知识就是力量。而这种力量如此之大,凡是物质的力量透不进去的地方,知识的力量可以先透进去。知识的力量透过去之后,物质的力量就会跟着透过去。全部的人类文化史,可以证明我这句话。我们只要忠诚的负起知识的责任来,什么困难危险都可以征服！

　　顾亭林说过,"天下兴亡,匹夫有责",何况知识分子？他又说:"有亡国者,有亡天下者",他所谓"亡国"是指朝代的更换,他所谓"亡天下"是指民族的灭亡。现在我们的问题,是要挽回亡天下,亡民族的大劫。在这个时候,知识分子如不负起这特别重大的责任来,还有谁负？我觉得我们知识分子今后在学术方面要有创作,有贡献,在事业方面要有改革,有建树。我们不但要研究真理,并且要对真理负责。我们尤其要努力把国家民族渡过这个难关。不然,我们知识分子一定要先受淘汰,连我也要咒诅我们知识分子的灭亡！

——选自《清华名师谈治学育人》2版,清华大学出版社2009

　　本文写于抗战期间。文中对知识分子守旧思想的犀利批判后,将知识的吸纳传播阐述成一种责任,指出知识分子不但要研究真理,并且要对真理负责,真正的进步不是束缚思想,而是要有"坚强而又深信的思想",引申思想,发展思想,担负起"领导群伦继往开来的责任"。

五、金岳霖先生　　汪曾祺

【篇章导引】

　　汪曾祺(1920～1997),现、当代作家。江苏高邮人。毕业于西南联合大学中文系,深受教写作课的沈从文的影响。做过中学教师、编辑。1962年起任北京京剧团编剧,写过《沙家浜》等剧本。20世纪40年代即开始发表作品,20世纪80年代以小说《受戒》、《大淖记事》等享誉文坛。其作品疏放中透出凝重,于平淡中显现奇崛,情韵灵动淡远,风致清逸秀异,文中始终贯注着互融相济的儒道文化思想,因此被称为"二十世纪最后一位士大夫"。

　　本文选自汪曾祺的散文集《蒲桥集》。

　　文中所记金岳霖先生(1895～1984),是中国社会科学院著名学者,哲学家、逻辑学家。浙江人,生于湖南人。字龙荪。1911年考入清华学堂。1914年考取官费留学生。1920年获美国哥伦比亚大学博士学位。1921年到英国学习。1925年回国。历任清华大学、西南联大、北京大学哲学系教授。1955年后任中国科学院哲学研究所一级研究员、副所长、哲学社会科学部学部委员。从事哲学和逻辑学的教学、研究和组织领导工作，是最早把现代逻辑系统地介绍到中国来的逻辑学家之一。著有《论道》和《知识论》。

本文运用气定神闲、任意挥洒的笔法，通过金岳霖先生的几个生活片断，把金先生的为人天真、热爱生活而又有一肚子学问的大哲学家描绘的生动逼真，活灵活现。

关于西南联大。

西南联大，全称是国立西南联合大学。1938年4月在昆明成立，由清华大学、北京大学、南开大学组成。1937年"七七"事变后，平津陷落，北京大学、清华大学、南开大学被迫南迁，于10月组成"国立长沙临时大学"，后因为南京失守，战火逼近长沙，学校为坚持抗战和坚持教育计划，于1938年2月西迁昆明，改称为"西南联合大学"。当时，全国各地的优秀教师、学生全都奔赴昆明，有金岳霖、闻一多、朱自清、沈从文、钱钟书等等。西南联大空前的人才济济，人文荟萃。三校虽历史不同，学风各异，但八年之间的同心协力、高举"爱国、民主、科学"的伟大旗帜，弘扬"刚毅坚卓"的校训精神，为国家培养了出大量人才。人称文化南移，为我国教育史上写下了光辉的一页。

金岳霖先生

汪曾祺

西南联大有许多很有趣的教授，金岳霖先生是其中的一位。金先生是我的老师沈从文先生的好朋友。沈先生当面和背后都称他为"老金"。大概时常来往的熟朋友都这样称呼他。

关于金先生的事，有一些是沈先生告诉我的。我在《沈从文先生在西南联大》一文中提到过金先生。有些事情在那篇文章里没有写进，觉得还应该写一写。

金先生的样子有点怪。他常年戴着一顶呢帽，进教室也不脱下。每一学年开始，给新的一班学生上课，他的第一句话总是："我的眼睛有毛病，不能摘帽子，并不是对你们不尊重，请原谅。"他的眼睛有什么病，我不知道，只知道怕阳光。

因此他的呢帽的前檐压得比较低，脑袋总是微微地仰着。他后来配了一副眼镜，这副眼镜一只的镜片是白的，一只是黑的。这就更怪了。后来在美国讲学期间把眼睛治好了，——好一些，眼镜也换了，但那微微仰着脑袋的姿态一直还没有改变。他身材相当高大，经常穿一件烟草黄色的麂皮夹克，天冷了就在里面围一条很长的驼色的羊绒围巾。联大的教授穿衣服是各色各样的。闻一多先生有一阵穿一件式样过时的灰色旧夹袍，是一个亲戚送给他的，领子很高，袖口极窄。联大有一次在龙云的长子，蒋介石的干儿子龙绳武家里开校友会，——龙云的长媳是清华校友，闻先生在会上大骂"蒋介石，王八蛋！混蛋！"那天穿的就是这件高领窄袖的旧夹袍。朱自清先生有一阵披着一件云南赶马人穿的蓝色毡子的一口钟。

除了体育教员,教授里穿夹克的,好像只有金先生一个人。他的眼神即使是到美国治了后也还是不大好,走起路来有点深一脚浅一脚。他就这样穿着黄夹克,微仰着脑袋,深一脚浅一脚地在联大新校舍的一条土路上走着。

金先生教逻辑。逻辑是西南联大规定文学院一年级学生的必修课,班上学生很多,上课在大教室,坐得满满的。在中学里没有听说有逻辑这门学问,大一的学生对这课很有兴趣。金先生上课有时要提问,那么多的学生,他不能都叫得上名字来,——联大是没有点名册的,他有时一上课就宣布:"今天,穿红毛衣的女同学回答问题。"于是所有穿红毛衣的女同学就都有点紧张,又有点兴奋。那时联大女生在蓝阴丹士林旗袍外面套一件红毛衣成了一种风气。——穿蓝毛衣、黄毛衣的极少。问题回答得流利清楚,也是件出风头的事。金先生很注意地听着,完了,说:"Yes! 请坐!"

学生也可以提出问题,请金先生解答。学生提的问题深浅不一,金先生有问必答,很耐心。有一个华侨同学叫林国达,操广东普通话,最爱提问题,问题大都奇奇怪怪。他大概觉得逻辑这门学问是挺"玄"的,应该提点怪问题。有一次他又站起来提了一个怪问题,金先生想了一想,说:"林国达同学,我问你一个问题:'Mr. 林国达 is perpendicular to the blackboard(林国达君垂直于黑板)'这什么意思?"

林国达傻了。林国达当然无法垂直于黑板,但这句话在逻辑上没有错误。

林国达游泳淹死了。金先生上课,说:"林国达死了,很不幸。"这一堂课,金先生一直没有笑容。

有一个同学,大概是陈蕴珍,即萧珊,曾问过金先生:"您为什么要搞逻辑?"逻辑课的前一半讲三段论,大前提、小前提、结论、周延、不周延、归纳、演绎……还比较有意思。后半部全是符号,简直像高等数学。她的意思是:这种学问多么枯燥! 金先生的回答是:"我觉得它很好玩。"

除了文学院大一学生必修逻辑,金先生还开了一门"符号逻辑",是选修课。这门学问对我来说简直是天书。选这门课的人很少,教室里只有几个人。学生里最突出的是王浩。金先生讲着讲着,有时会停下来,问:"王浩,你以为如何?"这堂课就成了他们师生二人的对话。王浩现在在美国。前些年写了一篇关于金先生的较长的文章,大概是论金先生之学的,我没有见到。

王浩和我是相当熟的。他有个要好的朋友王景鹤,和我同在昆明黄土坡一个中学教学,王浩常来玩。来了,常打篮球。大都是吃了午饭就打。王浩管吃了饭就打球叫"练盲肠"。王浩的相貌颇"土",脑袋很大,剪了一个光头,——联大同学剪光头的很少,说话带山东口音。他现在成了洋人——美籍华人,国际知名的学者,我实在想象不出他现在是什么样子。前年他回国讲学,托一个同学要我给他画一张画。我给他画了几个青头菌、牛肝菌、一根大葱、两头蒜,还有一块很大的宣威火腿。——火腿是很少入画的。我在画上题了几句话,有一句是"以慰王浩异国乡情"。王浩的学问,原来是师承金先生的。一个人一生哪怕只教出一个好学生,也值得了。当然,金先生的好学生不止一个人。

金先生是研究哲学的，但是他看了很多小说，从普鲁斯特到福尔摩斯，都看。听说他很爱看平江不肖生的《江湖奇侠传》。有几个联大同学住在金鸡巷。陈蕴珍、王树藏、刘北汜、施载宣（萧荻）。楼上有一间小客厅。沈先生有时拉一个熟人去给少数爱好文学写写东西的同学讲一点什么。金先生有一次也被拉了去。他讲的题目是《小说和哲学》。题目是沈先生给他出的。大家以为金先生一定会讲出一番道理。不料金先生讲了半天，结论却是：小说和哲学没有关系。有人问：那么《红楼梦》呢？金先生说："红楼梦里的哲学不是哲学。"他讲着讲着，忽然停下来："对不起，我这里有个小动物。"他把右手伸进后脖颈，捉出了一个跳蚤，捏在手指里看看，甚为得意。

金先生是个单身汉（联大教授里不少光棍，杨振声先生曾写过一篇游戏文章《释鳏》，在教授间传阅），无儿无女，但是过得自得其乐。他养了一只很大的斗鸡（云南出斗鸡）。这只斗鸡能把脖子伸上来，和金先生一个桌子吃饭。他到处搜罗大梨、大石榴，拿去和别的教授的孩子比赛。比输了，就把梨或石榴送给他的小朋友，他再去买。

金先生朋友很多，除了哲学家的教授外，时常来往的，据我所知，有梁思成、林徽因夫妇，沈从文、张奚若……君子之交淡如水，坐定之后，清茶一杯，闲话片刻而已。金先生对林徽因的谈吐才华，十分欣赏。现在的年轻人多不知道林徽因。她是学建筑的，但是对文学的趣味极高，精于鉴赏，所写的诗和小说如《窗子以外》、《九十九度中》风格清新，一时无二。林徽因死后，有一年，金先生在北京饭店请了一次客，老朋友收到通知，都纳闷：老金为什么请客？到了之后，金先生才宣布："今天是徽因的生日。"

金先生晚年深居简出。毛主席曾经对他说："你要接触接触社会。"金先生已经八十岁了，怎么接触社会呢？他就和一个蹬平板三轮车的约好，每天蹬着他到王府井一带转一大圈。我想象金先生坐在平板三轮上东张西望，那情景一定非常有趣。王府井人挤人，熙熙攘攘，谁也不会知道这位东张西望的老人是一位一肚子学问、为人天真、热爱生活的大哲学家。

金先生治学精深，而著作不多。除了一本大学丛书里的《逻辑》，我所知道的，还有一本《论道》。其余还有什么，我不清楚，须问王浩。

我对金先生所知甚少。希望熟知金先生的人把金先生好好写一写。

联大的许多教授都应该有人好好地写一写。

1987 年 2 月 23 日
——选自《蒲桥集》，作家出版社，1989 年版

【评析提示】

这是一篇怀人散文。作者以自然率真的笔触生动描绘了一位著名学者极富魅力的风貌。

作者曾是西南联大的学生，对沈从文、金岳霖等联大教授十分熟悉，师生之间也很有感情，这为本文的写作提供了有益的基础。作者既不忘他们是自己尊敬的师长，有着常人难以企及的成就和境界，又不忘他们也是有血有肉的平常人，在忠实记录其言行的同时，写出了

有性格的形象,既无避讳,又无拔高,随便、轻松、平淡,然而一读之下即可感觉到蕴藏在其中的对于所忆者得敬慕和赞叹。

由于作者对人生有细致的观察,善于捕捉细节,以小见大,将材料有效地组织成一篇生动有趣的文章,其间叙事的先后、详略、描叙、议论、过渡、照应等,都自然而然,又妥帖恰当,再现了人物风采,在简短的篇幅中,写活了这位一肚子学问、为人天真、热爱生活的大哲学家。

文章语言平实而有韵味。语言简洁精粹,形象生动、精彩有趣。

【思考与练习】

1. 作者说,金先生是一位一肚子学问、为人天真、热爱生活的大哲学家,何以见得?
2. 文章写金先生,却带出王浩同学、林国达同学等,写他们对写金先生有些什么作用?

【拓展阅读】

朱伟,上海人,北京《三联生活周刊》的主编。

平凡与不平凡之间

朱　伟

——《有关品质》自序

这本集子中的文字,《蜗居杂忆》写于上世纪80年代末90年代初,另一大部分则是2003年7月始在《三联生活周刊》开设的"有关品质"专栏,而张国荣、王小波、张欣、张艺谋等篇都是为应付生活周刊的版面。《蜗居杂忆》是上世纪80年代末我想写的一本散文集的开头,五篇一组,当初我想大约写十组可以成书,结果只在《收获》杂志写成两组十篇,就停下了。写作家论也是当时的一个想法——想把我所熟悉的作家一个个认真研究一遍,从个性与创作背景对比的角度,集成上世纪80年代的一部文学史。结果从林斤澜始,只写成七篇。原想将这些作家论一起收入这个集子,后因篇幅过多,只能另外成书。

这些文字散乱集中在一起,只当是一束浸透我自己十几年心血的小花,我要把它献给我刚去世的父亲。

父亲是个普通人,他只念过四年小学,加上初中一年级念了两年。他16岁就到布店当学徒,母亲说因为他当学徒天天睡在柜台上,所以一辈子睡觉都一夜不翻身。然后他失业3年,29岁起做了一辈子的财税会计。在我童年的记忆里,父亲是个极模糊的角色——好像天天我们起床的时候,他就已经去上班了。印象中的感觉都是冬天,一家人都等着他回来吃饭,他脖子上总是围着一条母亲用旧毛线织的围巾,缩着脖子,一进门总是搓着手。等这形象清晰一些,我曾经对他有过相当的怨恨——"文革"开始,我没有资格成为红卫兵,下乡后不管怎么努力也不能入团、不能提干。一切都因为他解放前在旧政府当过课长——一个比科还小一级的官。

"文革"时我伤害过父亲。好像是1968年夏天的一个晚上,那时已积累了相当的委屈,我单独与他坐在窗前,我说,我真恨为什么生在这样一个家里。我对他说,你到底有什么问题,能不能告诉我?夏天家里是不开灯的,当时他沉默了很久才说,我的问题都跟单位说清楚了,我告诉你没什么问题,我没有做什么对不起你们的事情。于是我们俩就谁都没再说话,就默默地坐在窗口,我还记得那晚窗对面的粉墙让月光耀得很亮。这次谈话后不久,他就进了单位的清查学习班,我下乡时候都不能通知他,他也不能回家。我走到关他的地方去与他告别,他出门只在门口的阳光里站了一会儿,他说,你出远门去,一切只能自己当心,有许多事情都不像你想的那样。当时他的眼睛里干干的并没有眼泪。

父亲一辈子就是一个小职员,他在单位里兢兢业业一辈子,追悼会上,单位给他的评价是,业务能力最强,一辈子做账从没出过一点差错。这大约是对他的最高评价。可他又一辈子就是这样一个低级职员,从来不为自己去争什么,在一个单位连续工作了36年,65岁退休时还是22级工资,没有分到过一平方米房子,也没有一个子女享受到顶替。我想他离开单位时应该有很多委屈,但他直到生命的最后,却还是对单位寄托了特别深的感情。他一辈子辛劳,又一辈子默默无闻,好像就甘于那样一生只为维系一个家庭的养家糊口、夫妻恩爱与家庭和睦——在单位是一架认真而一丝不苟的机器,回家是精心照顾母亲、生育子女。据母亲说,在他失业、家里贫困到极点、只能喝米汤时,他总是把最稠的捞给母亲,然后是哥哥姐姐,最后自己碗里就只剩了汤。他与母亲在一起生活72年,守卫了母亲72年的安宁与幸福。母亲总说,所有事情,父亲事先都会替她想到,什么事情也不需要她操心。从我记事后,在饭桌上我见到的每一顿饭,他都是将最好的夹给母亲,自己只吃大家都不爱吃的。剩菜常常是由他搜罗在一起,第二天早上下一碗面,吃得很香。父母晚年与小妹在一起,每天晚饭后,小妹只能偷偷将那些残羹剩菜都倒掉,等父亲看见了是要不高兴的。

父亲一生节俭,早年他以一人微薄的工资支撑一个家庭,保证大家吃饱穿暖;等哥哥姐姐工作后,他则省下每一分钱,尽量使我们后来的每个孩子都能受到足够的教育。等有了第三代、第四代,他靠他攒下的退休金,还考虑他们的婚娶、考虑他们要上大学。晚年他在小妹家里,其实生活条件已经变得很好,但小妹每年给他买的衣服都留在橱里,临走脚上穿的还是自己缝补过的袜子。每年过年我回家,都要见到他关灯的情景——他总是埋怨家里的水电开销太大。小妹把客厅里的灯都打开,他趁她不注意又一盏盏地关掉,他总说,不需要这样地亮,再有钱也要节约。在我们兄弟姐妹之间,只要遇到矛盾,父亲总是息事宁人的态度。在我的记忆中,他很少有威严的时候,对我们孩子,也总像在单位那样谦恭。我因此曾认为,他是一个缺少刚性又缺少个性棱角的人。

父亲从16岁工作到80岁。退休后,街道一个小作坊请他去做会计,他又在那里愉快地工作了15年,作坊里的男女老少都喜欢他。最后还是因为大姐担心他的身体,给街道写了一封信,街道才放他回家。他回家坚持做小妹的管家——每天将第二天要买的东西写在纸条上,将钱与纸条装在口袋里交给保姆,保姆买完了东西把找回的零钱装在口袋里交还他,他则像在单位一样一丝不苟地记账,一笔笔记得清清楚楚。他的账一直记到他进医院的最后一天，最后一笔是给保姆留下的中秋节奖金。每天早上他都起得最早，先一只只喂他养的那些鸟，然后就到厨房帮忙。在厨房小妹不让他动手，他就不知所措地弯腰站在那里。

等父亲走了之后，我才意识到：他的一生好像就为辛勤而存在。等他年纪越来越大，大家都觉得他不应该再操劳的时候，他就只会感到悲哀。小妹不让他再管账了，他就不高兴了。等家里为照顾两个老人又增加了一个保姆，鸟由保姆料理了，母亲也更多让保姆照料了的时候，他一定是觉得自己成了多余，才决定要走的。

父亲的身体原来一直很好，大家都没想到他会突然就像一座大山倒塌下来。其实去年过年的时候，他已经告诉姐姐，让她把帮他在银行存的钱不到期都取出来。他告诉母亲，谁给我的钱我都要还给他们。

现在回想，去年过完年离家的时候，父亲就意外地恋恋不舍，这在过去从来没有。过去每年父亲在几个月前就等着过年我们回家，早早让小妹备好年货。除夕的年饭，每年都是由他制定菜谱。等吃年饭前，他就会颤巍巍地扶着楼梯上楼，到我们每个人的房间，在枕头下偷偷压上他自己用红纸包的压岁钱。外地不回家的则早早地就寄了去。等过完年，父亲总是笑着送我们到门口说，明年再会再会，从不显露他的老态。去年过年，父亲好像一直反常地不高兴，送行时显得苍老了好多。等我今年4月出差顺便回家，他弯腰把我送出门时竟意外地流了泪。后来，小妹就告诉我父亲开始日益消瘦。等到9月，小妹突然给我打电话说，父亲自己提出要去医院。当时大家都没有意识到他已经身患重病，因为他平静地上了小妹的车，平静地告诉母亲："我走了，你自己当心。"医院是他自己走进去的，之前其实他一直咳嗽得厉害，但他一直说是气管炎，是几十年的老病。

这样直到今年中秋，我还是未意识到父亲留下的日子已经不多。中秋节，小妹与姐姐到医院，父亲专门通过手机与我通话，我问他怎样，他说蛮好，他说你小妹拿来了月饼，拿来了啤酒，现在我和你干杯。那时我们都以为他患的只是老年肺炎，后来听小妹说，其实那啤酒，那天他只喝了一口——大约就是为我喝的。

过完中秋，父亲诊断出是肺癌晚期。等到我赶回家里，他在医院已经瘦得无法相认。在病榻前，他跟我说，你工作要紧，还是回去吧；我没什么问题，你过年再回家吧。我问他有什么要向我交代的，他摇头说没有什么。等我要走的时候，他一次次看表，一次次催我，他说，你要走了，你走吧。这之后，他的病就只是一天天加重。等我再回家是家里给我打电话，说中午父亲有点反常，提出要洗澡，大家说他好像一直在用一种意志力坚持，现在好像是放弃了。接电话时我正在北京郊区，等我当天晚上赶到医院，父亲已经难以说话，我问他怎么样，他看着我，还是用微弱的声音说："蛮好。"

我最难受的是，父亲直到最后始终清醒。我在医院陪夜，他一声不吭地吐了血，然后说不出话，嘴唇只是微动着，几个小时从半夜直到天亮，始终用眼睛一动不动地看着我。我永远忘不了那样的眼神——好像那么多年的慈爱都要在这几小时里传递给我，就在那几个小时，我才感觉到：原来父爱会有那样的质地与那样的分量。

父亲这一辈子都想着不麻烦我们子女。我陪夜后第二天他安稳地让我睡了一夜，等早晨在医院陪住的外甥才打电话说血压下来了。从早晨一直坚持到下午,到最后我问他有什么交代,他摇头;我问他要不要再见母亲一面,他还是摇头。他走的时候,窗外是阳光灿烂没有一星阴霾。一个九十多岁的老人,没有委琐的垂死挣扎,只是大声地一口口呐喊呼吸,直至最后一口气舒展长久地吐完。我爱人对他的最后评价是:走得真正悲壮。她说她在医院从事护理工作近三十年,没见过这样阳刚而这样充满最后生命活力的与世告别。

父亲去世后,我们整理他的遗物,他抽屉小盒子里装着6张存单,存单上分别写着他与母亲的名字,每人58 000元。在留下这两笔处理后事用的钱之后,相信他将该处理的都已经处理了,但账面上丝毫没有记录。在母亲的柜子里,他则把我们这些年每年给的压岁钱一笔笔都记清晰,每年母亲花掉的都有结算,一万多现金一个口袋装十张,十几个口袋整齐地用皮筋摞成一摞。一切该做的他事先都已经做好,他当然不需要再交代什么了。

父亲这一生的品质,应该说我都是从回溯中才日益清晰的——一个人要认真,要真诚,要有爱心,要时时处处想到别人,要不计委屈不计自己得失,要承担一生所要承担关于职员、丈夫、父亲的所有责任,要忍辱负重甚至不怕最亲近人的误解,这些要几十年如一日都甘心默默无闻身体力行地做到简直是不可能。但父亲用他的一生都做到了,他一生是那样平凡,又是那样不平凡。面对这样的一生,我们又能说什么呢?

每个人的一生其实都在积累自己的品质。只有品质才是永远无法泯灭的。品质无论何时何地,都在我们每一个人的心里。

2004年11月18日凌晨
——选自《有关品质》,作家出版社2005年版

本文回忆父亲,不动声色但深情默注,感人至深。

六、我的信仰　　[美国]爱因斯坦

【篇章导引】

爱因斯坦(Albert Einstein,1879~1955),20世纪最伟大的科学家。生于德国乌尔姆镇。现代物理学的开创者和奠基人。物理学奖1921年获诺贝尔物理学奖。爱因斯坦1900年毕业于苏黎世工业大学,1909年开始在大学任教,1914年任威廉皇家物理研究所所长兼柏林大学教授。后被迫移居美国,1940年入美国籍。十九世纪末期是物理学的变革时期,爱因斯坦从实验事实出发,从新考查了物理学的基本概念,在理论上作出了根本性的突破。他的一些成就大大推动了天文学的发展。他的量子理论对天体物理学、特别是理论天体物理学都有很大的影响。理论天体物理学的第一个成熟的方面——恒星大气理论,就是在量子理论和辐射理论的基础上建立起来的。爱因斯坦的狭义相对论成功地揭示了能量与质量之间的关系,解决了长期存在的恒星能源来源的难题。近年来发现越来越多的高能物理现象,狭义相对论已成为解释这种现象的一种最基本的理论工具。其广义相对论也解决了一个天文学

上多年的不解之谜,并推断出后来被验证了的光线弯曲现象,还成为后来许多天文概念的理论基础。爱因斯坦成为人类历史上伟大的科学家,创新天才,不仅在于他杰出的科学成就,更在于他恢宏的胸襟和崇高的人格。热爱真理,追求正义,深切关怀社会进步,是他无穷探索、一生奋斗的精神动力。除科学研究外,他还留下许多对政治、社会、人生感悟的文字,同样给世人以巨大而深刻的影响。

本文是发表于1930年的一篇名文。在这篇文章中,爱因斯坦以一个科学家的诚实和简洁说明了人生观、政治观和宗教观。在现今这个物欲横流道德缺失信仰危机的时代下,这样振聋发聩的文字和思想越发突显其警世正风和启迪心灵的作用。

我的信仰

[美国]爱因斯坦

我们这些总有一死的人的命运是多么奇特呀!我们每个人在这个世界上都只作一个短暂的逗留:目的何在,却无所知,尽管有时自以为对此若有所感。但是,不必深思,只要从日常生活就可以明白:人是为别人而生存的——首先是为那样一些人,他们的喜悦和健康关系着我们自己的全部幸福;然后是为许多我们所不认识的人,他们的命运通过同情的纽带同我们密切结合在一起。我每天上百次地提醒自己:我的精神生活和物质生活都依靠着别人(包括生者和死者)的劳动,我必须尽力以同样的分量来报偿我所领受了的和至今还在领受着的东西。我强烈地向往着俭朴的生活。并且时常为发觉自己占用了同胞的过多劳动而难以忍受。我认为阶级的区分是不合理的,它最后所凭借的是以暴力为根据。我相信,简单淳朴的生活,无论在身体上还是在精神上,对每个人都是有益的。

我完全不相信人类会有那种在哲学意义上的自由。每一个人的行为,不仅受着外界的强迫,而且还要适应内心的必然。叔本华说:"人虽然能够做他所想做的,但不能要他所想要的。"这句话从我青年时代起,就对我是一个真正的启示;在我自己和别人生活面临困难的时候,它总是使我们得到安慰,并且永远是宽容的源泉。这种体会可以宽大为怀地减轻那种容易使人气馁的责任感,也可以防止我们过于严肃地对待自己和别人;它还导致一种特别给幽默以应有地位的人生观。

要追究一个人自己或一切生物生存的意义或目的,从客观的观点看来,我总觉得是愚蠢可笑的。可是每个人都有一定的理想,这种理想决定着他的努力和判断的方向。就在这个意义上,我从来不把安逸和享乐看作是生活目的本身——这种伦理基础,我叫它猪栏的理想。照亮我的道路,并且不断地给我新的勇气去愉快地正视生活的理想,是善、美和真。要是没有志同道合者之间的亲切感情,要不是全神贯注于客观世界——那个在艺术和科学工作领域里永远达不到的对象,那么在我看来,生活就会是空虚的。人们所努力追求的庸俗的目标——财产、虚荣、奢侈的生活——我总觉得都是可鄙的。

我对社会正义和社会责任的强烈感觉,同我显然的对别人和社会直接接触的淡漠,两者总是形成古怪的对照。我实在是一个"孤独的旅客",我未曾全心全意地属于我的国家,我的家庭,我的朋友,甚至我最接近的亲人;在所有这些关系面前,我总是感觉到有一定距离并且需要保持孤独——而这种感受正与日俱增。人们会清楚地发觉,同别人的相互了解和协调一致是有限度的,但这不足惋惜。这样的人无疑有点失去他的天真无邪和无忧无虑的心境;但另一方面,他却能够在很大程度上不为别人的意见、习惯和判断所左右,并且能够不受诱惑要去把他的内心平衡建立在这样一些不可靠的基础之上。

我的政治理想是民主主义。让每一个人都作为个人而受到尊重,而不让任何人成为崇拜的偶像。我自己受到了人们过分的赞扬和尊敬,这不是由于我自己的过错,也不是由于我自己的功劳,而实在是一种命运的嘲弄。其原因大概在于人们有一种愿望,想理解我以自己的微薄绵力通过不断的斗争所获得的少数几个观念,而这种愿望有很多人却未能实现。我完全明白,一个组织要实现它的目的,就必须有一个人去思考,去指挥,并且全面担负起责任来。但是被领导的人不应当受到强迫,他们必须有可能来选择自己的领袖。在我看来,强迫的专制制度很快就会腐化堕落。因为暴力所招引来的总是一些品德低劣的人,而且我相信,天才的暴君总是由无赖来继承,这是一条千古不易的规律。就是这个缘故,我总是强烈地反对今天我们在意大利和俄国所见到的那种制度。像欧洲今天所存在的情况,使得民主形势受到了怀疑,这不能归咎于民主原则本身,而是由于政府的不稳定和选举制度中与个人无关的特征。我相信美国在这方面已经找到了正确的道路。他们选出了一个任期足够长的总统,他有充分的权力来真正履行他的职责。另一方面,在德国的政治制度中,我所重视的是,它为救济患病或贫困的人作出了比较广泛的规定。在人生的丰富多彩的表演中,我觉得真正可贵的,不是政治上的国家,而是有创造性的,有感情的个人,是人格;只有个人才能创造出高尚的和卓越的东西,而群众本身在思想上总是迟钝的,在感觉上也总是迟钝的。

讲到这里,我想起了群众生活中最坏的一种表现,那就是使我厌恶的军事制度。一个人能够洋洋得意地随着军乐队在四列纵队里行进,单凭这一点就足以使我对他轻视。他所以长了一个大脑,只是出于误会;单单一根脊髓就可满足他的全部需要了。文明国家的这种罪恶的渊薮,应当尽快加以消灭。由命令而产生的勇敢行为,毫无意义的暴行,以及在爱国主义名义下一切可恶的胡闹,所有这些都使我深恶痛绝,在我看来,战争是多么卑鄙、下流!我宁愿被千刀万剐,也不愿参与这种可憎的勾当。尽管如此,我对人类的评价还是十分高的,我相信,要是人民的健康感情没有被那些通过学校和报纸而起作用的商业利益和政治利益蓄意进行败坏,那么战争这个妖魔早就该绝迹了。

我们所能有的最美好的经验是奥秘的经验。它是坚守在真正艺术和真正科学发源地上的基本感情。谁要是体验不到它,谁要是不再有好奇心也不再有惊讶的感觉,他就无异于行尸走肉,他的眼睛是迷糊不清的。就是这样奥秘的经验——虽然掺杂着恐怖——产生了宗教。我们认识到有某种为我们所不能洞察的东西存在,感觉到那种只能以其最原始的形式为我们感受到的最深奥的理性和最灿烂的美——正是这种认识和这种情感构成了真正的宗教感情;在这个意义上,而且也只是在这个意义上,我才是一个具有深挚的宗教感情的人。我无法想象一个会对自己的创造物加以赏罚的上帝,也无法想象它会有像在我们自己身上所体验到的那样一种意志。我不能也不愿去想象一个人在肉体死亡以后还会继续活着;让那些脆弱的灵魂,由于恐惧或者由于可笑的唯我论,去拿这种思想当宝贝吧!我自己只求满足于生命永恒的奥秘,满足于觉察现存世界的神奇的结构,窥见它的一鳞半爪,并且以诚挚的努力去领悟在自然界中显示出来的那个理性的一部分,即使只是其极小的一部分,我也就心满意足了。

——选自《科技大师人文随笔精选》,齐家莹选编,新世界出版社2003年版

【评析提示】

这篇演讲词阐述了作者的人生观、政治理想和宗教感情,比较系统地介绍了自己对现实人生的全部认识,蕴涵着丰富的人文思想内涵。

文章一开头就表明作者的人生目的:人是为别人而生存的。基于这一人生理念,作者认为,要尊重别人的劳动,向往俭朴的生活,这是他的世界观、人生观的基础和核心。

他反对阶级的区分,反对专政和暴力。不相信哲学意义上的绝对自由。人生追求的是——善、美、真。把安逸和享乐的伦理基础称为:猪栏理想。作者认为人们所追求庸俗的目标——财产、虚荣、奢侈的生活是可鄙的,应有崇高的理想,鄙视世俗的享受。

他有强烈社会正义和社会责任感,却坚持淡漠于他和他人与社会的直接接触。这种感觉正与日俱增。这样一方面失去了天真无邪和无忧无虑的心境,另一方面却能在很大程度上不为别人的意见、习惯和判断所左右。

他的政治理想是民主主义。反对个人崇拜,让每一个人都作为个人而受到尊敬。反对专制强迫,他们人人都有选择自己领袖的权利。认为强迫的专制制度很快就会腐化堕落,强烈反对意大利和俄国的专制;不满欧洲的民主形式;赞赏美国民主制度,认为真正可贵的不是政治上的国家,强调而是有创造性、有感情的个人的人格。

他高度评价人类对"奥秘"的勇于探索精神,坚守真正艺术和真正科学地上的基本感情。他最深挚的宗教情感——一定要为人类和社会尽力,创造出高尚和卓越的成果,体现出作者诚挚地探索自然奥秘的献身精神,科学精神与人文精神在他的身上得到了真正的高度统一。

本文文风朴实,作者透过表面现象发现生活的真谛,看似平淡,却表达了自己独特的思想,同时显现出作者的谦虚品德,以及对人类的信心。

【思考与练习】

1.爱因斯坦阐述的人生目的是什么?

2.基于"人是为别人而生存的"人生理念,作者还从哪些方面阐述了自己的认识和态度?

3.文章提出了两种不同的生活理想,即"猪栏理想"和作者自己所追求的真善美的理想。对于这两种理想,谈谈你的选择和理由。

【拓展阅读】

加缪(1913～1960),法国作家,存在主义哲学家。主要作品有小说《局外人》、《鼠疫》,哲学著作《西绪福斯神话》等。1957年获诺贝尔文学奖。

西绪福斯神话

加 缪

神判处西绪福斯把一块巨石不断地推上山顶,石头因自身的重量又从山顶上滚落下来。他们有某种理由认为最可怕的惩罚莫过于既无用又无望的劳动。

如果相信荷马,西绪福斯是最聪明最谨慎的凡人。然而根据另一种传说,他倾向于强盗的营生。我看不出这当中有什么矛盾。关于使他成为地狱的无用的劳动的原因,看法有分歧。有人首先指责他对神犯了些小过失。他泄露了他们的秘密。埃索波斯的女儿埃癸娜被宙斯劫走。父亲对女儿的失踪感到奇怪,就向西绪福斯诉苦。西绪福斯知道此事,答应告诉他,条件是他向科林斯城堡供水。西绪福斯喜欢水的祝福更胜过上天的霹雳。他于是被罚入地狱。荷马还告诉我们西绪福斯捆住了死神。普路同忍受不了他的王国呈现出一片荒凉寂静的景象。他催促战神把死神从他的胜利者手中解脱出来。

有人还说垂死的西绪福斯不谨慎地想要考验妻子的爱情。他命令她把他的遗体不加埋葬地扔到公共广场的中央。西绪福斯进了地狱。在那里,他对这种如此违背人类之爱的服从感到恼怒,就从普路同那里获准返回地面去惩罚他的妻子。然而,当他又看见了这个世界的面貌,尝到了水和阳光、灼热的石头和大海,就不愿再回到地狱的黑暗中了。召唤、愤怒和警告都无济于事。他又在海湾的曲线、明亮的大海和大地的微笑面前活了许多年。神必须作出决定。墨丘利用强力把他带回地狱,那里为他准备好了一块巨石。

人们已经明白,西绪福斯是荒诞的英雄。这既是由于他的激情,也是由于他的痛苦。他对神的轻蔑,他对死亡的仇恨,他对生命的激情,使他受到了这种无法描述的酷刑:用尽全部心力而一无所成。这是为了热爱这片土地而必须付出的代价。关于地狱里的西绪福斯,人们什么也没告诉我们。神话编出来就是为了让想象力赋予它们活力。对于他的神话,人们只看见一个人全身绷紧竭力推起一块巨石,令其滚动,爬上成百的陡坡;人们看见皱紧的面孔,脸颊抵住石头,一个肩承受着满是黏土的庞然大物,一只脚垫于其下,用两臂撑住,沾满泥土的双手显示出人的稳当。经过漫长的、用没有天空的空间和没有纵深的时间来度量的努力,目的终于达到了。这时,西绪福斯看见巨石一会儿工夫滚到下面的世界中去,他又得再把它推上山顶。他朝平原走下去。

我感兴趣的是返回中、停歇中的西绪福斯。那张如此贴近石头的面孔已经成了石头了!我看见这个人下山,朝着他不知道尽头的痛苦,脚步沉重而均匀。这时刻就像是呼吸,和他的不幸一样肯定会再来,这时刻就是意识的时刻。当他离开山顶、渐渐深入神的隐蔽的住所的时候,他高于他的命运。他比他的巨石更强大。

如果说这神话是悲壮的,那是因为它的主人公是有意识的。如果每一步都有成功的希望支持着他,那他的苦难又将在哪里?今日之工人劳动,一生中每一天都干着同样的活计,这种命运是同样的荒诞。因此它只在工人有了意识那种很少的时候才是悲壮的。西绪福斯,这神的无产者,无能为力而又在反抗,他知道他的悲惨的状况有多么深广:他下山时想的正是这种状况。造成他的痛苦的洞察力同时也完成了他的胜利。没有轻蔑克服不了的命运。

如果在某些日子里下山可以在痛苦中进行,那么它也可以在欢乐中进行。此话并非多余。我还想象西绪福斯回到巨石前,痛苦从此开始。当大地的形象过于强烈地缠住记忆,当幸福的呼唤过于急迫,忧伤就会在人的心中升起:这是巨石的胜利,这是巨石本身,巨大的忧伤沉重得不堪承受。这是我们的客西马尼之夜。然而不可抗拒的真理一经被承认便告完结。这样,俄狄浦斯先就不知不觉地顺从了命运。从他知道的那一刻起,他的悲剧便开始了。然而同时,盲目而绝望的他认识到他同这世界的唯一的联系是一个年轻姑娘的新鲜的手。于是响起一句过分的话:"尽管如此多灾多难,我的高龄和我的灵魂的高贵仍使我认为一切皆善。"像陀思妥耶夫斯基的基里洛夫一样,索福克勒斯的俄狄浦斯就这样提供了荒诞的胜利的方式。古代的智慧和现代的英雄主义会合了。

不试图写一本幸福教科书,是不会发现荒诞的。"啊!什么,路这么窄?"然而只有一个世界。幸福和荒诞是同一块土地的两个儿子。他们是不可分的。说幸福一定产生于荒诞的发现,那是错误的。有时荒诞感也产生于幸福。俄狄浦斯说:"我认为一切皆善。"这句话是神圣的。它回响在人的凶恶而有限的宇宙之中。它告诉人们一切并未被、也不曾被耗尽。它从这世界上逐走一个带着不满足和对无用的痛苦的兴趣进入这世界的神。它使命运成为人的事情,而这件事情应该在人之间解决。

西绪福斯的全部沉默的喜悦就在这里。他的命运出现在面前。他的巨石是他的事情。同样,当荒诞的人静观他的痛苦时,他就使一切偶象钳口不语。在突然归于寂静的宇宙中,大地的成千上万细小的惊叹声就起来了。无意识的、隐秘的呼唤,各种面孔的邀请,都是必要的反面和胜利的代价。没有不带阴影的太阳,应该了解黑夜。荒诞的人说"是",于是他的努力便没有间断了。如果说有一种个人的命运,却绝没有高级的命运,至少只有一种命运,而他断定它是不可避免的,是可以轻蔑的。至于其他,他自知是他的岁月的主人。在人返回他的生活这一微妙的时刻,返回巨石的西绪福斯静观那一连串没有联系的行动,这些行动变成了他的命运,而这命运是他创造的,在他的记忆的目光下统一起来,很快又由他的死加章盖印。这样,确信一切人事都有人的根源,盲目却渴望看见并且知道黑夜没有尽头,他就永远在行进中。巨石还在滚动。

我让西绪福斯留在山下!人们总是看得见他的重负。西绪福斯教人以否定神祇举起巨石的至高无上的忠诚。他也断定一切皆善。这个从此没有主人的宇宙对他不再是没有结果和虚幻的了。这块石头的每一细粒,这座黑夜笼罩的大山的每一道矿物的光芒,都对他一个人形成了一个世界。登上顶峰的斗争本身足以充实人的心灵。应该设想,西绪福斯神是幸福的。

——选自《加缪文集》,译林出版社 2001 年版

《西绪福斯神话》是加缪存在主义哲学的代表作,系统表现了"荒谬主题"。主人公西绪福斯,是一个因为犯了神的忌而受到神的惩罚的人。神要他将一块巨石推上山顶,而推上去以后,巨石又会因为重力的作用滚落下山……。如此反复以致无穷,神以这样的方式惩罚他,神以为这种无望的劳动是对人类最痛苦的惩罚。而西绪福斯在孤独、绝望、无尽的苦役中所表现出的对诸神的蔑视、对死亡的憎恨、对生命的热爱以及面对绝境的乐观坚定和勇气,都体现了反抗者的伟大精神,饱含深厚的哲学思考和诗意激情。

第五单元 传记·传闻

 阅读引领

以史为鉴可以知兴替，以人为鉴可以明得失。

闲来读史，见微知著。沧海桑田，岁月更迭，时光流逝中，那些曾经辉煌的人，那些曾经轰动的事，已然远去。传记与传闻，流传久远，记言录行，于一行行文字中记录下那些在历史的年轮中刻下痕迹的人们的言行举止，历史也便在其中浮现于世。

本单元所选篇章，无论是王侯将相，亦或文人雅士，他们的言辞，他们的故事，跨越历史时空，穿透古今，今人读来，既可见其风貌，又可鉴其得失，以此为己之铜镜，修正己之行止。

 篇章精选

一、史记·刺客列传（节选） 司马迁

【篇章导引】

司马迁（前145或前135~前86），字子长，夏阳龙门（今陕西韩城）人。古代著名史学家、文学家、思想家。生于史官世家，曾任太史令。公元前99年（天汉二年），李陵出击匈奴，兵败投降，汉武帝大怒。司马迁为李陵辩护，触怒了汉武帝，获罪下狱，受"腐刑"。出狱后任中书令，发愤著书，以其"究天人之际，通古今之变，成一家之言"的史识，成就了《史记》——中国历史上第一部纪传体通史。全书130篇，52万余字，包括十二本纪、十表、八书、三十世家和七十列传，记载了上自黄帝下至汉武帝约三千年的历史，对后世的影响极为巨大，被鲁迅先生誉为"史家之绝唱，无韵之离骚"。

史记·刺客列传（节选）

司马迁

荆轲者，卫人也。其先乃齐人，徙于卫，卫人谓之庆卿[1]。而之燕，燕人谓之荆卿。荆卿好读书击剑，以术说卫元君，卫元君不用。其后秦伐魏，置东郡，徙卫元君之支属于野王[2],[3]。荆轲尝游过榆次，与盖聂论剑，盖聂怒而目之。荆轲出，人或言复召荆卿。盖聂曰："曩者吾与论剑有不称者[4]，吾目之；试往，是宜去，不敢留。"使使往之主人，荆卿则已驾

而去榆次矣。使者还报,盖聂曰:"固去也,吾曩者目摄之[5]!"荆轲游于邯郸,鲁句践与荆轲博[6],争道[7],鲁句践怒而叱之,荆轲嘿而逃去,遂不复会。

荆轲既至燕,爱燕之狗屠及善击筑者高渐离[8]。荆轲嗜酒,日与狗屠及高渐离饮于燕市,酒酣以往,高渐离击筑,荆轲和而歌于市中,相乐也,已而相泣,旁若无人者。荆轲虽游于酒人乎,然其为人沉深好书;其所游诸侯,尽与其贤豪长者相结[9]。其之燕,燕之处士田光先生亦善待之[10],知其非庸人也。

居顷之,会燕太子丹质秦亡归燕[11]。燕太子丹者,故尝质于赵,而秦王政生于赵,其少时与丹欢。及政立为秦王,而丹质于秦。秦王之遇燕太子丹不善,故丹怨而亡归。归而求为报秦王者,国小,力不能。其后秦日出兵山东以伐齐、楚、三晋[12],稍蚕食诸侯[13],且至于燕,燕君臣皆恐祸之至。太子丹患之,问其傅鞠武。武对曰:"秦地遍天下,威胁韩、魏、赵氏,北有甘泉、谷口之固,南有泾、渭之沃,擅巴[14]、汉之饶,右陇、蜀之山,左关、殽之险,民众而士厉,兵革有余[15]。意有所出,则长城之南,易水以北,未有所定也。奈何以见陵之怨,欲批其逆鳞哉[16]!"丹曰:"然则何由?"对曰:"请入图之。"

居有间,秦将樊于期得罪于秦王,亡之燕,太子受而舍之。鞠武谏曰:"不可。夫以秦王之暴而积怒于燕,足为寒心,又况闻樊将军之所在乎?是谓'委肉当饿虎之蹊'也[17],祸必不振矣!虽有管、晏,不能为之谋也。愿太子疾遣樊将军入匈奴以灭口。请西约三晋,南连齐、楚,北购于单于[18],其後乃可图也。"太子曰:"太傅之计,旷日弥久,心惽然[19],恐不能须臾。且非独于此也,夫樊将军穷困于天下,归身于丹,丹终不以迫于强秦而弃所哀怜之交,置之匈奴,是固丹命卒之时也。愿太傅更虑之。"鞠武曰:"夫行危欲求安,造祸而求福,计浅而怨深,连结一人之后交,不顾国家之大害,此所谓'资怨而助祸矣[20]。夫以鸿毛燎于炉炭之上,必无事矣。且以雕鸷之秦,行怨暴之怒,岂足道哉!燕有田光先生,其为人智深而勇沉,可与谋。"太子曰:"愿因太傅而得交于田先生,可乎?"鞠武曰:"敬诺。"出见田先生,道:"太子愿图国事于先生也。"田光曰:"敬奉教。"乃造焉[21]。太子逢迎,却行为导,跪而蔽席。田光坐定,左右无人,太子避席而请曰:"燕秦不两立,愿先生留意也。"田光曰:"臣闻骐骥盛壮之时,一日而驰千里;至其衰老,驽马先之。今太子闻光盛壮之时,不知臣精已消亡矣。虽然,光不敢以图国事,所善荆卿可使也。"太子曰:"愿因先生得结交于荆卿,可乎?"田光曰:"敬诺。"即起,趋出[22]。太子送至门,戒曰:"丹所报,先生所言者,国之大事也,愿先生勿泄也!"田光俛而笑曰:"诺。"偻行见荆卿,曰:"光与子相善,燕国莫不知。今太子闻光壮盛之时,不知吾形已不逮也,幸而教之曰'燕秦不两立,愿先生留意也'。光窃不自外,言足下于太子也,愿足下过太子于宫。"荆轲曰:"谨奉教。"田光曰:"吾闻之,长者为行,不使人疑之。今太子告光曰:'所言者,国之大事也,愿先生勿泄',是太子疑光也。夫为行而使人疑之,非节侠也。"欲自杀以激荆卿,曰:"愿足下急过太子,言光已死,明不言也。"因遂自刎而死。

荆轲遂见太子,言田光已死,致光之言。太子再拜而跪,膝行流涕[23],有顷而后言曰:"丹所以诫田先生毋言者,欲以成大事之谋也。今田先生以死明不言,岂丹之心哉!"荆轲坐定,太子避席顿首曰:"田先生不知丹之不肖,使得至前,敢有所道,此天之所以哀燕而不弃其孤也。今秦有贪利之心,而欲不可足也。非尽天下之地,臣海内之王者,其意不厌。今秦已虏韩王,尽纳其地。又举兵南伐楚,北临赵;王翦将数十万之众距漳、邺,而李信出太原、云中。赵不能支秦,必入臣,入臣则祸至燕。燕小弱,数困于兵,今计举国不足以当秦。诸侯服秦,莫敢合从[24]。丹之私计愚,以为诚得天下之勇士使于秦,窥以重利;秦王贪,其势必得所愿矣。诚得劫秦王,使悉反诸侯侵地,若曹沫之与齐桓公,则大善矣;则不可,因而刺杀之。彼秦大将擅兵于外而内有乱,则君臣相疑,以其间诸侯得合从,其破秦必矣。此丹之上愿,而不知所委命,唯荆卿留意焉。"久之,荆轲曰:"此国之大事也,臣驽下,恐不足任使。"太子前顿首,固请毋让,然后许诺。于是尊荆卿为上卿,舍上舍。太子日造门下,供太牢具,异物间进,车骑美女恣荆轲所欲,以顺适其意。

久之,荆轲未有行意。秦将王翦破赵,虏赵王,尽收入其地,进兵北略地至燕南界。太子丹恐惧,乃请荆轲曰:"秦兵旦暮渡易水[25],则虽欲长侍足下,岂可得哉!"荆轲曰:"微太子言,臣愿谒之。今行而毋信,则秦未可亲也。夫樊将军,秦王购之金千斤,邑万家。诚得樊将军首与燕督亢之地图,奉献秦王,秦王必说见臣,臣乃得有以报。"太子曰:"樊将军穷困来归丹,丹不忍以己之私而伤长者之意,愿足下更虑之!"荆轲知太子不忍,乃遂私见樊于期曰:"秦之遇将军可谓深矣,父母宗族皆为戮没。今闻购将军首金千斤,邑万家,将奈何?"于期仰天太息流涕曰:"于期每念之,常痛于骨髓,顾计不知所出耳!"荆轲曰:"今有一言可以解燕国之患,报将军之仇者,何如?"于期乃前曰:"为之奈何?"荆轲曰:"愿得将军之首以献秦王,秦王必喜而见臣,臣左手把其袖,右手揕其匈[26],然则将军之仇报而燕见陵之愧除矣。将军岂有意乎?"樊于期偏袒搤捥而进曰[27]:"此臣之日夜切齿腐心也[28],乃今得闻教!"遂自刭。太子闻之,驰往,伏尸而哭,极哀。既已不可奈何,乃遂盛樊于期首,函封之[29]。

于是太子豫求天下之利匕首,得赵人徐夫人匕首,取之百金,使工以药淬之,以试人,血濡缕,人无不立死者。乃装为遣荆卿。燕国有勇士秦舞阳,年十三,杀人,人不敢忤视[30]。乃令秦舞阳为副。荆轲有所待,欲与俱;其人居远未来,而为治行[31]。顷之,未发,太子迟之,疑其改悔,乃复请曰:"日已尽矣,荆卿岂有意哉?丹请得先遣秦舞阳。"荆轲怒,叱太子曰:"何太子之遣?往而不返者,竖子也[32]!且提一匕首入不测之强秦,仆所以留者,待吾客与俱。今太子迟之,请辞决矣[33]!"遂发。太子及宾客知其事者,皆白衣冠以送之。至易水之上,既祖[34],取道,高渐离击筑,荆轲和而歌,为变徵之声[35],士皆垂泪涕泣。又前而为歌曰:"风萧萧兮易水寒,壮士一去兮不复还!"复为羽声忼慨[36],士皆瞋目[37],发尽上指冠。于是荆轲就车而去,终已不顾。

遂至秦,持千金之资币物,厚遗秦王宠臣中庶子蒙嘉。嘉为先言于秦王曰:"燕王诚振怖大王之威[38],不敢举兵以逆军吏,愿举国为内臣,比诸侯之列,给贡职如郡县,而得奉守先王之宗庙。恐惧不敢自陈,谨斩樊于期之头,及献燕督亢之地图,函封,燕王拜送于庭,使使以闻大王,唯大王命之。"秦王闻之,大喜,乃朝服,设九宾[39],见燕使者咸阳宫。荆轲奉樊于期头函,而秦舞阳奉地图柙,以次进。至陛,秦舞阳色变振恐,群臣怪之。荆轲顾笑舞阳[40],前谢曰:"北蕃蛮夷之鄙人,未尝见天子,故振慑。愿大王少假借之[41],使得毕使于前。"秦王谓轲曰:"取舞阳所持地图。"轲既取图奏之,秦王发图[42],图穷而匕首见。因左手把秦王之袖,而右手持匕首揕之。未至身,秦王惊,自引而起,袖绝。拔剑,剑长,操其室。时惶急,剑坚,故不可立拔。荆轲逐秦王,秦王环柱而走。群臣皆愕,卒起不意,尽失其度。而秦法,群臣侍殿上者不得持尺寸之兵;诸郎中执兵皆陈殿下,非有诏召不得上。方急时,不及召下兵,以故荆轲乃逐秦王。而卒惶急,无以击轲,而以手共搏之。是时侍医夏无且以其所奉药囊提荆轲也。秦王方环柱走,卒惶急,不知所为,左右乃曰:"王负剑!"负剑,遂拔以击荆轲,断其左股。荆轲废,乃引其匕首以擿秦王[43],不中,中桐柱。秦王复击轲,轲被八创。轲自知事不就,倚柱而笑,箕踞以骂曰[44]:"事所以不成者,以欲生劫之,必得约契以报太子也。"于是左右既前杀轲,秦王不怡者良久。已而论功,赏群臣及当坐者各有差[45],而赐夏无且黄金二百溢,曰:"无且爱我,乃以药囊提荆轲也。"

于是秦王大怒,益发兵诣赵,诏王翦军以伐燕。十月而拔蓟城。燕王喜、太子丹等尽率其精兵东保于辽东。秦将李信追击燕王急,代王嘉乃遗燕王喜书曰:"秦所以尤追燕急者,以太子丹故也。今王诚杀丹献之秦王,秦王必解,而社稷幸得血食[46]。"其后李信追丹,丹匿衍水中,燕王乃使使斩太子丹,欲献之秦。秦复进兵攻之。后五年,秦卒灭燕,虏燕王喜。其明年,秦并天下,立号为皇帝。

于是秦逐太子丹、荆轲之客,皆亡。高渐离变名姓为人庸保,匿作于宋子。久之,作苦,闻其家堂上客击筑,傍徨不能去。每出言曰:"彼有善有不善。"从者以告其主,曰:"彼庸乃知音,窃言是非。"家丈人召使前击筑[47],一坐称善,赐酒。而高渐离念久隐畏约无穷时,乃退,出其装匣中筑与其善衣,更容貌而前。举坐客皆惊,下与抗礼[48],以为上客。使击筑而歌,客无不流涕而去者。宋子传客之,闻于秦始皇。秦始皇召见,人有识者,乃曰:"高渐离也。"秦皇帝惜其善击筑,重赦之,乃矐其目[49]。使击筑,未尝不称善。稍益近之,高渐离乃以铅置筑中,复进得近,举筑朴秦皇帝,不中。于是遂诛高渐离,终身不复近诸侯之人[50]。

鲁句践已闻荆轲之刺秦王,私曰:"嗟乎,惜哉其不讲于刺剑之术也!甚矣吾不知人也!曩者吾叱之,彼乃以我为非人也!"

太史公曰:世言荆轲,其称太子丹之命,"天雨粟,马生角[51]"也,太过。又言荆轲伤秦王,皆非也。始公孙季功、董生与夏无且游,具知其事,为余道之如是。自曹沫至荆轲五人,此其义或成或不成,然其立意较然,不欺其志,名垂后世,岂妄也哉!

——选自《史记选》,人民文学出版社1982年版

[1]卿:古代对男子的美称。
[2]徙:迁移。
[3]徙卫元君支属于野王:迁移野王不只是支属,卫元君也在内。支属,旁支亲属。
[4]曩者:过去。这里指刚才。不称:不相宜,不合适。
[5]慑:通"慴"。威慑,震慑。一说降服。
[6]博:古代一种博戏。
[7]争道:争执博局的着数,道,技艺,方法。
[8]筑:古代弦乐器,像琴,属于打击乐。
[9]贤豪长者:贤士、豪杰和年高有德行的人。

[10]处士:有才有德不愿为官的隐居者。
[11]会:适逢,正赶上。质:人质。
[12]三晋:指韩、赵、魏三国。以其国君原来都是晋国的执政大夫,后各自立国,将晋一分为三,故称。
[13]稍:逐渐,一点一点地。蚕食:像蚕吃桑叶一样地逐渐侵吞。
[14]擅:拥有,据有。
[15]兵革:武器装备。兵:武器。革,皮制铠甲。
[16]批:触动,触犯。逆鳞:传说中龙颈部生的倒鳞。触及倒鳞,龙即发怒。用以比喻暴君凶残。
[17]委肉当饿虎之蹊:古成语,意思是把肉放置在饿虎经过的小路上。委,抛给,抛弃。蹊,小路。
[18]购:通"媾",媾和,讲和。
[19]悒然:忧闷,烦乱。悒:糊涂。
[20]资怨而助祸:助长怨恨而促使祸患的发展。
[21]乃造焉:就到太子那里去拜访。造,拜访。
[22]趋:小步快走。以示礼敬。
[23]膝行:跪行,双膝着地向前。
[24]合从:即"合纵"。东方六国南北联合,结成一体共同对抗秦国的政策。
[25]旦暮:早晚。极言时间短暂。
[26]揕(zhèn):直刺。匈:同"胸"。
[27]偏袒扼(è)捥:脱掉一边衣袖,露出一边臂膀,一只手紧握另一支手腕,以示激愤。扼,同"扼",掐住,捏住。捥,同"腕"。
[28]切齿腐心:上下牙齿咬紧挫动,愤恨得连心都粹了。
[29]函封:装入匣子,封起来。
[30]忤视:用恶意的眼光看人。忤:逆,抵触。
[31]治行:准备行装。
[32]竖子:小子,对人的蔑称。
[33]辞决:长别。
[34]既祖:饯行之后。祖,古人出远门时祭祀路神的活动。这里指饯行的一种隆重仪式,即祭神后,在路上设宴为人送行。
[35]为变徵(zhǐ)之声:发出变徵的音调。古代乐律,分宫、商、角、变徵、徵、羽、变宫七调,大体相当今西乐的 CDEFGAB 七调。变徵即 F 调,此调苍凉、凄惋,宜放悲声。
[36]羽声:相当西乐 A 调。音调高亢,声音慷慨激昂。
[37]瞋目:瞪大眼睛。发尽上指冠:因怒而头发竖起,把帽子顶起来。此夸张说法。
[38]振怖:内心惊悸,害怕。怖:惊慌,害怕。
[39]九宾:外交上极其隆重的礼仪。
[40]顾笑:指回头向舞阳笑。
[41]假借:宽容。
[42]发图:展开地图。
[43]擿:同"掷"。投掷。
[44]箕踞:两脚张开,蹲坐于地,如同簸箕。以示轻蔑对方。
[45]坐:治罪、办罪。
[46]社稷幸得血食:国家或许得到保存。社稷:土神和谷神,以古代君主都祭祀社稷,故成为国家政权

的象征。血食,享受祭祀。因为祭祀时要杀牛、羊、豕三牲,所以叫血食。

[47] 家丈人:东家,主人。
[48] 抗礼:用平等的礼节接待。
[49] 矄其目:弄瞎他的眼睛。矄:熏瞎。
[50] 诸侯之人:此前东方六国的人。
[51] 天雨粟,马生角:据《燕丹子》记载,"丹求归,秦王曰:'乌头白,马生角,乃许耳。'丹乃仰天长叹,乌头即白,马亦生角。"这里比喻不可能之事。

【评析提示】

《史记·刺客列传》记述了从春秋到战国时期曹沫、专诸、豫让、聂政、荆轲五个著名刺客的事迹。《刺客列传》堪称《史记》中"第一种激越文字",荆轲刺秦王则是其中最富侠义精神和传奇色彩的一个故事。

公元前228年(秦王政19年),秦王政派其大将王翦攻赵,克邯郸,虏赵王迁。王翦随即奉命率兵驻扎中山(今河北省定州),准备向燕国进攻。"燕弱小,数困于兵,今举国不足以当秦。"(《战国策·燕策三》)。燕太子丹为挽救燕国,欲派刺客刺杀秦王,借以推翻秦王朝。本文所选讲述了荆轲为挽救燕国谋刺秦王的全过程。荆轲刺秦王是在六国濒临覆亡绝境的形势下,不甘辱灭的拼死抗争,荆轲"提一匕首入不测之强秦",虽最终未能挽危局与累卵,但其慷慨赴死的勇气和气节,历来为世人敬仰。

本文叙事得当,气氛烘托、场景描绘,无不凸显人物性格,推动故事情节发展。易水送行的慷慨悲歌,秦廷图穷匕见的惊心动魄,皆为经典段落,给人留下难以忘怀的印象。在塑造人物上,本文也颇具匠心,运用多种手法,成功地塑造了以荆轲为首的一组豪杰义士群像,文字简练,着墨不多,俱各传神。

【思考与练习】

1. 品读本文,分析其在人物塑造及情景表现上有哪些特色?
2. 《刺客列传》塑造了五位刺客的形象,试读全文,分析荆轲与其他刺客的异同。
3. "刺客"是古老的职业之一,从古至今,各种刺杀事件层出不穷,谈谈你对刺客行为的认识。

【拓展阅读】

《报任安书》是司马迁写给其友人任安的一封回信。这是一篇激切感人的至情散文。在文章中,司马迁以极其激愤的心情,申述了自己的不幸遭遇,抒发了内心的无限痛苦,表达了自己的光明磊落之志、愤激不平之气和曲肠九回之情。对于了解作者的生平和思想,有着重要价值。

报任安书

司马迁

少卿足下：曩者辱赐书，教以慎于接物，推贤进士为务，意气勤勤恳恳，若望仆不相师，而用流俗人之言。仆非敢如此也。虽罢驽，亦尝侧闻长者遗风矣。顾自以为身残处秽，动而见尤，欲益反损，是以抑郁而无谁语。谚曰："谁为为之？孰令听之？"盖钟子期死，伯牙终身不复鼓琴。何则？士为知己者用，女为悦己者容。若仆大质已亏缺，虽材怀随和，行若由夷，终不可以为荣，适足以发笑而自点耳。

书辞宜答，会东从上来，又迫贱事，相见日浅，卒卒无须臾之间得竭指意。今少卿抱不测之罪，涉旬月，迫季冬，仆又薄从上雍，恐卒然不可讳。是仆终已不得舒愤懑以晓左右，则长逝者魂魄私恨无穷。请略陈固陋。阙然久不报，幸勿为过。

仆闻之，修身者智之府也，爱施者仁之端也，取予者义之符也，耻辱者勇之决也，立名者行之极也。士有此五者，然后可以托于世，列于君子之林矣。故祸莫憯于欲利，悲莫痛于伤心，行莫丑于辱先，而诟莫大于宫刑。刑余之人，无所比数，非一世也，所从来远矣。昔卫灵公与雍渠载，孔子适陈；商鞅因景监见，赵良寒心；同子参乘，爰丝变色：自古而耻之。夫中材之人，事关于宦竖，莫不伤气，况忼慨之士乎！如今朝虽乏人，奈何令刀锯之余荐天下豪隽哉！仆赖先人绪业，得待罪辇毂下，二十余年矣。所以自惟：上之，不能纳忠效信，有奇策材力之誉，自结明主；次之，又不能拾遗补阙，招贤进能，显岩穴之士；外之，不能备行伍，攻城野战，有斩将搴旗之功；下之，不能累日积劳，取尊官厚禄，以为宗族交游光宠。四者无一遂，苟合取容，无所短长之效，可见于此矣。乡者，仆亦尝厕下大夫之列，陪外廷末议。不以此时引维纲，尽思虑，今已亏形为扫除之隶，在阘茸之中，乃欲昂首信眉，论列是非，不亦轻朝廷，羞当世之士邪！嗟乎！嗟乎！如仆，尚何言哉！尚何言哉！

且事本末未易明也。仆少负，不羁之才，长无乡曲之誉，主上幸以先人之故，使得奉薄伎，出入周卫之中。仆以为戴盆何以望天，故绝宾客之知，忘室家之业，日夜思竭其不肖之材力，务壹心营职，以求亲媚于主上。而事乃有大谬不然者。夫仆与李陵俱居门下，素非相善也，趣舍异路，未尝衔杯酒接殷勤之欢。然仆观其为人自奇士，事亲孝，与士信，临财廉，取予义，分别有让，恭俭下人，常思奋不顾身以徇国家之急。其素所畜积也，仆以为有国士之风。夫人臣出万死不顾一生之计，赴公家之难，斯已奇矣。今举事壹不当，而全躯保妻子之臣随而媒孽其短，仆诚私心痛之。且李陵提步卒不满五千，深践戎马之地，足历王庭，垂饵虎口，横挑强胡，昂亿万之师，与单于连战十余日，所杀过当。虏救死扶伤不给，旃裘之君长咸震怖，乃悉征左右贤王，举引弓之民，一国共攻而围之。转斗千里，矢尽道穷，救兵不至，士卒死伤如积。然李陵一呼劳军，士无不起，躬流涕，沫血饮泣，张空拳，冒白刃，北首争死敌。陵未没时，使有来报，汉公卿王侯皆奉觞上寿。后数日，陵败书闻，主上为之食不甘味，听朝不怡。大臣忧惧，不知所出。仆窃不自料其卑贱，见主上惨凄怛悼，诚欲效其款款之愚，以为李陵素与士大夫绝甘分少，能得人之死力，虽古名将不过也。身虽陷败彼，彼观其意，且欲得其当而报汉。事已无可奈何，其所摧败，功亦足以暴于天下。仆怀欲陈之，而未有路。适会召问，即以此指推言陵功，欲以广主上之意，塞睚眦之辞。未能尽明，明主不深晓，以为仆沮贰师，而为李陵游说，遂下于理。拳拳之忠，终不能自列。因为诬上，卒从吏议。家贫，财赂不足以自赎，交游莫救，左右亲近不为壹言。身非木石，独与法吏为伍，深幽囹圄之中，谁可告愬者！此正少卿所亲见，仆行事岂不然邪？李陵既生降，隤其家声，而仆又茸之蚕室，重为天下观笑。悲夫！悲夫！

事未易一二为俗人言也。仆之先非有剖符丹书之功，文史星历，近乎卜祝之间，固主上所戏弄，倡优畜之，流俗之所轻也。假令仆伏法受诛，若九牛亡一毛，与蝼蚁何以异？而世又不与能死节者比，特以为智穷罪极，不能自免，卒就死耳。何也？素所自树立使然也。人固有一死，或重于泰山，或轻于鸿毛，用之所趋异也。太上不辱先，其次不辱身，其次不辱理色，其次不辱辞令，其次诎体受辱，其次易服受辱，其次关木索、被箠楚受辱，其次剔毛发、婴金铁受辱，其次毁肌肤、断肢体受辱，最下腐刑极矣！传曰"刑不上大夫。"此言士节不可不勉励也。猛虎在深山，百兽震恐，及在槛阱之中，摇尾而求食，积威约之渐也。故士有画地为牢，势不可入；削木为吏，议不可对，定计于鲜也。今交手足，受木索，暴肌肤，受榜箠，幽于圜墙之中，当此之时，见狱吏则头枪地，视徒隶则心惕息。何者？积威约之势也。及已至是，言不辱者，所谓强颜耳，曷足贵乎！且西伯，伯也，拘于羑里；李斯，相也，具于五刑；淮阴，王也，受械于陈；彭越、张敖，南面称孤，系狱抵罪；绛侯诛诸吕，权倾五伯，囚于请室；魏其，大将也，衣赭衣，关三木；季布为朱家钳奴；灌夫受辱于居室。此人皆身至王侯将相，声闻邻国，及罪至罔加，不能引决自裁。在尘埃之中，古今一体，安在其不辱也？由此言之，勇怯，势也；强弱，形也。审矣，何足怪乎？且人不能早自裁绳墨之外，已稍陵迟，至于鞭箠之间，乃欲引节，斯不亦远乎！古人所以重施刑于大夫者，殆为此也。

夫人情莫不贪生恶死，念父母，顾妻子，至激于义理者不然，乃有不得已也。今仆不幸，早失父母，无兄弟之亲，独身孤立，少卿视仆于妻子何如哉？且勇者不必死节，怯夫慕义，何处不勉焉！仆虽怯懦，欲苟活，亦颇识去就之分矣，何至自沉溺缧绁之辱哉！且夫臧获婢妾，犹能引决，况若仆之不得已乎？所以隐忍苟活，幽于粪土之中而不辞者，恨私心有所不尽，鄙陋没世，而文采不表于后也。

古者富贵而名摩灭，不可胜记，唯倜傥非常之人称焉。盖西伯（文王）拘而演《周易》；仲尼厄而作《春秋》；屈原放逐，乃赋《离骚》；左丘失明，厥有《国语》；孙子膑脚，《兵法》修列；不韦迁蜀，世传《吕览》；韩非囚秦，《说难》《孤愤》；《诗》三百篇，大底圣贤发愤之所为作也。此人皆意有所郁结，不得通其道，故述往事、思来者。乃如左丘无目，孙子断足，终不可用，退而论书策，以舒其愤，思垂空文以自见。

仆窃不逊，近自托于无能之辞，网罗天下放失旧闻，略考其行事，综其终始，稽其成败兴坏之理，上计轩辕，下至于兹，为十表，本纪十二，书八章，世家三十，列传七十，凡百三十篇。亦欲以究天人之际，通古今之变，成一家之言。草创未就，会遭此祸，惜其不成，是以就极刑而无愠色。仆诚以著此书，藏之名山，传之其人，通邑大都，则仆偿前辱之责，虽万被戮，岂有悔哉？然此可为智者道，难为俗人言也！

且负下未易居，下流多谤议。仆以口语遇遭此祸，重为乡党戮笑，以污辱先人，亦何面目复上父母之丘墓乎？虽累百世，垢弥甚耳！是以肠一日而九回，居则忽忽若有所亡，出则不知其所往。每念斯耻，汗未尝不发背沾衣也！身直为闺阁之臣，宁得自引深藏于岩穴邪！故且从俗浮沉，与时俯仰，以通其狂惑。今少卿乃教之以推贤进士，无乃与仆私心刺谬乎？今虽欲自雕琢，曼辞以自饰，无益，于俗不信，适足取辱耳。要之，死日然后是非乃定。书不能尽意，略陈固陋。

——选自《汉书》，班固撰（汉），中华书局1962年版

全文融议论、抒情、叙事于一体，文情并茂，极富艺术感染力。叙事简括，都为议论铺垫，议论之中感情自现，声声衷肠，气贯长虹，辞气沉雄，情怀慷慨，催人泪下。前人的评价，"感慨啸歌有燕赵烈士之风，忧愁幽思则又直与《离骚》对垒"（清.吴楚材、吴调侯《古文观止》卷五），实在精当。

二、世说新语·任诞（节选） 刘义庆

【篇章导引】

刘义庆（403~444），字季伯，南朝宋宗室，袭封临川王，曾任荆州刺史等官职。《宋书》为人简素，少嗜欲。爱好文学，广招四方文学之士，聚于门下。除《世说新语》外，还著有志怪小说《幽明录》。

《世说新语》又名《世说》，内容主要是记录魏晋名士的逸闻轶事和玄言清谈，依内容可分为"德行"、"言语"、"政事"、"文学"、"方正"等三十六类，每类收有若干则故事，记载了自汉魏至东晋的遗闻轶事，所记虽是片言数语，但内容非常丰富，广泛地反映了这一时期士族阶层的生活方式、精神面貌及其清谈放诞的风气。

世说新语·任诞（节选）

刘义庆

王子猷尝暂寄人空宅住[1]，便令种竹。或问："暂住何烦尔？"王啸咏良久，直指竹曰："何可一日无此君？"

王子猷居山阴[2]，夜大雪，眠觉，开室命酌酒，四望皎然[3]。因起仿徨，咏左思《招隐诗》[4]，忽忆戴安道[5]。时戴在剡，即便夜乘小船就之。经宿方至，造门不前而返。人问其故，王曰："吾本乘兴而行，兴尽而返，何必见戴？"

王子猷出都，尚在渚下。旧闻桓子野善吹笛，而不相识。遇桓于岸上过，王在船中，客有识之者云："是桓子野[6]。"王便令人与相闻，云："闻君善吹笛，试为我一奏。"桓时已贵显，素闻王名，即便回下车，踞胡床，为作三调。弄毕[7]，便上车去。客主不交一言。

——选自《世说新语笺疏》，余嘉锡撰，上海古籍出版社1993年版

【注释】

[1] 王子猷:即王徽之,东晋人,号子猷,大书法家王羲之之子。
[2] 山阴:县名,今浙江省绍兴县。
[3] 四望:眺望四方。彷徨:同"徘徊"。
[4] 左思:西晋时著名诗人。《招隐》诗,左思所作,诵隐居之乐,劝人归隐。
[5] 戴安道:即戴逵,东晋人。
[6] 桓子野:桓伊,小名子野,曾任大司马参军,后任豫州刺史。《晋书》本传说他"善音乐,尽一时之妙,为江左第一。"
[7] 弄:演奏。

【评析提示】

本文的三个片段,出自《世说新语》之"任诞"篇。任诞,指任性放纵,是魏晋名士生活方式的主要表现。魏晋风度成为当时文人们的审美理想,即崇尚自然、超然物外、率真任诞而风流自赏。本文所截取的是王徽之生活中最具戏剧化的片段:痴迷于竹、雪夜访戴、路遇听笛子,无不反映了其清高自赏、随意自适、任性率真的生活态度和为人行事。

《世说新语》是中国魏晋南北朝时期"志人小说"的代表作,为言谈、轶事的笔记体短篇小说。行文不做过多铺叙与描写,运用高超简练的笔法,写意地勾勒出人物的性格、行为,寥寥几笔而跃然纸上,生动传神。语言简约传神,含蓄隽永。

《世说新语》对后世笔记小说的发展有着深远的影响,而仿照此书体例写成的作品更不计其数,在古小说中自成一体。书中不少故事,或成为后世戏曲小说的素材,或成为后世诗文常用的典故,在中国文学史上具有重要地位,鲁迅先生称它为"名士的教科书"。

【思考与练习】

1. 结合《世说新语》其他故事,分析其刻画人物的手法。
2. 如何理解《世说新语》中的"任诞"?谈谈你对"魏晋风度"的理解。
3. 你还知道哪些笔记小说?其创作有何特色?

【拓展阅读】

《世说新语》五则

《世说新语》的编撰者大量采集编入魏晋名士的那些饶有兴趣的、可资谈助的逸闻轶事,如清谈、品题,对其性格特征、人生的追求以及种种嗜好,都有生动的描写,态度客观宽容。

《世说新语·德行》 身无长物

王恭从会稽还,王大看之。见其坐六尺簟,因语恭:"卿东来,故应有此物,可以一领及我。"恭无言。大去后,既举所坐者送之。既无余席,便坐荐上。后大闻之,甚惊,曰:"吾本谓卿多,故求耳。"对曰:"丈人不悉恭,恭作人无长物。"

《世说新语·言语》 支公好鹤

支公好鹤。住剡东岇山,有人遗其双鹤。少时,翅长,欲飞。支意惜之,乃铩其翮。鹤轩翥,不复能飞,乃反顾翅,垂头,视之如有懊丧意。林曰:"既有凌霄之姿,何肯为人作耳目近玩!"养令翮成,置使飞去。

《世说新语·雅量》 嵇康临刑

嵇中散临刑东市,神气不变,索琴弹之,奏广陵散。曲终,曰:"袁孝尼尝请学此散,吾靳固不与,广陵散于今绝矣!"太学生三千人上书,请以为师,不许。文王亦寻悔焉。

《世说新语·雅量》 小儿辈大破贼

谢公与人围棋,俄而谢玄淮上信至,看书竟,默然无言,徐向局。客问淮上利害,答曰:"小儿辈大破贼。"意色举止,不异于常。

《世说新语·言语》 小时了了,大未必佳

孔文举年十岁,随父到洛。时李元礼有盛名,为司隶校尉,诣门者皆俊才清称及中表亲戚乃通。文举至门,谓吏曰:"我是李府君亲。"既通,前坐。元礼问曰:"君与仆有何亲?"对曰:"昔先君仲尼与君先人伯阳,有师资之尊,是仆与君奕世为通好也。"元礼及宾客莫不奇之。太中大夫陈韪后至,人以其语语之。韪曰:"小时了了,大未必佳!"文举曰:"想君小时,必当了了!"韪大踧踖。

——选自《世说新语笺疏》,余嘉锡撰,上海古籍出版社 1983 年版

《世说新语》文字质朴,有时用的都是口语,但却意味隽永,颇具特色,历来为人们所喜读,其中有不少故事成了诗词中常用的典故。

三、徐文长传 袁宏道

【篇章导引】

袁宏道(1568~1610),字中郎,号石公,荆州公安(今属湖北公安)人。与其兄袁宗道、弟袁中道并有才名,时称"三袁",为晚明反复古主义运动的"公安派"的领袖,主张文学作品要"独抒性灵,不拘格套"。

徐渭是晚明前期的著名文士,主要生活在嘉靖年间,在诗文、戏曲、书画等方面均有相当成就。而且,他"好奇计、谈兵多中",满腹韬略。徐渭的杰出才能和他清高傲岸、豪放不羁的个性,在当时卓然独立,颇受士林景仰;而他一再失意于科场,潦倒终生,乃至忧愤成疾,癫狂到以斧锥自戕以求速死的悲惨命运,在当时也可谓绝无仅有,致使知者为他流涕痛惜。袁宏道年辈比徐渭略晚,与徐素昧平生,但对其才略品行由衷钦佩,对其不幸遭际深抱同情。他将惺惺相惜之意托诸笔端,写下了这篇《徐文长传》。

徐文长传[1]

袁宏道

余少时过里肆中,见北杂剧有《四声猿》,意气豪达,与近时书生所演传奇绝异,题曰"天池生",疑为元人作。后适越,见人家单幅上有署"田水月"者,强心铁骨,与夫一种磊块不平之气,字画之中,宛宛可见。意甚骇之,而不知田水月为何人。

一夕坐陶编修楼[2],随意抽架上书,得《阙编》诗一帙。恶楮毛书,烟煤败黑,微有字形。稍就灯间读之,读未数首,不觉惊跃,急呼石篑:"《阙编》何人作者?今耶古耶?"石篑曰:"此余乡先辈徐天池先生书也。先生名渭,字文长,嘉隆间人[3],前五六年方卒。今卷轴题额上有田水月者,即其人也。"余始悟前后所疑,皆即文长一人。又当诗道荒秽之时,获此奇秘,如魇得醒。两人跃起,灯影下,读复叫,叫复读,僮仆睡者皆惊起。余自是或向人或作书,皆首称文长先生。有来看余者,即出诗与之读。一时名公巨匠,浸浸知向慕云[4]。

文长为山阴秀才[5],大试辄不利,豪荡不羁。总督胡梅林公知之[6],聘为幕客。文长与胡公约:"若欲客某者,当具宾礼,非时辄得出入[8]。"胡公皆许之。文长乃葛衣乌巾,长揖就坐,纵谈天下事,旁若无人。胡公大喜。是时公督数边兵,威振东南,介胄之士膝语蛇行,不敢举头;而文长以部下一诸生傲之[8],信心而行,恣臆谈谑,了无忌惮。会得白鹿,属文长代作表,表上,永陵喜甚[9],公以是益重之,一切疏记皆出其手。

文长自负才略,好奇计,谈兵多中。凡公所以饵汪徐诸虏者[10],皆密相议然后行。尝饮一酒楼,有数健儿亦饮其下,不肯留钱。文长密以数字驰公,公立命缚健儿至麾下,皆斩之,一军股慄。有沙门负贵而秽[11],酒间偶言于公,公后以他事杖杀之,其信任多此类。

胡公既怜文长之才,哀其数困,时方省试,凡入帘者[12],公密属曰:"徐子天下才,若在本房,幸勿脱失。"皆曰如命。一知县以他羁后至,至期方谒,公偶忘属,卷适在其房,遂不偶[13]。

文长既已不得志于有司,遂乃放浪曲蘖[14],恣情山水,走齐鲁燕赵之地,穷览朔漠。其所见山奔海立,沙起云行,风鸣树偃,幽谷大都,人物鱼鸟,一切可惊可愕之状,一一皆达之于诗。其胸中又有一段不可磨灭之气,英雄失路托足无门之悲,故其为诗,如嗔如笑,如水鸣峡,如种出土,如寡妇之夜哭,羁人之寒起。当其放意,平畴千里;偶尔幽峭,鬼语秋坟。文长眼空千古,独立一时。当时所谓达官贵人,骚士墨客,文长皆叱而奴之,耻不与交,故其名不出于越。悲夫!

一日饮其乡大夫家,乡大夫指筵上一小物求赋,阴令童仆续纸丈余进,欲以苦之。文长援笔立成,竟满其纸,气韵遒逸,物无遁情,一座大惊。

文长喜作书,笔意奔放如其诗,苍劲中姿媚跃出。予不能书,而谬谓文长书决当在王雅宜文徵仲之上[15]。不论书法而论书神,先生者诚八法之散圣,字林之侠客也。间以其余旁溢为花草竹石,皆超逸有致。

卒以疑杀其继室,下狱论死。张阳和力解[16],乃得出。既出,倔强如初。晚年愤益深,佯狂益甚,显者至门,皆拒不纳。当道官至,求一字不可得。时携钱至酒肆,呼下隶与饮。或自持斧击破其头,血流被面,头骨皆折,揉之有声,或槌其囊,或以利锥锥其两耳,深入寸余,竟不得死。

石篑言晚岁诗文益奇,无刻本,集藏于家,予所见者,《徐文长集》、《阙编》二种而已。然文长竟以不得志于时,抱愤而卒。

石公曰:先生数奇不已,遂为狂疾,狂疾不已,遂为囹圄。古今文人牢骚困苦,未有若先生者也。虽然,胡公间世豪杰,永陵英主,幕中礼数异等,是胡公知有先生矣;表上人主悦,是人主知有先生矣,独身未贵耳。先生诗文崛起,一扫近代芜秽之习,百世而下,自有定论,胡为不遇哉?梅客生[17]尝寄余书曰:"文长吾老友,病奇于人,人奇于诗,诗奇于字,字奇于文,文奇于画。"余谓文长无之而不奇者也。无之而不奇,斯无之而不奇也哉,悲夫!

——选自《徐渭集》(附录),中华书局1983年版

【注释】

[1] 徐文长:即徐渭(1521~1593),子文长,号青藤道士。明代文人,在诗文、戏曲、书法、绘画方面,都有相当成就。有《徐文长集》30卷,《逸稿》24卷,杂剧《四声猿》,戏曲理论著作《南词叙录》等。

[2] 陶编修:即陶望岭(1562~1609),字周望,号石篑,亦称歇庵先生。浙江会稽人。明万历十七年(1589)任翰林院编修。

[3] 嘉隆:嘉靖(1522~1566)、隆庆(1567~1572),明朝年号。

[4] 浸浸:逐渐。

[5] 山阴:地名,在今浙江。

[6] 胡梅林:即胡宗宪,(1512~1565),字汝贞,号梅林。徽州绩溪人,明代名将,曾任浙江巡抚、总督军务。以平倭功,加右都御史、太子太保。因投靠严嵩,严嵩倒台后,他也下狱死。

[7] 非时:不按固定时间,随时。

[8] 诸生:明代经过省内各级考试,录取入府、州、县学者,称生员。生员有增生、附生、廪生、例生等名目,统称诸生。

[9] 永陵:明世宗嘉靖皇帝陵墓,此代指嘉靖本人。嘉靖好祥瑞。

[10] 饵:诱降。汪徐诸房:指当时汪直、徐海等盗寇。

[11] 沙门:和尚。负赀:依仗钱财。

[12] 入帘:指任考官。

[13] 不偶:不遇。偶:遇合,幸运,与"奇(jī)"相对。

[14] 曲糵:酒。

[15] 王雅宜(1494~1533):名宠,字履仁,号雅宜居士,人称王雅宜。文徵仲:即文徵明(1470~1559),号衡山。二人人均长州人,明代书法家。

[16] 张阳和:张元忭(1538~1588),字子荩,号阳和,祖籍四川绵竹,徙居山阴。明隆庆辛未(1571)状元,官至翰林侍读。

[17] 梅客生:梅国桢(1541~1601),字客生。万历进士,官兵部右侍郎。

【评析提示】

本文以简明的笔调记叙了徐文长的生平、际遇和艺术成就,并加以评价,表露了作者对徐文长无限的敬仰和同情。

作为人物传记,本文并不是平铺直叙,而是融入作者的真情实感,"文中有我",写徐文长其人其事,侧重写其特立独行、怀抱奇才异能而终归于失意,既写出了徐文长的与众不同、独立一时,又感慨于其不为世容、诗文不为世重的悲剧命运。字里行间,作者的激赏、扼腕叹息与传记人物的奇人奇才奇事交融共鸣,惺惺相惜之情充溢全文。

这篇人物传记行文跌宕起伏,抒写随意,所记事例纷杂,但重点突出,详略得当;语言清新明快,文章章法多变,善于形容铺排,感情真挚而深沉,体现了作者一贯倡导的"独抒性灵,不拘俗套"的文学主张。

【思考与练习】

1. 清人李扶九评价此文"以'奇'字为骨",谈谈你的理解。
2. 谈谈本文与《史记》中的人物传记在创作上有何联系?

【拓展阅读】

六一居士传

欧阳修

(原文略)

欧阳修(1007~1072年),字永叔,自号醉翁,晚年号六一居士,谥号文忠,世称欧阳文忠公,吉水(今江西吉安)人,北宋时期政治家、文学家、史学家和诗人。与唐朝的韩愈、柳宗元,宋朝的王安石、苏洵、苏轼、苏辙、曾巩合称"唐宋八大家"。其诗、词、散文均为一时之冠。其散文说理畅达,抒情委婉,有《欧阳文忠公文集》。

欧阳修写这篇《六一居士传》时,已经六十四岁,既老且病,春蚕丝尽,蜡泪将干。四十年中,历尽宦海风涛,"形不病而已悴,心未老而先衰"。这篇文章反映了欧阳修晚年厌倦官场生活、想归隐的思想,既有豁达开朗、淡泊明志的超然,也有明哲保身、远身避祸的睿智。

《六一居士传》形式别具一格,以晚年更名六一居士的由来说到自己的乐趣,又说到自己渴望退休的心情及对现实生活的厌倦,采用汉赋的主客问答方式,逐层推进地阐述了其思想和情趣,使行文跌宕起伏、情感真切。其谋篇的巧妙、感情的真挚、哲理的隐寓,都信笔所之,轻松疏淡,娓娓而道,绝不经意,体现出举重若轻的大家风范。

——选自《欧阳修全集》,李逸安点校,中华书局2001年版

四、李鸿章办外交　王元化

【篇章导引】

王元化(1920~2008),湖北江陵人。20世纪30年代开始从事写作,50年代任上海文艺出版社总编辑。1955年受胡风案牵连,1981年获平反。著名学者,文学理论家。主要著作有《文心雕龙创作论》、《文学风格论》、《王元化文学评论选》、《文学沉思录》、《传统与反传

统》和《思辨短简》等。

李鸿章办外交

王元化

李鸿章是清末主持外交的重要人物[1]。梁启超说他"接人常带傲慢轻侮之色。与外人交涉,尤轻侮之。"弱国无外交,这本是常理,今对外竟出以轻侮态度,似乎不可置信。但前人笔记中,多有此类记载。甲午之役,伍廷芳以议和随员赴日[2],日本首相伊藤博文向他谈起十年前奉使至天津订约事[3]。伊藤说,李鸿章态度威严,有"追忆令人心悸"之语。此类传闻颇多,有人甚至大肆渲染李鸿章在签订战败的屈辱条约时,用这种对洋人的轻侮态度,取得了精神上的胜利。李岳瑞《春冰室野乘》云[4]:"……法使施阿兰狡甚,虽恭忠亲王亦苦之[5]。公(李鸿章)与相见,方谈公事,骤然询问:'尔今年年几何矣?'外人最恶人询问年龄,然慑于公威望,不能不答。公掀髯笑曰:'然则是与吾第几孙同年。吾上年路出巴黎,曾于尔祖剧谈数日,尔知之乎?'施竟踧踖而去,自是气焰稍杀矣。"这一记载虽然是人痛快,但似乎有些可疑。以年龄辈分压倒对手,只是我们的传统习俗,西方却并不管这一套。《庚子西狩丛谈》也说到李鸿章总理各国事务衙门事:一日,华官与洋人议重大交涉。洋人态度嚣张,气势汹汹,而华官危坐只听,始终只回答一二语,面赧颜汗,局促殆不可为也。俄顷中堂(李鸿章)入门,左右从者只二人,才入厅数步,即止不前。此时三洋人之态度,不知何故,立时收敛。一一趋就身畔,鞠躬握手,甚谨饬。中堂若为不经意者,举手一挥,似请其还坐,随即放言高论,口讲指画。两从人为其御珠松扣,逐件解脱。似从里面换一夹衣,又从容逐件穿上。公一面更衣,一面数说,而三洋人仰注视,如聆训示。喧主夺宾,顿时两方声势大变。《庚子西狩丛谈》本刘焜记吴永口述故事。这一则却是刘焜记他本人事。当时他到总署访友,亲眼见到这一场面。接着,他说:"再观列坐诸公,则皆开颜喜笑,重负都释。予亦不觉为之大快,如酷暑内热,突投一服清凉散,胸间郁火,立刻消降。吾友因为言:'中堂一到即更衣,我已见过两次,或是外交一种作用,亦未可知。'同人皆大笑之,谓如此则公真吃饭穿衣,浑身皆经济矣。语虽近谑,而推想亦不无理致。"清季外交不务实际,多舍本逐末,在许多琐细事如礼节、称谓等问题上纠缠不休,甚至闹出笑话。据某笔记载,在民国初年,杭人黄保如司马,办理天津洋务局事务。一日,美领事招饮,仅请黄一人,领事夫人同坐。席将散,领事有公事先辞出,夫人留黄坐,黄虑遭物议,强辞而去。结果弄得不欢而散。曾纪泽(劼刚),于光绪初奉命使法[6]。他携夫人出国前,先郑重致书法国使馆,谓有"极重要之事,须与台端商量"。信中说:"鄙人此次挈携妻子同行,拟请中下将鄙人之意,婉达于贵国仪礼大员之前,中国公使眷属,只可与西国女宾来往,不必与男客通拜,尤不肯与男宾通宴,即偶有公使至好朋友,可使妻子出见者,亦不过遥立一揖,不肯行握手之礼。"这是光绪初年的事。劼刚还是个开通而了解西方的外交官。他在信中这样郑重其事地提出礼节问题,而其中所规定的礼数又是这样详细琐碎,这在外交史上可说是特殊国情。

——选自《清园夜读》,上海古籍出版社1993年版

【注释】

[1] 李鸿章(1823～1901)：字少荃，安徽合肥人。清末大臣，洋务派首脑。1870年任直隶总督兼北洋通商事务大臣，掌管清朝外交、军事、经济大权。曾开办近代工业，创立北洋水师学堂，组建北洋海军。

[2] 伍廷芳(1842～1922)：广东新会人。清末民初杰出的外交家、法学家。洋务运动开始后，1882年进入李鸿章幕府出任法律顾问，参与中法谈判、马关谈判等。

[3] 伊藤博文(1841～1909)：日本四任内阁总理。中日甲午战争的主要策划者，战后任和谈全权代表，胁迫清政府签订《马关条约》。

[4] 李岳瑞：字孟符，陕西咸阳人。光绪进士。著有《春冰室野乘》三卷等。

[5] 恭忠亲王：爱新觉罗·奕訢(1833～1898年)。道光帝第六子。

[6] 曾纪泽(1839～1890)：字劼刚，湖南湘乡人。清代名臣曾国藩长子。曾于光绪四年(1878年)出任驻英、法大臣。

【评析提示】

本文是一篇掌故笔记。所谓"掌故"，是指有关国事朝政、典章制度、历史人物等的故事或传说，以补正史之未备。王元化在阅读清末民初掌故书的过程中，分析李鸿章与洋人交往中的一些轶事，遂加以摘抄，写成此文。

李鸿章作为朝廷重臣，是清末主持外交的重要人物，其政治上的历史功过，历来众说不一。作者通过梳理前人关于李鸿章在外交中轻侮洋人及以特殊手段压倒洋人的传说、记载，并予以评议，揭示了清朝弱国之势中的不务实际、舍本逐末的"务虚"外交的实质。

本文在引述与评议上极具独到之处。文中所引用的是近代两部著名的掌故书，先引梁启超之语，再连引数例为证，引述中直接加以评议，所言犀利，一语中的。

本文所引掌故材料均为文言，作者的评语为浅近的文言语风，言简意赅，叙议精当。

【思考与练习】

1. 本文对李鸿章办外交行径的评议，反映了当时怎样的社会心理？
2. 作为一篇掌故文，本文创作上有何特色？

【拓展阅读】

王元化先生二三事

姚芳藻

王元化先生是上世纪四十年代《联合晚报》文艺副刊"夕拾"的主编。他曾笑着自嘲说："我算什么记者，我不过是编编报屁股罢了！"

他既是我《联合晚报》的同事，又是我在中国大百科全书出版社时的领导。朋友们有的唤他"老王"，有的叫他"元化同志"，还有喊他"王部长"的，而我一直称他"王先生"。这更因为1943年时，他还是我储能中学的老师。那时，他叫王少华，是学校里最年轻的教师，只二十来岁吧，比我们大不了多少。有一天，听说他的女朋友要到学校来看他，我们就偷偷地等在那儿张望，果然看到了张可。我们觉得她真美，没有哪个电影女明星比得上她。

王先生教我们《文学概论》，他不但教理论，而且对当时一些名作家和文学名著，如对张爱玲作品和美国小说《飘》等，都加以评析，大大提高了我们的欣赏水平。他讲一口好听的北京话，而我们这个学校原本是宁波效实中学上海分校，学生都是宁波人，讲一口硬梆梆的宁波话，我们很想学北京话，他就在黑板上写了"二十四头石狮子"几个字，教我们读，我们读来读去也读不准，课堂上一片吱吱声，引得大家大笑不止。

他还为我们导演过罗曼·罗兰的话剧《爱与死的决斗》，对了几次台词后，他忽然无影无踪，不要说是导演，连学校也不来了。这是怎么回事呢？后来才知道，原来储能中学是地下党办的，教师中有许多都是地下党员，日本宪兵队注意到了这所学校，有的教师已经被逮捕了，王先生只能立即离校。

我自以为对他比较熟悉的，孰知谈起他从事新闻工作的这一段生活，他却说，他当年是被迫进《联合晚报》的。我对此竟一无所知。

王先生以前从来没同我们谈起过那一段不太愉快的往事。原来抗战胜利后，他在上海地下文委宣传组负责文艺工作时，因为在杂志上用函雨这个笔名发表了一篇题目叫《舅爷爷》的短篇小说，就遭到老文委书记的指责："为什么写童年时代的东西？为什么不为政治服务？"他与胡风的联系更被上纲上线为"政治问题"。个别谈话不够，还发动党员群众整他。可是《舅爷爷》把一个质朴的老人和天真的孩子之间的感情写得细致入微，是一篇优秀小说，文章一发表，就受到几位作家的注意，魏金枝撰文介绍，以群在《文哨》上加以推荐，师陀主持的苏联电台文艺节目中也全文播送了。一直到八十年代，冯亦代还在文章里对《舅爷爷》推崇备至。其实，这些作家当时他都认识的，但他们从来也不知道函雨原来就是王元化。至于与胡风联系问题，更是没来由的罪名。年少气盛的王先生当然大不以为然，他据理力争，而结果是靠边站。既然在文艺圈落荒，不如去新闻界栖身，他是不得已才提出进《联合晚报》工作的。"这是我的一段不光彩的历史。"他讲得很风趣。一开始我以为这只不过是一句反话，但细细玩味，觉得其中奥妙无穷，因为显然讲自己光彩，就意味着别人不光彩，而王先生是决不愿意去触他那位老上级的心境的。幸亏事隔几十年，这位德高望重的老上级，连当年曾经领导过王先生这么一个事实也淡忘了。"年迈了，很容易忘记。"王先生体谅地说，"所以，我现在也不写回忆录。"

就这样，他接替姚溱，担任了"夕拾"的主编。初进报界，对编辑程序可说是一窍不通，姚溱不仅坐在他的身边，帮着他编了一个星期，而且在知道他经济困难后，把整个月的工资全都给了他。谈起姚溱这位新来的文委书记对他的帮助，他充满了感激之情。当时的报纸，副刊版面天天有，编辑是唱独脚戏。缺稿是常有的事。一个时期里，姚溱天天问他版面情况，缺多少，姚溱就补多少，王先生说他真佩服姚溱有这样的本领。

其实，他后来也有了这套本领了。我记得在《联合晚报》不大的编辑室里，总编辑、总主笔、各版编辑、采访主任、资料员、校对、会计……近二十来人济济一堂。长途电话叫喊声、记者说话声、报纸撕裂声、算盘滴嗒声……乱哄哄好不热闹。而王先生总是弓着背坐在那里，默默地写着什么,"夕拾"上一篇篇锋利的杂文,就是这样写出来的。

"确实,我后来也能缺多少补多少了。"他说,"《丑》就是我听记者在讲美国兵杀害三轮车夫臧大咬子案件中,检察官怎样威胁证人的事而马上写出来的,新闻工作使我能够了解时代,可以直接对现实发言,很有意思。我很喜欢新闻工作。"

当时,我们都不知道《丑》出于谁的手笔。因为他竟敢在太岁头上动土,痛斥奴颜婢膝的检察官是"走狗的走狗",实在精彩。读时没有一个不拍手称快的,大家都说这是一篇难得的好文章,纷纷猜测作者是谁,而王先生笑而不答。孰知过不了几天,王先生不见了,"夕拾"主编一下又变成了冯亦代。我正心中纳闷,又风闻《丑》惹下了祸事,这位检察官恼羞成怒,刺探到《丑》的作者不是别人,正是主编自己,决定对《联合晚报》提出起诉。这场风波后来靠摆两桌酒席请全体检察官,由三个舞女作陪,才算不了了之。而王先生却从此结束了报纸生涯。

王先生从事新闻工作是被迫的,研究《文心雕龙》当然更是被迫的了:被胡风问题牵连上了以后,他还有什么好日子过? 只能当一辈子的运动对象、批判靶子了。连批判十八十九世纪的西方文艺,也非要把他捆绑在一起不可。在这种情况下,他还能干什么? 洋的不行,今的更不行,他只好让自己沉到故纸堆里去。

他之选择《文心雕龙》,是因为对刘勰的这本名著,他既学过,也教过。我原以为他是在大学里学的,哪里知道,在大学里,他念的是经济系! 我颇有点吃惊,因为我知道他连出差的时候,也要把钱包丢给别人代管了事,他实在最不擅长经济之道。原来他在大学念书不过是挂名而已,而把主要精力放在党的地下工作上。

他并不喜欢经济,一直热衷于文学,上世纪三十年代末,就常常用方典、洛蚀文等笔名在报刊上发表文艺理论和短篇小说等,他当大学教授的父亲见他喜爱文学,便专门请了清华大学汪鸾翔先生在家里教他《文心雕龙》,这使他对《文心雕龙》发生了浓厚的兴趣,上世纪六十年代初,王先生在研究刘勰的创作论时,不仅贯穿了实事求是的科学态度,而且采取了中西文学比较的方法,大大地开拓了研究的视野,也为《文心雕龙》研究开辟了一个新的天地。

1962年,我在文艺刊物上看到他关于《文心雕龙》的论文,真是又惊又喜。在那极左思潮当道的日子里,一个被打入黑籍的作家,竟能以他自己的名字在刊物上发表文章,简直是一个奇迹。如果他的研究没有达到一个新的高度,是决不会被刊出的,而同样重要的是,如果没有一个赏识他的权威人物的支持,任何一个刊物的编辑也是不敢刊用的。果然,权威人物是有的,他就是周扬,是他认识到《〈文心雕龙〉创作论》的价值,就把其中两篇交下去发表了。这给了王先生极大的鼓励。

我以为他在《〈文心雕龙〉创作论》第二版跋里所写的"得到一些至今使我感念不已的默默支持",大约就是指周扬了,而他却又从抽屉里取出一封信来。那信写道:"大作数篇均诵,所论甚有新见,颇佩,拟推荐此数文发表在全国性的杂志上……我信此书出版,其价值决不在黄季思《〈文心雕龙〉札记》之下也。"信后署名是郭绍虞,时间是1962年6月。可见当时支持他的,不仅周扬一人,还有郭绍虞、夏衍、张光年等。而1962年,正是许多人见着他退避三舍的年代,这就是他对那些默默的支持,为什么始终感念不忘的原因了。

但《〈文心雕龙〉创作论》的书稿还是随着作家的命运而历尽坎坷。"文化大革命"中的被抄,稿件在仓库里沉睡十年,险些化为尘土。到了"四人帮"粉碎,应该可以重见天日了吧。可是当他重新加以整理,拿去在一家理论刊物上发表时,却又连遭批判,有些责难更是上纲上线,穿靴戴帽,以势压人。究其原因,不过是以政治划线的积习未除。当时他既然还没有得到平反,自然在学术上也得不到公正评价了。

"你们不是好朋友吗?"我很诧异,王先生提到的那些文艺理论家我都是认识的,而且在编纂大百科全书《中国文学卷》的过程中,我亲眼目睹了他和他们的亲密无间的合作。

"是的,那是以后的事,胡风问题平反了,而他们的观点也在变,这样,情况就完全不同了。"他平静地说。

真是一点也没想到,在他们这些好朋友之间,还曾有过那么一些不愉快的回忆。认识王先生65年,却有着那么多不知道的事。

——选自《文汇报》,姚芳藻,2008年版

五、叶圣陶先生二三事　张中行

【篇章导引】

张中行(1909~2006),原名张璇,字仲衡,著名散文家、语文学者、古典文学与佛学研究家,河北香河人。1935年毕业于北京大学中国语言文学系,曾在北京大学任教。1949年后任人民教育出版社编辑。20世纪80年代出版的多部散文集成为畅销书。作品有《负暄琐话》、《负暄续话》、《负暄三话》、《禅外说禅》、《文言和白话》、《作文杂谈》、《顺生论》、《佛教与中国文学》等。

叶圣陶先生二三事

张中行

叶圣陶先生于一九八八年二月十六日逝世。记得那是旧历丁卯年除夕,晚上得知这消息,外面正响着鞭炮,万想不到这繁碎而响亮的声音也把他送走了,心里立即罩上双层的悲哀。参加遗体告别仪式之后,总想写点什么,一则说说自己的心情,二则作为纪念。可是一拖延就三个月过去了。依理,或依礼,都应该尽早拿起笔来。写什么呢?这有困难。一是他业绩多,成就大,写不胜写;二是遗体告别仪式印了《叶圣陶同志生平》的文本,一生事业已经简明扼要地说了;三是著作等身,为人,以及文学、教育、语文等方面,足以沾溉后人的,都明摆着,用不着再费辞。但纪念文是还要写。为了不重复,打算沿着两条线选取题材:一是写与我有关的,二是写不见于或不明显见于高文典册的。

我第一次见到叶圣陶先生,是五十年代初,我编课本,他领导编课本。这之前,我当然知道他,那是上学时期,大量读新文学作品的时候。那时候他还没以字行,用叶绍钧的名字。我的印象,比如与鲁迅、郁达夫相比,鲁迅笔下多锋芒,郁达夫有才任情,叶先生只是平实规矩而已。

相识之后，交往渐多，感到过去的印象虽然不能说错，也失之太浅；至少是没有触及最重要的方面，品德。《左传》说不朽有三种，居第一位的是立德。在这方面，就我熟悉的一些前辈说，叶圣陶先生总当排在最前列。中国读书人的思想，汉魏以后不出三个大圈圈：儒、道、释。搀和的情况很复杂，如有的人是儒而兼道，或阳儒阴道；有的人儒而兼释，或半儒半释；有的人达则为儒，穷则修道；等等。叶圣陶先生则不搀和，而是单一的儒，思想是这样，行为也是这样。这有时使我想到《论语》上的话，一处是："躬行君子，则吾未之有得。"一处是："学而不厌，诲人不倦，何有于我哉！"两处都是孔老夫子认为虽心向往之而力有未能的，可是叶圣陶先生却偏偏做到了。因此，我常常跟别人说："叶老既是躬行君子，又能学而不厌，诲人不倦，所以确是人之师表。"

　　凡是同叶圣陶先生有些交往的，无不为他的待人厚而深受感动。前些年，一次听吕叔湘先生说，当年他在上海，有一天到叶先生屋里去，见叶先生伏案执笔改什么，走近一看，是描他的一篇文章的标点。这一次他受了教育，此后写文章，文字标点一定清清楚楚，不敢草率了事。我同叶圣陶先生文墨方面的交往，从共同修润课本的文字开始。其时他刚到北方来，跟家乡人说苏州话，跟其他地方人说南腔北调话。可是他写文章坚决用普通话。普通话他生疏，于是不耻下问，让我帮他修润。我出于对他的尊敬，想不直接动笔，只提一些商酌性的意见。他说："不必客气。这样反而费事，还是直接改上。不限于语言，有什么不妥都改。千万不要慎重，怕改得不妥。我觉得不妥再改回来。"我遵嘱，不客气，这样做了。可是他却不放弃客气，比如有一两处他认为可以不动的，就一定亲自来，谦虚而恳切地问我，同意不同意恢复。我当然表示同意，并且说："您看怎么样好就怎么样，千万不要再跟我商量。"他说："好，就这样。"可是下次还是照样来商量，好像应该做主的是我，不是他。

　　文字之外，日常交往，他同样是一以贯之，宽厚待人。例如一些可以算作末节的事，有事，或无事，到东四八条他家去看他，告辞，拦阻他远送，无论怎样说，他一定还是走过三道门，四道台阶，送到大门外才告别，他鞠躬，口说谢谢，看着来人上路才转身回去。晚年，记得有两次是已经不能起床，我同一些人去问候，告辞，他总是举手打拱，还是不断地说谢谢。

　　"文革"的大风暴来了，还见了一次给他贴的大字报，幸而这有如阵风阵雨，不到片刻就过去。但交往总是不便了，何况其时我更是自顾不暇。所以只能默祝老人能够如《尚书》所说："皇天无亲，惟德是辅。"一晃差不多十年过去，知道老人幸得安居，食住如旧，也就放了心。其时我是依据七十年代初的什么文件，干校结业，因为妻室是有两只手，仍在城里吃闲饭的人，所以没有返城居的权利，双肩扛着一口下了乡。大概是七十年代中期某年的春天吧，我以临时户口的身份在妻女家中小住，抽空去看他。他家里人说，很少出门，这一天有朋友来约，到天坛看月季去了。我要一张纸，留了几句话，其中说到乡居，说到来京，末尾写了住址，是西郊某大学的什么公寓。第二天就接到他的信。他说他非常悔恨，真不该到天坛去看花。他看我的地址是公寓，以为公寓必是旅店一类，想到我在京城工作这么多年，最后沦为住旅店，感到很悲伤。我看了信，也很悲伤，不是为自己的颠沛流离，是想到十年来的社会现象，像叶圣陶先生这样的人竟越来越少了。

　　叶圣陶先生待人厚，还有一次表现得更为突出，是在某一小型会上发言。大概是"讨论"批评和自我批评之类的大题目吧，他说，这，他只能做到一半，是自我批评；至于批评，别人的是非长短,他不是看不出来,可是当面指摘人的短处,他总是说不出来。这只能做到一半的作风,是对是错,自然是仁者见仁、智者见智的事。这里我只能说说自己的感觉,那是:至少是某些时候,或从某个角度看,德的力量会比力大,因为它可以使人自重,努力争取不愧于屋漏。

以上说待人厚,是叶圣陶先生为人的宽的一面。他还有严的一面,是律己,这包括正心修身和"己欲立而立人,己欲达而达人"。己,人,思想和行动,范围太广,我想损之又损,只说说我深知,而且应该受到高度重视的一个方面,"语文"方面。这仍嫌范围广,只好再缩小,限于写作应该用什么样的语言这个像是不成问题的问题。说是不成问题,因为:一、看历史,似乎早已解决。那还是民初高喊文学革命的时候,以前言文不一致,如言,说"我觉得对",文则要写"余然之",既增加了无谓的负担,又不容易懂,所以应该合二为一。起初有些人,如林琴南之流,不以为然,但这是大势所趋,众意所归,不久就统一了天下,理,认定怎样说就应该怎样写,行,用笔写白话。二、看现实,写,都不用文言,而用普通话。但这里还隐藏着不少问题。由文学革命时期起,就应该有所谓白话指什么(如有孔乙己的白话,鲁迅的白话,北京市民的白话,等等),能不能这样写,应该不应该这样写等问题。这且不管,文学革命之后,许多知名的和不很知名的作家,以及广大的能执笔而不成家的,总是这样做了。成果呢?我的看法,除了少数人、个别文体(如小说、戏剧里的对话)之外,都是只能"不即不离"。不即,是与街谈巷议的口语不尽同;不离,是无论如何,总可以算作雅化的、精炼化的、条理化的口语。这都是过去的事了。值得重视的大问题在现在,流行的文的大多数,从用语方面看,与过去相比,不即的成分显然增加了,从而不离的成分就相应的减少了。这表现为冗长,扭曲,修饰,晦涩,不像话。不像话,有影响,是不自然,不简明,不易懂。这样写,有的来于心有余而力不足,有的来于看什么,学什么;但更多的是来于认识(纵使是不很明确的),以为不这样就不成其为文,甚至不足以称为文。有认识为依据,不即而离的文就会发荣滋长,终于成为文风问题。叶圣陶先生坚决反对这种文风,他提出正面的主张,要"写话"。写话,粗略说是嘴里怎么说,笔下就怎么写;加细一些说是,所写,从用语方面看,要是简明而有条理的口头话。

我们在一起的时候,常常谈到写文章,他不止一次地说:"写成文章,在这间房里念,要让那间房里的人听着,是说话,不是念稿,才算及了格。"他这个意见,不同的人会有不同的反应。譬如近些年来,有不少人是宣扬朦胧的,还有更多的人是顺势朦胧的,对于以简明如话为佳文的主张,就必致付之一笑。这里为题目所限,不能牵涉过多,甚至挑起论辩。专说我的看法,写话,虽然其中有些细节还需要进一步说明,但大体上说,或当作行文用语的一个高标准看,总是既正确又对症。说正确,因为这是坚持文学革命以来求言文一致的老传统。说对症,因为时下的脱离口语甚至有意远离口语的文风正在制造"新文言"。称为文言,是因为只见于书面,嘴里并不这样说。新文言,就其难于为绝大多数人轻易了解说,会比旧文言更糟,因为旧文言简短,新文言冗长,旧文言直说,新文言要多绕弯子。不简短,不直说,再加上结果的难于了解,就成为症。去症要有对症药,那就是写话。写话的主张会碰到两种性质的难易问题。一种是执笔之前,刚才说过的,认为这样就不成其为文,下里巴人,不屑于。认识,属于一念之差,可是变却大不易,要慢慢学,多多比较,细心体会,求速成办不到。另一种是执笔之后,我的经验,就说是下里巴人吧,写得简明自然,让下里巴人听着像话,不是容易,而是很难。这也要靠慢慢学(多念像话的文),多多比较,细心体会;此外还要加上叶圣陶先生提到的办法,写完,可以自己试念试听,看像话不像话,不像话,坚决改。叶圣陶先生就是这样严格要求自己的,所以所作都是自己的写话风格,平易自然,鲜明简洁,细致恳切,念,顺口,听,悦耳,说像话还不够,就是话。

在文风方面,叶圣陶先生还特别重视"简洁"。简洁应该是写话之内的一项要求,这里提出来单独说说,是因为叶圣陶先生常常提到,有针对性。他是带着一些感慨说的:"你写成文章,给人家看,人家给你删去一两个字,意思没变,就证明你不行。"关于繁简,关于修改,鲁迅提到的是字句段。叶圣陶先生只说字,我的体会,一是偏重用语,二是意在强调,精神是可简就决不该繁。可是现实呢,常常是应简而偏偏要繁。繁简有时牵涉到内容方面,意思无价值,甚至更坏,当然以不写为是。内容还会引来其他性质的复杂问题,这里不管,只说用语。用语的可简而繁,近些年来大为流行,种类和花样都很多,几年前我在拙作《作文杂谈》的"累赘拖沓"一章里曾较详地谈到,这里不能多说。我的想法,值得重视的不是多用少用一两个字,而是应该少用而偏偏多用的这种热爱冗赘的心情,它扩张,无孔不入,就会成为风。举最微末的两个字为例。一个是"了",势力越来越大,占据的地盘越来越广,如"我见到老师","他坐在前排",简明自然,现在却几乎都要写"我见到了老师","他坐在了前排",成为既累赘又别扭。另一个是"太",如"吸烟不好","那个人我不认识",也是简明自然,现在却几乎都要写"吸烟不太好","那个人我不太认识",成为不只累赘,而且违理。像这样的废字,删去不只是意思没变,而且是变拖沓无理为简洁合理,可是竟然很少人肯删,也就无怪乎叶圣陶先生感慨系之了。

在我认识的一些前辈和同辈里,重视语文,努力求完美,并且以身作则,鞠躬尽瘁,叶圣陶先生应该说是第一位。上面说的是总的用语方面。零碎的,写作的各个方面,小至一个标点,以至抄稿的格式,他都同样认真,不做到完全妥贴决不放松。还记得五十年代早期,他发现课本用字,"做"和"作"分工不明,用哪一个,随写者的自由,于是出现这一处是"叫做",那一处是"叫作"的现象。这不是对错问题,是体例不统一的问题。叶圣陶先生认为这也不应该,必须定个标准,求全社出版物统一。商讨的结果,定为"行动"义用"做","充当"义用"作",只有一些历史悠久的,如作文、自作自受之类仍旧贯。决定之后,叶圣陶先生监督执行,于是"做"和"作"就有了明确的分工。

叶圣陶先生,人,往矣,我常常想到他的业绩。仍以《左传》的三不朽为标准,"立德"是"太上"的事,就理说应该受到尊重,没有问题。问题是行方面的如何效法。两个时代有距离,相通的可能究竟有多大呢?不过无论如何,悲观总是不可取的,要知难而不畏难,办法是长记于心,学。语文方面也是这样,——不,是困难比较多,因为理的方面也不是人人都首肯。不人人首肯,乐观的空话就不大有什么用。但希望,即使不是很大的,总不当因不乐观而放弃。这希望就是,凡是拿笔的人,尤其或有意或无意而写得不像话的人,都要常常想想叶圣陶先生的写话的主张,以及提出这种主张的深重的苦心。

——选自《谈文论语集》,内蒙古教育出版社,1994年版

【评析提示】

1988年2月16日,叶圣陶先生逝世,作者在叶先生逝世三个月后,写下了这篇怀念文

章。作者与叶圣陶先生同为著名语文学家和教育家,虽在语文观上有不同见解,但交往密切,谊在师友之间。这篇记人散文通过对叶圣陶先生言行的记述,赞美了其高尚品性。

　　本文是一篇友人去世后的纪念文章,作者虽对叶先生的过世内心有着深重的悲哀,但行文间保持了其一贯的深沉内敛的文风,于平实冲淡中潜藏着对友人深深的情意。全文以叙述为主,结合议论,通过一件件具体的典型事例的记述,以小见大,凸现了一位躬行君子、堪为师表的忠厚长者独具而可贵的精神风貌。文中重点写了叶圣陶"写话"和"简洁"两项语文主张,体现了作者对故友为文、为人相知之深厚,以对其学术成就的评析与践行印刻出了叶圣陶先生的文化内涵与精神品格。

　　张中行散文平实朴拙、散淡冲荡、语言朴素、行文流畅,具有独特的艺术品位。

【思考与练习】

1. 本文主旨是记人,为什么用很多篇幅记述叶圣陶先生语文方面的主张?
2. 本文的写作如何体现了叶圣陶倡导的"写话"、"简洁"的文学主张?
3. 你读过的记人散文还有哪些?试比较其创作风格。

【拓展阅读】

内蒙访古

翦伯赞

(原文略)

　　翦伯赞(1898~1968)湖南桃源人,维吾尔族。曾任北京大学副校长,中国著名历史学家、社会活动家。

　　《内蒙访古》一文是翦伯赞同历史学家范文澜、吕振羽一起访问内蒙古之后写的一篇散文。文章以寻访古迹的所见所闻为线索,把对自然环境、古迹、文物和历史人物的描写以及作者的评论融合在一起,记叙了我国内蒙历史上的民族关系,并阐明了自己的见解。

　　《内蒙访古》是一篇富于特色,独具风格的访古散文。文章从实地考察和历史研究的角度展开记叙,围绕着大青山上的古长城遗址和大青山下的汉代城堡这两个中心,对历史上游牧民族与汉族之间的矛盾斗争和文化交往作了科学的论述。全文洋溢着爱国主义精神,表达了无比珍视民族传统友谊的感情。

六、我有一个梦想　　[美]马丁·路德·金

【篇章导引】

　　马丁·路德·金是美国黑人民权运动领袖,浸礼会教堂牧师,非暴力主义者。金1929年1月15日出生于佐治亚洲亚特兰大市一黑人家庭,父亲和祖父都是浸礼会的传教士。早年就读于亚特兰大的莫尔豪斯学院社会学系,19岁毕业后加入浸礼教会。

他积极参加和领导美国黑人争取平等权利的斗争,一生三次被捕,三次被判刑。1957年帮助建立黑人牧师组织——南方基督教领袖大会,并任该会首任主席。1963年8月率领25万黑人向华盛顿林肯纪念堂"自由进军",1964年获诺贝尔和平奖。金极具演说才能,并著有《阔步走向自由》、《我们为何不能再等待》等著作。其思想对60年代美国黑人民权运动产生了重大影响。

1968年4月4日黄昏,在洛兰宾馆306房间阳台散心时遇刺身亡,终年39岁。美国政府确定从1986年起每年一月的第三个星期一(金的诞辰为1月15日)为全国纪念日。从1987年起金的诞辰亦为联合国的纪念日之一。

我有一个梦想

[美国]马丁·路德·金

一百年前,一位伟大的美国人签署了解放黑奴宣言,今天我们就是在他的雕像前集会。这一庄严宣言犹如灯塔的光芒,给千百万在那摧残生命的不义之火中受煎熬的黑奴带来了希望。它的到来犹如欢乐的黎明,结束了束缚黑人的漫漫长夜。

然而一百年后的今天,黑人还没有得到自由,一百年后的今天,在种族隔离的镣铐和种族歧视的枷锁下,黑人的生活备受压榨。一百年后的今天,黑人仍生活在物质充裕的海洋中一个贫困的孤岛上。一百年后的今天,黑人仍然萎缩在美国社会的角落里,并且意识到自己是故土家园中的流亡者。今天我们在这里集会,就是要把这种骇人听闻的情况公诸于众。

我并非没有注意到,参加今天集会的人中,有些受尽苦难和折磨,有些刚刚走出窄小的牢房,有些由于寻求自由,曾在居住地惨遭疯狂迫害的打击,并在警察暴行的旋风中摇摇欲坠。你们是人为痛苦的长期受难者。坚持下去吧,要坚决相信,忍受不应得的痛苦是一种赎罪。

让我们回到密西西比去,回到阿拉巴马去,回到南卡罗莱纳去,回到佐治亚去,回到路易斯安那去,回到我们北方城市中的贫民区和少数民族居住区去,要心中有数,这种状况是能够也必将改变的。我们不要陷入绝望而不能自拔。

朋友们,今天我对你们说,在此时此刻,我们虽然遭受种种困难和挫折,我仍然有一个梦想。这个梦是深深扎根于美国的梦想中的。

我梦想有一天,这个国家会站立起来,真正实现其信条的真谛:"我们认为这些真理是不言而喻的;人人生而平等。"

我梦想有一天,在佐治亚的红山上,昔日奴隶的儿子将能够和昔日奴隶主的儿子坐在一起,共叙兄弟情谊。

我梦想有一天,甚至连密西西比州这个正义匿迹,压迫成风,如同沙漠般的地方,也将变成自由和正义的绿洲。

我梦想有一天,我的四个孩子将在一个不是以他们的肤色,而是以他们的品格优劣来评判他们的国度里生活。

我今天有一个梦想。

我梦想有一天,阿拉巴马州能够有所转变,尽管该州州长现在仍然满口异议,反对联邦法令,但有着一日,那里的黑人男孩和女孩将能够与白人男孩和女孩情同骨肉,携手并进。

我今天有一个梦想。

我梦想有一天,幽谷上升,高山下降,坎坷曲折之路成坦途,圣光披露,满照人间。

这就是我们的希望。我怀着这种信念回到南方。有了这个信念,我们将能从绝望之岭劈出一块希望之石。有了这个信念,我们将能把这个国家刺耳的争吵声,改变成为一支洋溢手足之情的优美交响曲。有了这个信念,我们将能一起工作,一起祈祷,一起斗争,一起坐牢,一起维护自由;因为我们知道,终有一天,我们是会自由的。

在自由到来的那一天,上帝的所有儿女们将以新的含义高唱这支歌:"我的祖国,美丽的自由之乡,我为您歌唱。您是父辈逝去的地方,您是最初移民的骄傲,让自由之声响彻每个山冈。"

如果美国要成为一个伟大的国家,这个梦想必须实现。让自由之声从新罕布什尔州的巍峨峰巅响起来!让自由之声从纽约州的崇山峻岭响起来!让自由之声从宾夕法尼亚州阿勒格尼山的顶峰响起!让自由之声从科罗拉多州冰雪覆盖的落基山响起来!让自由之声从加利福尼亚州蜿蜒的群峰响起来!不仅如此,还要让自由之声从佐治亚州的石岭响起来!让自由之声从田纳西州的瞭望山响起来!让自由之声从密西西比州的每一座丘陵响起来!让自由之声从每一片山坡响起来。

当我们让自由之声响起来,让自由之声从每一个大小村庄、每一个州和每一个城市响起来时,我们将能够加速这一天的到来,那时,上帝的所有儿女,黑人和白人,犹太人和非犹太人,新教徒和天主教徒,都将手携手,合唱一首古老的黑人灵歌:"终于自由了!终于自由了!感谢全能的上帝,我们终于自由了!"

【评析提示】

这篇演讲词又称《向华盛顿进军演说词》,它是20世纪自由民主运动最重要的文献之一。从19世纪后期起,美国黑人的平等问题成为一个严重的社会问题,为了替全美黑人争取人权,1963年8月马丁·路德·金率领游行队伍向首都华盛顿进军,在林肯纪念堂前充满激情地向25万黑人发表了著名的演说——《我有一个梦想》,为消除种族歧视、实现民族平等发出了激越、磅礴的呼声。

马丁·路德·金在演讲词的开头,从赞颂伟人林肯入手,肯定了百年前签署的解放宣言带给黑人的希望之光,然而他明确指出,100多年来黑人依然没有获得真正的自由,种族歧视的幽灵仍然在美利坚合众国的土地上游荡,黑人的苦难仍然在继续,百年来积累的愤怒一触即发。面对情绪激越的人群,马丁·路德·金发出了他的呼告,向每一个美国白人、美国黑人宣告了他的梦想。他希望,不同种族,不同宗教信仰,不同出身的人们,能够享受到平等、真正的自由和公平。他用诗一样充满梦幻的语言,描述了一个自由平等的理想国度——让自由之声响起来,让自由之声从每一个大小村庄、每一个州和每一个城市响起,所有的人合唱出一个声音:"我们终于自由了!"在这里,马丁·路德·金以他一贯秉承的理性和基督教爱的精神,渲染了一种极为深邃的观念,爱国主义、民权诉求、宗教理念、理性精神、人类情怀,内蕴丰富而深刻。

马丁·路德·金的声音,是人类20世纪最伟大的声音之一,它将自由、平等、公平、博爱传向了世界的每一个角落,传达到每一个人的内心深处,"我有一个梦想"从此成为全世界人民共同的理想,也使得这篇演讲词成为传世经典。

作为一篇演讲词,本文精辟有力,充满意蕴,情感充沛,词句优美,设喻巧妙,大量排比、反复的运用,增强了演讲的感染力。

【思考与练习】

1. 这篇演讲词具有丰富而深刻的思想内涵,主要体现在哪些方面?
2. 诵读本文,分析其在修辞运用与语言表达上的特色。
3. 结合这篇演讲词,谈谈你对人类平等自由精神的理解。

【拓展阅读】

季羡林(1911年8月6日~2009年7月11日),字希逋,又字齐奘。中国著名文学家、语言学家、教育家、社会活动家、翻译家和散文家,精通12国语言。曾历任中国科学院哲学社会科学部委员、北京大学副校长、中国社科院南亚研究所所长。2009年7月11日北京时间8点50分,国学大师季羡林在北京301医院病逝,享年98岁。

《九十述怀》是一位九十岁的长者心迹的表白,从先生乐观豁达的文字中,能收获到很多人生的启示。

九十述怀

季羡林

杜甫诗:"人生七十古来稀。"对旧社会来说,这是完全正确的,因为它符合实际情况。但是,到了今天,老百姓却创造了三句顺口溜:"七十小弟弟,八十多来兮,九十不稀奇。"这也是完全正确的,因为它符合实际情况。

但是,对我来说,却另有一番纠葛。我行年90矣,是不是感到不稀奇呢?答案是:不是,又是。不是者,我没有感到不稀奇,而是感到稀奇,非常地稀奇。我曾在很多地方都说过,我在任何方面都是一个没有雄心壮志的人,我不会说大话,不敢说大话,在年龄方面也一样。我的第一本账只计划活40岁到50岁。因为我的父母都只活了四十多岁,遵照遗传的规律,遵照传统伦理道德,我不能也不应活得超过了父母。我又哪里知道,仿佛一转瞬间,我竟活过了从心所欲不逾矩之年,又进入了耄耋的境界,要向期颐进军了。这样一来,我能不感到稀奇吗?

但是,为什么又感到不稀奇呢?从目前的身体情况来看,除了眼睛和耳朵有点不算太大的问题和腿脚不太灵便外，自我感觉还是良好的，写一篇一两千字的文章，倚马可待。待人接物，应对进退，还是"难得糊涂"的。这一切都同十年前，或者更长的时间以前，没有什么两样。李太白诗："高堂明镜悲白发。"我不但发已全白（有人告诉我，又有黑发长出），而且秃了顶。这一切也都是事实，可惜我不是电影明星，一年照不了两次镜子，那一切我都视而不见。在潜意识中，自己还以为是"朝如青丝"哩。对我这样无知无识、麻木不仁的人，连上帝也没有办法。在这样的情况下，我怎么能会不感到不稀奇呢？

　　但是，我自己又觉得，我这种精神状态之所以能够产生，不是没有根据的。我国现行的退休制度，教授年龄是60岁到70岁。可是，就我个人而论，在学术研究上，我的冲刺起点是在80岁以后。开了几十年的会，经过了不知道多少次政治运动，做过不知道多少次自我检查，也不知道多少次对别人进行批判，最后又经历了十年浩劫，"对酒当歌，人生几何？"我自己的一生就是这样白白地消磨过去了。如果不是造化小儿对我垂青，制止了我实行自己年龄计划的话，在我80岁以前（这也算是高寿了）就"遽归道山"，我留给子孙后代的东西恐怕是不会多的。不多也不一定就是坏事。留下一些不痛不痒，灾祸梨枣的所谓著述，对任何人都没有好处。但是，对我自己来说，恐怕就要"另案处理"了。

　　在从80岁到90岁这十年内，在我冲刺开始以后，颇有一些值得纪念的甜蜜的回忆。在撰写我一生最长的一部长达80万字的著作《糖史》的过程中，颇有一些情节值得回忆，值得玩味。在长达两年的时间内，我每天跑一趟大图书馆，风雨无阻，寒暑无碍。燕园风光旖旎，四时景物不同。春天姹紫嫣红，夏天荷香盈塘，秋天红染霜叶，冬天六出蔽空，称之为人间仙境，也不为过。然而，在这两年中，我几乎天天都在这样瑰丽的风光中行走。可是我都视而不见，甚至不视不见。未名湖的涟漪，博雅塔的倒影，被外人视为奇观的胜景，也未能逃过我的漠然、懵然、无动于衷。我心中想到的只是大图书馆中的盈室满架的图书，鼻子里闻到的只有那里的书香。

　　《糖史》的写作完成以后，我又把阵地从大图书馆移到家中来，运筹于斗室之中，决战于几张桌子之上。我研究的对象变成了吐火罗文Ａ方言的《弥勒会见记剧本》。这也不是一颗容易咬的核桃，非用上全力不行。最大的困难在于缺乏资料，而且多是国外的资料。没有办法，只有时不时地向海外求援。现在虽然号称为信息时代，可是我要的消息多是刁钻古怪的东西，一时难以搜寻，我只有耐着性子恭候。舞笔弄墨的朋友，大概都能体会到，当一篇文章正在进行写作时，忽然断了电，你心中真如火烧油浇，然而却毫无办法，只盼喜从天降了，只能听天由命了。此时燕园旖旎的风光，对于我似有似无，心里想到的，切盼的只有海外的来信。如此又熬了一年多，《弥勒会见记剧本》英译本终于在德国出版了。

　　两部著作完了以后，我平生大愿算是告一段落。痛定思痛，蓦地想到了，自己已是望九之年了。这样的岁数，古今中外的读书人能达到的只有极少数。我自己竟能置身其中，岂不大可喜哉！

　　我想停下来休息片刻，以利再战。这时就想到，我还有一个家。在一般人心目中，家是停泊休息的最好的港湾。我的家怎样呢？直白地说，我的家就我一个孤家寡人，我就是家，我一个人吃饱了，全家不害饿。这样一来，我应该感觉很孤独了吧。然而并不。我的家庭

"成员"实际上并不止我一个"人"。我还有四只极为活泼可爱的，一转眼就偷吃东西的，从我家乡山东临清带来的白色波斯猫，眼睛一黄一蓝。它们一点礼节都没有，一点规矩都不懂，时不时地爬上我的脖子，为所欲为，大胆放肆。有一只还专在我的裤腿上撒尿。这一切我不但不介意，而且顾而乐之，让猫们的自由主义恶性发展。

我的家庭"成员"还不止这样多，我还养了两只山大小校友张衡送给我的乌龟。乌龟这玩意儿，现在名声不算太好，但在古代却是长寿的象征。有些人的名字中也使用"龟"字，唐代就有李龟年、陆龟蒙等等。龟们的智商大概低于猫们，它们绝不会从水中爬出来爬上我的肩头。但是，龟们也自有龟之乐，当我向它们喂食时，它们伸出了脖子，一口吞下一粒，它们显然是愉快的。可惜我遇不到惠施，他绝不会同我争辩，我何以知道龟之乐。

我的家庭"成员"还没有到此为止，我还饲养了五只大甲鱼。甲鱼，在一般老百姓嘴里叫"王八"，是一个十分不光彩的名称，人们讳言之。然而我却堂而皇之地养在大瓷缸内，一视同仁，毫无歧视之心。是不是我神经出了毛病？用不着请医生去检查，我神经十分正常。我认为，甲鱼同其他动物一样有生存的权利。称之为"王八"，是人类对它的诬蔑，是向它头上泼脏水。可惜甲鱼无知，不会向世界最高法庭上去状告人类，还要求赔偿名誉费若干美元，而且要登报声明。我个人觉得，人类在新世纪，新千年中最重要的任务是处理好与大自然的关系。恩格斯已经警告过我们："不能过分陶醉于我们对自然界的胜利，对于每一次这样的胜利，自然界都报复了我们。"一百多年来的历史事实，日益证明了恩格斯警告之正确与准确。在新世纪中，人类首先必须改恶向善，改掉乱吃其他动物的恶习。人类必须遵守宋代大儒张载的话："民吾同胞，物吾与也。"把甲鱼也看成是自己的伙伴，把大自然看成是自己的朋友，而不是征服的对象。这样一来，人类庶几能有美妙光辉的前途。至于对我自己，也许有人认为我是《世说新语》中的人物，放诞不经。如果真是的话，那就，那就——由它去吧。

再继续谈我的家和我自己。

我在十年浩劫中，自己跳出来反对那位倒行逆施的"老佛爷"，被打倒在地，被戴上了无数顶莫须有的帽子，天天被打、被骂。最初也只觉得滑稽可笑。但"谎言说上一千遍，就变成了真理"，最后连我自己都怀疑起来了："此身合是坏人未？泪眼迷离问苍天。"其实我并没有那么坏；但在许多人眼中，我已经成了一个"不可接触者"。

然而，世事多变，人间正道。不知道是怎么一来，我竟转身一变成了一个"极可接触者"。我常以知了自比。知了的幼虫最初藏在地下，黄昏时爬上树干，天一明就蜕掉了旧壳，长出了翅膀，长鸣高枝，成了极富诗意的虫类，引得诗人"倚杖柴门外，临风听暮蝉"了。我现在就是一只长鸣高枝的蝉，名声四被，头上的桂冠比"文革"中头上戴的高帽子还要高出多多，有时候我自己都觉得脸红。其实我自己深知，我并没有那么好。然而，我这样发自肺腑的话，别人是不会相信的。这样一来，我虽孤家寡人，其实家里每天都是热闹非凡。有一位多年的老同事，天天到我家里来"打工"，处理我的杂务，照顾我的生活，最重要的事情是给我读报、读信，因为我眼睛不好。还有就是同不断打电话来或者亲自登门来的自称是我的"崇拜者"的人们打交道。学校领导因为觉得我年纪已大，不能再招待那么多的来访者，在我门上贴出了通告，想制约一下来访者的袭来，但用处不大，许多客人都视而不见，照样敲门不误。

有少数人竟在门外荷塘边上等上几个钟头。除了来访者打电话者外,还有扛着沉重的摄像机而来的电视台的导演和记者,以及每天都收到的数量颇大的信件和刊物。有一些年轻的大中学生,把我看成了有求必应的土地爷,或者能预言先知的季铁嘴,向我请求这请求那,向我倾诉对自己父母都不肯透露的心中的苦闷。这些都要我那位"打工"的老同事来处理,我那位打工者此时就成了拦驾大使。想尽花样,费尽唇舌,说服那些想来采访,想来拍电视的好心和热心又诚心的朋友们,请他们稍安勿躁。这是极为繁重而困难的工作,我能深切体会。其忙碌困难的情况,我是能理解的。

最让我高兴的是,我结交了不少新朋友。他们都是著名的书法家、画家、诗人、作家、教授。我们彼此之间,除了真挚的感情和友谊之外,绝无所求于对方。我是相信缘分的,"有缘千里来相会,无缘对面不相识",缘分是说不明道不白的东西,但又确实存在。我相信,我同朋友之间就是有缘分的。我们一见如故,无话不谈。没见面时,总惦记着见面的时间,既见面则如鱼得水,心旷神怡;分手后又是朝思暮想,忆念难忘。对我来说,他们不是亲属,胜似亲属。有人说:"人生得一知己足矣。"我得到的却不只是一个知己,而是一群知己。有人说我活得非常滋润。此情此景,岂是"滋润"二字可以了得!

我是一个呆板保守的人,秉性固执。几十年养成的习惯,我绝不改变。一身卡其布的中山装,国内外不变,季节变化不变,别人认为是老顽固,我则自称是"博物馆的人物",以示"抵抗",后发制人。生活习惯也绝不改变。四五十年来养成了早起的习惯,每天早晨4点半起床,前后差不了5分钟。古人说"黎明即起",对我来说,这话夏天是适合的,冬天则是在黎明之前几个小时,我就起来了。我5点吃早点,可以说是先天下之早点而早点。吃完立即工作。我的工作主要是爬格子。几十年来,我已经爬出了上千万的字。这些东西都值得爬吗?我认为是值得的。我爬出的东西不见得都是精金粹玉,都是甘露醍醐,吃了能让人升天成仙,但是其中绝没有毒药,绝没有假冒伪劣,读了以后至少能让人获得点享受,能让人爱国、爱乡、爱人类、爱自然、爱儿童、爱一切美好的东西。总之一句话,能让人在精神境界中有所收益。我常常自己警告说:人吃饭是为了活着,但活着绝不是为了吃饭。人的一生是短暂的,绝不能白白把生命浪费掉。如果我有一天工作没有什么收获,晚上躺在床上就疚愧难安,认为是慢性自杀。爬格子有没有名利思想呢?坦白地说,过去是有的。可是到了今天,名利对我都没有什么用处了,我之所以仍然爬,是出于惯性,其他冠冕堂皇的话,我说不出。"爬格不知老已至,名利于我如浮云",或可能道出我现在的心情。你想到过死没有呢?我仿佛听到有人在问。好,这话正问到节骨眼上。是的,我想到过死,过去也曾想到死,现在想得更多而已。在十年浩劫中,在1967年,一个千钧一发般的小插曲使我避免了走上"自绝于人民"的道路。从那以后,我认为,我已经死过一次,多活一天,都是赚的,到现在已经三十多年了,我真赚了个满堂满贯,真成为一个特殊的大富翁了。但人总是要死的,在这方面,谁也没有特权,没有豁免权。虽然常言道:"黄泉路上无老少",但是,老年人毕竟有优先权。燕园是一个出老寿星的宝地。我虽年届九旬,但按照年龄顺序排队,我仍落在十几名之后。我曾私自发下宏愿大誓:在向八宝山的攀登中,我一定按照年龄顺序鱼贯而登,绝不抢班夺权,硬去加塞。至于事实究竟如何,那就请听下回分解了。

既然已经死过一次,多少年来,我总以为自己已经参悟了人生。我常拿陶渊明的四句诗当作座右铭:"纵浪大化中,不喜亦不惧。应尽便须尽,无复独多虑。"现在才逐渐发现,我自己并没能完全做到。常常想到死,就是一个证明,我有时幻想,自己为什么不能像朋友送给我摆在桌上的奇石那样,自己没有生命,但也绝不会有死呢?我有时候也幻想:能不能让造物主勒住时间前进的步伐,让太阳和月亮永远明亮,地球上一切生物都停住不动,不老呢?哪怕是停上十年八年呢?大家千万不要误会,认为我怕死怕得要命。绝不是那样。我早就认识到,永远变动,永不停息,是宇宙根本规律,要求不变是荒唐的。万物方生方死,是至理名言。江文通《恨赋》中说:"自古皆有死,莫不饮恨而吞声。"那是没有见地的庸人之举,我虽庸陋,水平还不会那样低。即使我做不到热烈欢迎大限之来临,我也绝不会饮恨吞声。

但是,人类是心中充满了矛盾的动物,其他动物没有思想,也就不会有这样多的矛盾。我忝列人类的一分子,心里面的矛盾总是免不了的。我现在是一方面眷恋人生,一方面却又觉得,自己活得实在太辛苦了,我想休息一下了。我向往庄子的话:"大块载我以形,劳我以生。"大家千万不要误会,以为我就要自杀。自杀那玩意儿我绝不会再干了。在别人眼中,我现在活得真是非常非常惬意了。不虞之誉,纷至沓来;求全之毁,几乎绝迹。我所到之处,见到的只有笑脸,感到的只有温暖。时时如坐春风,处处如沐春雨,人生至此,实在是真应该满足了。然而,实际情况却并不完全是这样惬意。古人说:"不如意事常八九。"这话对我现在来说也是适用的。我时不时地总会碰到一些令人不愉快的事情,让自己的心情半天难以平静。即使在春风得意中,我也有自己的苦恼。我明明是一头瘦骨嶙峋的老牛,却有时被认成是日产鲜奶千磅的硕大的肥牛。已经挤出了奶水50磅,还求索不止,认为我打了埋伏。其中情味,实难以为外人道也。这逼得我不能不想到休息。

我现在不时想到,自己活得太长了,快到一个世纪了。90年前,山东临清县一个既穷又小的官庄出生了一个野小子,竟走出了官庄,走出了临清,走到了济南,走到了北京,走到了德国;后来又走遍了几个大洲,几十个国家。如果把我的足迹画成一条长线的话,这条长线能绕地球几周。我看过埃及的金字塔,看到两河流域的古文化遗址,看过印度的泰姬陵,看到非洲的撒哈拉大沙漠,以及国内外的许多名山大川。我曾住过总统府之类的豪华宾馆,会见过许多总统、总理一级的人物,在流俗人的眼中,真可谓极风光之能事了。然而,我走过的漫长的道路并不总是铺着玫瑰花的,有时也荆棘丛生。我经过山重水复,也经过柳暗花明;走过阳关大道,也走过独木小桥。我曾到阎王爷那里去报到,没有被接纳。终于曲曲折折,颠颠簸簸,坎坎坷坷,磕磕碰碰,走到了今天。现在就坐在燕园朗润园中一个玻璃窗下,写着《九十述怀》。窗外已是寒冬。荷塘里在夏天接天映日的荷花,只剩下干枯的残叶在寒风中摇曳。玉兰花也只留下光秃秃的枝干在那里苦撑。但是,我知道,我仿佛看到荷花蜷曲在冰下淤泥里做着春天的梦;玉兰花则在枝头梦着"春意闹"。它们都在活着,只是暂时地休息,养精蓄锐,好在明年新世纪,新千年中开出更多更艳丽的花朵。

我自己当然也在活着。可是我活得太久了,活得太累了。歌德暮年在一首著名的小诗中想到休息,我也真想休息一下了。但是,这是绝对不可能的。我就像鲁迅笔下的那一位"过客"那样,我的任务就是向前走,向前走。前方是什么地方呢?老翁看到的是坟墓,小女孩看到的是野百合花。我写《八十述怀》时,看到的是野百合花多于坟墓,今天则倒了一个个儿,坟墓多而野百合花少了。不管怎样,反正我是非走上前去不行的,不管是坟墓,还是野百合花,都不能阻挡我的步伐。冯友兰先生的"何止于米",我已经越过了米的阶段。下一步就是"相期以茶"了。我觉得,我目前的选择只有眼前这一条路,这一条路并不遥远。等到我10年后再写《百岁述怀》的时候,那就离茶不远了。

2000年12月20日

——选自《季羡林散文全编》第四辑(修订版),邓九平编,中国广播电视出版社2007年版

关于生死、关于名利、关于生活……这些触及灵魂的话题,读此文就像这位长者正襟坐于对面,缓缓地与你道来他内心的想法,轻快、愉悦,透着对生活的感悟,对生命的热爱。

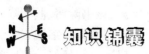

常用语文工具书简介

学好语文,需要学会并经常运用有关的工具书。工具书具有省时省力的功效。现从实际应用出发,把语文工具书有重点地分类介绍如下。

一、查文字

学习语文,首先是识字,要正确掌握一个字的形体、读音或意义,必须养成勤查字典的好习惯。

(1)常用字的查找,一般查《新华字典》即可。此书字头按汉语拼音字母次序排列,繁体异体附列于后;声韵相同的同音字依四声顺序编排。一个字因意义不同而有几个读音或几个声调的,即分列几个字头,用拼音注明其异读。词义分析细密,分条注解,释义简明,眉目清楚。除单字之外,还举出有关的常用词。此书以北京音系为标准读音,是一部字词兼收、具有普及性质的小字典。此外,《同音字典》、《汉语常用字典》等,也具有同样功能。词典一类工具书,由于体例亦是先释单字音义,查单字也可使用。

(2)冷僻字和古文字,包括通假字和异体字等,一般可查《康熙字典》。此书共收四万七千余字,每字下先音后义,注音和释义比较详备,又多引证古书,是近代阅读古籍者的常用工具书。此书缺点:音切和义项罗列甚多而不分主次,让人无所适从;征引书篇,错误很多;释义有时过于简略且又忽视一般通俗字义。王引之的《康熙字典考证》,日本人渡部温的《康熙字典考异正误》都指出其错误,使用时可供参考。

民国初年,中华书局在《康熙字典》的基础上编纂出版了《中华大字典》,此书较前者多收一千余字,大都是近代方言俗语和当时科学上的新字,是我国字典中收字最多的一种。该书分条释义,先本义后引申、假借义,引证简明,条理清楚。注音用反切,以《集韵》为主,且兼用直音,不像《康熙字典》兼收各种韵书,令人难以抉择。此书也有不少缺点,如引文随意删节,注释自相矛盾,沿用错误旧说,解释不够详尽等等,但在目前其他大字典尚未出版或未出

全以前,仍不失为一部研读文史古籍的重要工具书。

以上两书详于汉字的音义,如果要了解汉字形体、探讨字源以及古典作品中许多假借字的产生原因,那就需要借助东汉许慎编的《说文解字》一书了。此书每个字都是先解说字的原始意义,然后讲字体结构,有些字还说明读音。它将汉字进行了系统的分类,开创了部首制;确立了汉字六书的体系和理论;还保存了大量的古音古训,为汉语词源学和古音学提供了重要的资料。它既是研究我国文字学承前启后的基本文献,也是阅读古书必不可少的工具。此书注本很多,其中段玉裁、桂馥、王筠、朱骏声四家最重要。近人丁福保的《说文解字诂林》,集《说文》学之大成,皆可供参考。此外,还有近人编的《甲骨文编》、《金文编》、《草字编》、《四体大字典》、《宋元以来俗字谱》、《增订碑别字》、台版《中国形、音、义综合大字典》,以及专讲古籍文字音义的《经典释文》、《经籍篡诂》等,都是查找字形字义的重要工具书。

近几年,我国已陆续出版了由徐中舒主编的八卷本《汉语大字典》。该书除清理、剔除一部分讹字和异体字外,补充扩收,字数五万七千多,是一部以整理、汇编和解释汉字形、音、义为主要任务的大型语文工具书,不论在篇幅、内容和体制方面都大大超过以往任何一部同类工具书。

(3)读古典韵文,掌握其字韵十分重要。遇到这方面问题可查《佩文韵府》、《诗韵合璧》(新版)、《中原音韵》、《北京音系十三辙》、《诗韵新编》以及讲解诗词格律方面的书,如《诗词格律》、《词律》、《曲谱》等。

(4)辨正字汇,可查《容易写错的字》、《容易用错的字》、《词义辨正》等近人编写的小册子。

二、查词语

词语主要指由两个以上的字组成的词、词组或成语。

(1)常用词语,可查《现代汉语小词典》、《新华字典》、《汉语词典》、《现代汉语词典》等。《汉语词典》是在原《国语词典》的基础上加以删节重印改为今名的。它重点保留了北京话的词汇和一部分常被翻检的古词条,专供语文工作者教学研究之用。

中国社会科学院语言研究所编纂的《现代汉语词典》,是一部以记录北京话为主,为推广普通话、促进汉语规范化服务的中型现代汉语词典。除一般词语之外,也收了一些常见的方言词语、书面上通用的文言词语以及某些习见的专门术语等。释义以现代汉语为标准,不列古义。此书在现代汉语词典中是最好的一部,在国内外都有较大的影响。

此外,由罗竹风主编的《汉语大辞典》,共十三卷,收字约六万个,词语三十五万余条,是目前我国语文辞典中最大的也是最可靠的一部工具书。

(2)古代词语,可先查《辞源》的新编本。根据《辞源》、《辞海》和《现代汉语词典》的不同分工,新编《辞源》已将原有的自然科学和社会科学新名词全部删去,改为专收古代词语和文史知识以供研读古籍的古汉语辞书。释义注意溯源,注音用反切之外,又增添汉语拼音,原来的各种错误,尽量加以改正。是一部阅读古典文献的重要工具书。新编《辞海》,虽已修订成为综合性的词典,重点放在各科词汇上,但由于古汉语资料未动,还是查检古词语的重要工具书。手头如有旧编《辞源》、《辞海》,仍可对照使用,因新本还未能完全取代它。

如果进一步追溯文字的古义、语源和其引申演变的联系,还可参考汉代的《尔雅》和清人的《经籍纂诂》。前者是我国流传下来的最早讲词义的训诂字典,后者则汇集了唐以前古书中的训诂和注解,按平水诗韵109部编排,较之《尔雅》,材料丰富,寻检便捷。

　　此外,一般大型词典,如《辞通》、《联绵字典》、《中文大辞典》、《大汉和辞典》等,均收录大量古词语。

　　有关文言虚字方面的问题,可查《词诠》、《古书虚字集释》、《助字辨略》、《经传释词》、《经词衍释》、《广释词》等。吕叔湘的《文言虚字》杨伯峻的《古汉语虚词》两书,深入浅出,通俗易解,最宜初学;近几年出版的《古代汉语虚词通释》和《文言虚词通释》两种通释本,内容比较丰富,各有短长,参考时可相互补充,对照使用。

　　(3)成语、方言、俗语、谚语、外来语,可查《汉语成语词典》、《汉语成语汇释》、《中华成语大辞典》、《汉语方言词汇》、《通俗编》、《中华谚海》、《汉语谚语词典》、《外来语词典》等。

　　古今文学作品中的方言俗语,可查《诗词曲语辞汇释》、《唐宋词常用语例释》、《小说词语汇释》、《元剧俗语方言例释》、《金元戏曲方言考》、《宋元语言词典》、《戏曲词语汇释》、《敦煌变文字义通释》等。

　　(4)查各科词语,除使用综合性词典,如《大百科全书》新编《辞海》、《世界知识辞典》、《新知识辞典》之类外,还可充分利用专科性词典,如《哲学词典》、《政治经济学词典》、《法学词典》、《宗教词典》、《文艺辞典》、《美学词典》、《语言与语言学词典》、《中国古典文学大辞典》、《简明中外历史辞典》、《中国历史大辞典》、《经济大辞典》、《哲学大辞典》等。

　　此外,国外编的有关重要的权威的词典的中文版,如《不列颠简明百科辞典》、《苏联哲学词典》等,也可参考,这些词典的每一条目都附有外文原文。

三、查诗文字句的出处

　　查找诗文字句的出处主要靠索引和类书。

　　有专书索引的,可一索即得,如《毛诗引得》、《诗经索引》、《杜诗引得》、《尚书通检》、《十三经索引》一类。如无专书索引,可利用某些类书和综合引得,如《佩文韵府》、《骈字类编》以及日本人佐久节编的《汉诗大观索引》等。

　　其次,还可利用另一些广引诗文的类书,如《艺文类聚》、《古今图书集成》、《渊鉴类函》、《子史精华》、《太平御览》等。

　　此外,还可根据诗、句中的关键词语,充分利用各种综合性辞典和成语词典进行查寻,因为它们在举例时,往往引用古典诗文字句,且注明出处。较之查类书更方便。

　　近年来,国内编辑出版了若干《××名句赏析词典》之类,有的比较可靠,有的则多有错讹,使用这类词典须十分谨慎。

　　如果最终仍不能查到,那就只好根据约略估计的查找范围,去翻检原书了。

四、查篇目,也就是查寻"论文资料"

　　由于文化科学事业的发展,在书报中发表的论文愈来愈多,人们为了综合利用这些资料,就把论文篇目分类集中,编成各种各样的索引,以备查阅。就内容来分,有综合性的,有专科和专题性的。在编排上,有按篇名的,有按主题的,有按作者的。

综合性的,如《中国近代期刊篇目汇录》、《全国报刊索引》(原名为《全国主要报刊资料索引》)人大编的《复印报刊资料索引》、《人民日报索引》、《文汇报索引》、《国学论文索引》(共四编)等。专题或专科性的,如《52种文史资料篇目分类索引》、《中国语言学论文索引》、《中国古典文学研究论文索引》、《外国文学论文索引》、《鲁迅研究资料索引》、《中国史学论文索引》、《中国考古学文献目录》、《石刻题跋索引》、《世界史论文资料索引》、《图书馆学论文索引》等。

在古籍篇目目录索引方面,查文篇的,有《全上古三代秦汉三国六朝文篇名目录及作者索引》、《元人文集篇目分类索引》、《清代文集篇目分类索引》。查诗篇的,有《全汉三国晋南北朝诗作者引得》、《全唐诗文作者引得合编》等。查诗篇的引得,虽以人系诗,但通过诗的作者也可以查到篇目。

五、查书籍

查书籍,必须利用书目。我国书目,种类繁多,难以一一翻阅,可按需要有选择地查检。

(1)如果想了解我国图书流传变迁的经过,以及学术发展源流,可利用历代正史中的艺文志和经籍志以及各种官私书目。如《汉书艺文志》、《隋书经籍志》、《崇文堂书目》、《千顷堂书目》等。近年出版的《简明中国古籍词典》及中国台湾地区出版的《书目类编》亦可资参考。如要了解辛亥革命以来至建国前所出版的书籍,可查《民国总书目》。要了解建国以来所出版的各种古籍(包括原集、注本、译本和选本),可查北京版本图书馆所编的《古籍目录》及《八百种古典文学著作介绍》、《中国古典文学名著解题》等。要了解建国后出版的各种新书,可查《全国总书目》和《全国新书目》。前者按年度收录正式出版物,后者按月公布新出版的各种图书。

(2)如要查现存的古籍和丛书,可查《中国丛书综录》、《中国近代现代丛书目录》、《中国善本书目提要》和各大图书馆的古籍书目。

(3)如果想了解古籍编撰经过、内容得失、文字异同、版本源流、款式体例和作者生平,可查解题书目、知见书目、序跋题记以及善本书目一类的专书。如《四库全书总目》、《续修四库全书提要》、《四库简明目录标注》、《鄙亭知见传本书目》、《贩书偶书》(包括续编)、《士礼居题跋记》、《北京图书馆善本书目》等。

(4)查地方文献,可利用各地方志中的艺文志和经籍志。我国地方志繁多,提供这方面线索的工具书有李濂堂的《方志艺文志汇目》、《北京图书馆方志目录》的附注以及《中国地方志综录》、《中国地方志联合目录》等。近年来,各地新编了一些地方志,这些新编地方志大都也保存了地方文献的线索,可以参考。

(5)按学科查找书籍,对自学和科研更为直接。我们要了解一门学科有些什么书,除从综合性的分类目录查找外,更应重视专科性或专题性的书目。冯秉文编的《全国图书馆书目汇编》,以及各大图书馆编的参考工具书目,均可提供线索,从中查到所需要的专科或专题书目。

六、查年代

年代是靠历法记录下来的。世界历法种类很多,基本上可概括为阳历、阴历、阴阳历三大类型。我国长期使用的夏历(农历)就属于后一种。我们现在用的阳历是从1912年改用的,到新中国成立才正式采用。我国历史上曾用过多种纪年法,如王位纪年、帝王年号纪年、干支纪年、岁星纪年、十二生肖纪年、草禾纪年、大事纪年等。由于纪年法不同,用的称号也就不同。这给今天查考历史年月,带来许多困难。不过干支纪年法是我国历史上长期使用的一种,其他纪年法为期都很短或使用场合比较少。

查年代的工具书,历表有《中西回史日历》、《两千年中西历对照表》、《中国近代史历表》、《公元干支推算表》等;历史年表,有《中国历史纪年》、《中国历史纪年表》、《中国历史中西历对照年表》等;史事年表,有《中外历史年表》、《世界大事年表》等;专科年表,有《中国文学年表》、《清季重要职官年表》等。

在查寻有关年、月、日的别名别称时,除利用以上所举工具书和有关的《岁阳名表》、《十二岁名表》、《月季异称表》、《十二生肖与十二地支相配表》进行查找外,还可借助其他工具书解决。诸如新旧版《辞源》、《辞海》、《尔雅》、《康熙字典》、《月令粹编》、《月令广义》等,都收录这类词语。

七、查地名

地理资料,与文史研究的关系十分密切。我国幅员辽阔,历史悠久,由于历代兴废变革,行政区划时分时合,管辖范围时大时小,地名变化很大。同地异名的或同名异地的现象屡见不鲜,如不借助工具书,考查起来十分困难。

有关历代疆域沿革变化的资料,可查历代正史中的《地理志》以及记载版图疆域的专书和地图集。如《元和郡县志》《太平寰宇记》《元丰九域志》《明一统志》《读史方舆纪要》、《清一统志》、《历代舆地图》和各种《中国历史地图集》等。

有关古今地名沿革变迁的工具书,可查《历代地理志韵编今释》、《历代疆域表》、《历代地理沿革表》、《中国地名大辞典》、《中国古今地名大辞典》、《中外地名辞典》、《世界地名词典》、《西域地名》、《近六十年全国郡县增建志要》、《中华人民共和国行政区划简册》、《中国地名索引》、《水经注》等。一般说来,查古今地名的对照,应当尽可能选用最新出版的工具书。

此外,各地地方志也具有重要的参考价值,可根据《中国地方志综录》或《地方志联合目录》提供的线索,按图索骥,查检原书。

八、查人物

查人物主要是了解一个人的生平事迹、在历史上的地位、作用以及对他的评价等。这方面的问题,十分复杂,可从三个方面寻找线索。

1. 查人名

综合性的专书有《中国人名大辞典》、《中外人名辞典》、《世界人名大辞典》、《现代外国人名辞典》、《当代国际人物词典》;专科或专题性的,有《中国历代书画篆刻家字号索引》、《清代书画家字号引得》、《宋元明清书画家年表》、《中国美术家人名辞典》、《外国哲学社会科学人名录》、《近代现代外国哲学社会科学人名资料汇编》、《外国名作家传》、《日本的中国学家》、《近代来华外国人名词典》、《当代国际人物词典》等。在使用这些工具书时,要注意它们各自收录资料的性质、对象和时限。

关于姓氏源流方面，可参考清人张澍的《姓氏寻源》、《古今姓氏书辨正》和近年出版的《中国古今姓氏辞典》等。

查别名、室名、笔名，除利用综合性辞典外，还有专题性的，如《自号录》、《别号录》、《室名别号索引》、《古今人物别名索引》、《现代中国作家笔名录》、《戊戌政变前后报刊作者字号笔名录》、《辛亥革命时期主要报刊作者笔名录》等。

查帝王年号、庙号、谥号、史讳的工具书，有《历代帝王庙谥年讳谱》、《二十一史四谱》、《中国历史纪年表》、《历代国号帝王庙号年号笔划索引》、《中国历史年代简表》中的"年号通检"、《历代讳名考》、《历代讳字谱》、《史讳举例》等。

查历史人物生卒年和有关传记材料时，可查《历代人物年里碑传总表》、《历代名人生卒年表》、《疑年录汇编》、《释氏疑年录》等。

古人同姓名的很多，可从《古今同姓名录》、《历代同姓名录》、《古今同姓名大辞典》中，找出需要查寻的人。唐代人还有一种独特的习惯，喜欢在姓氏下面加"行第"来称呼别人。如张十二刘二十八之类，在唐诗中频频出现，这可从《唐人行第录》中检索其本名。

2. 查传记

对一个人物要作深入全面的研究，单靠人名辞典、人名目录一类的工具书还不能达到目的，这就需要进一步查考专门性的传记资料。

(1) 从史书列传中查录。这方面工具书有《二十五史人名索引》、《二十四史传目引得》、《两汉不列传人名韵编》、《三国志人名录》、《晋书人名索引》、《唐人传记索引》、《清代七百名人传》等。

(2) 从学科传记中查找。如《中国文学家辞典》、《中国文学家大辞典》、《中国文学家列传》、《中国学术家列传》、《列朝诗集小传》、《中国史学家评传》等。

(3) 方志传记。可查《宋元方志传记索引》以及某些志书的人名索引。没有索引的，可通过《中国地方志综录》查原书。

(4) 查年谱。有《中国历代年谱集目》、《历代名人年谱》、《近三百年人物年谱知见录》及《中国历代名人年谱综录》等。

此外，还有新中国成立前燕京大学编纂的《四十七种宋代传记综合引得》、《辽金元传记三十种综合引得》、《八十九种明代传记综合引得》、《三十三种清代传记综合引得》等。

3. 查近现代的中国人物

从清末至民初，有关查检人物的工具书极少。新中国成立前出版的，有《清代七百名人传》、《当代中国名人录》、《民国名人图鉴》及日本人编的《中国文化界人物总鉴》等。这些辞书虽可参考，但失之简略，且不易见到。近年来已经出版或正在编印的《清代人物传稿》、《戊戌变法人物传稿》、《辛亥武昌首义人物传》以及《中华民国史资料丛稿》中的《民国人物传》，民国史译稿中的《民国名人传记辞典》等，可补此空白。

查考当代人物，可利用《中国百科年鉴》中的"逝世人物"栏，以及近几年陆续出版的《中国现代文学家辞典》和《中国艺术家辞典》、《中国语文家辞典》、《中国戏曲曲艺家词典》、《中国科学家传略辞典》中的现代部分,以及《中国现代社会科学家传略》、《中国现代语言学家》、《中共党史人物传》(未出全)等。

最后有三点说明：

第一,上文列举的工具书是举要,如要详细了解,可参考天津人民出版社出版的《文史哲工具书简介》、上海人民出版社出版的《文史工具书的源流和使用》、商务版的《中文工具书使用法》诸书。

第二,本文涉到的工具书,查检方法概括起来不外按字形检字和按字音检字两大类型。前者有部首检字法、笔画检字法、笔顺检字法和四角号码检字法;后者有声部分类法、韵部分类法、注音字母检字法和汉语拼音字母检字法。近几年,又创造了"五码检字法"和"三角号码检字法"等新型的分类排检法。这些检索法在每种工具书的凡例上都已交代清楚,为了避免叙述上的重复,请检阅原书,这里不一一介绍。

第三,各类工具书之间的界限,并非截然分明,所谓何种书属何类是相对的,在实际使用时,应相互结合,灵活运用。

第六单元　怀古·怀人

白驹过隙，其人已去；黄鹤杳然，空遗其迹。

岁月轮转，朝代更迭，人生起伏，世事变幻，历史的记忆中，留下了多少文人志士感慨情怀，发幽古之思，怀故人之情，叹自身之意，感世事之变。

本单元所选之篇章，有千古绝叹之离别伤情，有念天地悠然之怆然，有家国兴替之感论，有悼亡故人之离殇，有纪念友人之相知，字句厚重，意蕴深沉，于怀古中长思，于怀人中嗟我。今人读来，不为怀古而伤今，不为怀人而伤怀，唯余文字中寻真意之所在。

一、别赋　江淹

【篇章导引】

江淹(444～505)，字文通，济阳考城(今河南兰考县)人。历仕宋、齐、梁三代，梁武帝时，官至金紫光禄大夫，封醴陵侯。做官经历宋、齐、梁三代。少年时以文章著名，晚年才思减退，人称"江郎才尽"。他的诗多为拟古之作，风格幽深奇丽。尤长于抒情小赋，以《别赋》、《恨赋》最为著名。今有《江文通集》传世。

赋，是中国文学产生颇早的一种文体，一直保持着半诗半文的性质。魏晋时期更发展成为形式骈俪整炼的"骈赋"。《别赋》即是一篇典型的骈赋。"多情自古伤离别"，专写生离别怨的名篇，当首推此赋。

别　赋

江　淹

黯然销魂者[1]，唯别而已矣！况秦吴兮绝国[2]，复燕宋兮千里[3]。或春苔兮始生，乍秋风兮蘩起[4]。是以行子肠断，百感凄恻。风萧萧而异响，云漫漫而奇色。舟凝滞于水滨，车逶迟于山侧[5]，棹容与而讵前[6]，马寒鸣而不息。掩金觞而谁御[7]，横玉柱而沾轼[8]。居人愁卧,怳若有亡[9]。日下壁而沉彩[10],月上轩而飞光;见红兰之受露,望青楸之离霜[11]。巡曾楹而空掩[12],抚锦幕而虚凉。知离梦之踯躅[13],意别魂之飞扬[14]。故别虽一绪,事乃万族[15]。

至若龙马银鞍[16],朱轩绣轴[17],帐饮东都[18],送客金谷[19]。琴羽张兮箫鼓陈[20],燕赵歌兮伤美人[21];珠与玉兮艳暮秋,罗与绮兮娇上春[22]。惊驷马之仰秣[23],耸渊鱼之赤鳞[24]。造分手而衔涕[25],感寂漠而伤神[26]。

乃有剑客惭恩[27],少年报士[28],韩国赵厕[29],吴宫燕市[30],割慈忍爱,离邦去里;沥泣共诀[31],抆血相视[32]。驱征马而不顾,见行尘之时起。方衔感于一剑[33],非买价于泉里[34]。金石震而色变[35],骨肉悲而心死[36]。

或乃边郡未和,负羽从军[37]。辽水无极[38],雁山参云[39]。闺中风暖,陌上草薰。日出天而耀景[40],露下地而腾文[41],镜朱尘之照烂[42],袭青气之烟煴[43]。攀桃李兮不忍别,送爱子兮沾罗裙[44]。

至如一赴绝国,讵相见期[45]。视乔木兮故里[46],决北梁兮永辞[47]。左右兮魂动,亲宾兮泪滋。可班荆兮赠恨[48],惟尊酒兮叙悲[49]。值秋雁兮飞日,当白露兮下时。怨复怨兮远山曲,去复去兮长河湄[50]。

又若君居淄右[51],妾家河阳[52]。同琼佩之晨照[53],共金炉之夕香[54],君结绶兮千里[55],惜瑶草之徒芳[56]。惭幽闺之琴瑟,晦高台之流黄[57]。春宫閟此青苔色[58],秋帐含兹明月光;夏簟清兮昼不暮[59],冬釭凝兮夜何长[60]!织锦曲兮泣已尽,迴文诗兮影独伤[61]。

傥有华阴上士[62],服食还山[63]。术既妙而犹学,道已寂而未传[64]。守丹灶而不顾[65],炼金鼎而方坚[66],驾鹤上汉,骖鸾腾天[67]。暂游万里,少别千年[68]。惟世间兮重别,谢主人兮依然[69]。

下有芍药之诗[70],佳人之歌[71]。桑中卫女[72],上宫陈娥。春草碧色,春水渌波[73],送君南浦[74],伤如之何!至乃秋露如珠,秋月如珪[75],明月白露,光阴往来,与子之别[76],思心徘徊。

是以别方不定,别理千名[77]。有别必怨,有怨必盈[78]。使人意夺神骇,心折骨惊[79]。虽渊[80]、云之墨妙,严[81]、乐之笔精;金闺之诸彦[82],兰台之群英[83];赋有凌云之称[84],辩有雕龙之声[85],谁能摹暂离之状,写永诀之情者乎?

——选自《江文通集汇注》,中华书局1982年版

【注释】

[1]黯然:心神沮丧,形容惨戚之状。销魂:即丧魂落魄。
[2]秦吴:古国名。秦国在今陕西一带,吴国在今江苏、浙江一带。绝国:相隔极远的邦国。
[3]燕宋:古国名。燕国在今河北一带,宋国在今河南一带。
[4]暂:同"暂"。
[5]逶迟:徘徊不行的样子。
[6]棹(zhào):船桨,这里指代船。容与:缓慢荡漾不前的样子。讵前:滞留不前。此处化用屈原《九章

·涉江》中"船容与而不进兮,淹回水而疑滞"的句意。

[7]掩:覆盖。觞(shāng):酒杯。御:进用。

[8]横:横持;阁置。玉柱:琴瑟上的系弦之木,这里指琴。沾:同"沾"。轼:车前的横木。

[9]恍(huǎng):丧神失意的样子。

[10]沈彩:日光西沉。沈:同"沉"。

[11]楸(qiū):落叶乔木。枝干端直,高达三十米,古人多植于道旁。离:即"罹",遭受。

[12]曾楹(yíng):高高的楼房。曾:同"层"。楹:屋前的柱子,此指房屋。揜(yǎn):同"掩"。锦幕:锦织的帐幕。二句写行子一去,居人徘徊旧屋的感受。

[13]踯躅(zhí zhú):徘徊不前的样子。

[14]意:同"臆",料想。飞扬:飞散而无着落。

[15]万族:不同的种类。

[16]龙马:据《周礼·夏官·廋人》载,马八尺以上称"龙马"。

[17]朱轩:贵者所乘之车。绣轴:绘有彩饰的车轴。此指车驾之华贵。

[18]帐饮:古人设帷帐于郊外以饯行。东都:指东都门,长安城门名。《汉书·疏广传》记载疏广告老还乡时"公卿大夫故人邑子设祖道供帐东都门,送者车数百辆,辞决而去。"

[19]金谷:晋代石崇在洛阳西北金谷所造金谷园。史载石崇拜太仆,出为征虏将军,送者倾都,曾帐饮于金谷园。

[20]羽:五音之一,声最细切,宜于表现悲戚之情。琴羽:指琴中弹奏出羽声。张:调弦。

[21]燕赵:《古诗》有"燕赵多佳人,美者颜如玉"句。后因以美人多出燕赵。

[22]上春:即初春。

[23]驷马:古时四匹马拉的车驾称驷,马称驷马。仰秣(mò):抬起头吃草。语出《淮南子·说山训》:"伯牙鼓琴,驷马仰秣。"原形容琴声美妙动听,此处反其意。

[24]耸:因惊动而跃起。鳞:指渊中之鱼。语出《韩诗外传》:"昔者瓠巴鼓瑟而潜鱼出听。"

[25]造:等到。衔涕:含泪。

[26]寂漠:即"寂寞"。

[27]惭恩:自惭于未报主人知遇之恩。

[28]报士:心怀报恩之念的侠士。

[29]韩国:指战国时侠士聂政为韩国严仲子报仇,刺杀韩相侠累一事。赵厕:指战国初期,豫让因自己的主人智氏为赵襄子所灭,乃变姓名为刑人,入宫涂厕,挟匕首欲刺死赵襄子一事。

[30]吴宫:指春秋时专诸置匕首于鱼腹,在宴席间为吴国公子光刺杀吴王一事。燕市:指荆轲与朋友高渐离等饮于燕国街市,因感燕太子恩遇,藏匕首于地图中,至秦献图刺秦王未成,被杀。高渐离为了替荆轲报仇,又一次入秦谋杀秦王事。

[31]沥泣:洒泪哭泣。

[32]抆(wěn):擦拭。抆血:指眼泪流尽后又继续流血。

[33]衔感:怀恩感遇。衔:怀。

[34]买价:指以生命换取金钱。泉里:黄泉。

[35]金石震:钟、磬等乐器齐鸣。原本出自《燕丹太子》:"荆轲与武阳入秦,秦王陛戟而见燕使,鼓钟并发,群臣皆呼万岁,武阳大恐,面如死灰色。"

[36]"骨肉"句:语出《史记·刺客列传》,聂政刺杀韩相侠累后,剖腹毁容自杀,以免牵连他人。韩国当

政者将他暴尸于市,悬赏千金。他的姐姐聂嫈说:"妾其奈何畏殁身之诛,终灭贤弟之名!"于是宣扬弟弟的义举,伏尸而哭,最后在尸身旁边自杀。骨肉:指死者亲人。

[37]负羽:挟带弓箭。

[38]辽水:辽河。在今辽宁省西部,流经营口入海。

[39]雁山:雁门山。在今山西原平县西北。

[40]耀景:闪射光芒。

[41]腾文:指露水在阳光下反射出绚烂的色彩。

[42]镜:照。朱尘:红色的尘霭。照烂:鲜明绚烂之色。

[43]袭:扑入。青气:春天草木上腾起的烟霭。烟煴(yīn yūn):同"氤氲"。云气笼罩弥漫的样子。

[44]爱子:爱人,指征夫。

[45]讵:岂有。

[46]乔木:高大的树木。王充《论衡·佚文》:"睹乔木,知旧都。"

[47]"决北"句:语出《楚辞·九怀》。

[48]班:铺设。荆:树枝条。据《左传·襄公二十六年》记载,楚国伍举与声子相善。伍举将奔晋国,在郑国郊外遇到声子,"班荆相与食,而言复故。"后来人们就以"班荆道故"来比喻亲旧惜别的悲痛。

[49]尊:同"樽",酒器。

[50]湄:水边。

[51]淄右:淄水西面。在今山东境内。

[52]河阳:黄河北岸。

[53]琼佩:琼玉之类的佩饰。

[54]共金炉之夕香:回忆昔日朝夕共处的爱情生活。

[55]绶:系官印的丝带。结绶:指出仕做官。

[56]瑶草:仙山中的芳草。这里比喻闺中少妇。徒芳:比喻虚度青春。

[57]晦:昏暗不明。流黄:黄色丝绢,这里指黄绢做成的帷幕。这一句指为免伤情,不敢卷起帷幕远望。

[58]春宫:指闺房。閟(bì):关闭。

[59]簟(diàn):竹席。

[60]釭(gāng):灯。以上四句写居人春、夏、秋、冬四季相思之苦。

[61]"织锦"二句:据武则天《璇玑图序》载:"前秦苻坚时,窦滔镇襄阳,携宠姬赵阳台之任,断妻苏惠音问。蕙因织锦为回文,五彩相宣,纵横八寸,题诗二百余首,计八百余言,纵横反复,皆成章句,名曰《璇玑图》以寄滔。"一说窦韬身处沙漠,妻子苏惠就织锦为回文诗寄赠给他(《晋书·列女传》)。以上写游宦别离和闺中思妇的恋念。

[62]傥(tǎng):同"倘"。华阴:即华山,在今陕西渭南县南。上士:道士;求仙的人。

[63]服食:道家以为服食丹药可以长生不老。还山:即成仙。一作"还仙"。

[64]寂:进入微妙之境。传:至,最高境界。

[65]丹灶:炼丹炉。不顾:指不顾问尘俗之事。

[66]炼金鼎:在金鼎里炼丹。

[67]骖(cān):三匹马驾车称"骖"。鸾:古代神话传说中凤凰一类的鸟。

[68]少别:小别。

[69] 谢:告辞,告别。以上写学道炼丹者的离别。

[70] 下:下土。与"上士"相对。芍药之诗:语出《诗经·郑风·溱洧》:"维士与女,伊其相谑,赠以芍药。"

[71] 佳人之歌:指李延年的歌:"北方有佳人,绝世而独立。"

[72] 桑中:卫国地名。上宫:陈国地名。卫女、陈娥:均指恋爱中的少女。《诗经·鄘风·桑中》:"云谁之思?美孟姜矣。期我乎桑中,要我乎上宫。"

[73] 渌(lù)波:清澈的水波。

[74] 南浦:《楚辞·九歌·河伯》:"子交手兮东行,送美人兮南浦。"后以"南浦"泛指送别之地。

[75] 珪(guī):一种洁白晶莹的圆形美玉。

[76] 别方:别离的双方。

[77] 名:种类。

[78] 盈:充盈。

[79] 折、惊:均言创痛之深。

[80] 渊:即王褒,字子渊。云:即扬雄,字子云。二人都是汉代著名的辞赋家。

[81] 严:严安。乐:徐乐。二人为汉代著名文学家。

[82] 金闺:原指汉代长安金马门。后来为汉代官署名。是聚集才识之士以备汉武帝诏询的地方。彦:有学识才干的人。

[83] 兰台:汉代朝廷中藏书和讨论学术的地方。

[84] 凌云:据《史记·司马相如列传》载,司马相如作《大人赋》,汉武帝赞誉为"飘飘有凌云之气,似游天地之间。"

[85] 雕龙:据《史记·孟子荀卿列传》载,驺奭写文章,善于闳辩。所以齐人称颂为"雕龙奭"。

【评析提示】

这是一篇著名的抒情小赋。齐梁之际,赋摆脱传统板滞凝重的形式向抒情言志的小赋发展过渡,并用以描写日常生活中的各种感受。江淹这篇赋作的独出之处,在于避免了一般骈赋仅注重形式华美的弊端,行文中注入真切情感,从而将离别之悲苦表现得生动感人。

文章开头以"黯然销魂者,唯别而已矣"为全文的悲音定调,统摄全篇,点明离别之苦。中间部分以"故别虽一绪,事乃万族"铺陈各种别离的情状写特定人物同中有异的别离之情。浓郁的抒情笔调具体描写了七种不同的离别,富贵者之别的良辰美景虚设、剑客游侠之别的慷慨悲壮、征人之别的悲怆哀戚、使者之别的苍凉悠远、宦游之别的寂寥闺怨、求道学仙之别的淡然离愁、恋人之别的春情秋思,这七种离别各不相同,各具特色,而在每一种离别之中,又极具典型性,具有离别的普遍意义。末尾以"别方不定,别理千名,有别必怨,有怨必盈。"概括全文,在以悲为美的艺术境界中,概括出人类别离的共有感情。

这篇赋的铺排参差错落,精湛的状物技巧与高超的抒情手法完美糅合,景物描写多变,通过正面烘托及反面映衬渲染了离别情感,行文一气呵成,寓无限深意于言外。

【思考与练习】

1. 这篇赋修辞手法多样,试从赋中举例分析其艺术特色。
2. 分析本赋如何运用有形之景表现无形之情。
3. 抒写离别之情的名篇还有哪些?谈谈你的认识。

【拓展阅读】

《恨赋》是江淹又一篇脍炙人口的名作,主要写的是人生命短暂、饮恨而终的感慨。该赋作通过各种不同的艺术形象来表达心愿不能实现的现实性以及对此至死不悟的悲哀,是六朝抒情骈赋中的名篇。

恨 赋

江 淹

试望平原,蔓草萦骨,拱木敛魂。人生到此,天道宁论?于是仆本根人,心惊不已。直念古者,伏恨而死。

至如秦帝按剑,诸侯西驰。削平天下,同文共规,华山为城,紫渊为池。雄图既溢,武力未毕。方架鼋鼍以为梁,巡海右以送日。一旦魂断,宫车晚出。

若乃赵王既房,迁于房陵。薄暮心动,昧旦神兴。别艳姬与美女,丧金舆及玉乘。置酒欲饮,悲来填膺。千秋万岁,为怨难胜。

至如李君降北,名辱身冤。拔剑击柱,吊影惭魂。情往上郡,心留雁门。裂帛系书,誓还汉恩。朝露溘至,握手何言?

若夫明妃去时,仰天太息。紫台稍远,关山无极。摇风忽起,白日西匿。陇雁少飞,代云寡色。望君王兮何期?终芜绝兮异域。

至乃敬通见抵,罢归田里。闭关却扫,塞门不仕。左对儒人,顾弄稚子。脱略公卿,跌宕文史。志没地,长怀无已。及夫中散下狱,神气激扬。浊醪夕引,素琴晨张。秋日萧瑟,浮云无光。郁青霞之奇意,入修夜之不。

或有孤臣危涕,孽子坠心。迁客海上,流戍陇阴,此人但闻悲风汩起,血下沾衿。亦复合酸茹叹,销落湮沉。

若乃骑叠迹,车屯轨,黄尘匝地,歌吹四起。无不烟断火绝,闭骨泉里。

已矣哉!春草暮兮秋风惊,秋风罢兮春草生。绮罗毕兮池馆尽,琴瑟灭兮丘垄平。自古皆有死,莫不饮恨而吞声。

——选自《江文通集汇注》,中华书局1982年版

全赋排章选句哀恨绵绵,通过对秦始皇、赵王迁、李陵、王昭君、冯衍、嵇康这六个历史人物各自不同的描写,刻画了从得志皇帝到失意士人的诸多哀伤怨恨,着重渲染这一"恨"字,概括了人世间各种人生幽怨与遗恨,以此说明人人有恨,恨各不同的普遍现象。语言清新、用词考究,不愧为通贯古今之天下第一"恨赋"。

二、登幽州台歌　　陈子昂

【篇章导引】

　　陈子昂(659~700)唐代文学家,字伯玉,梓州射洪(今四川省射洪县)人。因曾任右拾遗,后世称为陈拾遗。青少年时家庭较富裕,慷慨任侠。成年后始发愤攻读,关心国事。24岁时举进士,官麟台正字,直言敢谏,一度因"逆党"反对武则天的株连而下狱。两次从军,对边塞形势和当地人民生活有较深的认识。公元698年(圣历元年),因父老解官回乡。父死居丧期间,权臣武三思指使射洪县令段简罗织罪名,加以迫害,使之冤死狱中。他是初唐诗文革新人物之一。其诗风骨峥嵘,寓意深远,苍劲有力。有《陈伯玉集》传世。

　　这首诗写于万岁通天元年(696年)。由于契丹反叛,武则天命建安王武攸宜率军讨伐之,陈子昂随军参谋。武攸宜出身亲贵,不晓军事,使前军陷没,陈子昂进献奇计,却未被采纳。他不忍见危不救,几天后再次进谏,结果激怒了武攸宜,被贬为军曹。他满怀悲愤,"因登蓟北楼,感昔乐生、燕昭之事,赋诗数首,乃泫然?流涕而歌",写下了这首震惊千古的《登幽州台歌》,抒发怀才不遇、报国无门的伤痛。

登幽州台歌[1]

陈子昂

前不见古人[2,3],
后不见来者。
念天地之悠悠[4,5],
独怆然而涕[6,7]下!

【注释】

[1]幽州台:即蓟北楼,故址在今北京市大兴。燕昭王为招纳天下贤士而建。
[2]前:向前看。
[3]古人、来者:那些能够礼贤下士的贤明君主,指燕昭王。
[4]念:想到。
[5]悠悠:形容时间的久远和空间的广大。
[6]怆然:悲伤的样子。
[7]涕:古时指眼泪。

【评析提示】

　　这首诗的审美内涵十分丰富,诗中尽管没有什么具体环境,却创造一种辽阔幽远、空旷苍茫的意境。

　　诗句开门见山,直叙登上高台后,"前不见古人,后不见来者。"表现了主人公在时间上的孤独,无论在前朝,还是后代,都无与我相知的人。"念天地之悠悠,独怆然而涕下。"表现了主人公在空间上的孤独,纵有天地之阔,依然没有能与我相知之人。于是,在时间仿佛凝固的、辽阔无限的大地上,寂寞地站着一位诗人,感叹着苍凉与孤独,潸然泪下。在时间与空间的交汇点,在空旷寂寥的天地间,只余下诗人孤独的身影,苍凉而悲壮。

　　作为一首怀古诗,诗人不着力于古事古迹的叙写,而直抒胸怀,托意深远,质朴大气。风格明朗刚健,语言奔放,富有感染力,虽然只有短短四句,却给人以雄浑博大、沉郁悲壮的艺术美感。

【思考与练习】

　　1. 结合本诗,谈谈其主旨在古代诗文中的普遍意义。
　　2. 本诗篇幅虽短,但内涵丰富,请谈谈你读后的感受。

【拓展阅读】

　　李商隐(812～858),字义山,号玉溪生,怀州河内(今河南沁阳县)人。是晚唐最著名的诗人,杜牧与他齐名,两人并称"小李杜",与李贺、李白合称"三李"。其诗构思新奇,风格浓丽,尤其是一些爱情诗写得缠绵悱恻,为人传诵。著有《李义山诗集》。

　　在李商隐的诗歌中,有一部分诗以"无题"命篇,后世称其为无题诗。李商隐的无题诗不是无意给诗歌命题,而是有意不加题目。这些无题诗或描写男女爱情,或表面写爱情而另有寄托,写得曲折隐晦。因其诗意朦胧,难确所指,现一般看做是写恋人相思之作。

无　　题　（其一）

相见时难别亦难,东风无力百花残。
春蚕到死丝方尽,蜡炬成灰泪始干。
晓镜但愁云鬓改,夜吟应觉月光寒。
蓬山此去无多路,青鸟殷勤为探看。

——选自《李商隐诗选》,刘学锴、余恕成选注,人民文学出版社1986年版

　　这是诗人以"无题"为题目的许多诗歌中最有名的一首寄情诗。这首诗以女性的口吻抒写爱情心理,在悲伤、痛苦之中,寓有灼热的渴望和坚忍的执着精神,感情境界深微绵邈,极为丰富。

无　题（其二）

　　昨夜星辰昨夜风，画楼西畔桂堂东。
　　身无彩凤双飞翼，心有灵犀一点通。
　　隔座送钩春酒暖，分曹射覆蜡灯红。
　　嗟余听鼓应官去，走马兰台类转蓬。

——选自《李商隐诗选》，刘学锴、余恕诚选注，人民文学出版社1986年版

　　这是一首恋情诗。诗人追忆昨夜参与的一次贵家后堂之宴，表达了与意中人席间相遇、旋成间阻的怀想和惆怅。

三、祭十二郎文　韩　愈

【篇章导引】

　　韩愈（768～824），字退之，河阳（今河南孟县）人。因其郡望昌黎，故世称韩昌黎。唐代古文运动的倡导者和文坛领袖，与柳宗元并称"韩柳"。主张文以载道，文道合一。其散文气势充沛、雄奇奔放，是唐宋八大家之首。

　　《祭十二郎文》写于贞元十九年，文中的十二郎是指韩愈的侄子韩老成。十二郎与韩愈两人自幼相守，由长嫂郑氏抚养成人，共历患难，因此感情特别深厚。但是长大之后，韩愈本人在外漂泊，与十二郎很少见面。孟郊告知韩老成六月二日已逝，但韩愈又疑问六月二十二日老成还在写信，种种的疑点让韩愈悲从中来，不愿相信他二人已成永诀，直至七日之后，方挥笔写下这篇被誉为"祭文中千古绝调"的文章。

祭十二郎文[1]

韩　愈

　　年、月、日[2]，季父愈闻汝丧之七日[3]，乃能衔哀致诚[4]，使建中远具时羞之奠[5]，告汝十二郎之灵：

　　呜呼！吾少孤[6]，及长，不省所怙[7]，惟兄嫂是依。中年，兄殁南方[8]，吾与汝俱幼，从嫂归葬河阳[9]。既又与汝就食江南[10]，零丁孤苦，未尝一日相离也。吾上有三兄[11]，皆不幸早世，承先人后者，在孙惟汝，在子惟吾；两世一身[12]，形单影只。嫂尝抚汝指吾而言曰："韩氏两世，惟此而已！"汝时尤小，当不复记忆；吾时虽能记忆，亦未知其言之悲也！

　　吾年十九，始来京城；其后四年，而归视汝[13]。又四年，吾往河阳省坟墓[14]，遇汝从嫂丧来葬[15]。又二年，吾佐董丞相于汴州[16]，汝来省吾，止一岁，请归取其孥[17]；明年丞相薨[18]，吾去汴州，汝不果来。是年，吾佐戎徐州[19]，使取汝者始行，吾又罢去，汝又不果来。

吾念汝从于东,东亦客也,不可以久;图久远者,莫如西归,将成家而致汝。呜呼,孰谓汝遽去吾而殁乎!吾与汝俱少年,以为虽暂相别,终当久相与处,故舍汝而旅食京师,以求斗斛之禄;诚知其如此,虽万乘之公相[20],吾不以一日辍汝而就也!

去年[21],孟东野往,吾书与汝曰:"吾年未四十,而视茫茫,而发苍苍,而齿牙动摇。念诸父与诸兄,皆康强而早逝,如吾之衰者,其能久存乎?吾不可去,汝不肯来,恐旦暮死,而汝抱无涯之戚也[22]!"孰谓少者殁而长者存,强者夭而病者全乎!

呜呼!其信然邪?其梦邪?其传之非其真邪?信也,吾兄之盛德而夭其嗣乎?汝之纯明而不克蒙其泽乎[23]?少者、强者而夭殁,长者、衰者而存全乎?未可以为信也。梦也,传之非其真也,东野之书,耿兰之报[24],何为而在吾侧也?呜呼!其信然矣!吾兄之盛德而夭其嗣矣!汝之纯明宜业其家者[25],不克蒙其泽矣!所谓天者诚难测,而神者诚难明矣!所谓理者不可推,而寿者不可知矣!

虽然,吾自今年来,苍苍者或化而为白矣,动摇者或脱而落矣,毛血日益衰,志气日益微,几何不从汝而死也!死而有知,其几何离[26];其无知,悲不几时,而不悲者无穷期矣!

汝之子始十岁[27],吾之子始五岁,少而强者不可保,如此孩提者又可冀其成立邪?呜呼哀哉!呜呼哀哉!

汝去年书云:"比得软脚病[28],往往而剧。"吾曰:"是疾也,江南之人常常有之。"未始以为忧也。呜呼!其竟以此而殒其生乎?抑别有疾而至斯乎?汝之书,六月十七日也;东野云:汝殁以六月二日;耿兰之报无月日。盖东野之使者不知问家人以月日,如耿兰之报不知当言月日,东野与吾书,乃问使者,使者妄称以应之耳。其然乎?其不然乎?

今吾使建中祭汝,吊汝之孤与汝之乳母[29]。彼有食,可守以待终丧[30],则待终丧而取以来;如不能守以终丧,则遂取以来。其余奴婢,并令守汝丧。吾力能改葬,终葬汝于先人之兆[31],然后惟其所愿。

呜呼!汝病吾不知时,汝殁吾不知日;生不能相养于共居,殁不得抚汝以尽哀,敛不凭其棺,窆不临其穴[32];吾行负神明而使汝夭;不孝不慈,而不能与汝相养以生,相守以死;一在天之涯,一在地之角,生而影不与吾形相依,死而魂不与吾梦相接:吾实为之,其又何尤?彼苍者天,曷其有极[33]!

自今已往,吾其无意于人世矣.当求数顷之田于伊颍之上[34],以待余年。教吾子与汝子,幸其成;长吾女与汝女,待其嫁。如此而已。呜呼!言有穷而情不可终,汝其知也邪?其不知也邪?呜呼哀哉,尚飨[35]!

——选自《韩昌黎文集校注》,马其昶校注,上海古籍出版社1986年版

【注释】

[1]十二郎:韩愈侄子,名老成,是韩愈二哥韩介之子,过继给韩愈大哥韩会。唐时口语称年轻男子为郎子,郎即郎子。老成在族中排行第十二,所以称十二郎。

[2]年、月、日:写祭文的时间。这里的具体时间在拟稿时作了省略。

[3]季父:叔父。

[4]衔哀:心中含着悲哀。致诚:表达赤诚的心意。

[5] 建中:人名,当为韩愈家中仆人。时羞:应时的鲜美佳肴。羞,同"馐"。
[6] 孤:幼年丧父称"孤"。《新唐书·韩愈传》:"愈生三死而孤,随伯兄会贬官岭表。"
[7] 怙(hù):失父曰失怙。
[8] 中年兄殁南方:代宗大历十二年(777),韩会贬为韶州刺史,次年死于任所,年四十三。时韩愈十一岁,随兄在韶州。
[9] 河阳:今河南孟县西,是韩氏祖宗坟墓所在地。
[10] 就食江南:到江南谋生。唐德宗建中二年(781),北方藩镇李希烈反叛,中原局势动荡。韩愈随嫂迁家避居宣州(今安徽宣城)。因韩氏在宣州置有田宅别业。韩愈《复志赋》:"值中原之有事兮,将就食于江之南。"
[11] 吾上有三兄:三兄指韩会、韩介,还有一位死时尚幼,未及命名,一说:吾,我们,即韩愈和十二郎。三兄指自己的两个哥哥和十二郎的哥哥韩百川(韩介的长子)。
[12] 两世一身:子辈和孙辈均只剩一个男丁。
[13] 视:古时探亲,上对下曰视,下对上曰省。贞元二年(786),韩愈十九岁,由宣州至长安应进士举,至贞元八年春始及第,其间曾回宣州一次。
[14] 省(xǐng):探望,此引申为凭吊。
[15] 遇汝从嫂丧来葬:韩愈嫂子郑氏卒于元贞元九年(793),韩愈有《祭郑夫人文》。贞元十一年,韩愈往河阳祖坟扫墓,与奉其母郑氏灵柩来河阳安葬的十二郎相遇。
[16] 董丞相:指董晋。贞元十二年(796),董晋以检校尚书左仆射,同中书门下平章事任宣武军节度使,汴、宋、亳、颍等州观察使。时韩愈在董晋幕中任节度推官。汴州:治所在今河南开封市。
[17] 取其孥(nú):把家眷接来。孥:妻和子的统称。
[18] 薨(hōng)古时诸侯或二品以上大官死曰薨。贞元十五年(799)二月,董晋于汴州任所,韩愈随葬西行。去后第四天,汴州即发生兵变。不果:没能够。指因兵变事。
[19] 佐戎徐州:当年秋,韩愈入徐、泗、濠节度使张建封幕任节度推官。节度使府在徐州。佐戎:辅助军务。
[20] 万乘(shèng):指高官厚禄。古代兵车一乘,有马四匹。封国大小以兵赋计算,凡地方千里的大国,称为万乘之国。
[21] 去年:指贞元十八年(802)。孟东野:即韩愈的诗友孟郊。是年出任溧阳(今属江苏)尉,溧阳去宣州不远,故韩愈托他捎信给宣州的十二郎。
[22] 无涯之戚:无穷的悲伤。涯:边。戚:忧伤。
[23] 纯明:纯正贤明。不克:不能。蒙:承受。
[24] 耿兰:生平不详,当时宣州韩氏别业的管家人。十二郎死后,孟郊在溧阳写信告诉韩愈,时耿兰也有丧报。
[25] 业:用如动词,继承之意。
[26] 其几何离:分离会有多久呢？意谓死后仍可相会。
[27] 汝之子:十二郎有二子,长韩湘,次韩滂。韩滂出嗣十二郎的哥哥韩百川为子。始十岁:当指长子韩湘。
[28] 比:近来。软脚病:即脚气病。
[29] 吊:此指慰问。孤:指十二郎的儿子。
[30] 终丧:守满三年丧期。
[31] 兆:葬域,墓地。

[32]窆(biǎn):下棺入土。
[33]彼苍者天,曷其有极:意谓你青苍的上天啊,我的痛苦哪有尽头啊。语本《诗经·唐风·鸨羽》:"悠悠苍天,曷其有极。"
[34]伊、颍:伊水和颍水,均在今河南省境。此指故乡。
[35]尚飨:古代祭文结语用辞,意为希望死者享用祭品。

【评析提示】

  韩愈与十二郎自幼亲厚,他的突然早逝,使韩愈无限哀痛。韩愈写此文的目的不在于称颂死者,而在于倾诉自己的痛悼之情,寄托自己的哀思。全文以向死者诉说的口吻写成,哀家族之凋落,哀己身之未老先衰,哀死者之早夭,疑天理疑神明,疑生死之数,乃至疑后嗣之成立,极写内心的辛酸悲痛。身世的不幸、家世的凄凉、命运的无常,如此种种,既饱含了韩愈对侄子逝去的悼念哀痛,又表现了自身宦海沉浮的凄楚及人生无常的困惑。

  这篇祭文历来被称为"至情"之文。在形式上破骈为散,采用自由多变的散体,写得情真意切,生动感人。全用散文句调和平易晓畅的家常生活语言,读来似叔侄二人之间、生者死者之间的无尽交谈,边诉边泣,凄楚哀伤之情尽现文字之中。语言形式独具特色,文中多用重叠的语句和排比句,增强了语势,具有震撼人心的力量;文言虚词,特别是语气词的使用,强化了情感色彩。疑问、感叹、陈述等句式杂糅,反复、重叠、排比、呼告等多种修辞手法的运用,使行文具有强烈的感染力。

【思考与练习】

  1. 本文虽为祭文却多有作者自身之感,谈谈你对此的理解。
  2. 本文一改以往祭文多用韵语的形式,通篇散体,对文中的情感表达有何作用?
  3. 比较韩愈《祭十二郎文》与袁枚《祭妹文》两篇祭文的异同。

【拓展阅读】

  陆游(1125~1210)字务观,号放翁,浙江绍兴人,南宋诗人。一生著作丰富,有《剑南诗稿》、《渭南文集》等数十个文集存世,存诗9 000多首,是我国现有存诗最多的诗人。其诗抒写抗金杀敌的豪情和对敌人、卖国贼的仇恨,风格雄奇奔放,沉郁悲壮,洋溢着强烈的爱国主义激情,在思想上、艺术上取得了卓越成就,不仅成为南宋一代诗坛领袖,而且在中国文学史上享有崇高地位。他的名句"山重水复疑无路,柳暗花明又一村"、"小楼一夜听春雨,深巷明朝卖杏花"等一直广为传诵。

  《沈园二首》是陆游七十五岁时重游沈园(在今浙江绍兴)写下的悼亡诗,是感伤往事之作。在生命的极限处,爱的价值永恒,这是《沈园二首》留给后人的思考。

沈园二首

陆 游

其 一

城上斜阳画角哀,沈园非复旧池台。
伤心桥下春波绿,曾是惊鸿照影来。

其 二

梦断香销四十年,沈园柳老不吹绵。
此身行作稽山土,犹吊遗踪一泫然。

——选自《陆游集》,王增斌解译,山西古籍出版社 2008 年版

陆游三十一岁时曾在沈园与被专制家长拆散的原妻唐琬偶遇,曾作《钗头凤》题壁以记其深思苦恨,岂料这一面竟成永诀。晚年陆游多次到沈园悼亡,这两首是他的悼亡诗中最为深婉动人的,作品在体验惊鸿照影的虚无缥缈时,已感受到香消为土、柳老无绵的生命极限了。

梁启超读陆游那些悲壮激昂的爱国诗章时,曾称他为"亘古男儿一放翁",而沈园诗篇则展示了陆游儿女情长的一面。

四、五代史伶官传序　欧阳修

【篇章导引】

欧阳修,字永叔,号醉翁,晚年自称"六一居士",北宋庐陵(今江西吉安)人。宋仁宗天圣八年进士。支持范仲淹的"庆历革新",遭到守旧派的排挤和打击,屡遭贬谪。晚年官至枢密副使、参知政事。王安石执政后,辞官退隐,死后追赠为太师,谥文忠。

欧阳修是著名文学家,北宋诗文革新运动的领袖,反对宋初以来追求形式的靡丽文风,主张文章应"明道"、"致用"、"事信"、"言文",在散文、诗词等方面都有很高的成就。其散文说理畅达,抒情委婉。作品有《欧阳文忠集》、《新五代史》和《新唐书》(与宋祁合撰)。

本文选自《新五代史·伶官传》,是一篇史论。这篇文章不仅表现出欧阳修对历史与政治的真知灼见,也显示出来很高的艺术技巧,历来被视为论说文的典范。

五代史伶官传序[1]

欧阳修

呜呼!盛衰之理,虽曰天命,岂非人事哉!原庄宗之所以得天下[2],与其所以失之者,可以知之矣。

世言晋王之将终也[3],以三矢赐庄宗而告之曰:"梁,吾仇也[4];燕王[5],吾所立;契丹与吾约为兄弟；而皆背晋以归梁。此三者，吾遗恨也。与尔三矢，尔其无忘乃父之志[6]！"庄宗受而藏之于庙[7]。其后用兵，则遣从事以一少牢告庙[8]，请其矢，盛以锦囊，负而前驱，及凯旋而纳之。

方其系燕父子以组[9]，函梁君臣之首[10]，入于太庙，还矢先王，而告以成功，其意气之盛，可谓壮哉！及仇雠已灭[11]，天下已定，一夫夜呼，乱者四应，仓皇东出，未及见贼而士卒离散，君臣相顾，不知所归。至于誓天断发，泣下沾襟，何其衰也！岂得之难而失之易欤？抑本其成败之迹[12]，而皆自于人欤？

《书》曰[13]："满招损，谦受益。""忧劳可以兴国，逸豫可以亡身[14]，自然之理也。"

故方其盛也，举天下之豪杰，莫能与之争；及其衰也，数十伶人困之，而身死国灭，为天下笑。夫祸患常积于忽微[15]，而智勇多困于所溺[16]，岂独伶人也哉！

作《伶官传》。

——选自《欧阳修全集》，李逸安点校，中华书局2001年版

【注释】

[1]伶官：宫廷授有官职的伶人。伶：古时称演戏、歌舞、作乐的人。

[2]原：推本求源，推究。庄宗：李存勖，唐末西突厥沙陀部落的首领，消灭后梁称帝，建立后唐。

[3]世言：世人说。晋王：指李存勖的父亲李克用，因出兵帮助唐王朝镇压黄巢起义有功，封陇西王，后又封为晋王。

[4]梁，吾仇也：朱温，原为黄巢将领，降唐后，改名朱全忠，受封为梁王。后篡夺唐王朝政权，国号梁，都汴州，又迁都洛阳。朱温曾经想杀害李克用。

[5]燕王，吾所立：燕王，指刘仁恭。刘本为幽州将，李克用帮他夺得幽州，并保举他为卢龙节度使，故曰"吾所立"，不久，刘仁恭叛晋归梁。

[6]其：语气副词，表示期望、命令的语气。

[7]庙：太庙，帝王祭祀祖先的宗庙。

[8]从事：这里指负责具体事物的官员。一少牢：用猪、羊各一头作祭品。牢：祭祀用的牺畜。

[9]方：当……时。系燕父子以组：公元912年李存勖遣将攻破幽州，俘获刘仁恭，追捕了刘守光，押回太原，献于太庙。组：丝带，这里指绳索。

[10]函梁君臣之首：公元923年，李存勖攻破大梁。梁末皇帝朱友贞(朱温的儿子)明了部将皇甫麟将自己杀死，随即皇甫麟也刎颈自杀。函：木匣，这里意为用木匣装盛。

[11]仇雠：仇敌。

[12]抑：或者。本：推究本源。

[13]《书》：即《尚书》。

[14]逸豫：逍遥游乐，不能居安思危。

[15]积于忽微：从细微小事逐渐积累起来。

[16]所溺：沉溺迷恋的人或事物。

【评析提示】

这是一篇著名的史论，也是一篇精辟的政论文章。欧阳修从后唐庄宗李存勖得天下而

后失天下的兴亡史中,得出了"忧劳可以兴国,逸豫可以亡身"的深刻论断。作者认为,国家的盛衰、事业的成败,主要取决于人事,取决于执政者的思想行为。以此告诫北宋统治者吸取李存勖宠幸伶人而身死国灭的历史教训,力戒骄奢,防微杜渐,居安思危,励精图治。

本文开篇立意,直指盛衰之理。虽说是上天的意志,更是人为之力。以李存勖先盛后衰、先成后败的历史事实,论证了"满招损,谦受益"、"祸患常积于忽微,而智勇多困于所溺"的"自然之理",例据典型而有说服力。通过对比论证,以成败由人为中心,欲抑而先扬,先极赞庄宗创业时意气之壮,再感叹失败时形势之衰,通过胜与衰、兴与亡、得与失、成与败的鲜明对比,突出庄宗历史悲剧的根由所在。

文章笔力雄健而又气势充沛,行文跌宕顿挫,篇幅虽短而意蕴深刻。

【思考与练习】

1. 以本文为例,分析欧阳修散文的特点。
2. 本文所谈盛衰之理于今有何启迪意义?谈谈你的感受。

【拓展阅读】

马致远(1250~1323)号东篱,大都(今北京)人。与关汉卿、郑光祖、白朴并称"元曲四大家",是我国元代时著名大戏剧家、散曲家。作品以反映退隐山林的田园题材为多,风格兼有豪放、清逸的特点。有《东篱乐府》。

悲秋,是中国古代诗歌的传统题材,而马致远的两首同题作品——《越调天净沙·秋思》和《双调夜行船·秋思》尤为人称道。被誉为"秋思之祖",《双调夜行船·秋思》则被誉为"万中无一"。

双调夜行船·秋思

马致远

〈夜行船〉
百岁光阴如梦蝶,
重回首往事堪嗟。
今日春来,明朝花谢。
急罚盏夜阑灯灭。
〈乔木查〉
想秦宫汉阙,都做了衰草牛羊野。
不恁渔樵无话说。
纵荒坟横断碑,不辨龙蛇。
〈庆宣和〉
投至狐踪与兔穴,多少豪杰。
鼎足三分半腰折,

魏耶？晋耶？
〈落梅风〉
天教富,莫太奢。
无多时好天良夜。
看钱奴硬将心似铁,
空辜负锦堂风月。
〈风入松〉
眼前红日又西斜,疾似下坡车。
晓来清镜添白发,
上床与鞋履相别。
莫笑鸠巢计拙,葫芦提一向装呆。
〈拨不断〉
名利竭,是非绝。
红尘不向门前惹,
绿树偏宜屋角遮,
青山正补墙头缺,竹篱茅舍。
〈离亭宴煞〉
蛩吟一觉方宁贴,
鸡鸣万事无休歇。
争名利,何年是彻？
密匝匝蚁排兵,乱纷纷蜂酿蜜,
闹攘攘蝇争血。
裴公绿野堂,陶令白莲社。
爱秋来那些：和露摘黄花,
带霜烹紫蟹,煮酒烧红叶。
人生有限杯,几个登高节？
嘱咐俺顽童记者：
便北海探吾来,道东篱醉了也。

—选自《元曲三百首》,王燕生编著,京华出版社 2008 年版

　　《双调夜行船·秋思》由七支曲子组成,就思想内容而言,可分为四个层次。第一曲是引子,由秋来花谢想到人生的短暂虚幻,从而引出下面对人生价值的思考及对痴迷者的批判。[乔木查]等三支曲子为第二层,分别描写了帝王、豪杰、富翁的富贵无常。这一套曲包孕弘深、独具一格,将参透名利、离绝是非的处世哲学寄托在叹古讽今、嘲风弄月的牢骚里,浓缩了作者内心苦闷,表现了他因半世蹉跎、饱谙世情而形成的纵酒肆志、超然尘外的人生态度,凝炼地反映了元代愤世嫉俗者的共同心理状态。

五、纪念傅雷　　施蛰存

【篇章导引】

施蛰存(1905~2003),原名施德普,字蛰存,浙江杭州人。先后就读于之江大学、上海大学、震旦大学。历任中学教师,上海水沫书店、现代书局编辑,云南大学、厦门大学、暨南大学、沪江大学教授。新中国成立后任华东师范大学教授。施蛰存在20世纪30年代的小说创作,是中国最早的"新感觉派"的代表。他在古典文学研究、碑帖研究、外国文学翻译等方面也均有很大成就。主要作品有散文集《灯下集》、《待旦集》,短篇小说集《上元灯》、《梅雨之夕》、《善女人行品》、《小珍集》、《将军低头》,专著《唐诗百话》、《水经注碑录》、《北山集古录》、《词学名词释义》等。

傅雷(1908~1966),字怒安,号怒庵,上海市南汇县人。早年留学法国,专攻艺术,并游览了欧洲各国。回国后致力于法国文学艺术的翻译介绍。译著有罗曼·罗兰的《约翰·克利斯朵夫》,巴尔扎克的《高老头》、《欧也妮·葛朗台》,丹纳的《艺术哲学》等30多部。傅雷为人坦荡,禀性刚毅,"文革"之初即受迫害,于1966年9月3日凌晨,与夫人朱梅馥双双愤而弃世,悲壮地走完了一生。

纪念傅雷[1]

施蛰存

一九六六年九月三日,这是傅雷和夫人朱梅馥离开这个世界的日子,今年今天,正是二十周年纪念。这二十年过得好快,我还没有时间写一篇文章纪念他们。俗话说:"秀才人情纸半张"。我连这半张纸也没有献在老朋友灵前,人情之薄,可想而知。不过,真要纪念傅雷夫妇,半张纸毕竟不够,而洋洋大文却也写不出,于是拖延到今天。

现在,我书架上有十五卷的《傅雷译文集》和两个版本的《傅雷家书》,都是傅敏寄赠的[2]。还有两本旧版的《高老头》和《欧也妮·葛朗台》[3],是傅雷送给我的,有他的亲笔题字。我的相册中有一张我的照片,是一九七九年四月十六日在傅雷追悼会上,在赵超构送的花圈底下[4],沈仲章给我照的[5],衣襟上还有一朵黄花。这几年来,我就是默对这些东西,悼念傅雷。

一九三九年,我在昆明。在江小鹣的新居中[6],遇到滕固和傅雷[7]。这是我和傅雷定交的开始。可是我和他见面聊天的机会,只有两次,不知怎么一回事,他和滕固吵翻了,一怒之下,回上海去了。这是我第一次领略到傅雷的"怒"。后来知道他的别号就叫"怒庵",也就不以为奇。从此,和他谈话时,不能不提高警惕。

一九四三年,我从福建回沪省亲[8],在上海住了五个月,曾和周煦良一同到吕班路(今重庆南路)巴黎新村去看过傅雷[9],知道他息影孤岛[10],专心于翻译罗曼·罗兰[11]。这一次认识了朱梅馥。也看见客堂里有一架钢琴,他的儿子傅聪坐在高凳上练琴[12]。

我和傅雷的友谊,只能说开始于解放以后。那时他已迁居江苏路安定坊,住的是宋春舫家的屋子[13]。我住在邻近,转一个弯就到他家。五十年代初,他在译巴尔扎克,我在译伐佐夫、显克微支和尼克索[14]。这样,我们就成为翻译外国文学的同道,因此,在这几年中,我常去他家里聊天,有时也借用他的各种辞典查几个字。

可是,我不敢同他谈翻译技术,因为我们两人的翻译方法不很相同。一则因为他译的是法文著作,从原文译,我译的都是英文转译本,使用的译法根本不同。二则我主张翻译只要达意,我从英文本译,只能做到达英译本的意。英译本对原文本负责,我对英译本负责。傅雷则主张非但要达意,还要求传神。他屡次举过一个例。他说:莎士比亚的《哈姆雷特》第一场有一句"静得连一个老鼠的声音都没有"[15]。但纪德的法文译本[16],这一句却是"静得连一只猫的声音都没有"。他说"这不是译错,这是达意,这也就是传神。"我说,依照你的观念,中文译本就应该译作"鸦雀无声"。他说"对"。我说:"不行,因为莎士比亚时代的英国话中不用猫或鸦雀来形容静。"

傅雷有一本《国语大辞典》,书中有许多北方的成语。傅雷译到法文成语或俗话的时候,常常向这本辞典中去找合适的中国成语俗话。有时我去看他,他也会举出一句法文成语,问我有没有相当的中国成语。他这个办法,我也不以为然。我主张照原文原意译,宁可加个注,说明这个成语的意义相当于中国的某一句成语。当然,他也不以为然。

一九五八年,我们都成为第五类分子[17],不便来往,彼此就不相闻问。不过,有一段时候,朱梅馥和我老伴都被居委会动员出去办托儿所,她们俩倒是每天在一起,我因此便间接知道一些傅雷的情况。

一九六一年,大家都蒙恩摘除了"帽子",可以有较多的行动自由,于是我又常去看他。他还在译书,而我已不干这一行了,那几年,我在热衷于碑版文物,到他那里去,就谈字画古董。他给我看许多黄宾虹的画[18],极其赞赏,而我却又有不同意见。我以为黄宾虹晚年的画越来越像个"墨猪"了[19]。这句话又使他"怒"起来,他批评我不懂中国画里的水墨笔法。

一九六六年八月下旬,我已经在里弄里被"示众"过了[20]。想到傅雷,不知他这一次如何"怒"法,就在一个傍晚,踱到他门口去看看。只见他家门口贴满了大字报,门窗紧闭,真是"鸦雀无声"。我就踱了回家。大约在九月十日左右,才知道他们两夫妇已撒手西归,这是怒庵的最后一"怒"。

我知道傅雷的性情刚直,如一团干柴烈火,他因不堪凌辱,一怒而死,这是可以理解的,我和他虽然几乎处处不同,但我还是尊敬他。在那一年,朋友中像傅雷那样的毅然决然不自惜其生命的,还有好几个,我也都一律尊敬。不过,朱梅馥的能同归于尽,这却是我想象不到的,伉俪之情,深到如此,恐怕是傅雷的感应。

傅雷逝世,其实我还没有了解傅雷。直到他的家书集出版,我才能更深一步地了解傅雷。他的家教如此之严,望子成龙的心情如此之热烈。他要把他的儿子塑造成符合于他的理想的人物。这种家庭教育是相当危险的,没有几个人能成功,然而傅雷成功了。

傅雷的性格,最突出的是他的刚直。在青年时候,他的刚直还近于狂妄。所以孔子说:

"好刚不好学[21],其蔽也狂。"傅雷从昆明回来以后,在艺术的涵养,知识学问的累积之后,他才成为具有浩然之气的儒家之刚者[22],这种刚直的品德,在任何社会中,都是难得见到的,连孔子也说过:"吾未见刚者[23]"。

傅雷之死,完成了他的崇高品德,今天我也不必说"愿你安息吧",只愿他的刚劲,永远弥漫于知识分子中间。

——选自《施蛰存文集·北山散文集》,华东师范大学出版社2001年版

【注释】

[1] 本文选自施蛰存的散文集《沙上的足迹》,辽宁教育出版社1995年版。
[2] 傅敏:傅雷的次子。
[3] 《高老头》和《欧也妮·葛朗台》:法国作家巴尔扎克的著名长篇小说,由傅雷译成中文。
[4] 赵超构:笔名林放,我国著名杂文家,新中国成立后担任上海新民晚报社社长多年。
[5] 沈仲章:中国现代学家,古琴家。
[6] 江小鹣:中国现代画家,20世纪30年代曾任上海新华艺术学校雕塑系主任。
[7] 腾固:中国现代小说家,文学研究会成员。
[8] 我从福建回泸省亲:1940年3月施蛰存到福建,在厦门大学中文系任教。
[9] 周煦良:翻译家,生前任上海华东师范大学外语系主任,曾译过英国作家毛姆的《刀锋》等。
[10] 孤岛:指二次大战中太平洋战争爆发前的上海租界。
[11] 罗曼·罗兰:法国现代作家、社会活动家,著有长篇小说《约翰·克利斯朵夫》等。
[12] 傅聪:旅英钢琴家,傅雷的长子。
[13] 宋春舫:中国现代戏剧家,著有喜剧《五里雾中》。
[14] 伐佐夫:保加利亚近代作家,其代表作长篇小说《轭下》由施蛰存译成中文。显克微支:波兰近代作家,施蛰存与人合译过《显克微支短篇小说集》。尼克索:丹麦近代作家,施蛰存译过他的长篇小说《征服者贝莱》,与人合译了《尼克索短篇小说》。
[15] 《哈姆雷特》:英国剧作家莎士比亚的著名悲剧。
[16] 纪德:法国近代作家,二次大战时沦为亲法西斯分子。
[17] 第五类分子:在"以阶级斗争为纲"的时代,把"地主、富农、反革命分子、坏分子、右派分子"五类人列为无产阶级专政的对象。第五类分子即指右派分子。施蛰存在1957年反右运动中被错划为右派。
[18] 黄宾虹:中国现代画家,曾在多家美术院校任教。
[19] 墨猪:比喻书画的点画痴肥而无骨力。
[20] 示众:指文革时期得当众批斗与羞辱。
[21] 好刚不好学:其蔽也狂,出自《论语·阳货》。
[22] 浩然之气:见《孟子·公孙丑上》,指一种一种至大至刚、充塞天地的正气。
[23] 吾未见刚者:出自《论语·公治长》。

【评析提示】

这是一篇悼念故友的散文。作者以客观冷静的笔墨,叙述了自己与傅雷生前交往的情

谊,展现了傅雷独特的个性,深情地赞颂了像傅雷这样的中国知识分子坚持真理、刚直不屈的优秀品格。

本文作者回忆与傅雷的交往,突出写了傅雷的"怒"。第一次是在昆明"不知怎么一回事"和滕固吵翻了,竟致一怒之下回上海去了。第二次是作者与傅雷关于翻译方法和黄宾虹画的争论,讨论的都是学术问题,但傅雷的直率、固执跃然纸上。而文革初期傅雷"不堪凌辱,一怒而死",以死抗争,绝不妥协,傅雷的刚直性格臻于极致。

文章的最后两段,是作者因傅雷之死引发的关于"刚者"的议论。傅雷之"怒",决非一般的个人脾性,而是其宁折不弯的刚正之气,是具有浩然之气的儒家之刚者。作者写作此文不仅是怀念自己与傅雷的友谊,更是为了对傅雷的崇高品德表示深深的敬意,并希望他的这种精神"永远弥漫于知识分子中间"。这才是对傅雷最好的纪念。

文章是按时间顺序进行记叙的。作者选取自己与傅雷交往27年中的若干片断,一一记叙,层次井然,虽片段而见全貌。文章的语言朴实无华,冷静客观的叙述中不时透出机趣和幽默,显示了寓深情于平淡中的风格。

【思考与练习】

1. 这篇回忆散文表现了傅雷怎样的个性特征?
2. 作者称傅雷为"刚者",并在文章的结尾说:"只愿他的刚劲,永远迷漫于知识分子中间"。谈谈你对这句话的理解。
3. 本文大致按时间顺序进行回忆,开头却用了叙述方法,这样写有什么好处?

【拓展阅读】

范曾,1938年生,字十翼,别署抱冲斋主,江苏南通人。中国当代著名学者、书画家、诗人,现为南开大学历史学院博士生导师、文学院博士生导师、终身教授,中国艺术研究院研究员、博士生导师。出版有《鲁迅小说插图集》《范曾书画集》《范曾画集》《范曾吟草》《范曾怀抱》《范曾自述》等,其散文作品曾多次入选各年度选集。

《2006年中国最佳散文》中收录的由著名画家范曾的散文《何期执手成长别》,叙述了他与数学家陈省身先生的深厚真挚的情谊。

何期执手成长别

范 曾

赤橙黄绿、宫商角徵、芳草奇卉、甜蔗苦莲,那有色、有声、有香、有味的事物,斑驳错杂、陆离纷陈于前;宇宙洪荒、龙光牛斗、沧海广漠、崇山峻岭,那至大、至高、至奇、至妙的景象,穷方竟隅,并生遍列于后。迅雷激电、飘风骤雨、兔起鹘落,那是速度的光荣;晨晖暮霭、朝花夕拾、青丝白发,那是时间的慨叹。这一切,佛家说都是"空",一切的描述都是皮相之判。然而这皮相的背后,有人偶开只眼,看到了"数",他们之中的大智大慧者称为数学家。

景星祥云,移驻南开,这一天是伟大的几何学家陈省身先生执教五十年的庆典。一时间，欧西、亚太、国中群贤毕至。他们其中有法国高等研究院院长博规农（Bourguignon），英国皇家学会会长阿蒂雅（Atiyah），中科院数学所所长杨乐，数学家严志达、胡国定、吴文俊等等。这都是用方程和数字构建不可思议大厦的俊彦。陈省身先生端坐主席台正中，显得有些兴奋。这其间有一位对数学完全是门外汉的范曾——我奉陪末座，也十分自在地侧身主席台上。这不伦的地位，不是出于虚荣，而仅是由于陈省身先生的坚请。开会伊始，免不了冗长而多余的祝词、介绍等等。我有足够的时间探讨深奥的数学问题。右侧是南开大学原副校长，数学家胡国定，我问他"什么是纤维丛？"胡国定说："数学隔行如隔山，我无法很快捷而准确地回答你这问题"。我在南通中学时代的低一年级的校友杨乐，坐在我的左侧，我们知道，在上世纪60年代初他和张广厚因解一个什么了不起的数学问题，曾一跃而为国中光耀的数学新星。我转过头来问他："什么是纤维丛？"杨乐寡于言谈，不无嘲讽地笑着说："给你讲你也听不懂。"彼时大失所望的我对数学的神秘崇拜之心多于被冷落的寂寞之感。同时，因为都相互熟稔，三人相顾而嘻。不熟悉英文的我，听到主持的人念到FAN ZENG时，正傻坐着，微笑着，杨乐说："你讲话。"当掌声和目光都朝着我的时候，我才走向了话筒，开始了胡言乱语。我第一句开头劈脸询问："今天会场上谁的数学最好是不用说了，但你们知道今天这大会上谁的数学最差？"全场哄堂大笑，因为台下座的是全国各地的数学家、教授、博士生，最低的是数学系本科生。"从大笑中，我知道了你们的答案，当然很惭愧，是我。然而我要问你们，什么是数学？"这咄咄追问使会场顿时大为活跃，我不免回过头来看陈省身一眼，他正为我刚才的话笑声未止，瞠着他的一双大眼，揣度我又会出什么厥肆之词。我说："数学，无色、无声、无香、无味，看不见摸不着，但它无所不在、无远弗届、无所不包，没有'数'的奇绝的构成，天地不是道家的混沌，便干脆是佛学的一片空白。"雷鸣似的掌声掩盖了我数学知识的浅陋。陈省身先生笑得前仰后合。这还不过瘾，我又问："陈省身先生到底伟大在什么地方，我为讲演计，问过了胡国定先生，他作如此说，我又问过了杨乐先生，他作如彼说，总之一句话，不懂别问。啊！我举头望明月，我不懂你，但我可以仰望你，我不懂陈省身，但我可以仰望大师。"又是一阵激雨般的掌声，只见陈省身捂着脸哈哈大乐，主席台上各国的数学家都侧着身，向他鼓掌。我想古罗马的西塞罗，或许曾经享受过类似的听讲者的热烈回报和感应。于是我奉呈一首七律"纤维胡老说奇丛，便使神思入太空。造化沉浮多幻变，天衣散合总趋同。千秋大智穷抽象，一代学人沐惠风。此世门墙无我地，宁园小坐说云峰。"又送上一幅祖冲之的画像，我冲着陈省身说："他不懂几何，他没有你伟大。"对我的演讲有一位持异议的人来到身边，那是极负盛名的大数学家严志达，他是我南通的老乡，他说："陈省身先生和祖冲之一样伟大，他们之间有一千五百年的遥远阻隔。"科学家的严谨和诗人的豪兴大体区别于此。但我告诉严志达，外行话亦若童言之无忌，不能算数。严公颔首。然后又和我谈竹林七贤，他是数学家中对国学最有兴趣的人，这一点，他和陈省身时有龃龉，颇似文人之较劲。

　　我与陈省身先生的相识应感谢杨振宁先生，没有杨先生的介绍，也许人间没有陈、范的一段因缘。而杨先生的与我相识，则应感谢国务院教委的介绍，杨先生问教委外事处的人，有一位年轻的画家范曾，我喜欢他的画，教委托我作一幅画送杨先生，当时我很觉得荣幸。画毕之后,杨先生竟然亲自到崇文门我的寓所来看望我。杨先生的坦率、真诚、博大、睿智感动了我,第一次相逢,便预伏着永结同好的君子情怀。我拿出了一张大纸请杨先生写几个字留念,他说他不习惯用毛笔,于是拿了一支钢笔,他想了一小会,写了下列的话:"我很爱范曾先生的画,杨振宁",字写得很小很小,而且笔画严谨不苟,于此我想起每逢展览会在签名簿上恣情放大姓名的人,不免用力过猛。文字语言的简洁,透出了杨振宁先生洗尽铅华的大朴无华。因为他研究的宇宙本质,在《老子》书中叫作朴。我又想起在数学上的"拓扑学"三字,那是奇美的名词,这名词是陈省身先生所起。陈省身先生一般对人客气,但"谦虚",他似乎觉得多此一举,因为应谦虚的地方,他早就做到了,譬如他说,从小不用功,功课不好,觉得数学好玩,在脑中驱之不去,以至上早操的时候,全校同学都作上肢运动时,他会出人不意地、刺眼地高举起一只脚。据陈先生告诉我,在体操场上很容易找到他,那出格的必无第二人。还需要如何才是谦虚!当杨振宁在电视上讲到杨氏理论时,他说这理论可以管到下世纪、甚至更远时,我只觉得神圣之自尊乃是任何伟大的人物不可或缺的高尚品德。有一年元旦,陈先生收到两张贺年片,地址一模一样,是巴黎雪夫汉街十一号,一封是法国数学所前所长伯冉(Berger)的,一封是我的,陈省身大为惊讶,原来我与伯冉(Berger)住在同一座古典大楼之中,我在A门,他在B门,于是又有了我与伯冉(Berger)的一段因缘。伯冉(Berger)先生十分真诚地告诉我,"陈省身先生是大数学家,而我只是小数学家",他还告诉我曾有一位日本的书法家写了一幅"天下第一"的中文牌匾送他,他不知其意,挂在客厅,后来有中国人来做客,告诉他意思,伯冉(Berger)大笑取下,说,所幸来的人都不识汉字。回国后,我告诉陈省身先生这件事,陈先生说:"他太谦虚,很杰出的数学家,至于大、小嘛,嗯,大体如此吧。"对于一位位居数学峰巅的人,他有着孔子"当仁不让"的担当精神。他决无丝毫的轻忽其他数学家之意,而数学上的＜或＞这样的符号,就不是在月旦之评中可上下其手的事,那是依象而言,那是真实的存在。在我的记忆之中,陈省身先生一般亲切的称谓是直呼其名,如葛墨林、陈洪,更亲切的称呼是不用姓,这样的人几乎我只听到过一个人,那就是杨振宁,他呼之为"振宁",所有的人无一例外地都在背后称陈省身为"陈先生"包括杨振宁先生在内都如此地尊重他。从电话中的"范曾先生"到"范曾兄"到"范曾"绝对经历了20年之久,其间的亲疏尺度,也有"数"。

我与陈省身先生的初次见面,那是在1986年他回国的日子里。杨振宁先生与他同时在南开,陈先生当时并无意回国定居,先生步履健硕,神采奕奕,一双大眼形状与毕加索相似,但其中所储藏则大异其类,毕加索狡黠、凶狠、偏激、自私,而陈省身则慧智、谐谑、宽大、威严,可能所有的人第一次见他之前都诚惶诚恐,宛如他的女婿朱经武先生先把微积分仔细地复习一下。而我则不然,看还看不懂,遑论复习?于是那初生牛犊不畏虎的精神是不缺乏的,加上两个人都爱开玩笑,亦若朱先生谓之"臭味相投",中国文雅的说法为"葭莩相投"。比第一次见杨振宁似乎更多了相逢恨晚的境界。陈省身先生的相貌,按我对骨相的判断:异相也。除眼大有异彩外,耳奇大——长、厚、阔、深四美具,挺拔、垂珠(耳垂如明珠)二难并,这样的杰出耳朵虽千万人无一焉。某人耳则大矣,然软巴巴地,宛似上帝以馀料随意捏就,那街边之卖花生仁的老者耳正不小,气则庸凡。陈先生有垂胆之鼻,可见气息宏大、吐纳不凡,而先生之声有如钟磬一般洪亮清澈,远闻之如深山古寺的梵音法鼓。即使隔八间屋子,那频高速缓的声音都会慢慢传来，那他平生用得最多的一词"好极了"，任何人一听即为之雀跃，至于他称赞的"好极了"的对象则有考证之必要。譬如每年他生日，每次人们都会送涂着彩釉的陶质寿星老给他，以此聚积日多，排列于他的客厅橱上，俗不可耐。相信送来的时候，他一定说"好极了"，这三个字表示了大地般的宽容，你看恢恢地轮上面生长着大木巨柯，也生长着野草闲花，我们难道不觉得冥冥之中大地正在赞赏它们——"好极了"。

我决心将陈省身先生放置于他为南开所建的宁园里这些粗俗的寿礼一扫而空，拿了奇石、东周青铜鼎、雕刻、仿清的硬木高几换下了那"好极了"的一切，然则扔了于送礼者不恭，于是我设"陈省身奖"，将寿星老作为奖品送给一次家宴中的所有客人：陈洪、葛墨林、张伟平、叶嘉莹，还有几位不熟知的数学家。不过有一绝对奇妙的想法来自我的倡议，让陈省身先生在像底唯一的一小块陶质犹露的地方签名，这一倡议使所有的人大为兴奋。到了为我签的时候才发现像底也上了釉，毛笔字上不去，我却奇想突发，这一位寿星老唯一的陶质却在头部，于是我请陈先生在那脑瓜上签字，先生大乐，欣然应命，这人间独一无二的陈省身先生的签名寿翁，至今立在我的书房，它变得那么高雅，那么珍贵。不约而同的是，陈先生仙逝之后我偶去叶嘉莹先生处，她几乎放在同样重要的位置。物因人贵，人们不能忘记那一晚高人雅士的欢乐聚会。

日与先生熟稔，对数学问题的探讨也渐插垂天之翅，游于无极之门，而我的疑问也越来越多，这印证了"十个智者回答不完一个愚者的问题"的欧谚。而对在数学上配称"愚者"的画家我，陈省身先生绝对做到诲人不倦、有教无类。

我问："人们大概不会知道你在想什么？"

陈省身："那我就可以胡说八道。"

我问："那你比别人为什么高？"

陈省身："我做得简洁、漂亮。"

我问："齐白石画到九十岁还有新意，您呢？"

陈省身："类我类我，我也有新的发现。"

我问："人们对大师之产生各有所说，你做何解？"

陈省身："一半机遇，一半天赋？"

我问："努力其无用乎？"

陈省身略停数秒钟，然后出人意外地回答："每一个人都在努力，与成为大师是关系不大的，成功和成为大师是两回事。"这真是妙语惊人，而且越想越使人钦服，非大师不可作如是说。与此相应的问题，见于一次某记者对陈省身的采访。

记者："大师是怎么出现的？"

陈省身："唔——大师，大师——唔。"先生支支吾吾不知怎样才能使这位十个智者也回答不完问题的提问者满意。

"冒出来的。"在旁听得不耐烦的我真是冒出了一句妙语。

陈省身先生大为赞赏："对，范曾说得'好极了'，冒出来的！冒出来的！"

那记者的眼中露出了不解、茫然，先生习惯性的举起他的左手，作中止提问的示意。

古往今来，大师绝对是少数人、极少数人，既不可限以年月，树以指标，给以条件，他们不知何年、何月、何地、何因,霍然而起,伟然而生,卓然而立,那是无法解释的。以我之体会,大师必具条件有三:智、慧、灵。智,不光是好学可得,这并不有悖《中庸》"好学近乎智"的结论,好学者,只是"近乎",而达到峰巅的"近",宛若奥林克匹运动会短跑冠军刘易斯的成绩,恐怕得等一个世纪的努力才能打破。以此知这"近乎"不是"等于"。而慧,则是来源于先天之根性,佛学所谓"慧根"者也,生物学所谓 DNA 者也,那就是只属慧能而不属神秀的质的分际了。有智矣,有慧矣,而无灵,亦不足为大师,灵者,似有似无的感悟也,忽焉近在睫前,忽焉远在天边,灵者,如梦幻、如泡影,视之不见,听之不闻,搏之不得;灵者,迅捷而来,迅捷而去,绝对留不下一丝痕迹。而灵,绝对是古往今来一切大师不可或缺的光照,它是物质的存在?还是精神的本体?不去详为探讨了吧!灵,在阿基米德浴室的澡盆,在弗莱明贮葡萄球菌的平皿,在贝多芬的音符,在帕格尼尼的琴弦,在陈省身的公式,当然也在某些人的画笔。灵,如晨曦清露、中夜细霞,远望之有,谛视之无。它浸润着慧智之域,带给人们天心月圆、花开满枝的胜景。

  陈先生为天津的少年们曾题"数学好玩",这句话如出自平常人之口,那是索然无味的。而出自陈省身先生之口,那就包含了他的无限深情和他投身其中 70 年的漫漫求索。"吾令羲和弭节兮,望崦嵫而勿迫",在他 93 岁高龄之后,他每天早晨四时起床,要解一个什么世界难题。而且他对下一世纪的数学家们提出新的难题,为此他作了一场令人感佩的讲演,他的思维如静影澄璧,清晰而透彻,闪烁着青年人一般的好奇心和创造欲,在人类的历史上,还不曾有第二位数学家像陈省身先生一样,表现出岁老弥坚的弘毅精神和不屈意志。然而这是苦役般的劳动吗?非也! ——"很好玩"。什么是天才?尼采有云:"若狂也、若忘也、若游戏之状态也、若万物之源也、若自转之轮也、若第一之推动也、若神圣之自尊也。"我在"王国维和他的审美裁判"一文中曾引用之,这七点今正可验于陈省身先生之生命。"狂者进取,狷者有所不为"(孔子语),陈省身已为人瑞,犹作登数学奇峰之旅,非"狂者进取"而何?"狷者有所不为",对世上异端怪说,疾恶如仇,有学生杨君持种种特异功能之书,呈于先生面前,先生大怒,推扔满地,下逐客之令,狷介之性时有令人骇异者。对人类文明发展中的垃圾,绝对横扫,毫无商量。我告诉他:"您做得对"。陈先生说:"你认为这样是可以的?"我说"当然!"陈先生谈话,有时滔滔不绝,有时要言不繁,全看其性质而定。最简洁的时候,往往是十分严重的问题,斩钉截铁,不假任何题外的修饰。有一次我邀陈省身先生和杨振宁先生于东艺楼我的画室小坐,谈得正高兴,走来几位物理学的博士生,滔滔不绝地向杨振宁先生问物理疑难,我听不懂,但从他们的表情和动作上判断出他们的语无伦次。从杨先生不太屑于回答的神态上,看出大师的忍耐力。正好坐在旁边的轮椅上的陈省身先生大不耐烦,举起左手,"别问了,你们成不了爱因斯坦"。可见我的判断不错。后来我问陈先生发脾气的原因,他说其中一人既愚蠢而又狂傲,"这样不可以,振宁不会愿意回答这些问题的"。还有一次在叶嘉莹先生的八十大庆上,有一位老而不重的先生于讲坛上訾议无状,信口雌黄,直呼陈省身、杨振宁先生之名而有并驾齐驱、共赴绝域之概。陈省身先生高举左手作狮子吼:"打住!我们老年人就是要少说话!"以上是我见到的陈翁三怒,这三怒非"神圣之自尊"而何?而尼采论天才的中间五点,亦皆陈先生穷奥溯源时的状态,这不只是陈省身先生所专属,古往今来之有大创造者,概莫能外的都有着这种天才的赤子之心、赤子之情、赤子之态。

记得陈省身先生75岁生日那天,陈先生彼时步履稳健,独邀我与叶嘉莹先生作一次小庆,听叶先生谈诗,当然是人生之至乐,我和陈省身先生都为之击节。我说:"今日不可无诗,陈先生您先来",陈省身先生不假思索。一句诗脱口而出:"百年已过四之三",我说:"妙!妙!数学家片刻不忘数学,此其验矣"。叶嘉莹先生以诗评的口气说:"的确好,宋人有'问向前犹有几多春,——三之一'。自有词以来,我以为用分数而入词者,可谓千年一遇,而又出于陈先生之口,简直妙得很"。于是我倡议每人作一首诗,第一句必用"百年已过四之三"以为庆贺,第二天交稿,因为陈先生点的珍馐尚未动箸,所以不作即席之吟,第二天写出后,叶先生对陈省身的诗一字不改,对我出韵的毛病提出了意见。后来这三首诗发表在天津日报,这是极有趣的人生诗篇。

佛家有云:"以逆境为园林。"人生道路不会一马平川,不踬于山者踬于丘,不踬于丘者踬于石。重要的是自己如何对待坎坷,人们如何看待你的坎坷。我当然不例外地遇到了这样的逆境,同时我却能如此生活于逆境之快乐中,陈省身先生和杨振宁先生显然是伸出了援手、带给我无上快乐的两位科学大师。于是有了一场史所未见的"陈省身范曾教授谈美"的讲座,由物理学家葛墨林兄主持,这场讲座有着一个大的背景:

先是,有一位物理学家谈到科学和艺术是一个硬币的两面。且不谈这比喻的不伦,而其所举之例证,实在有悖科学之精神。杜甫有"细推物理"便是第一个提出了物理学之名词;屈赋有"南北顺椭"字,屈原便发现了地球是椭圆形,"天问"成了世界上最早的天文学著作;渐江运用了数学,创对称之山水等等诡言谲说不一而足。而画家们一夜间都深刻了起来,画出了一批十分费解的作品,而每张作品的背后都有着科学伟力的支撑。我断定是这位科学家使一向持重的恩师李可染先生勉为其难地画了生平一张最荒诞的题为"弦"的画,那是一根混乱而驳杂的粗细不匀的线,纠缠着。据说这"弦"已超过了多维空间、而和深奥的数学玄想联袂。陈省身先生请我去宁园看一本这位科学家的著述,他说这种科学与艺术的结合显得荒诞,他简捷地一语破的:"屈原大概不会知道地球是椭圆的"。他告诉我,一会儿有两位天津科技馆的人来,你替我接待一下吧。果然有二位来了,显得有些深刻。我说,这位著书的科学家大概是出于科学上的寂寞,折腾出这样的学说,牵强、荒诞而无聊,我和陈省身先生都不会支持你们所想举办的展览。然而奇怪的是展览会上偏偏展览了杨振宁的油画像和陈省身的雕像,意思是他们支持这荒唐的游戏。这样的欺世手段,也许为的是蒙蔽群众,也许根本上别有机心。我以为由真正懂得科学和艺术是两片水域的人来谈美,是一件十分有意味的事了。于是"陈省身范曾教授谈美"在南开园里拉开帷幕。陈省身先生站在数学家的立场开始了他有趣而深入浅出的论述,他谈到数字是那么的美妙,不可言说。一个神妙的故事以为滔滔讲说的开端:18世纪,在德国的一所学校,数学老师叫学生们回答$1+2+3+4+\cdots\cdots$一直加到100等于多少,少顷,一位年甫弱冠的少年站起来说:"5 050",这就是后来微分几何的奠基人高斯。接着我似乎听出"数"竟有"无理"、"有理"之别,有延伸于一轴自东而西的有理数与无理数,还有驻足于一个平面上的复数。有永远纠缠着你的开方不尽的数,譬如2,还有-1开方之后生出一个符号i,这就是虚数。接着陈省身先生谈几何,妙趣横生。理科学生们的兴高采烈和笑声,使我知道先生讲得精彩,也跟着不甚了了地傻笑。他说:数学是一个至美的境域,数是一个奇妙的精灵。演讲既毕,有一个好问的学生站起来问:"你相信上帝的存在吗?"陈省身先生说:"这也是我想向你提的问题。"在暴风雨般的掌声中,陈省身先生退出了会场。接着我在朗诵了一段我的长诗:《庄子显灵记》中《智者——爱因斯坦》之后,谈到陈省身在普林斯顿大学与爱因斯坦的友情,告诉同学们今天这样的科学家已硕果仅存,只有陈省身先生和爱因斯坦的邻居能如此了解爱因斯坦。我的讲演着重谈科学和艺术是两片水域,科学重理性而艺术重感悟,同时对甚嚣尘上的科学与艺术的"一币两面说"渐有披靡国中之势抱着忧虑之心,我以为这正是打着科学的旗号,为后现代主义艺术张目和鸣锣开道。一个怪力乱神的艺术乱世将会来到人间,而当这样的魔鬼一旦从魔瓶之中窜出,那艺术的灾难便永远不可收拾,我们需要的是筑起水火不能入、虎豹不能侵的铁的长城。因为一种荒诞信念的侵蚀对民族精神的动摇,比火和剑具有更大的危害。和谐的追逐从古代的孔子、老庄到苏格拉底、毕达哥拉斯一直绵延至今。使我们生活于有序的地球和人间,而后现代的所有失序,都在危及着人类的平静,其中充满着斗争和矛盾,噩梦和呓语,甚至戕贼生命和残暴酷虐。后现代不是美妙的信仰,不是诗意的裁判,它带给人类官能的反感和心灵的损伤。呼喊和谐,回归古典主义,与大美不言的天地相往还、相对话,是陈省身先生和我谈美的宗旨。葛墨林兄作了精彩的总结,他要同学们记着这一天,这将是人生难再的幸福的回忆。

　　前文谈到的纤维丛,必有奇美在焉,了解纤维丛的机会终于来临。在一次研讨陈省身数学的成果的大会上,吴文俊先生用他的南方口音讲,那是陈先生从宇宙取下了"一小块块"如何如何,整个会议除听清这四字而外,其他的公式都与我无关。参之杨振宁先生赞陈省身先生的诗:"天衣本无缝,妙手剪掇成。"我想,宇宙的天衣无缝、自然本在那是陈省身先生理论的依据,也是他与宇宙对话的核心。这"妙手"应是冥冥中的目的,那是谁的手? 是西方的上帝? 还是中国的道、天、诸天? 无法说,那妙手必凭籍陈省身先生这样的数学家解析而后再行剪掇,剪掇出"一小块块",重新把他略无缝隙地送回天宇。

　　有着童稚之气且好谐谑的陈省身有一次告诉我:"范曾,我有钱了,以后请客不用你出钱,全部我来付"。

　　"你从哪儿弄来的钱? 弄来多少?"我挑战式地询问。

　　"100万美金,绝对够我们吃饭之用。"陈省身先生告诉我,第一届的邵逸夫奖决定授予他。

　　"哈,一言为定,你的这笔奖金,我们必须吃完之后,才允许你离开人间,一年我们吃它一万元美金,你还得活上一百年",我大为兴奋了。

　　陈省身说:"一百九十三岁,嗯,可以的,一万元美金太奢侈,人民币吧。"态度有些认真。

　　"哈哈,那吃它八百年,你比上古传说中的活了八百岁的彭祖还高寿。"两人相与大笑。

　　数学家和哲学家有着不解的因缘,至高至尊的数学与哲学的邂逅,使两者相得益彰。从毕达哥拉斯到莱布尼兹都是大哲,同时他们更是伟大的数学家。大数学家的所向无敌的武器是逻辑,他们距逻辑越近则距具体的数字越远,那能心算10位数28次方的印度妇女,是卓越的算术家,而不是实际意义上的数学家。计算机,能在比数学家快一万倍的速度下计算数字,但它不是数学家。陈省身先生平生不会使用计算机,也没有一次有求于计算机,他的玄想用不着它。南开大学要从数学经费中拨款购置一个硕大无朋的计算机,先生颇为不满。有司前来询探先生的意见道："你是我们的旗帜，只需要你表一个态就可购买了。"先生说："好吧，那就在旗帜上写'陈省身不要计算机'。"不只对计算机不感兴趣，在日常生活中，陈先生也很少数字之计算，陈省身先生有一次在天津凯悦饭店请客，付款时，几百几十几元，他来回计算，最后的得数才和发票的仿佛。陈省身先生用实际行动教育了我们，不要以为数学家必须有前述印度妇女的本领。

有一天，陈省身先生与杨振宁来我家，用不少英语词汇在谈话，原来在商量这100万美金的捐赠事宜，杨振宁先生提议的地方，陈先生都欣然同意。最后将100万美金一元不剩地送光。我看到了两位伟大的科学家是如此平淡地对待这100万美金，不仅平生所仅见，连我也不曾做到。所谓知识分子之"士节"，正在临财廉而取予义。大师风范，令人肃然起敬。以后所有的饭局，依旧在宁园的小餐厅进行，有时我从外边叫来淮扬系的"公馆菜"正合陈先生口味，可恨葛墨林竟吃不出好来，我和陈省身先生对葛墨林品菜水平的低劣，不免微词，陈省身先生准备请客800年一事倒是忘得一干二净了。对于自己的寿数，陈省身先生怀着永年的信心，一百岁决非上限。

更大的喜事临门了，国际小行星联盟批准了北京天文台的呈报，对陈省身先生授予殊荣，以"陈省身"命名一颗天外的小行星。陈省身先生说："有趣，很有趣的事"。似乎好玩之心胜于激动之情。因为在他的心目中，最关心的不是个人的荣辱，而是祖国的数学。他以为中国是可以成为数学大国的，为此，他竭尽精力，消磨了他生命的最后年月。

2004年夏，溽暑炎蒸，我内心有一种莫名的烦躁，有一件事十分紧迫地时时缠绕着心灵。这种感觉来得突兀，来得猝然，得快快动手，刻不容缓。我不相信神的启示，但很多事使我对冥不可知的天地抱着敬畏。这高天厚地究竟在发生着什么？它们之间那无形的业果，竟是那样不可思议。我立刻要画陈省身和杨振宁这幅大肖像画。这是陈省身先生2002年在一次偶然的谈话中提起的，当时我问是画肖像，还是画古人习用的行乐图格局，陈省身以为都可以，我答应了。此后，陈省身先生曾多次提醒我早动笔，也嘱葛墨林兄和裱画名师耿淑华催促，我总是告诉陈省身，叫他耐心等待。我相信真实的情感会使这幅画精美而生动，这是一幅世界科学巨人的对话，他们的友谊是科学史上的人文精神之典范：既有深邃博大、不可端倪的科学精神；又有温文尔雅、亲和诚信的东方风仪。

既开笔之后，我绝对是处于一种冷静的理智与奔突的热情交会状态。心往笔走，八龙蜿蜒，玉软并驰。那时，天地精神奔来腕底，一笔一划，无非生机。当陈省身先生双眸既出，我就断定了此画的必然大成，那莹莹而欲动的眼神，包含了他阅尽人间繁华归于淡泊寡欲之境的崇高，包含了他探究宇宙奥秘、深入不测之域的睿智，当头部画毕，陈省身先生已跃然入目，如闻謦咳，如坐春风。一个半小时过去，由于激情，也由于天热，汗涔涔而透衣矣。

然后画杨振宁先生，这时最是艰难，由于我从不打铅笔底稿，下笔乾坤已定，非有峻极的本领不可如此从事。杨振宁的眼神必须落在两米远的地方，必须与陈省身先生的眼神相碰撞。这不是寻常的一瞥，是世纪科学峰巅的晤谈，目遇而神授，堪称传神杰作。在此，我无意伪为谦挹，我想，是两位伟大的人物给了我灵感，即前文之所"灵"。

大画既毕，先请葛墨林兄欣赏，他当时的惊讶和快乐难以言表，不停地说："太妙了"，当晚他通知陈省身先生和杨振宁先生。第二天陈省身先生从天津赶到北京碧水庄园我的寓所，当轮椅推到这丈二匹的大画前时，先生大喜过望，几乎是高声地喊着说："伟大！伟大！"接着玩笑地补充说："我和振宁跟着这幅画不朽了！"我说："你正说反了，我跟着描画的伟大人物不朽了"。我从来没有看到过他如此的兴奋，比起那天上的小行星，这幅画似乎更"有趣"，"很有趣"。

第三天杨振宁先生带着一个留美的物理学博士来看此画，杨振宁说："陈省身先生画得太像了，我自己看自己，不如别人看我"。于是他问博士，"你看像不像我？"博士说："太传神了，太像了。"杨先生的兴奋不亚于陈省身先生，当晚他传来了fax，激赏此画，尤其对画上题字"奇文共欣赏，疑义相与析"和诗："纷繁造化赋玄黄，宇宙浑茫即大荒。递变时空皆有数，迁流物类总成场。天衣剪掇丛无缝，太极平衡律是纲。巨擘从来诗作魄，真情妙悟铸文章"备极赞赏，以为虽英之大诗人蒲柏（pope）之作无以过。

然而，不幸的事从天而降，六合的大雾笼罩着，天地一片茫茫，真个茫茫！巨人因心脏病倒下了。飞机停航。我从济南乘火车直奔天津，直奔天津医学院总医院。先生正在昏迷之中。奇巧的事发生了，当我站到病床边的时候，先生霍然醒来，睁开着一双大眼，口中模糊地发出"范曾，范——曾——"的轻微声音，而且颤动着右手，似乎想抬起来握手，我紧紧地握着先生的手，他完全没有表情，一会儿又昏迷过去。他一生最后讲的两个字，就是"范曾，范——曾——"，这光辉生命最后的一抹余霞我见过了，那是平静的。天色渐暗，先生的心脏测仪上，由微波而划为一根线，一根绝对无情的线。

我和葛墨林、张伟平默默地将先生送进了太平间，时值隆冬，像地窟一样的寒冷，人们相顾流着无言的泪，更无语言，何须语言，夫复何言！

陈省身先生的女婿，卓越的物理学家朱经武先生说，"他是带着快乐走的，有三件事：小行星的命名、邵逸夫奖，还有他看到了您画的这幅画"。

从淌着血的心灵里流出了一首痛定思痛的诗："大雾茫茫掩九州，中天月色黯然收，何期执手成长别，不信遐龄有尽头。一夕宁园人去后，千秋寂境我悬愁，遥看亿万星辰转，能照荷塘旧日鸥。"

南开园的新开湖畔，深夜里一片烛光，上万的莘莘学子，举着闪动的蜡烛，向我心目中二十世纪最伟大的数学家告别。庄严肃穆，悄焉寂然，没有哭声，也没有抽泣。只有无法慰藉的哀思举起了崇高的无际光焰，象征着他智慧的光亮，这光亮曾照遍人类的几何学圣地。

告别大会隆重而悲哀，人们都记得杨振宁先生对陈省身先生的崇高评价，记得他诗中将欧几里得、高斯、黎曼、嘉当、陈省身列为人类几何学的五座丰碑。卓越的数学家邱成桐先生说："我们以毕生的精力，也做不到陈先生十分之一的工作"。我想，这不是谦虚之词。

人们在哀乐声中仰望长空，夜色已浓，那一颗闪烁的行星——陈省身已渐行渐远。

——选自《2006 中国年度散文》，王剑冰选编，漓江出版社2007年版

此文大器细工，其感润于文，其情透于纸，大师级的性情思想，在大师级的文字溢放开来。

六、贝多芬百年祭　　[爱尔兰]萧伯纳

【篇章导引】

萧伯纳(1856~1950),爱尔兰戏剧家。受母亲熏陶,萧伯纳从小就爱好音乐和绘画。中学毕业后,因经济拮据未能继续深造,15岁便当了缮写员,后又任会计。1876年移居伦敦母亲处,为《明星报》写音乐评论,给《星期六评论》周报写剧评,并从事新闻工作。

萧伯纳的世界观比较复杂,他接受过柏格森、叔本华和尼采的哲学思想,又攻读过马克思的《资本论》。1884年他参加了"费边社",主张用渐进、点滴的改良来改变资本主义制度,反对暴力革命。在艺术上,他接受易卜生影响,主张写社会问题,反对"为艺术而艺术"的主张。

萧伯纳的文学始于小说创作,但突出的成就是戏剧,被誉为"20世纪的莫里哀"。他共完成了51个剧本。前期代表主要为戏剧集《不愉快戏剧集》、《愉快的戏剧集》、《为清教徒写的戏剧》。进入20世纪之后,萧伯纳的创作进入高峰,代表作品包括《人与超人》、《伤心之家》、《圣女贞德》等。其中《圣女贞德》获得空前的成功,被公认为他的最佳历史剧。

萧伯纳于1925年获得了诺贝尔文学奖。

路德维希·凡·贝多芬(1770~1827),德国作曲家、钢琴家、指挥家,维也纳古典乐派代表人物之一。主要作品有交响曲九部(其中以第三《英雄交响曲》、第五《命运交响曲》、第六《田园交响曲》最为著名),钢琴曲《悲怆》、《月光曲》等。《贝多芬百年祭》是萧伯纳1927年为伦敦《广播时报》写的音乐评论,是为纪念贝多芬逝世一百周年而作的纪念文章。

贝多芬百年祭

[爱尔兰]萧伯纳

一百年前,一位虽还听得见雷声但已聋得听不见大型交响乐队演奏自己的乐曲的五十七岁的倔强的单身老人最后一次举拳向着咆哮的天空,然后逝去了,还是和他生前一直那样地唐突神灵,蔑视天地。他是反抗性的化身,他甚至在街上遇上一位大公和他的随从时也总不免把帽子向下按得紧紧地,然后从他们正中间大踏步地直穿而过。他有一架不听话的蒸汽轧路机的风度(大多数轧路机还恭顺地听使唤和不那么调皮呢);他穿衣服之不讲究尤甚于田间的稻草人:事实上有一次他竟被当做流浪汉给抓了起来,因为警察不肯相信穿得这样破破烂烂的人竟会是一位大作曲家,更不能相信这副躯体竟能容得下纯音响世界最奔腾澎湃的灵魂。他的灵魂是伟大的;但是如果我使用了最伟大的这种字眼,那就是说比韩德尔的灵魂还要伟大,贝多芬自己就会责怪我;而且谁又能自负为灵魂比巴哈的还伟大呢? 但是说贝多芬的灵魂是最奔腾澎湃的那可没有一点问题。他的狂风怒涛一般的力量他自己能很容易控制住，可是常常并不愿去控制，这个和他狂呼大笑的滑稽诙谐之处是在别的作曲家作品里都找不到的。毛头小伙子们现在一提起切分音就好像是一种使音乐节奏成为最强而有力的新方法；但是在听过贝多芬的第三里昂诺拉前奏曲之后，最狂热的爵士乐听起来也象"少女的祈祷"那样温和了，可以肯定地说我听过的任何黑人的集体狂欢都不会象贝多芬的第七交响乐最后的乐章那样可以引起最黑最黑的舞蹈家拼了命地跳下去，而也没有另外哪一个作曲家可以先以他的乐曲的阴柔之美使得听众完全溶化在缠绵悱恻的境界里，而后突然以铜号的猛烈声音吹向他们，带着嘲讽似地使他们觉得自己是真傻。除了贝多芬之外谁也管不住贝多芬；而疯劲上来之后，他总有意不去管住自己，于是也就成为管不住的了。

这样奔腾澎湃，这种有意的散乱无章，这种嘲讽，这样无顾忌的骄纵的不理睬传统的风尚——这些就是使得贝多芬不同于十七和十八世纪谨守法度的其他音乐天才的地方。他是造成法国革命的精神风暴中的一个巨浪。他不认任何人为师，他同行里的先辈莫扎特从小起就是梳洗干净，穿着华丽，在王公贵族面前举止大方的。莫扎特小时候曾为了彭巴杜夫人发脾气说："这个女人是谁，也不来亲亲我，连皇后都亲我呢"。这种事在贝多芬是不可想象的，因为甚至在他已老到像一头苍熊时，他仍然是一只未经驯服的熊崽子。莫扎特天性文雅，与当时的传统和社会很合拍，但也有灵魂的孤独。莫扎特和格鲁克之文雅就犹如路易十四宫廷之文雅。海顿之文雅就犹如他同时的最有教养的乡绅之文雅。和他们比起来，从社会地位上说贝多芬就是个不羁的艺术家，一个不穿紧腿裤的激进共和主义者。海顿从不知道什么是嫉妒，曾称呼比他年轻的莫扎特是有史以来最伟大的作曲家，可他就是吃不消贝多芬。莫扎特是更有远见的，他听了贝多芬的演奏后说："有一天他是要出名的。"但是即使莫扎特活得长些，这两个人恐也难以相处下去。贝多芬对莫扎特有一种出于道德原因的恐怖。莫扎特在他的音乐中给贵族中的浪子唐璜加上了一圈迷人的圣光，然后像一个天生的戏剧家那样运用道德的灵活性又回过来给莎拉斯特罗加上了神人的光辉，给他口中的歌词谱上了前所未有的就是出自上帝口中都不会显得不相称的乐调。

贝多芬不是戏剧家，赋予道德以灵活性对他来说就是一种可厌恶的玩世不恭。他仍然认为莫扎特是大师中的大师（这不是一顶空洞的高帽子，它的的确确就是说莫扎特是个为作曲家们欣赏的作曲家，而远远不是流行作曲家）；可是他是穿紧腿裤的官廷侍从，而贝多芬却是个穿散腿裤的激进共和主义者；同样地海顿也是穿传统制服的侍从。在贝多芬和他们之间隔着一场法国大革命，划分开了十八世纪和十九世纪。但对贝多芬来说莫扎特可不如海顿，因为他把道德当儿戏，用迷人的音乐把罪恶谱成了象德行那样奇妙。如同每一个真正激进共和主义者都具有的，贝多芬身上的清教徒性格使他反对莫扎特，固然莫扎特曾向他启示了十九世纪音乐的各种创新的可能。因此贝多芬上溯到韩德尔，一位和贝多芬同样倔强的老单身汉，把他作为英雄。韩德尔瞧不上莫扎特崇拜的英雄格鲁克，虽然在韩德尔的《弥赛亚》里的田园乐是极为接近格鲁克在他的歌剧《奥菲欧》里那些向我们展示出天堂的原野的各个场面的。

因为有了无线电广播，成百万对音乐还接触不多的人在他百年祭的今年将第一次听到贝多芬的音乐。充满着照例不加选择地加在大音乐家身上的颂扬话的成百篇的纪念文章将使人们抱有通常少有的期望。像贝多芬同时的人一样，虽然他们可以懂得格鲁克和海顿和莫扎特，但从贝多芬那里得到的不但是一种使他们困惑不解的意想不到的音乐，而且有时候简直是听不出是音乐的由管弦乐器发出来的杂乱音响。要解释这也不难。十八世纪的音乐都是舞蹈音乐。舞蹈是由动作起来令人愉快的步子组成的对称样式；舞蹈音乐是不跳舞也听起来令人愉快的由声音组成的对称的样式。因此这些乐式虽然起初不过是象棋盘那样简单，但被展开了，复杂化了，用和声丰富起来了，最后变得类似波斯地毯；而设计像波斯地毯那种乐式的作曲家也就不再期望人们跟着这种音乐跳舞了。要有神巫打旋子的本领才能跟着莫扎特的交响乐跳舞。有一回我还真请了两位训练有素的青年舞蹈家跟着莫扎特的一阕前奏曲跳了一次，结果差点没把他们累垮了。就是音乐上原来使用的有关舞蹈的名词也慢慢地不用了，人们不再使用包括萨拉班德舞、帕凡宫廷舞，加伏特舞和小步舞等等在内的组曲形式，而把自己的音乐创作表现为奏鸣曲和交响乐，里面所包含的各部分也干脆叫做乐章，每一章都用意大利文记上速度，如快板、柔板、谐谑曲板、急板等等。但在任何时候，从巴哈的序曲到莫扎特的《天神交响乐》，音乐总呈现出一种对称的音响样式给我们以一种舞蹈的乐趣来作为乐曲的形式和基础。

可是音乐的作用并不止于创造悦耳的乐式。它还能表达感情，你能去津津有味地欣赏一张波斯地毯或者听一曲巴哈的序曲，但乐趣只止于此；可是你听了《唐璜》前奏曲之后却不可能不发生一种复杂的心情，它使你心理有准备去面对将淹没那种精致但又是魔鬼式的欢乐的一场可怖的末日悲剧。听莫扎特的《天神交响乐》最后一章时你会觉得那和贝多芬的第七交响乐的最后乐章一样，都是狂欢的音乐：它用响亮的鼓声奏出如醉如狂的旋律，而从头到尾又交织着一开始就有的具有一种不寻常的悲伤之美的乐调，因之更加沁人心脾。莫扎特的这一乐章又自始至终是乐式设计的杰作。但是贝多芬所做到了的一点，也是使得某些与他同时的伟人不得不把他当做一个疯人，有时清醒就出些洋相或者显示出格调不高的一点，在于他把音乐完全用作了表现心情的手段，并且完全不把设计乐式本身作为目的。不错，他一生非常保守地（顺便说一句，这也是激进共和主义者的特点）使用着旧的乐式；但是他加给它们以惊人的活力和激情，包括产生于思想高度的那种最高的激情，使得产生于感觉的激情显得仅仅是感官上的享受，于是他不仅打乱了旧乐式的对称，而且常常使人听不出在感情的风暴之下竟还有什么样式存在着了。他的《英雄交响乐》一开始使用了一个乐式（这是从莫扎特幼年时一个前奏曲里借来的），跟着又用了另外几个很漂亮的乐式；这些乐式被赋予了巨大的内在力量，所以到了乐章的中段，这些乐式就全被不客气地打散了；于是，从只追求乐式的音乐家看来，贝多芬是发了疯了，他抛出了同时使用音阶上所有单音的可怖的和弦。他这么做只是因为他觉得非如此不可，而且还要求你也觉得非如此不可呢。

以上就是贝多芬之谜的全部。他有能力设计最好的乐式；他能写出使你终身享受不尽的美丽的乐曲；他能挑出那些最干燥无味的旋律，把它们展开得那样引人，便你听上一百次也每回都能发现新东西；一句话，你可以拿所有用来形容以乐式见长的作曲家的话来形容他;但是他的病征,也就是不同于别人之处在于他那激动人的品质,他能使我们激动,并把他那奔放的感情笼罩着我们。当柏辽兹听到一位法国作曲家因为贝多芬的音乐使他听了很不舒服而说"我爱听了能使我入睡的音乐"时,他非常生气。贝多芬的音乐是使你清醒的音乐;而当你想独自一个静一会儿的时候,你就怕听他的音乐。

懂了这个,你就从十八世纪前进了一步,也从旧式的跳舞乐队前进了一步(爵士乐,附带说一句,就是贝多芬化了的老式跳舞乐队),不但能懂得贝多芬的音乐而且也能懂得贝多芬以后的最有深度的音乐了。

【评析提示】

这是一篇饱含感情、充满哲理的散文,全文紧紧抓住"反抗性"这个主旨,追记了贝多芬的思想和音乐创作的各个侧面,突出了贝多芬及其作品的强烈的反抗精神,是一篇优秀的人物评论和音乐评论。

作者首先记述了贝多芬的性格特征和音乐特色,以贝多芬作为"反抗性化身"入手,通过几个小故事,将人物的反抗性渲染的形象生动、淋漓尽致。接着再写贝多芬的音乐,他的音乐的惊人的活力与激情正是其奔腾澎湃的灵魂的再现。贝多芬的音乐是能使人激动的音乐,他的灵魂完全融化在他的音乐创作中,而他的音乐又充分体现了他的灵魂。贝多芬的音乐中响彻着资产阶级反封建、争民主的主旋律,这也是作曲家毕生追求"自由、平等、博爱"的理想,也是他与前辈及其他音乐家的不同。

语言的雄辩与论证的严密是本文说理的突出特点。文章大量运用生动具体的描绘和比喻手法,赋予文章以形象性,并给人以强烈的感染力。语句既饱含感情又充满哲思,语言矫健、酣畅、激荡人心,从始至终贯穿着不可阻挡的气势,具有强烈的感染力和说服力。

【思考与练习】

1. 本文所写贝多芬音乐精髓与他的个性有何内在联系?文中是如何表现的?
2. 这篇散文在句式上极富特色,试举例分析其在表达上的作用。
3. 你熟悉的祭文还有哪些?分析其与本文有何异同?

【拓展阅读】

黄霑,黄霑,中国背影渐去

李 皖

(原文略)

本文选自《五年顺流而下》。

黄霑(1941~2004),原名黄湛森,英文名 James J. S. Wong,广州人。香港著名作家、词曲家。从业广告、电影、作曲,任过香港电视台、电台主持人。与金庸、倪匡、蔡澜一起被称为

"香港四大才子",又与倪匡、蔡澜一同被称为"香港三大名嘴"。写出2 000多首歌曲,其中《上海滩》《沧海一声笑》《狮子山下》《问我》《我的中国心》为"经典中的经典",被冠以"流行歌词宗匠",是香港歌坛公认的"词坛教父",是香港流行文化的代表。

黄霑用大量的音乐作品,把中国传统文人的心境表达的淋漓尽致。本文作者因其作品中所透露出来的中国风情,感受到中国文化的博大精深,同时也对借助音乐形式传播中国文化的黄霑深为折服,为他所开创的粗犷而纯粹的中国风音乐感到骄傲,并对黄霑的离世可能带来的这种文化氛围的消逝感到担忧。

——选自《读书》,2005年第5期

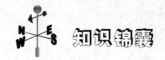

中国古代诗词格律常识

我国古代韵文包括诗、词、曲、辞赋等多种形式,其中诗、词流行广泛,格律要求也比较严格,撮要概略介绍如下。

诗是古代运用最广的一种韵文,门类众多,体式纷繁。如以句式言,可分为四言诗、五言诗、六言诗、七言诗、杂言诗等;如以体裁言,则有楚辞体、乐府体、歌行体、律体等。要而言之,可大致分为古体诗与近体诗两大类。

古体诗与近体诗都是唐代形成的诗体概念,两者相对而言。唐代以前,写诗通常不讲究平仄和对仗,押韵比较宽松,每首诗的句式、句数等也没有严格的规定。唐人因而将汉代以来的这类诗歌统称为古体诗,又称古诗或古风。需要指出的是,所谓古体诗,是从诗歌声律角度着眼而界定的一个诗体概念,不能单以某首诗产生于唐代之前或唐代之后为尺度来论断它是否属于古体诗。唐宋以来,诗人们除写近体诗外,也时常写些古体诗,如教材中所选唐人陈子昂的《登幽州台歌》、张若虚的《春江花月夜》、李白的《蜀道难》及白居易的《长恨歌》就都是古体。古体诗较为常见的体式有五古和七言歌行。

近体诗又称今体诗,是在唐代成熟定型的一种格律体诗,在句数、句式、平仄、对偶、押韵等方面有一系列规定或要求。

近体诗按句数多少可分为绝句与律诗两类,绝句每首四句,律诗一般每首八句。律诗两句为一联,第一、二句称首联,第三、四句称颔联,第五、六句称颈联,第七、八句称尾联。每联的上句称出句,下句称对句。超过八句的律诗称排律或长律,它的句数必须是双数。

近体诗的句式有五言、六言、七言三种。每首诗句式整齐划一,略无参差。唐宋以来流行的体式有五言绝句、七言绝句、五言律诗、七言律诗和五言排律。

讲究平仄是近体诗的一个本质特征。平,指古汉语四声中的上平声和下平声;仄,指古汉语四声中的上声、去声和入声。近体诗按一定规则交替使用平声字或仄声字,因而音律抑扬顿挫,富于节奏感和音乐美,读来琅琅上口。近体诗的平仄规则主要有二:

一是以平仄相间的原理调配每句诗中各个字的声调。也就是说每句诗中每间隔两个字或者三个字更替其平仄。近体诗的五言句平仄排列有四种基本格式:

①仄仄平平仄
②平平仄仄平
③平平平仄仄
④仄仄仄平平

其七言句平仄排列也有四种基本格式:

①平平仄仄平平仄

②◯仄平平◯仄平
③◯仄◯平平仄仄
④◯平◯仄仄平平

(加"○"者为可平可仄)

以上八种基本格式，也就是近体诗单句平仄的一般规则，各种类型的绝句和律诗，都是由这些基本格式组配而成的。

二是以粘对循环的原理组接每首诗中的各个单句。所谓对，即指处于偶数位置上的诗句，其平仄格式必须与它的上一句对立。如第三句是"仄仄平平仄"，第四句须是"平平仄仄平"；如第七句是"仄仄平平平仄仄"，那么第八句须是"平平仄仄仄平平"。但第一、二句常有例外：如果首句末字为平声，则第二句例用另一种末字为平声的基本格式。如首句为"仄仄仄平平"，第二句则为"平平仄仄平"；如首句为"仄仄平平仄仄平"，第二句则例用"平平仄仄仄平平"。所谓粘，是指绝句第三句或律诗的第三、五、七句的第二字的平仄要与其上一句的第二字的平仄相同，而其全句的平仄格式不能与其上一句重复。如五绝第二句是"平平仄仄平"，则其第三句应为"平平平仄仄"；如七律第四句是"平平仄仄仄平平"，则其第五句应为"平平仄仄平平仄"。违反了这一规则，古人称为"失粘"。粘和对，是近体诗组接各单句的重要规则，不同类型的绝句和律诗，都是根据粘对规则由上述几种基本格式组合而成的。因而，只要能熟记近体诗单句平仄的八种基本格式并掌握粘对规则，就可以根据一首诗首句的平仄而推演出全首的平仄格律，也就大体掌握了近体诗声律平仄的一般规律。下面，举教材中所选诗歌为例，以供理解、参照。

例一：朱庆馀《闺意上张水部》
◯平平仄仄平平仄　仄仄平平仄仄平
洞房昨夜停红烛，待晓堂前拜舅姑。
◯仄平平平◯仄　◯平◯仄仄平平
妆罢低声问夫婿，画眉深浅入时否？

例二：王昌龄《出塞》
平平◯仄仄平平　仄仄平平◯仄平
秦时明月汉时关，万里长征人未还。
◯仄平平平仄仄　◯平◯仄仄平平
但使龙城飞将在，不教胡马度阴山。

例三：陆游《沈园二首》其一
仄仄平平仄仄平　平平◯仄仄平平
城上斜阳画角哀，沈园非复旧池台。
平平◯仄平平仄　◯仄平平仄仄平
伤心桥下春波绿，曾是惊鸿照影来。

以上三首七绝，分别代表了三种平仄模式。其中，例一中的"昨"、"烛"、"入"，例二中的

"月",例三中的"角"、"绿",在古汉语中均读入声;例一中的"问夫婿"三字属拗体,较特殊,此不赘述。

例四:王维《山居秋暝》
平平平仄仄　⊗仄仄平平
空山新雨后,天气晚来秋。
⊗仄平平仄　平平仄仄平
明月松间照,清泉石上流。
⊕平平仄仄　⊗仄仄平平
竹喧归浣女,莲动下渔舟。
⊗仄平平仄　平平仄仄平
随意春芳歇,王孙自可留。

例五:杜甫《春望》
仄仄平平仄　平平仄仄平
国破山河在,城春草木深。
⊕平平仄仄　⊗仄仄平平
感时花溅泪,恨别鸟惊心。
⊗仄平平仄　平平仄仄平
烽火连三月,家书抵万金。
⊕平平仄仄　⊗仄仄平平
白头搔更短,浑欲不胜簪。

以上两首作品,代表了首句不入韵的两种五律模式。其中,例四中的"月"、"石"、"竹"、"歇",例五中的"国"、"木"、"别"、"月"、"白",古汉语均读入声。

例六:黄庭坚《登快阁》
平平仄仄平平仄　仄仄平平⊗仄平
痴儿了却公家事,快阁东西倚晚晴。
仄仄平平平仄仄　平平仄仄仄平平
落木千山天远大,澄江一道月分明
平平仄仄平平仄　⊗仄平平仄仄平
朱弦已为佳人绝,青眼聊因美酒横。
仄仄平平平仄仄　⊕平仄仄仄平平
万里归船弄长笛,此心吾与白鸥盟。

例七:刘禹锡《西塞山怀古》
⊗仄平平仄仄平　平平⊗仄仄平平
王濬楼船下益州,金陵王气黯然收。
平平仄仄平平仄　仄仄平平仄仄平

千寻铁锁沉江底,一片降幡出石头。
㊀仄㊁平平仄仄　平平㊁仄仄平平
人世几回伤往事,山形依旧枕寒流。
平平仄仄平平仄　仄仄平平㊁仄平
今逢四海为家日,故垒萧萧芦荻秋。

例八:秦韬玉《贫女》
平平仄仄仄平平　仄仄平平厌仄平
蓬门未识绮罗香,拟托良媒益自伤。
㊁仄平平平㊁仄　⑦平㊁仄仄平平
谁爱风流高格调,共怜时世俭梳妆。
㊀平仄仄平平仄　仄仄平平仄平平
敢将十指夸针巧,不把双眉斗画长。
仄仄平平平㊁仄　㊀平㊁仄仄平平
苦恨年年压金线,为他人作嫁衣裳。

以上三诗中,例六之"却"、"阁"、"木"、"月"、"绝"、"一"、"笛"、"白",例七之"益"、"出"、"石"、"日"、"荻",例八之"识"、"托"、"格"、"十"、"压"、"作",古汉语中均读入声。例六中之"弄长笛"、例八中之"压金线"为拗体。

律诗还要求运用对仗,也称对偶,即要求一联诗中的出句与对句句法结构一致,而处于同一位置的词语词性相当,如名词对名词,动词对动词,副词对副词,数词对数词等。如刘禹锡《西塞山怀古》中的颔联:"千寻"对"一片","铁锁"对"降幡","沉江底"对"出石头";又如黄庭坚《登快阁》中的颈联:"朱弦"对"青眼","已为"对"聊因","佳人"对"美酒","绝"对"横"。律诗中的对仗通常在颔联和颈联,但也有例外,如杜甫的五律《春望》前三联就都用对仗,而他的七律《登高》则通篇运用对仗。

近体诗大都押平声韵,二韵到底,邻韵一般不能通押。押韵的位置在第二、四、六、八句,首句可以押韵也可不押韵。以习见者说来,五绝、五律的首句以不押韵者为多,而七绝、七律的首句则以押韵者为多。如教材中所选七绝《从军行》和《秋兴八首》(其一)、《西塞山怀古》、《贫女》、《锦瑟》四首七律,首句都押韵。唐宋时,近体诗的用韵分部极其严格,此受篇幅限制难以具体陈说,详细情况可参看《诗韵集成》、《诗韵合璧》等专门韵书。

词是随着隋唐燕乐的兴盛流行,由诗歌与音乐结合而生成的一种新型格律诗,盛行于两宋。词在早先,职责是充当乐曲歌辞而用以歌唱,大都为配合乐曲而作,因而唐五代时多称为曲子、曲子词,入宋以后才逐渐习称为词,又称乐章、乐府、琴趣、长短句、诗余等。

每首词都有一个调名,称词调或词牌,如《水龙吟》、《定风波》、《念奴娇》等。词调在原先本是表示该词所从属的音乐曲调的名称,后来词与音乐的关系日渐疏远并最终脱离音乐,词调就仅仅作为字句、声律、押韵等方面的固定格式的一种标志了。每个词调,都有其所限定的句数、字数、句式、声韵,所谓"调有定句,句有定字,字有定声"。如《定风波》这个词调,正格规定六十二字,分上、下两片,上片五句,七七七二七句式,叶三平韵两仄韵;下片六句,七二七七二七句式,叶四仄韵两平韵,平仄韵不同部错叶。此以教材中所选苏轼词示例如下:

仄仄平平仄仄平,
　莫听穿林打叶声_{平韵},
平平㊄仄仄平平
　何妨吟啸且徐行_{平韵}。
仄仄平平平仄仄
　竹杖芒鞋轻胜马_{仄韵},
平仄
　谁怕_{仄韵}?
㊄平㊄仄仄平平
　一蓑烟雨任平生_{平韵}。
仄仄平平平仄仄
　料峭春风吹酒醒_{仄韵},
平仄
　微冷_{仄韵},
平平㊄仄仄平平
　山头斜照却相迎_{平韵}。
㊄仄㊄平平仄仄
　回首向来萧瑟处_{仄韵},
平仄
　归去_{仄韵},
㊄平㊄仄仄平平
　也无风雨也无晴_{平韵}。

词中"叶"、"且"、"竹"、"一"、"却"、"瑟"字,古汉语读入声。

词牌名称不同,其格律也就不同。由于词牌名目众多,格律纷繁,很难抽象出规律,因此,想具体了解某一词牌的格律要求,最简捷的办法就是翻检词谱。现有词谱中,收罗比较完备的有清人万树编的《词律》和王奕清等人编的《钦定词谱》,比较简明实用的则有今人龙榆生编选的《唐宋词格律》。

词的篇制或巨或细,差异颇大。最短的是《苍梧谣》,仅有十六个字;最长的是《莺啼序》,长达二百四十字。明人顾从敬曾根据词的篇制长短,将所有的词调分为小令、中调、长调三类:五十八字以内者为小令,如教材中所选贺铸之《鹧鸪天》;五十九至九十字者为中调,如上例苏轼之《定风波》;九十一字以上者为长调,如教材中所选辛弃疾之《水龙吟》、史达祖之《双双燕》。其分类标准并不科学(如《满江红》词调,有八十九字体,又有九十一字体,即难归属），但自有其举说便利之处，所以自明清以来沿用至今。

  词的体段也有数种。有些词只有一段，称为单调；有些词分为两段，称为双调；有些词分为三段或四段，称为三叠或四叠。各种体段中，双调词所占比重最大，也最为常见。通常把双调词的第一段称为上片、上阕或前片、前阕，把第二段称为下片、下阕或后片、后阕。双调词下片的首句叫过片，如其与上片首句句式相同，称重（chóng）头；如其与上片首句句式不同，则称换头或过变。

  词的句式或整齐，或参差，但绝大多数词调的句式长短不齐。短者仅一字，长者达十一字，因而词又名长短句。需要注意的是，词中的五言句或七言句，其句法结构往往与诗中的五、七言句不同。五言句如辛弃疾《水龙吟》中的"把吴钩看了"，即为"上一下四"句法；七言句如秦观《鹊桥仙》中的"又岂在朝朝暮暮"，史达祖《双双燕》中的"又软语商量不定"，都具有"一二四"的结构特点。这是词体的重要形式特征之一，需加辨别体会。

  词的押韵比近体诗远为复杂。有的词调押平韵，有的词调押仄韵，有的词调既有押平韵体又有押仄韵体，有的词调则规定平、仄韵交替，有的词调还规定要押句中韵。总之，每个词调都有各自独特的押韵规定，欲知其详，只有翻检词谱最为便利了。

第七单元　乐山·乐水

人是自然之子。

《论语·雍也》:"知者乐水,仁者乐山",老子曰:"上善若水。"

水是大地演绎的柔情,山是大地横亘的雄浑。千山万水总关情。

乐山乐水,是内涵非常丰富的精神文化活动,是寄情山水、物我两忘。面对风光无限的美丽景色,我们能够亲身感受到大自然的熏陶,使自己的心境不断得到升华和净化。乐山乐水是一种欣赏,是对美好河山的欣赏;是一种品味,是对大自然韵律的品味;是一种学习和探索,是对知识的不断吸纳和积累;是一种经历,是对社会、生活阅历的不断丰富。山水在成就自我的同时孕育了华夏文化。

历代的文人雅士诗词大家,乘物游心,山水俱乐,仁智兼修,用他们的生花妙笔、锦绣文章,以山水为纽带,不断充实着文化的内涵。

我们在山水间流连,我们在人文历史中徜徉。

一、秋水　庄子

【篇章导引】

庄子(约前369~前286),名周,宋国蒙(今河南商丘东北,一说今安徽蒙城县)人。庄子是我国先秦(战国)时期伟大的思想家、哲学家和文学家,是道家学说的主要创始人,至魏晋时人们把他与道家始祖老子并称为"老庄",他们的哲学思想体系,被思想学术界尊为"老庄哲学"。庄子平生事迹难以确考,据《庄子》本文和《史记·老子韩非列传》可知,庄子做过蒙地方的漆园吏,家境贫寒,曾不得不借粮为生,而对权势富贵却极端蔑弃。庄子被认为是先秦时期最具哲学家气质的人,其学说对中国人的思想观念和生活方式影响复杂而深远。《庄子》一书也以充满形象的寓言故事、丰富而奇特的想象、汪洋恣肆而富于诗性的语言,成为后世文学创作的源泉和楷范之一。

《庄子》共三十三篇,包括内篇七,外篇十五,杂篇十一。一般认为,内篇为庄子自著,外篇为庄子后学所作。本文选自《庄子》外篇《秋水》的第一章河伯与海若对话的第一段。"秋水"是本篇开头二字,用作篇题。秋水,雨水生于春而旺于秋,秋天雨季一到,河水暴涨,称为秋水。

秋　水

庄　子

　　秋水时至,百川灌河,泾流之大[1],两涘渚崖之间[2],不辩牛马。于是焉河伯欣然自喜[3],以天下之美为尽在己。顺流而东行,至于北海,东面而视,不见水端,于是焉河伯始旋其面目,望洋向若而叹曰[4]:"野语有之曰:'闻道百,以为莫己若'者[5],我之谓也。且夫我尝闻少仲尼之闻而轻伯夷之义者[6],始吾弗信,今我睹子之难穷也,吾非至于子之门则殆矣,吾长见笑于大方之家[7]。"北海若曰:"井蛙不可以语于海者,拘于虚也[8];夏虫不可以语于冰者,笃于时也[9];曲士不可以语于道者,束于教也[10]。今尔出于崖涘,观于大海,乃知尔丑[11],尔将可与语大理矣。天下之水,莫大于海,万川归之,不知何时止而不盈;尾闾泄之[12],不知何时已而不虚;春秋不变,水旱不知。此其过江河之流,不可为量数。而吾未尝以此自多者,自以比形于天地而受气于阴阳[13]:吾在天地之间,犹小石小木之在大山也。方存乎见少[14],又奚以自多!计四海之在天地之间也,不似礨空之在大泽乎[15]?计中国之在海内,不似稊米之在大仓乎[16]?号物之数谓之万,人处一焉;人卒九州[17],谷食之所生,舟车之所通,人处一焉[18]。此其比万物也,不似豪末之在马体乎?五帝之所连[19],三王之所争,仁人之所忧,任士之所劳[20],尽此矣[21]。伯夷辞之以为名,仲尼语之以为博,此其自多也,不似尔向之自多于水乎[22]?"

　　河伯曰:"然则吾大天地而小豪末,可乎?"北海若曰:"否。夫物,量无穷[23],时无止,分无常[24],终始无故[25]。是故大知观于远近,故小而不寡,大而不多,知量无穷;证曏今故[26],故遥而不闷[27],掇而不跂[28],知时无止;察乎盈虚[29],故得而不喜,失而不忧,知分之无常也;明乎坦途[30],故生而不悦,死而不祸,知终始之不可故也。计人之所知,不若其所不知;其生之时,不若未生之时。以其至小,求穷其至大之域,是故迷乱而不能自得也。由此观之,又何以知毫末之足以定至细之倪[31]!又何以知天地之足以穷至大之域!"

——选自《庄子集解》,王先谦(清)集解,中华书局1987年版

【注释】

　　[1]泾流:指黄河主流之宽度。泾(jīng):通径,指河之宽度。
　　[2]涘(sì):水边、岸边。渚(zhǔ):水中间小块陆地、小洲。这句是说,由于河水上涨,河面宽阔,两岸之间,小洲之上,相互望去,见物不真,连牛马都不能分辨。
　　[3]河伯:黄河水神。名冯夷。
　　[4]"于是焉"二句:始,才。旋其面目,改变了(自得的)表情。望洋,仰视貌。后多以"望洋兴叹"比喻

因大开眼界而惊奇。若:即下文北海若,海神。

[5] 闻道百,以为莫己若:百,泛指数量很大、很博。莫己若,莫若己的语序颠倒,没有人及得上自己。听了很多道理,自以为广博,没有人能比得上自己。

[6] 少仲尼之闻而轻伯夷之义:以为仲尼的见闻浅陋,伯夷的高义微不足道。

[7] 大方之家:深明大道之人。

[8] 鼃:同"蛙"。虚:同"墟",指鼃所居之所。拘:拘束,限制。

[9] 笃:固,鄙陋不通达。或解为"限"。时:为四时,四季。

[10] 曲士:乡曲之士。曲:偏僻住所。束:束缚。教:教养。

[11] 丑:鄙陋无知。

[12] 尾闾:神话中海水泄出的地方。

[13] 受气于阴阳:(不过是)禀受阴阳之气而形成的一物(而已)。

[14] 方:正。存:省察。见少:显得很少。

[15] 礨空:蚁穴。皆以其小与大泽相对照。

[16] 稊(tí)米:小米。大,读作"太"。

[17] 卒:读为"萃",聚集。

[18] 人处一焉:此语在本篇中两见,前一"人处一焉"人在万物中仅居其一;后一"人处一焉",指个人在人类中仅居其一。

[19] 连:连续,继承之意。指其接续的事业。

[20] 任士:以治世为己任的贤能之士。

[21] 尽此矣:都不出这个(小)范围。

[22] 向:以前、从前。自多于水:指河伯未至海前,识见狭小,以黄河之水自夸其多。

[23] 量无穷:器量,下文以大、小言之。

[24] 分:时运,下文以得、失言之。

[25] 终始:结束与开始,下文以生、死言之。故:通"固",即"固定"的意思。

[26] 证曏:证明。曏:明。今故:即今古。

[27] 遥:长。闷:郁闷。

[28] 掇:即短。跂:同"企",即企盼、向往义。

[29] 盈虚:满与亏(的变化)。

[30] 坦途:即大道。指循环往复的变化之道。

[31] 倪:端倪,(大小的)边界。

【评析提示】

本文借两个虚构的神话人物河伯与北海若的对话,形象地表达了庄子关于人只有不断超越自身存在与认知的局限,才能接近对世界本真即道德体认的思想。全章共七节,本文节选了前两节。

文章一开始,就以精练传神的笔墨,描绘了秋水时至、百川灌河的宏伟景象,由此自然引发出河伯的骄傲自满之情。接着又从东流入海的河伯的视角,写出大海的浩淼无际,由此自然引发出河伯的望洋兴叹与自惭形秽,也为第一层问答中的小大之辨作了铺垫。在这层问答中,以"井蛙"、"夏虫"、"曲士"三个比喻,精辟地说明了认知判断总是受到生存处境的局限的道理;接着又以类相推,由河及海,由海而天地,以"礨空之在大泽"、"稊米之在大仓"、"毫末之在马体"三个对比强烈的比喻,形象地说明了每一事物皆有其存在的局限,阐发了小与大之分别,并对人类的妄自尊大予以辛辣的嘲讽。在第二层问答中,当河伯在破除了自以为是的成见、随即又陷入了小不及大的新成见时,北海若则从"量无穷"、"时无止"、"分无常"、"终始无故"等四个方面,越过具体的感性直观层面,说明小与大各有其不可穷尽的复杂性,其间并没有绝对的对立关系和固定不变的分野,而是相对的、变动不居的和不断转化的,从而进一步破除了河伯将小大之别绝对化的成见,思辨地阐述了他相对主义的时空观和变化观,并从这一自然哲学的洞见中,进一步引申出"得而不喜,失而不忧"、"生而不悦,死而不祸"这种超脱旷达的人生哲学,得出了"计人之所知,不若其所不知;其生之时,不若未生之时"的清醒的认识论判断,使阅读者在视野的骤然开阔中获得生命的顿悟。

《秋水》虽是一篇说理文章,但由于庄子强调直觉体悟,在论道的时候很少作纯理论的阐述,而是用寓言形式设喻阐述,巧妙运用对比手法,把深奥的哲理化作具体生动的艺术形象,达到化抽象艰涩为具体可感的神奇效果,无论就思想的精深还是文体的高妙而言,在《庄子》全书中均堪称一等。

【思考与练习】

1. 本文以河伯与北海若的对话阐述观点,你认为这种对话体在说理时有什么好处?有什么不足?
2. 在阐述哲理时,本文使用了多种修辞手法,请予以指出并说明其效果如何。
3. 文中有若干语句,在后世化为人们习用的成语,请指出来。

【拓展阅读】

《逍遥游》是《庄子》一书的第一篇,阐述了人应当不受任何束缚、自由自在地活动的主题,这实际上反映了庄子要求超越时间和空间,摆脱客观现实的影响和制约,在主观幻想中实现"逍遥"的人生观。《逍遥游》很能代表庄子的哲学思想,同时也体现出其散文的文学风格和成就。

逍 遥 游

庄 子

北冥有鱼,其名为鲲。鲲之大,不知其几千里也;化而为鸟,其名为鹏。鹏之背,不知其几千里也;怒而飞,其翼若垂天之云。是鸟也,海运则将徙于南冥。南冥者,天池也。

《齐谐》者,志怪者也。《谐》之言曰:"鹏之徙于南冥也,水击三千里,抟扶摇而上者九万里,去以六月息者也。"野马也,尘埃也,生物之以息相吹也。天之苍苍,其正色邪?其远而无所至极邪?其视下也,亦若是则已矣。

且夫水之积也不厚，则其负大舟也无力。覆杯水于坳堂之上，则芥为之舟，置杯焉则胶，水浅而舟大也。风之积也不厚，则其负大翼也无力。故九万里，则风斯在下矣，而后乃今培风；背负青天，而莫之夭阏者，而后乃今将图南。

蜩与学鸠笑之曰："我决起而飞，抢榆枋而止，时则不至，而控于地而已矣，奚以之九万里而南为？"适莽苍者，三餐而反，腹犹果然；适百里者，宿舂粮；适千里者，三月聚粮。之二虫又何知！

小知不及大知，小年不及大年。奚以知其然也？朝菌不知晦朔，蟪蛄不知春秋，此小年也。楚之南有冥灵者，以五百岁为春，五百岁为秋；上古有大椿者，以八千岁为春，八千岁为秋，此大年也。而彭祖乃今以久特闻，众人匹之，不亦悲乎？

汤之问棘也是已："无极之外，复无极也。穷发之北有冥海者，天池也。有鱼焉，其广数千里，未有知其修者，其名为鲲。有鸟焉，其名为鹏，背若泰山，翼若垂天之云，抟扶摇羊角而上者九万里，绝云气，负青天，然后图南，且适南冥也。斥鴳笑之曰：'彼且奚适也？我腾跃而上，不过数仞而下，翱翔蓬蒿之间，此亦飞之至也。而彼且奚适也？'"此小大之辩也。

故夫知效一官，行比一乡，德合一君，而征一国者，其自视也亦若此矣。而宋荣子犹然笑之。且举世而誉之而不加劝，举世而非之而不加沮，定乎内外之分，辩乎荣辱之境，斯已矣。彼其于世，未数数然也。虽然，犹有未树也。夫列子御风而行，泠然善也，旬有五日而后反。彼于致福者，未数数然也。此虽免乎行，犹有所待者也。若夫乘天地之正，而御六气之辩，以游无穷者，彼且恶乎待哉！故曰：至人无己、神人无功、圣人无名。

尧让天下于许由，曰："日月出矣，而爝火不息；其于光也，不亦难乎？时雨降矣，而犹浸灌；其于泽也，不亦劳乎？夫子立而天下治，而我犹尸之；吾自视缺然，请致天下。"许由曰："子治天下，天下既已治也；而我犹代子，吾将为名乎？名者，实之宾也；吾将为宾乎？鹪鹩巢于深林，不过一枝；偃鼠饮河，不过满腹。归休乎君，予无所用天下为！庖人虽不治庖，尸祝不越樽俎而代之矣！"

肩吾问于连叔曰："吾闻言于接舆，大而无当，往而不反。吾惊怖其言。犹河汉而无极也；大有迳庭，不近人情焉。"连叔曰："其言谓何哉？"曰："藐姑射之山，有神人居焉。肌肤若冰雪，淖约若处子，不食五谷，吸风饮露，乘云气，御飞龙，而游乎四海之外；其神凝，使物不疵疠而年谷熟。吾以是狂而不信也。"连叔曰："然。瞽者无以与乎文章之观，聋者无以与乎钟鼓之声。岂唯形骸有聋盲哉？夫知亦有之！是其言也犹时女也。之人也，之德也，将旁礴万物以为一，世蕲乎乱，孰弊弊焉以天下为事！之人也，物莫之伤：大浸稽天而不溺，大旱金石流，土山焦而不热。是其尘垢秕糠将犹陶铸尧舜者也，孰肯以物为事。"

宋人资章甫而适诸越，越人断发文身，无所用之。尧治天下之民，平海内之政，往见四子藐姑射之山，汾水之阳，窅然丧其天下焉。

惠子谓庄子曰："魏王贻我大瓠之种，我树之成，而实五石。以盛水浆，其坚不能自举也。剖之以为瓢，则瓠落无所容。非不呺然大也，吾为其无用而掊之。"庄子曰："夫子固拙于用大矣。宋人有善为不龟手之药者，世世以洴澼絖为事。客闻之，请买其方百金。聚族而谋曰：

'我世世为洴澼絖,不过数金,今一朝而鬻技百金,请与之。'客得之,以说吴王。越有难,吴王使之将,冬,与越人水战,大败越人。裂地而封之。能不龟手一也,或以封,或不免于洴澼絖,则所用之异也。今子有五石之瓠,何不虑以为大樽,而浮于江湖,而忧其瓠落无所容?则夫子犹有蓬之心也夫!"

惠子谓庄子曰:"吾有大树,人谓之樗。其大本拥肿而不中绳墨,其小枝卷曲而不中规矩,立之涂,匠人不顾。今子之言大而无用,众所同去也。"

庄子曰:"子独不见狸狌乎?卑身而伏,以候敖者;东西跳梁,不辟高下;中于机辟,死于罔罟。今夫斄牛,其大若垂天之云。此能为大矣,而不能执鼠。今子有大树,患其无用,何不树之于无何有之乡,广莫之野,彷徨乎无为其侧,逍遥乎寝卧其下。不夭斤斧,物无害者,无所可用,安所困苦哉!"

——选自《庄子集释》,郭庆藩(清),中华书局1954年版

《逍遥游》通篇是寓言,形象生动,感人至深。鲁迅先生说:"(庄子)著书十余万言,大抵寓言,人物土地,皆空无事实,而其文则汪洋辟阖,仪态万方,晚周诸子之作,莫之能先也。"

全文语言奇伟怪谲,最能代表庄子的语言风格。他发挥想象,将大与小推想到极致,清代文人胡文英评价说:"前段如烟雨迷离,龙变虎跃。后段如清风月朗,梧竹潇疏。善读者要须拨开枝叶,方见本根。千古奇文,原只是家常茶饭也。"

二、饮酒(其一、其五)　　陶渊明

【篇章导引】

陶渊明(约365年~427年),字元亮,一说,名潜,字渊明,号五柳先生,谥号靖节先生,东晋末期南朝宋初期诗人、文学家、辞赋家、散文家。东晋浔阳柴桑(今江西省九江市)人。曾做过几年小官,后辞官回家,从此隐居,田园生活是陶渊明诗的主要题材,风格平易自然,和谐优美,对后代诗人的创作产生了很大影响。相关作品有《饮酒》、《归园田居》、《桃花源记》、《五柳先生传》、《归去来兮辞》、《桃花源诗》等。

《饮酒》二十首是陶渊明创作的以咏怀为内容的组诗,本文选其一、其五。

饮　酒

陶渊明

余闲居寡欢,兼比夜已长[1],偶有名酒,无夕不饮。顾影独尽,忽焉复醉。既醉之后,辄题数句自娱;纸墨遂多,辞无诠次[2]。聊命故人书之,以为欢笑尔。

其 一

衰荣无定在,彼此更共之[3]。
邵生瓜田中[4],宁似东陵时。
寒暑有代谢,人道每如兹。
达人解其会[5],逝将不复疑[6];
忽与一觞酒,日夕欢相持。

其 五

结庐在人境[7],而无车马喧[8]。
问君何能尔?心远地自偏[9]。
采菊东篱下,悠然见南山[10]。
山气日夕佳[11],飞鸟相与还。
此中有真意,欲辨已忘言[12]。

——选自《陶渊明集校笺》,龚斌,上海古籍出版社1996年版

【注释】

[1]兼:加之,并且。比夜:近几夜。比:接连。
[2]诠(quán)次:次序。
[3]彼此更共之:更:更替,交替。指衰荣二者彼此互相替代。
[4]邵生:即邵平。西汉司马迁《史记·萧相国世家》记:秦东陵侯邵平,秦亡后在长安城东门种瓜,味甜美,时称"青门瓜"或"东陵瓜"。
[5]解其会:对它有所解悟。
[6]逝:同"誓"。
[7]结庐:建造住宅,这里是居住的意思。人境:人世间。
[8]车马喧:指世俗交往的喧扰。
[9]心远句:意谓只要心志高远,不受尘俗的干扰,住地尽管处于喧闹之中,也能像偏僻安静处一样。
[10]悠然:闲适自得的样子。南山:当时是泛指。一说指柴桑以南的庐山。
[11]山气:山中景象、气息。日夕:傍晚。
[12]此中二句:意谓在这种隐逸生活中蕴藏着人生的真正意义,即使想辨说也已经忘记该怎么说才好了。另一层言外之意是,即已领略到真意,就不必用语言来辨说了。辨:辨明。

【评析提示】

陶渊明是中国文学史上第一个大量写饮酒诗的诗人。他的《饮酒》二十首以"醉人"的语态或指责是非颠倒的上流社会;或揭露世俗的腐朽黑暗;或反映仕途的险恶;或表现诗人退出官场后怡然陶醉的心情;或表现诗人在困顿中的牢骚不平,皆以饮酒自娱以得解脱。语言古质清淡,却蕴涵了作者无限的感慨,揭示了深刻的哲理,透露出他对世事不能忘

怀的精神。

《饮酒》其一,写世事无常,荣衰不定,作者以达观态度处之,饮酒自娱以得解脱。这是整组诗的总纲。

开头两句就提出一个富有哲理的问题:有荣必有衰,有衰必有荣;这里是用植物的衰败与繁荣来比喻人生的衰与盛、祸与福。诗中衰荣并提,重点则在由荣变衰,由此引邵生事申论之。这两句虽然写的是史事,实际蕴含着对时势和自身身世的感叹。然而,"寒暑有代谢,人道每如兹",社会人事的盛衰变化,就像寒暑相互更替一样,是不可改变的客观规律。这首诗从自然变化的盛衰更替,联想到人生的福祸无常,正因为领悟了这个道理,所以要隐遁以远害,饮酒以自乐。这首诗看似旷达,实则透出无尽悲凉。由自然之道写出人事之道,于平淡的语言中蕴涵深刻的哲理,又引历史人物委婉地表达出自己的思想感情,不仅增强了作品的感人力量,还避免了内容的平板枯燥。所以虽然此诗几乎全是议论,读来却耐人咀嚼寻味。

《饮酒》其五的主旨是展示诗人运用魏晋玄学"得意忘象"之说领悟"真意"的思维过程,富于理趣。然而,它不是枯燥乏味的哲理演绎,"采菊东篱下,悠然见南山"写出了境与意会的自得之态,也写出了幽美淡远的景,在情景交融的境界中含蓄着万物各得其所、委运任化的哲理;这哲理又被诗人提炼、浓缩到"心远地自偏"、"此中有真意"等警句中,给读者以理性的启示,整首诗的韵调也更显得隽秀深长。

自然、淳朴、真情,不仅是陶渊明的人生旨趣,也是陶诗的总体艺术特征,情、景、事、理的融合是陶诗的艺术追求。陶渊明诗歌的语言平淡自然,朴素中见绮丽。

【思考与练习】

1. 如果用这两首诗中的一个词语来概括陶渊明《饮酒》诗的主旨,哪个词语最合适?
2. 对于《饮酒》其五,有人说这首诗表达了陶渊明弃官归隐后的喜悦心情,这种说法是否恰当?为什么?

【拓展阅读】

中国唐代的山水田园诗派,以反映田园生活、描绘山水景物为主要内容,继承和发展了陶渊明田园诗和谢灵运、谢朓等的山水诗风格。

王维(701~761),字摩诘,人称诗佛,是盛唐山水田园诗派的代表作家,其诗歌的主要内容是反映田园隐逸生活,描写自然山水,他善于发现和捕捉自然景物的形象特征和状态,以画家的绘画技巧去构图和选择色彩,并将其对自然的独特的情感体验和审美感受及精神境界融入景物之中,创造出优雅秀美的艺术境界。苏轼曾评论说:"味摩诘之诗,诗中有画,观摩诘之画,画中有诗。"(《东坡志林》)

王维诗三首

辋川闲居赠裴秀才迪

寒山转苍翠,秋水日潺湲。
倚仗柴门外,临风听暮蝉。
渡头余落日,墟里上孤烟。
复值接舆醉,狂歌五柳前。

——选自《王维集校注》,陈铁民,中华书局1997年版

诗人以"柴门外"为立足点,游目驰骋,摄取了寒山、秋水、落日、暮蝉、孤烟等富有季节特征的景物,接入诗人与裴迪两个隐士活动的特写镜头,组合成一幅墨色清淡、悠远静谧的辋川秋日黄昏图。

汉江临眺

楚塞三湘接,荆门九派通。
江流天地外,山色有无中。
郡邑浮前浦,波澜动远空。
襄阳好风日,留醉与山翁。

——选自《王维集校注》,陈铁民,中华书局1997年版

全诗犹如一巨幅水墨山水。首联写众水交流,密不间发;颔联开阔空白,疏可走马;颈联由远而近,远近相映,笔墨酣畅;尾联直抒胸臆。

山　中

荆溪白石出,天寒红叶稀。
山路原无雨,空翠湿人衣。

——选自《王维集校注》,陈铁民,中华书局1997年版

磷磷白石,涓涓小溪,红叶鲜艳,浓翠无边。诗人以山行时所见所感,描绘了初冬时节的山中景色。色泽鲜明,诗情画意跃然眼前。

三、春江花月夜　张若虚

【篇章导引】

张若虚(约660~720),唐代诗人,扬州(今属江苏)人。曾任兖州兵曹。字号均不详。事迹略见于《旧唐书·贺知章传》。中宗神龙(705~707)中,与贺知章、贺朝、万齐融、邢巨、包融俱以文词俊秀驰名于京都,与贺知章、张旭、包融并称"吴中四士"。张若虚的诗仅存两

首于《全唐诗》中。其中《春江花月夜》是一篇脍炙人口的名作,其诗沿用陈隋乐府旧题,抒写真挚动人的离情别绪及富有哲理意味的人生感慨,语言清新优美,韵律宛转悠扬,清丽开宕,富有情韵,在初唐诗风的转变中有重要地位。《全唐诗》仅存两首的张若虚,也因这一首诗,"孤篇横绝,竟为大家"。(清人王闿运《湘绮楼论唐诗》)。

春江花月夜[1]

张若虚

春江潮水连海平,海上明月共潮生。
滟滟随波千万里[2],何处春江无月明?
江流宛转绕芳甸[3],月照花林皆似霰[4]。
空里流霜不觉飞,汀上白沙看不见[5]。
江天一色无纤尘,皎皎空中孤月轮。
江畔何人初见月?江月何年初照人?
人生代代无穷已,江月年年只相似。
不知江月待何人,但见长江送流水。
白云一片去悠悠,青枫浦上不胜愁。
谁家今夜扁舟子?何处相思明月楼[6]?
可怜楼上月徘徊[7],应照离人妆镜台[8]。
玉户帘中卷不去,捣衣砧上拂还来[9]。
此时相望不相闻,愿逐月华流照君[10]。
鸿雁长飞光不度,鱼龙潜跃水成文[11]。
昨夜闲潭梦落花[12],可怜春半不还家。
江水流春去欲尽,江潭落月复西斜。
斜月沉沉藏海雾,碣石潇湘无限路。
不知乘月几人归,落月摇情满江树[13]。

——选自《全唐诗》卷一百十七,上海古籍出版社1986年版

【注释】

[1]《春江花月夜》是古乐府《清商曲·吴声歌》旧题,本为吴地民歌。据宋郭茂倩《乐府诗集》卷47引《晋书·乐志》云,此曲被引入陈朝宫廷,成为陈隋以来宫体诗题之一。《乐府诗集》载《春江花月夜》共七首:隋炀帝杨广二首,隋诸葛颖一首,唐张子容二首,张若虚和温庭筠各一首。
[2]滟滟:水波闪耀。
[3]芳甸:花草丛生的原野。
[4]霰:细小的雪粒。
[5]空里流霜:古人认为霜是从天空落下的。"空里"以下四句写秋夜的江畔,空气清新,人不觉得霜

飞,但汀洲沙滩已经被清霜覆盖了。在一轮明月照耀之下,江天一色,皎洁澄明。
[6]"白云"四句:白云飘离青枫浦,象征游子离去。扁舟子:游子;相思明月楼,指思妇。
[7]月徘徊:月照妆楼,思妇徘徊难眠。曹植《七哀诗》:"明月照高楼,流光正徘徊。"
[8]妆镜台:梳妆台。
[9]玉户:华美的屋子。捣衣砧:洗衣用的石头。这两句说月光时时处处引起她的相思之情。
[10]逐:追随。月华:月光。
[11]"鸿雁"两句写月光普照之深远,引起人深远的相思。雁长飞也飞不出月光;江中潜游的鱼也在明月照耀下跳出水面。那么,鱼、雁是否可以传书呢? 长空寥廓,大地辽远,音信难通。
[12]闲潭:幽静的水潭。这句说昨夜梦见潭边落花。
[13]最后六句写时光流逝,青春易去,相思的人却天南地北,而且不知归期。碣石:山名,在今河北省昌黎县。潇湘:水名,在湖南。

【评析提示】

这首诗虽用宫体诗旧题,但却突破了宫体题材和风格,在内涵和形制方面都显示出空前的创造性,首次把这一旧题改为长篇七言歌行,将春江月夜美景,与宇宙人生的哲理体察,普通人世间游子思妇离别相思之情,融为一体,优美、纯真而且深沉。诗中抒发的对于青春、爱情、人生奥秘和大自然美景的陶醉和追求,对于宇宙永恒和人类精神之美的领悟,既是盛唐时期和平发展的生活美的折光,也是盛唐士人所独具的一种精神美的体现。

《春江花月夜》全诗从月出写起到月落结束,可分为两大层次。

第一层次:作者就江月即景抒情,发出江月长存、人生短暂的人生之叹。诗情、哲理,融合自然。第二层次:由离人思妇的感慨,抒发因江天月色之美所引起的闺恨离情。诗的情理幽深寥廓。

全诗从春江月夜的宁静美景入笔,勾勒出充实的意象和开阔的境界。春、江、花、月、夜,这五种事物集中体现了人生最动人的良辰美景,构成了诱人探寻的奇妙的艺术境界。

全诗以月为主体,紧扣月下的春、江、花,月是诗中生命的纽带,统摄全诗。在结构上月经历了升起、高照、西斜、落下的过程。在月的笼罩下,月与江水、沙滩、夜空、原野、花林、飞霜、扁舟子、思妇、高楼、镜台、鸿雁、鱼龙等组成了不同的充满画意的场景,令人难忘。整首诗笼罩在月、春、江、花中,朦胧、空灵,融诗情、画意、哲理于一体,在"江畔何人初见月,江月何年初照人"的追问中,展示了深沉的宇宙意识,表现了对有限、无限、顷刻、永恒的这些奥秘的兴趣。同时在"人生代代无穷已,江月年年望相似"的述说中,又表现了对人生的执着和赞美。在有限、无限、顷刻、永恒的相遇中展示出深沉寥廓的宇宙意识。同时,诗文以深情的笔触表现出对美好生命的感受体认,对月圆人聚的强烈向往,对人生短促的惆怅感伤。所咏非一时一地一人之情,而赋予其永恒的普遍性。浓浓的离别相思在美景之下,化为淡淡的哀愁,透露出一种空蒙、迷惘、柔和的情调。"这首诗是有憧憬和悲伤的,但它是少年时代的憧憬和悲伤。尽管悲伤,仍感轻快,虽然叹息,总是轻盈"(李泽厚)。

《春江花月夜》诗情与画意的结合,浓烈的情思氛围,空明纯美的诗境,真切的生命体验融入美的兴象,表明唐诗在意境的创造进入炉火纯青的阶段。闻一多先生誉《春江花月夜》为"诗中的诗,顶峰上的顶峰"(《宫体诗的自赎》)。

【思考与练习】

1. 为什么说"月"是全诗的灵魂？
2. 有人认为这首诗的感情基调是"哀而不伤"，请谈谈你的感受和认识。

【拓展阅读】

柳永(987~1053)，原名三变，字耆卿，福建崇安人。年轻时，常出入歌楼妓馆，为乐工歌妓撰写歌辞，为权贵所不齿，因而科考落第，于是他索性放浪形骸。宋仁宗景祐元年(1034)考取进士，做过屯田员外郎等小官，又称柳七，世称柳屯田。

柳永是北宋第一个专力填词的作家，是婉约派词人的著名代表。他的词多写都市繁华景象及青楼歌妓的生活，尤善于表达羁旅行役之苦，常将身世感慨融入词中，扩大了词的题材，对推进词体的发展起了重要的作用。著有《乐章集》。

《八声甘州》，简称《甘州》。唐玄宗时教坊大曲有《甘州》，杂曲有《甘州子》，是唐边塞曲，因以边塞地甘州为名，后用为词牌。因全词前后片共八韵，故名八声，慢词。《词语》以柳永词为正体。

八声甘州

柳　永

对潇潇暮雨洒江天，一番洗清秋。渐霜风凄紧，关河冷落，残照当楼。是处红衰翠减，苒苒物华休。唯有长江水，无语东流。

不忍登高临远，望故乡渺邈，归思难收。叹年来踪迹，何事苦淹留？想佳人妆楼颙望，误几回、天际识归舟？争知我，倚栏杆处，正恁凝愁。

——选自《全宋词》，中华书局1999年版

这首词大约作于游宦江浙时，抒写羁旅悲秋，相思愁恨。上片写景，以暮雨、霜风、江流描绘了一幅风雨急骤的秋江雨景。下片抒思乡怀人之意绪，写景抒情融为一体。词中善于用通俗的语言传情状物，表达了强烈的思归情绪，语浅情深，柳永的《八声甘州》因此成为词史上的丰碑，得以传颂千古。

四、白雪歌送武判官归京　岑　参

【篇章导引】

岑参(约715~770)，荆州江陵(湖北江陵)人，是唐代著名的边塞诗人。其诗歌富有浪漫主义的特色，气势雄伟，想象丰富，色彩瑰丽，热情奔放，尤其擅长七言歌行。与同代的高适齐名，并称"高岑"。岑参出身于仕宦之家，幼年丧父，从兄受书，遍读经史。唐玄宗天宝三载(744年)举进士，历任右补阙、虢州长史等，官至嘉州刺史，卒于成都，世称"参嘉州"，著有

《参嘉州集》。

岑参曾两度出塞,对边塞风物有着真切的感受,对边塞生活有着深切的体会,诗中可见奇异迥特的边域风光、慷慨报国的英雄气度和不畏艰苦的乐观精神。诗语俊秀,奇趣横溢,其中,七言歌行尤为其佳,诗人陆游曾称赞说,"以为太白、子美之后一人而已"。

《白雪歌送武判官归京》是岑参天宝十三年再度出塞,充任西安北庭节度使封常清的判官(节度使的僚属),武判官即其前任,诗人在轮台为他归京(唐代都城长安)送行所作的一首送别诗。

白雪歌送武判官归京

岑 参

北风卷地白草折[1],胡天八月即飞雪[2]。
忽如一夜春风来,千树万树梨花开[3]。
散入珠帘湿罗幕[4],狐裘不暖锦衾薄[5]。
将军角弓不得控[6],都护铁甲冷难着[7]。
瀚海阑干百丈冰[8],愁云惨淡万里凝。
中军置酒饮归客[9],胡琴琵琶与羌笛[10]。
纷纷暮雪下辕门[11],风掣红旗冻不翻[12]。
轮台东门送君去[13],去时雪满天山路[14]。
山回路转不见君[15],雪上空留马行处。

——选自《岑嘉州诗笺注》,廖立,中华书局2004年版

【注释】

[1]白草:我国西北地区出产的一种牧草,《汉书·西域传》颜师古注:"白草似莠而细,无芒,其干熟时正白色,牛马所嗜也。"王先谦补注谓白草"冬枯而不萎,性至坚韧"。
[2]胡天:泛指西北地区的天空。胡:我国古代对北方和西北少数民族的称呼。
[3]忽如两句:以春风催开万树梨花来喻写雪景。
[4]罗幕:丝织帷幕。
[5]狐裘:狐皮衣服。裘:皮衣。锦衾:锦缎的被子。
[6]角弓:用兽角装饰的硬弓。控:引,拉开。
[7]都护:泛指镇守边疆的长官。铁衣:铠甲。着:穿。
[8]瀚海:大沙漠。阑干:纵横。百丈冰:形容冰层之厚。
[9]中军:本义是主帅亲自统领的军队,这里借指主帅居住的营帐。饮归客:请归客饮酒。
[10]胡琴、琵琶、羌笛:都是西域的乐器。
[11]辕门:军营之门。古时驻军,以两车的车辕相对交叉作为营门,称为辕门。
[12]掣:牵,扯动,这里指风吹。翻:翻卷招展。
[13]轮台:在今新疆乌鲁木齐西北,唐时属庭州,隶北庭都护府,置有静塞军。
[14]天山:横贯新疆东西的山脉,长六千余里。

[15]君:指武判官。

【评析提示】

《白雪歌送武判官归京》既是一首白雪歌,又是一篇送别诗,诗人吟咏边塞雪景,抒发送别友人的深情厚意和惆怅。

全诗共分三个部分。前八句为第一部分,写西北边塞的奇丽雪景和奇特寒冷。中间四句为第二部分,描绘白天雪景的雄伟壮阔和饯别宴会的盛况。最后六句为第三部分,写傍晚送别友人踏上归途。

开篇先写野外雪景。再随飘雪从帐外写到帐内,通过人的感受写出天之奇寒。然后随目光再移境帐外,勾画壮丽的塞外雪景,为送别安置了一个广袤苦寒的特定环境,使诗由对雪景的描绘转入对别情的抒写。其中"愁云"二字亦景亦情,既隐含离别时的惆怅,又表现对朋友离去的依依不舍,为一篇之"眼"。

全诗几乎句句都联系到雪。前十句从不同角度写雪,反复渲染奇寒,寓情于景;后八句以白雪为背景写送别。全诗用四个"雪"字,写出别前、饯别、临别、别后四个不同画面的雪景,景致多样,色彩绚丽,十分动人。雪景衬托送别,送别中又描写雪景,情景交融。

诗人有长期边塞生活的基础,能准确地把握边塞风景的特点,写出它的奇处。同时因为诗人富于想象,善于用浪漫主义的手法表现出主观的体验和联想,而不是停留在对客观事物的描绘上。本诗还善于用不同的手法,从不同角度写景抒情。诗中先用比喻手法写清晨的雪景;再用反衬、夸张手法写雪天雪地;后用烘托、对比手法写暮雪,再现了大自然的美好景象和诗人的丰富感情。

这首送别诗色彩瑰丽浪漫,气势浑然磅礴,堪称盛世大唐边塞诗的压卷之作。这首诗抒写塞外送别、客中送客之情,但并不令人感到伤感,而是充满奇思异想、浪漫的理想和壮逸的情怀。全诗内涵丰富,意境鲜明独特,具有极强的艺术感染力。"忽如一夜春风来,千树万树梨花开"等诗句已成为千古名句。

【思考与练习】

1. 这首诗描写边地的严寒,是从哪两个角度着笔的?
2. 本诗取喻新颖,联想奇妙,请结合具体诗句谈谈你的感受和认识。

【拓展阅读】

黄庭坚(1045~1105),字鲁直,自号山谷道人,洪州分宁(今江西修水县)人,江西诗派首领,在北宋诗坛上,与欧阳修、王安石、苏轼齐名,世号"苏黄"。

宋神宗元丰五年(1082年),黄庭坚当时在吉州太和县(今江西泰和)知县任上,公事之余,常到"澄江之上,以江山广远,景物清华得名"(《清一统治·吉安府》)的快阁览胜。这一首著名的七律就是写登临时的所见所感,集中体现了诗人的审美趣味和艺术主张,是黄庭坚的代表作。

登 快 阁

黄庭坚

痴儿了却公家事,快阁东西倚晚晴。
落木千山天远大,澄江一道月分明。
朱弦已为佳人绝,青眼聊因美酒横。
万里归船弄长笛,此心吾与白鸥盟。

——选自《黄庭坚诗集注》,任渊(宋)注,刘尚荣校点,中华书局2003年版

黄庭坚这首《登快阁》,在即景抒情中倾诉他的适意和苦闷,诗人在阁上徘徊瞻眺,逍遥自在的生动情态宛然可见,纪晓岚说它"意境殊阔"。其诗意境朗阔、余味悠长,所表达的是作者放开怀抱之后的那份豁达。

五、秋天的况味 林语堂

【篇章导引】

林语堂(1895～1976),福建龙溪(现福建省漳州市平和县坂仔镇)人。原名和乐,后改玉堂,又改语堂。笔名毛驴、宰予、岂青等,中国现代著名学者、文学家。毕业于上海圣·约翰大学,1919年去美国留学,转赴德国入莱比锡大学,专攻语言学。1923年获博士学位后回国,任北京大学教授、北京女子师范大学教务长和英文系主任。1924年后,为《语丝》主要撰稿人之一。1926年,到厦门大学任文学院长,1927年任外交部秘书。1932年起主编《论语》、《人间世》、《宇宙风》等刊物,提倡"以自我为中心,以闲适为格调"的小品文抗战开始后,赴美国任教,英文撰有《吾国与吾民》、《京华烟云》、《风声鹤唳》等著作。1966年定居台湾,1967年,受聘为香港中文大学研究教授。一生著述颇丰,有散文《翦拂集》、《大荒集》、《有不为斋文集》。

本文最初发表于1933年12月15日《申报自由谈》,是写"秋"的现代名篇。

秋天的况味

林语堂

秋天的黄昏,一人独坐在沙发上抽烟,看烟头白灰之下露出红光,微微透露出暖气,心头的情绪便跟着那蓝烟缭绕而上,一样的轻松,一样的自由。不转眼缭烟变成缕缕的细丝,慢慢不见了,而那霎时,心上的情绪也跟着消沉于大千世界,所以也不讲那时的情绪,而只讲那时的情绪的况味。待要再划一根洋火,再点起那已点过三四次的雪茄,却因白灰已积得太多,点不着,乃轻轻的一弹,烟灰静悄悄的落在铜炉上,其静寂如同我此时用毛笔写在纸上一

样,一点的声息也没有。于是再点起来,一口一口的吞云吐露,香气扑鼻,宛如偎红倚翠温香在抱情调。于是想到烟,想到这烟一股温煦的热气,想到室中缭绕暗淡的烟霞,想到秋天的意味。这时才想起,向来诗文上秋的含义,并不是这样的,使人联想的是萧杀,是凄凉,是秋扇,是红叶,是荒林,是蔓草。然而秋确有另一意味,没有春天的阳气勃勃,也没有夏天的炎烈迫人,也不像冬天之全入于枯槁凋零。我所爱的是秋林古气磅礴气象。有人以老气横秋骂人,可见是不懂得秋林古色之滋味。在四时中,我于秋是有偏爱的,所以不妨说说。秋是代表成熟,对于春天之明媚娇艳,夏日之茂密浓深,都是过来人,不足为奇了,所以其色淡,叶多黄,有古色苍茏之慨,不单以葱翠争荣了。这是我所谓秋的意味。大概我所爱的不是晚秋,是初秋,那时暄气初消,月正圆,蟹正肥,桂花皎洁,也未陷入懔烈萧瑟气态,这是最值得赏乐的。那时的温和,如我烟上的红灰,只是一股熏熟的温香罢了。或如文人已排脱下笔惊人的格调,而渐趋纯熟炼达,宏毅坚实,其文读来有深长意味。这就是庄子所谓"正得秋而万宝成"结实的意义。在人生上最享乐的就是这一类的事。比如酒以醇以老为佳。烟也有和烈之辨。雪茄之佳者,远胜于香烟,因其味较和。倘是烧的得法,慢慢地吸完一支,看那红光炙发,有无穷的意味。鸦片吾不知,然看见人在烟灯上烧,听那微微哗剥的声音,也觉得有一种诗意。大概凡是古老、纯熟、熏黄、熟炼的事物,都使我得到同样的愉快。如一只熏黑的陶锅在烘炉上用慢火炖猪肉时所发出的锅中徐吟的声调,是使我感到同观人烧大烟一样的兴趣。或如一本用过二十年而尚未破烂的字典,或是一张用了半世的书桌,或如看见街上一块熏黑了老气横秋的招牌,或是看见书法大家苍劲雄浑的笔迹,都令人有相同的快乐,人生世上如岁月之有四时,必须要经过这纯熟时期,如女人发育健全遭遇安顺的,亦必有一时徐娘半老的风韵,为二八佳人所绝不可及者。使我最佩服的是邓肯的佳句:"世人只会吟咏春天与恋爱,真无道理。须知秋天的景色,更华丽,更恢奇,而秋天的快乐有万倍的雄壮,惊奇,都丽。我真可怜那些妇女识见偏狭,使她们错过爱之秋天的宏大的赠赐。"若邓肯者,可谓识趣之人。

—选自《林语堂名著全集》,东北师范大学出版社 1994 年版

【评析提示】

这是一篇用词精炼,语言优美的散文。

"秋天,使人联想的是萧杀,是凄凉,是秋扇,是红叶,是凄草。"这句话是作者对古代诗词中秋的评价的阐述。这看似与作者爱秋的思想相悖,但经过作者进一步与其他三季对比描写之后,却显出秋的古气磅礴。在作者的笔下,春是娇媚的,夏是热情的,冬是冰冷的,只有秋是最成熟与稳重的。

作者在文章开头,并没有开门见山地大肆渲染秋天之美景,而是通过一段香烟烟气的描写,把读者带入秋天那宁静、淡泊的气氛中。"看烟头白灰之下露出暖气,心头的情绪便跟着那蓝烟缭绕而上,一样轻松,一样的自由。"烟气轻盈、缥缈、变幻莫测。作者把自己的思绪比作轻烟,巧妙体现出心中无限的遐想,打开了文章的内容,从而引出对秋天的感悟。

接着,作者又将秋天之美深化,突出表现初秋之美。文中用两个形象生动的比喻句,突

出了初秋美的特点。"初秋的温和,如烟上的红灰,只是一股熏熟的温香罢了。或如文人已排脱下笔惊人的格调,而渐趋纯熟练达,宏毅坚实,其文读来有深长意味。"这里我们不难看出秋天的温和、沉醉、成熟、韵律。

之后,作者又将文章回归到开头意境,不过这次的意图与上节大不相同,主要是表现自己沉浸在"古老、纯熟、熏黄、熟炼"的秋之中,好进一步描写自己的感受。含蓄、婉约,也许这正是作者的风格,他并没有明说,而是比喻成"慢为熬炖回锅肉,古老却完整的旧字典,熏黑了老气横秋的招牌,大书法家苍劲雄浑的笔迹",让读者自己慢慢去品味,点睛之笔使文章发人沉醉,韵味意长。

捕捉"况味",需要传神笔墨。

整篇文章毫无绚烂之彩绘,但笔锋过处浓情四溢,透出浓阳袭人的醇美与丰厚。"人的一生无论成败,他都有权休息,过优哉优哉的日子",林语堂这一人生格言在文中洒脱地飘逸出来,人生之秋的丰厚,人之生命的厚重底蕴在林语堂的笔触下从容潇洒,充满了睿智。

"正得秋而万宝成",林语堂的秋有着豁达的人生观,他的《秋天的况味》营造出一种温馨而富有人情味的氛围,是秋的况味,也是人生的况味。

【思考与练习】

1. 本文开头提到"烟",文中又有几次提到"熏",有何用意?
2. 你对作者的观点是否认同?你对秋有何感受?

【拓展阅读】

俞平伯(1900~1990),原名俞铭衡,字平伯,浙江德清人。中国现代著名学者、散文家、红学家。著有《＜红楼梦＞研究》,在散文方面,先后结集出版有《杂拌儿》、《燕知草》、《杂拌儿之二》、《古槐梦遇》、《燕郊集》等。其中《桨声灯影里的秦淮河》、《陶然亭的雪》等名篇曾传诵一时。

陶然亭的雪

俞平伯

悄然的北风,黯然的同云,炉火不温了,灯还没有上呢。这又是一年的冬天。在海滨草草营巢,暂止飘零的我,似乎不必再学黄叶们故意沙沙的作成那繁响了。老实说,近来时序的迁流,无非逼我换了几回衣裳;把夹衣叠起,把棉衣抖开,这就是秋尽冬来的唯一大事。至于秋之为秋,冬之为冬,我之为我,一切之为一切,固依然自若,并非可叹可悲可怜可喜的意味,而且连那些意味的残痕也觉无从觅哩。千条万派活跃的流泉似全然消释于无何有之乡土,剩下"漠然"这么一味来相伴了。看看窗外酿雪的同云,倒活画出我那潦倒的影儿一个。像这样暗哑无声的蠢然一物,除血脉呼吸的轻颤以外,安息在冬天的晚上,真真再好没有了。有人说,这不是静止——静止是没有的——是均衡的动,如两匹马以同速同向去跑着,即不异于比肩站着的石马。但这些问题虽另有人耐烦去想,而我则岂其人呢。所以于我顶顶合

式,莫如学那冬晚的停云。(你听见它说过话吗?)无如编辑《星海》的朋友们逼我饶舌。我将怎样呢?——有了!在"悄然的北风,黯然的同云,炉火不温了,灯还没有上呢"这个光景下,令我追忆昔年北京陶然亭之雪。

我虽生长于江南,而自曾北去以后,对于第二故乡的北京也真不能无所恋恋了。尤其是在那样一个冬晚,有银花纸糊裱的顶棚和新衣裳一样卒察的窗纸,一半已烬一半红着,可以照人须眉的泥炉火,还有墙外边三两声的担子吆喝。因房这样矮而洁,窗这样低而明,越显出天上的同云格外的沉凝欲堕,酿雪的意思格外浓鲜而成熟了。我房中照例上灯独迟些,对面或侧面的火光常浅浅耀在我的窗纸上,似比月色还多了些静穆,还多了些凄清。当我听见廓落的院子里有脚步声,一会儿必要跟着"砰"关风门了,或者"矻搭"下帘子了。我便料到必有寒紧的风在走道的人颈傍拂着,所以他要那样匆匆的走。如此,类乎此的黯淡的寒姿,在我忆中至少可以匹敌江南春与秋的姝丽了,至少也可以使惯住江南的朋友们了解一点名说苦寒的北方,也有足以系人思念的冬之黄昏啊。有人说,"这岂不将钩惹我们的迟暮之感?"真的!——可是,咱们谁又是专喝蜜水的人呢?

总是冬天罢,(谁要你说?)年月日是忘怀了。读者们想决不屑介意于此琐琐的,所以忘怀倒也没要紧。那天是雪后的下午。我其时住在东华门侧一条曲折的小胡同里,而G君所居更偏东些。我们雇了两辆"胶皮",向着陶然亭去,但车只雇到前门外大外郎营,(从东城至陶然亭路很远,冒雪雇车很不便)车轮咯咯吱吱的切碾着白雪,留下凹纹的平行线,我们遂由南池子而天安门东,渐逼近车马纷填、兀然在目的前门了。街衢上已是一半儿泥泞,一半儿雪了。幸而北风还时时吹下一阵雪珠,蒙络那一切,正如疏朗冥蒙的银雾。亦幸而雪在北京,似乎是白面捏的,又似乎是白泥塑的。(往往到初春时,人家庭院里还堆着与土同色的雪,结果是成筐的挑了出去完事)若移在江南,檐漏的滴搭,不终朝而消尽了。言归正传。我们下了车,踏着雪,穿粉房琉璃街而南,炫眼的雪光愈白,栉比的人家渐寥落了。不久就远远望见清旷莹明的原野,这正是在城圈里耽腻了的我们所期待的。累累的荒冢,白着头的,地名叫做窑台。我不禁连想那"会向瑶台月下逢"的所谓瑶台。这本是比拟不伦,但我总不住的那么想。

那时江亭之北似尚未有通衢。我们蹀躞于白氅衣广覆着的田野之间,望望这里,望望那里,都很像江亭似的。商量着,偏西南方较高大的屋,或者就是了。但为什么不见一个亭子呢?藏在里边罢?

到拾级而登时,已确信所测不误了。然踏穿了内外竟不见有什么亭子。幸而上面挂着的一方匾;否则那天到的是不是陶然亭,若至今还是疑问,岂非是个笑话。江亭无亭,这样的名实乖违,总使我们怅然若失。我来时是这样预期的,一座四望极目的危亭,无碍无遮,在雪海中沐浴而嬉,宛如回旋的灯塔在银涛万沸之中,浅礁之上,亭亭矗立一般。而今竟只见拙钝的几间老屋,为城圈之中所习见而不一见的,则已往的名流觞咏,想起来真不免黯然寡色了。

然其时雪又纷纷扬扬而下来,跳舞在灰空里的雪羽,任意地飞集到我们的粗呢氅衣上。趁它们未及融为明珠的时候,我即用手那么一拍,大半掉在地上,小半已渗进衣襟去。"下马先寻题壁字",来来回回的循墙而走,咱们也大有古人之风呢。看看咱们能拾得什么?至少也当有如"白丁香折玉亭亭"一样的句子被传诵着罢。然而竟终于不见!可证"一蟹不如一蟹"这句老话真是有一点意思的。后来幸而觅得略可解嘲的断句,所谓"卅年戎马尽秋尘"者,从此就在咱们嘴里咕噜着了。在曲折廊落的游廊间,当北风卷雪渺无片响的时分,忽近处递来琅琅的书声。谛听,分明得很,是小孩子的。它对于我们十分亲密,因为和从前我们在书房里所唱出的正是一个样子的。这尽可以使我重温热久未曾尝的儿时的甜酒,使我俯拾眠歌声里的温馨梦痕;并可以减轻北风的尖冷,抚慰素雪的飘零。换一句干脆点的话,就是在清冷双绝的况味中,它恰好给喝了一点热热酽酽的东西,使一切已凝的,一切凝着的,一切将凝的,都软洋洋鞍着腰肢不自支持了。

书声还正琅琅然呢。我们寻诗的闲趣被窥人的热念给岔开了。从回廊下跫过去,两明一暗的三间屋,玻璃窗上帷子亦未下。天色其时尚未近黄昏;唯云天密吻,酿雪意的浓酣,阡陌明胸,积雪痕的寒皎,似乎全与迟暮合缘,催着黄昏快些来罢。至屋内的陈设,人物的须眉,已尽随年月日时的迁移,送进茫茫昧昧的乡土,在此也只好从缺。几个较鲜明的印象,尚可片片掇拾以告诸君的,是厚的棉门帘一个;肥短的旱烟袋一支;老黄色的《孟子》一册,上有银硃圈点,正翻到《离娄》篇首;照例还有白灰泥炉一个,高高的火苗窜着;以外……"算了罢,你不要在这儿写帐哟!"

游览必终之以大嚼,是我们的惯例,这里边好像有鬼催着似的。我曾和我姊姊说过,"咱们以后不用说逛什么地方,老实说吃什么地方好了。"她虽付之一笑,却不斥我为胡闹,可见中非无故了。我且曾以之问过吾师。吾师说得尤妙,"好吃是文人的天性",这更令我不便追问下去。因为既曰天性,已是第一因了。还要求它的因,似乎不很知趣。如理化学家说到电子,心理学家说到本能,生机哲学者说到什么"隐得而希"……

闲言少表。天性既不许有例外,谈到白雪,自然会归到一条条的白面上去。不过这种说法是很辱没胜地的,且有点文不对题。所以在江亭中吃的素面,只好割爱不谈。我只记得青汪汪的一炉火,温煦最先散在人的双颊上。那户外的尖风鸣鸣的独自去响。倚着北窗,恰好鸟瞰那南郊的旷莽积雪。玻璃上偶沾了几片鹅毛碎雪,更显得它的莹明不滓。雪固白得可爱,但它干净得尤好。酿雪的云,融雪的泥,各有各的意思;但总不如一半留着的雪痕,一半飘着的雪华,上上下下,迷眩难分的尤为美满。脚步声听不到,门帘也不动,屋里没有第三个人。我们手都插在衣袋里,悄对着那排向北的窗。窗外有几方妙绝的素雪装成的册页。累累的坟,弯弯的路,枝枝桠桠的树,高高低低的屋顶,都秃着白头,耸着白肩膀,危立在卷雪的北风之中。上边不见一只鸟儿展着翅,下边不见一条虫儿蠢然的动(或者要归功于我的近视眼),不用提路上的行人,更不用提马足车尘了。唯有背后已热的瓶笙吱吱的响,是为静之独一异品;然依昔人所谓"蝉噪林逾静"的静这种诠释,它虽努力思与岑寂绝缘终久是失败的哟。死样的寂每每促生胎动的潜能,唯万寂之中留下一分两分的喧哗,使就烬的赤灰不致以内炎而重生烟焰;故未全枯寂的外缘正能孕育着止水一泓似的心境。这也无烦高谈妙谛,只当咱们清眠不熟的时光便可以稍稍体验这番悬谈了。闲闲的意想,乍生乍灭,如行云流水一般的不关痛痒,比强制吾心,一念不着的滋味如何?这想必有人能辨别的。

炉火使我们的颊热，素面使我们的胃饱，飘零的暮雪使我们的心越过越黯淡。我们到底不得不出去一走，到底不得不面迎着雪，脚踹着雪，齐向北快快的走。离亭数十步外有一土坡，上开着一家油厂；厂右有小小的断坟并立。从坟头的小碣，知道一个葬的是鹦鹉；一个名为香冢，想又是美人黄土那类把戏了。只是一件，油厂有狗，喜拦门乱吠。G君是怕狗的；因怕它咬，并怕那未必就咬的吠，并怕那未必就吠的狗。而我又是怯登土坡的，雪覆着的坡子滑滑的难走，更有点望之生畏。故我们商量商量，还是别去为妙。我们绕坡北去时，G君抬头而望（我记得其时狗没有吠）对我说，来年春归时，种些红杜鹃花在上面。我点点头。路上还商量着买杜鹃花的价钱。……现在呢，然而现在呢？我惆怅着夙愿的虚设。区区的愿原不妨孤负；然区区的愿亦未免孤负，则以外的岂不又可知了。——北京冬间早又见了三两寸的雪，而上海至今只是黯然的同云，说是酿雪，说是酿雪，而终于不来。这令我由不得追忆那年江亭玩雪的故事。

一九二四年一月十二日
——选自《俞平伯全集》，花山文艺出版社1997年版

　　《陶然亭的雪》是一记景散文，叙述的是作者一次雪中游陶然亭的经历。文中有对陶然亭雪景的细致描绘，也有游历中的小见闻小感触，在还念往事的怅惘中深化怀念自然、亲近自然的主题，体现了散文"形散神不散"的特点。

六、瓦尔登湖（节选）　　［美国］亨利·戴维·梭罗

【篇章导引】

　　亨利·戴维·梭罗（HenryDavidThoreau）（1817～1862），美国著名作家、哲学家与自然主义者。著名散文集《瓦尔登湖》和论文《论公民的不服从权利》（又译为《消极抵抗》、《论公民的不服从》）的作者。梭罗出生于马萨诸赛州的康科德城，1837年毕业于哈佛大学，做过教师、工人，后全身心投入大自然。《瓦尔登湖》是他的主要散文作品，描写了他在瓦尔登湖畔的生活经历，记录了作者的见闻和思想。

　　关于瓦尔登湖的命名有诸多传说，作者认为这是一个由古代人挖成的人工湖。

瓦尔登湖

［美国］亨利·戴维·梭罗[1]

　　瓦尔登的风景是卑微的[2]，虽然很美，却并不是宏伟的，不常去游玩的人，不住在它岸边的人未必能被它吸引住；但是这一个湖以深邃和清澈著称，值得给予突出的描写。这是一个明亮的深绿色的湖，半英里长，圆周约一英里又四分之三，面积约六十一英亩半；它是松树和橡树林中央的岁月悠久的老湖，除了雨和蒸发之外，还没有别的来龙去脉可寻。四周的山峰

突然地从水上升起,到四十至八十英尺的高度,但在东南面高到一百英尺,而东边更高到一百五十英尺,其距离湖岸,不过四分之一英里及三分之一英里。山上全部都是森林。所有我们康科德地方的水波[3],至少有两种颜色,一种是站在远处望见的,另一种,更接近本来的颜色,是站在近处看见的。第一种更多地靠的是光,根据天色变化。在天气好的夏季里,从稍远的地方望去,它呈现了蔚蓝颜色,特别在水波荡漾的时候,但从很远的地方望去,却是一片深蓝。在风暴的天气下,有时它呈现出深石板色。海水的颜色则不然,据说它这天是蓝色的,另一天却又是绿色了,尽管天气连些微的可感知的变化也没有。我们这里的水系中,我看到当白雪覆盖这一片风景时,水和冰几乎都是草绿色的。有人认为,蓝色"乃是纯洁的水的颜色,无论那是流动的水,或凝结的水"。可是,直接从一条船上俯看近处湖水,它又有着非常之不同的色彩。甚至从同一个观察点,看瓦尔登是这会儿蓝,那忽儿绿。置身于天地之间,它分担了这两者的色素。从山顶上看,它反映天空的颜色,可是走近了看,在你能看到近岸的细砂的地方,水色先是黄澄澄的,然后是淡绿色的了,然后逐渐地加深起来,直到水波一律地呈现了全湖一致的深绿色。却在有些时候的光线下,便是从一个山顶望去,靠近湖岸的水色也是碧绿得异常生动的。有人说,这是绿原的反映;可是在铁路轨道这儿的黄沙地带的衬托下,也同样是碧绿的,而且,在春天,树叶还没有长大,这也许是太空中的蔚蓝,调和了黄沙以后形成的一个单纯的效果。这是它的虹色彩圈的色素。也是在这一个地方,春天一来,冰块给水底反射上来的太阳的热量,也给土地中传播的太阳的热量溶解了,这里首先溶解成一条狭窄的运河的样子,而中间还是冻冰。在晴朗的气候中,像我们其余的水波,激湍地流动时,波平面是在九十度的直角度里反映了天空的,或者因为太光亮了,从较远处望去,它比天空更蓝些;而在这种时候,泛舟湖上,四处眺望倒影,我发现了一种无可比拟、不能描述的淡蓝色,像浸水的或变色的丝绸,还像青锋宝剑,比之天空还更接近天蓝色,它和那波光的另一面原来的深绿色轮番地闪现,那深绿色与之相比便似乎很混浊了。这是一个玻璃似的带绿色的蓝色,照我所能记忆的,它仿佛是冬天里,日落以前,西方乌云中露出的一角晴天。可是你举起一玻璃杯水,放在空中看,它却毫无颜色,如同装了同样数量的一杯空气一样。众所周知,一大块厚玻璃板便呈现了微绿的颜色,据制造玻璃的人说,那是"体积"的关系,同样的玻璃,少了就不会有颜色了。瓦尔登湖应该有多少的水量才能泛出这样的绿色呢,我从来都无法证明。一个直接朝下望着我们的水色的人所见到的是黑的,或深棕色的,一个到河水中游泳的人,河水像所有的湖一样,会给他染上一种黄颜色;但是这个湖水却是这样的纯洁,游泳者会白得像大理石一样,而更奇怪的是,在这水中四肢给放大了,并且给扭曲了,形态非常夸张,值得让米开朗琪罗来作一番研究[4]。

水是这样的透明,二十五至三十英尺下面的水底都可以很清楚地看到。赤脚踏水时,你看到在水面下许多英尺的地方有成群的鲈鱼和银鱼,大约只一英寸长,连前者的横行的花纹也能看得清清楚楚,你会觉得这种鱼也是不愿意沾染红尘,才到这里来生存的。有一次,在冬天里,好几年前了,为了钓梭鱼,我在冰上挖了几个洞,上岸之后,我把一柄斧头扔在冰上,可是好像有什么恶鬼故意要开玩笑似的,斧头在冰上滑过了四五杆远,刚好从一个窟窿中滑了下去,那里的水深二十五英尺,为了好奇,我躺在冰上,从那窟窿里望,我看到了那柄斧头,它偏在一边头向下直立着,那斧柄笔直向上,顺着湖水的脉动摇摇摆摆,要不是我后来又把它吊了起来,它可能就会这样直立下去,直到木柄烂掉为止。就在它的上面,用我带来的凿冰的凿子,我又凿了一个洞,又用我的刀,割下了我看到的附近最长的一条赤杨树枝,我做了一个活结的绳圈,放在树枝的一头,小心地放下去,用它套住了斧柄凸出的地方,然后用赤杨枝旁边的绳子一拉,这样就把那柄斧头吊了起来。

湖岸是由一长溜像铺路石那样的光滑的圆圆的白石组成的;除一两处小小的沙滩之外,它陡立着,纵身一跃便可以跳到一个人深的水中;要不是水波明净得出奇,你绝不可能看到这个湖的底部,除非是它又在对岸升起。有人认为它深得没有底。它没有一处是泥泞的,偶尔观察的过客或许还会说,它里面连水草也没有一根;至于可以见到的水草,除了最近给上涨了的水淹没的、并不属于这个湖的草地以外,便是细心地查看也确实是看不到菖蒲和芦苇的,甚至没有水莲花,无论是黄色的或是白色的,最多只有一些心形叶子和河蓼草,也许还有一两张眼子菜;然而,游泳者也看不到它们;便是这些水草,也像它们生长在里面的水一样的明亮而无垢。岸石伸展入水,只一二杆远,水底已是纯粹的细沙,除了最深的部分,那里总不免有一点沉积物,也许是腐朽了的叶子,多少个秋天来,落叶被刮到湖上,另外还有一些光亮的绿色水苔,甚至在深冬时令拔起铁锚来的时候也会跟着被拔上来的。

我们还有另一个这样的湖,在九亩角那里的白湖,在偏西两英里半之处;可是以这里为中心的十二英里半径的圆周之内,虽然还有许多的湖沼是我熟悉的,我却找不出第三个湖有这样的纯洁得如同井水的特性。大约历来的民族都饮用过这湖水,艳羡过它并测量过它的深度,而后他们一个个消逝了,湖水却依然澄清,发出绿色。一个春天也没有变化过!也许远在亚当和夏娃被逐出伊甸乐园时,那个春晨之前,瓦尔登湖已经存在了,甚至在那个时候,随着轻雾和一阵阵的南风,飘下了一阵柔和的春雨,湖面不再平静了,成群的野鸭和天鹅在湖上游着,它们一点都没有知道逐出乐园这一回事,能有这样纯粹的湖水真够满足啦。就是在那时候,它已经又涨,又落,纯清了它的水,还染上了现在它所有的色泽,还专有了这一片天空,成了世界上唯一的一个瓦尔登湖,它是天上露珠的蒸馏器。谁知道,在多少篇再没人记得的民族诗篇中,这个湖曾被誉为喀斯泰里亚之泉[5]?在黄金时代里,有多少山林水泽的精灵曾在这里居住?这是在康科德的冠冕上的第一滴水明珠。

——选自《瓦尔登湖》,[美国]梭罗著,徐迟译,上海译文出版社1997年版(有改动)

【注释】

[1]亨利·戴维·梭罗(1817~1862):美国哲学家、思想家、散文作家,著名的超验主义者。出生于康科德城,早年毕业于哈佛大学,做过教师、工人,后全身心投入大自然。《瓦尔登湖》是作者的主要散文作品,描写了他在瓦尔登湖畔的生活经历,记录了作者的见闻和思想。

[2]瓦尔登:湖的命名有诸多传说,作者认为这是一个由古代人挖成的人工湖。

[3]康科德:美国马萨诸塞州的一个城镇,在波士顿附近。

[4]米开朗琪罗(1475~1564):意大利文艺复兴时期的雕塑家和画家。

[5]喀斯泰里亚之泉:传说中文艺女神居住的帕那萨斯山的神泉。

【评析提示】

  《瓦尔登湖》在美国文学中被公认为是最受读者欢迎的非虚构作品。但正如何怀宏先生所作序言《梭罗和他的湖》里说到的一样:"它的读者虽然比较固定,但始终不会很多,而这些读者大概也是心底深处寂寞的人,而就连这些寂寞的人大概也只有在寂寞的时候读它才悟出深味,就像译者徐迟先生所说,在繁忙的白昼他有时会将信将疑,觉得它并没有什么好处,直到黄昏,心情渐渐寂寞和恬静下来,才觉得'语语惊人,字字闪光,沁人肺腑,动我衷肠',而到夜深万籁俱寂之时,就更为之神往了。"这本书并不会在中国太受欢迎,但它会有稳定的读者,而且是发自内心的喜爱这本书,在夜深人静时捧着它,像是找回生命最本真的意义。

  这篇选文是《瓦尔登湖》中最美的篇章。

  全文可分为五个自然段。

  文章起笔以"卑微的美"总领全篇,描写瓦尔登湖"深邃"和"清澈"的自然美特征。文章从湖水的颜色入笔,写湖水在山色、树色和天色的相掩映中色彩的种种变幻,"这会儿蓝,那忽儿绿",水色的"变"体现出水德清澈和深邃,并在"变"中写出"幻"的感觉。其次写湖水的透明,有趣的打捞斧头的故事,"无垢"的夸张,都写出了水的透明。最后写湖水与人的关系,借人文历史的沧桑,在对自然景色的欣赏和赞美中蕴涵着向往自在、永恒的人文意趣,以及对现代工业文明破坏自然生态的谴责。作者就这样在与湖光山色、山川草木的精神交流中,透露出自我心灵与自然之间高度融合的意向,实践了他"美的趣味最好在露天培养"的主张。

  在叙述和描写的展开中,可以感受到有一双善于发现的慧眼在引领我们欣赏大自然的美,是作者的崇尚直觉的感受和心无旁骛,使其取得了最佳的叙述视角。随着空间和时间的变换,作者的"看"点也在不断转移,细腻地写出了远近、高低、阴晴、晦暝的种种角度和层次的变化中瓦尔登湖神奇的美。视点的时空变换,成为展开内容,结构文章的基本方式。

  梭罗的笔触轻灵细腻,他善于运用摹状、比喻等修辞手法表现自然景物,而且借这种极具诗情画意的描绘传达出他"超验"的哲学感悟。就像译者徐迟先生所说,在夜深人静时捧着它,像是找回生命最本真的意义。

【思考与练习】

  1.本文作者善用摹状、比喻等修辞手法,请从文中找出两到三个运用这些修辞方式的句子,体会作者这样描写的意图和意义是什么?

  2.在本文中,作者对瓦尔登湖光影与色彩的变幻作了多角度、多层次的描写,请具体分析如此描写的作用。

【拓展阅读】

重游缅湖

[美国] E·B·怀特

（原文略）

　　E·B·怀特（E. B. White，1899～1985），美国随笔作家。随笔之外，他还为孩子们写了三本书：《精灵鼠小弟》、《夏洛的网》与《吹小号的天鹅》，成为儿童与成人共同喜爱的文学经典。

　　《重游缅湖》是美国文学史上的散文名篇，是父子情和自然美交融的最著名的随笔之一，其文笔优美，意味隐含，浪漫不失睿智，婉约不乏思考，表达了作者对这个世界的深深爱意，以及作者对自然与生命、生存与死亡的哲学思考。

　　——选自《重游缅湖》，怀特（E. B. White）著，贾辉丰译，上海译文出版社 2007 年版

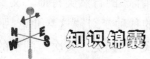

中国古典诗词的阅读与欣赏

　　中国是一个诗的国度，有着悠久的诗歌发展的历史。诗歌在社会生活和文学艺术当中占有重要的地位，所以在长期发展的进程当中，中国古典诗词无论是在思想上，还是在艺术上，都取得了巨大的成就。那浩如烟海的古典诗词作品，那富有民族性精华的古典诗词，在今天仍然有着无可比拟的美感教育作用，大量的古典诗词依然被人们所喜爱，具有着独特的艺术魅力。

　　诗词的本质特点是情绪和情感的抒发。诗歌从创作的角度说，是人类某种宝贵的情绪、情感在瞬间的灵光闪现。阅读古典诗歌，是希望通过诗人对瞬间事物、情感的把握，将自己的情感经验，与诗歌中的情感经验进行比较，引起心灵的共鸣，或以补充自己情感经验的不足，使之转化为自己的情感内存，体验到某种人生情绪的极致。

　　古典诗词的阅读与欣赏，要捕捉意象，体会意境，因为诗歌主要是通过意象和意境的创造来传达思想感情的。

　　主观的心意和客观的物象在语言文字中融汇和具现，即意象。它是融入了主观情意的客观物象，或者是借助客观物象表现出来的主观情感。意境是诗人通过种种意象的创造和连缀加之作者表达的思想感情所构成的一种充满诗意而又耐人寻味的艺术境界，是"情"与"景"的结晶品，它是古代诗人力求创构的诗歌的精华，也是鉴赏诗歌的内核，是鉴赏活动中最重要的审美环节。王国维在《宋元戏曲史》里面这样说："写情则沁人心脾，写景则在人耳目，述事则如其口出是也。古诗词之佳者，无不如是。"王国维又说："能写真景物、真感情者，谓之有境界，否则谓之无境界。"一首诗的意境美，应当是情和景的有机结合、情和景的密不可分，欣赏一首诗，看它怎样写景，看它怎样通过写景来把思想感情融会其中，这是古典诗歌

创作意境的一种艺术追求。

在鉴赏诗歌时,要注意捕捉意象,体会意境,借助联想和想象,进入诗人所创造的那个无限丰富和广阔的艺术空间,聆听诗人对自然、对社会、对生命最真切的诉说,对接诗人最丰富、最真实、最细腻的情感,享受最具人文关怀、人文精神的美趣。

中国古典诗词的意境所呈现出来的那种美的形态,是反复的,是多方面的,是以多种形态呈现在我们面前的。意境美是非常丰富、各不相同的:或雄奇阔大,写景雄奇壮美,气势雄浑,抒情奔腾震荡,磅礴千钧,语言渲染夸张,惊心破胆;或旷放开朗,写景脱尘拔俗,虚实相生,抒情旷大开朗,舒缓绵长,语言健朗明快,奇谲俊逸;或苍凉悲壮,写景苍茫阔远,峭拔萧疏,抒情豪纵雄健,慷慨悲凉,语言古朴遒劲,刚正惨烈;或深邃沉郁,内容上深蓄积厚,感情深沉,曲回郁结,语言不事雕琢,绝少夸张,长于以情事动人。读了这些诗以后,在读者眼前,往往会产生一种它所表现的形象,有的像崇山峻崖,横绝太空;有的像大河横前,波涛汹涌;有的像迅雷疾电,走云连风;有的像大风卷水,林木衰摧;有的像壮士拂剑,浩然弥哀;有的像倒酒既尽,仗藜行歌;有的像是行吟泽畔,饮恨吞声。这些意境,表现了一种阳刚之美。有的或浓艳瑰丽,描写的题材大多是酒边花下,盛装美人,所采用的表现手法往往是浓抹彩绘,刻意雕琢,所表现出来的艺术形象往往是金碧辉煌,浓艳绝人;或淡泊静谧,所描写的题材多是大自然的空寂幽趣,表现一种远尘避世的飘逸情绪,表现手法细致纤丽、清奇婉转;或凄冷寒凉,表现的情事环境大多是哀伤凄冷的,如愀如悲,如泣如诉,以凄婉楚恻来打动人心,引发人们的畏惧和悲悯,用悲剧的方式唤起人们对美好事物的热爱和向往。这些集中表现了阴柔之美。在对诗歌进行鉴赏时,要结合作品捕捉融入诗人主观情感创造出的具有多义性的意象,在深层次上领悟作者深邃的思想,从而更深刻地体会诗的意境美。

艺术感染力很强的意象往往在作品中反复出现,甚至为不同时期、不同作者所袭用。这种借助于现成的意象来表达某种特定情思的艺术手段,则使意象带有了历史的承袭性和象征性。在意象的承袭过程中,作者为了表达特定环境的思想和感情,达到意与象、物与我融洽的效果,创设了具有多义性的意象。比如"月",李白将它当作知心的伴侣(《月下独酌》:举杯邀明月,对影成三人),苏轼通过它来表达对亲人的美好祝愿与激励(《水调歌头》:但愿人长久,千里共婵娟),张九龄把它当作良辰美景的化身(《望月怀远》:海上生明月,天涯共此时),张若虚借助它来表现亲人间刻骨铭心的思念(《春江花月夜》:可怜楼上月徘徊,应照离人妆镜台),柳永却因它触目伤怀(《雨霖铃》:今宵酒醒何处?杨柳岸晓风残月)……还有,杨柳表离别,菊花表高洁,梧桐表伤感,阳关示别离,子规象征悲伤,白云象征孤高,松兰梅竹象征坚贞高洁,蛟龙鸾凤象征君子,飘风云霓象征小人等等。懂得诗中意象的象征性,通过文化解读来理解诗歌作品,只有这样,才有可能深入地把握作品的意蕴。

例如:

天净沙·秋思

马致远

枯藤老树昏鸦,小桥流水人家,古道西风瘦马,夕阳西下,断肠人在天涯。

这首小令用的就是典型的意象与意象的叠加方式。十个细节，一组象征符号，全为景，只因"断肠人在天涯"一句，点染出一片凄清苍凉的秋色，点化出一片哀愁孤寂的情思，全部景象遂笼上一层无根的悲愁。无言愁而愁绪似东流之水，不言孤而孤苦若黄昏之鸦，韵外之韵顿生，味外之味无穷，渲染出一种肃杀荒凉的氛围，体现了主人公无可奈何的落寞心境。

古典诗词的阅读与欣赏，要体会对接诗人情感。诗人抓住生活中那些动人的能启发人思考的片断，运用原有的生活的积累，加工创造出富有生活气息的画面，以构成能唤起读者美感的意境。因此要领会诗的意境，就必须分析诗的背景，从中认识艺术境界的氛围或情调。

诗中抒发的感情是诗人写诗的动力，诗人的生活经历及其思想基础均融入其中，不了解这个动力，找不到诗人感情的源头，便摸不准诗人感情的脉搏。所以进行诗歌鉴赏要掌握写诗背景，了解诗人的相关情况。不同时代、社会及不同的人事关系构成诗歌不同的背景，而这些背景又直接影响诗中内容的基本情调。鲁迅先生说："诗人感物，发而歌咏。"了解分析其背景，了解诗中感情的基调，就能设身处地去领会诗人彼时彼地的思想及心情，并与诗人产生共鸣。

诗的意境的创构要求诗人以想象为桥梁和纽带，将主观和客观相结合，做到虚实并举、情景交融。我们鉴赏诗歌，体会诗的意境，要展开想象的翅膀，和作者的心情相契合，来再度创构诗的意境，从而领略古典诗歌的"真景物"、"真感情"。

中国古典诗词也是语言的艺术，是最精粹、最精练的语言，是最美的语言。欣赏中国古典诗词要注意语言美。古代的诗歌概括力强、体制小，所以语言准确精练、生动形象。

中国古典诗词在长期发展的过程当中，结合汉语言文字的特点，逐渐形成了各种规律、各种体制，使得古典诗词在形式上具有一种音乐美和建筑美，读起来很好听，抑扬顿挫；中国古典诗歌《诗经》是"四言诗"，就是四个字一句，但是并没有特别的格律的要求；到了汉魏六朝时期，"五言诗""七言诗"兴起；到了南朝时期，在齐代永明年间，根据汉字的这种四种声调，以及双声叠韵这些规律，来研究诗句当中声韵调的配合，要求写诗要"一简之内，音韵尽殊，两句之中，轻重悉异"，讲究对偶。所以在南朝时期就出现了注重声律的一种新的诗体——"永明体"。"永明体"对后来格律诗的形成，以及后来的骈文和词、曲这些文学样式的产生和发展，都有着深远的影响。唐代初年，就是在这个基础上产生了律诗和绝句，也就是所谓的"格律诗"。

这种格律诗及后来的词、曲，在句速，在字速，在每句中的声调、字的声调，以及句末的押韵、句与句之间的对仗，全诗的这种结构规律上，都有了一定的格式。所以格律诗就成为中国古代诗歌的一种基本形式，诗、词、曲都是如此。诗歌有了一定的格律要求，读起来轻重缓急相间，长短有致，抑扬顿挫，韵调谐和，这就更加丰富了诗歌的表现力和艺术美。[1]

第八单元　品诗·品文

阅读引领

　　此中有真意,欲辨已忘言。

　　千古名篇,传世佳句,掩卷读来,唇齿留香。纵观古今中外,佳作名句不胜枚举,既为本书精心之选,亦有遗珠无数,不能一一观之,唯留遗憾之至。

　　本单元所精选之古今中外诗词文章,多为耳熟能详之文,反复读来,亦觉余味无穷。虽所选有限,不一而足,但其风格各异,主旨不一,雅俗趣致,文辞独具,篇篇皆为精品,以为引领,唯愿于诗文品读中,尽见文意之各现胸臆,文字之华彩灿然,夺其心意而足之。

【篇章精选】

一、秋兴八首(其一)　　杜 甫

【篇章导引】

　　杜甫(712~770),字子美,自号少陵野老,汉族,河南巩县(今河南巩义市)。盛唐时期伟大的现实主义诗人,与李白并称"李杜"。其诗全面而真实地反映了所处时代广阔的社会生活,充满强烈的忧国忧民感情,被誉为"诗史"。风格以"沉郁顿挫"为主而兼具多种格调。今存诗一千四百多首,其中很多是传颂千古的名篇,如"三吏"和"三别",著有《杜少陵集》。

　　《秋兴八首》是大历元年(766)秋杜甫在夔州时所作一组七言律诗,因秋而感发诗兴,故曰《秋兴》。

秋 兴 八 首[1]　(其一)

杜 甫

玉露凋伤枫树林[2],巫山巫峡气萧森[3]。
江间波浪兼天涌[4],塞上风云接地阴[5]。
丛菊两开他日泪[6],孤舟一系故园心[7]。
寒衣处处催刀尺,白帝城高急暮砧[8]。

——选自《杜诗详注》,仇兆鳌(清),中华书局1979年版

【注释】

[1]秋兴八首:秋兴,是秋日书怀之意,一共八首,成为一个诗组。
[2]玉露:晶莹如玉的露珠。
[3]巫山:山名,在进四川省巫山县。巫峡:长江三峡之一。
[4]兼天:连天。
[5]塞上:边塞,这里指荒僻的西南。
[6]丛菊两开:两度见到菊花开,过了两年的意思。
[7]孤舟:诗人自指。故园心:对长安的思念。
[8]白帝城:在夔州奉节县东白帝山上。

【评析提示】

　　这首诗是《秋兴八首》的第一首,在整个诗组中,是综述性的一首。悲秋是古代诗歌中习见的主旨,杜甫此诗,不但悲自然之秋,更是悲人生之秋和国运衰落之秋,充溢着身世之感和家国之思,含蕴深厚。

　　全诗绘景抒情联系密恰,浑然一体。首联写巫山巫峡的秋声秋色。秋露飘摇,枫林凋残,阴沉萧瑟、动荡不安的景物环境衬托诗人焦虑抑郁、伤伤时的心情,点出了"身在夔州,心系长安"的主题。颔联写波浪在地而兼天涌,风云在天而接地阴,可见整个天地之间充风云波浪,在这荒僻的边地,一片秋阴。颈联由描写景物转入直接抒情,即由秋天景物触动羁旅情思。作者在夔州,已是丛菊两度开放,两个秋天,都是在因回想而流泪中度过的。孤身一人,始终如一系念长安的家园。尾联在时序推移中叙写秋声。西风凛冽,傍晚时分天气更是萧瑟寒冷,意味冬日即将来临。白帝城在东,夔州府在西,诗人身在夔州,听到的是白帝城传来的们在加紧赶制寒衣砧杵之声,更增添异乡漂泊的哀愁。全篇情景交相融汇,含不尽之意见于言外。

　　全诗于凄清哀怨中,具沉雄博丽的意境。格律精工,词彩华茂,沉郁顿挫,悲壮凄凉意境深宏,具有典型的杜律风格。

【思考与练习】

1. 分析此诗中景色描写的暗示或象征意味。
2. 分析这首诗作为律诗在创作上的特色。
3. 举出几篇"悲秋"意味的诗文,分析其情感表现。

【拓展阅读】

　　《西洲曲》是南朝乐府民歌中的名篇,也是乐府民歌的代表之作。北宋郭茂倩编的《乐府诗集》收入"杂曲辞类",认为是"古辞"。

《西洲曲》是一首情歌,诗中描写了一位女子从初春到深秋,从现实到梦境,对钟爱之人的苦苦思念,绵绵深情。

西 洲 曲

忆梅下西洲,折梅寄江北。
单衫杏子红,双鬓鸦雏色。
西洲在何处?两桨桥头渡。
日暮伯劳飞,风吹乌臼树。
树下即门前,门中露翠钿。
开门郎不至,出门采红莲。
采莲南塘秋,莲花过人头。
低头弄莲子,莲子清如水。
置莲怀袖中,莲心彻底红。
忆郎郎不至,仰首望飞鸿。
鸿飞满西洲,望郎上青楼。
楼高望不见,尽日栏杆头。
栏杆十二曲,垂手明如玉。
卷帘天自高,海水摇空绿。
海水梦悠悠,君愁我亦愁。
南风知我意,吹梦到西洲。

——选自《乐府诗集》,郭茂倩(宋),人民文学出版社2010年版

此诗善于在动态中表达人物的思想感情,展现心境,表现痴心女子对爱人思念之深的心境。全诗托物寄情,巧借景物吐真情,善于以眼前的寻常之物,或起兴抒情,或比喻言志,或语意双关。婉转倾吐真情,耐人寻味,洋溢着浓厚的生活气息和鲜明的感情色彩。

二、金缕曲·赠梁汾　纳兰性德

【篇章导引】

纳兰性德(1655~1685),字容若,号楞伽山人,满族正黄旗人,清代著名词人。其父明珠,武英殿大学士,累加太子太傅,是康熙时期权倾朝野的重臣。纳兰广结名士贤达,无心功名利禄,虽"身在高门广厦,常有山泽鱼鸟之思"。他极富文学天才,诗文俱佳,尤以词作杰出,著称于世。纳兰性德词作现存348首(一说342首),内容涉及爱情友谊、边塞江南、咏物咏史及杂感等方面。著名学者王国维就赞其:"纳兰容若以自然之眼观物,以自然之舌言情。此由初入中原未染汉人风气,故能真切如此。北宋以来,一人而已。"

这首词是此人与顾贞观相识不久的题赠之作,表达了诚挚的友情,顾贞观在此词的后记中云:"岁丙辰,容若年二十有二,乃一见即恨识余之晚,阅数日,填此曲为余题照。"

金缕曲·赠梁汾[1]

纳兰性德

德也狂生耳[2]。偶然间、缁尘京国[3],乌衣门第[4]。有酒唯浇赵州土[5],谁会成生此意[6]?不信道、竟成知己。青眼高歌俱未老[7],向尊前、拭尽英雄泪。君不见,月如水。

共君此夜须沉醉。且由他、蛾眉谣诼[8],古今同忌。身世悠悠何足问,冷笑置之而已。寻思起、从头翻悔。一日心期千劫在[9],后身缘、恐结他生里。然诺重[10],君须记。

——选自《纳兰词笺注》,张秉戍注,北京出版社1996年版

【注释】

[1]金缕曲:词牌名,又称《贺新郎》。梁汾:作者挚友顾贞观。顾贞观(1637～1714):字华封,号梁汾,无锡人。

[2]德:作者自指。

[3]缁尘:污尘。缁:黑色,喻指京城世俗的污浊。

[4]乌衣门第:东晋时王、谢等名门望族居住在建康(今南京)乌衣巷,后以乌衣门第为贵族的指代。

[5]赵州土:战国时赵国公子平原君,礼贤下士,喜结宾客,死后虽未葬赵州,但他是赵国公子,又是赵相,故称他为"赵州土"。

[6]成生:作者自指,纳兰原名成德,故云。

[7]青眼:表示喜爱和敬重。晋朝时阮籍能作青白眼,见鄙俗之人,以白眼对之,见高朋良士,则用青眼。

[8]谣诼:造谣诽谤。

[9]千劫:劫,佛家用语,谓天地一成一毁为一劫。千劫:极言变化之大,时间之久。

[10]然诺:允诺,答应。

【评析提示】

纳兰性德是大词家,其词风多为感伤与缠绵。这首词为容若初识顾梁汾时酬赠之作,纳兰是王公贵胄,顾贞观乃一介书生,而两人志趣相投,一见如故,此词于应和之中见狂态奔放之姿,尽显词人性情中人本色。

词一开篇,纳兰自诩"狂生",即打消友人因身份、地位的悬殊而不敢接近自己的顾虑,又显其慷慨激发、忘形尘俗之状。继而用李贺《浩歌》"买丝绣作平原君,有酒唯浇赵州土"原句,表明其景仰平原君广纳贤才的人品,并有平原君那样礼贤下士、喜好交友的品格。得遇知己则使其狂喜雀跃,并因此而对挚友青眼相对,敬重有加。上片尾句以景结尾,月色如水,照彻夜空,不仅象征着两人纯洁的友谊,也营造了一种高洁的氛围。

下片首句"沉醉",既是"酒逢知己千杯少",又在劝慰友人不要把小人的造谣中伤放在心上。由好友而想到自己,流露出的是对荣华富贵的蔑视和对现实社会的不满,若要寻思,从头皆错。所幸者知己相逢,虽相见恨晚,但一日心期相许,既是横遭千劫,情谊也会长存,

生死不渝。

作者于词中直展胸襟,自然用典,以景抒怀,首尾一气贯穿而又跌宕起落,通篇气盛意切,情韵曲折有致。

【思考与练习】

1. 比较此篇与顾贞观的酬和之作,谈谈你的理解。
2. 纳兰词以婉约风格见长,此词与其他词相比,表达了作者怎样的思想感情?
3. 本词艺术表现上有何显著特点?

金缕曲·酬容若见赠次原韵

顾贞观

且住为佳耳。任相猜、驰笺紫阁,曳裾朱第。不是世人皆欲杀,争显怜才真意。容易得、一人知己。惭愧王孙图报薄,只千金、当酒平生泪。曾不直,一杯水。

歌残击筑心逾醉。忆当年、侯生垂老,始逢吴忌。亲在许身犹未得。侠烈今生已已。但结记、来生休悔。俄顷重投胶在漆,似旧曾、相识屠沽里。名预籍,石函记。

【拓展阅读】

晏殊(991~1055),字同叔,北宋临川人,北宋前期著名词人。十四岁以神童入试,赐同进士出身,官至集贤殿学士、同平章事兼枢密使,谥元献,世称晏元献。晏殊历任要职,更兼提拔后进,如范仲淹、韩琦、欧阳修等,皆出其门。他以词著于文坛,尤擅小令。晏殊小令语言婉丽,音韵和谐,温润秀洁,清新含蓄,多表现诗酒生活的悠闲情致,以及在这种生活中产生的感触和闲愁。

晏殊词三首

浣溪沙

一曲新词酒一杯,去年天气旧亭台。夕阳西下几时回。无可奈何花落去,似曾相识燕归来。小园香径独徘徊。

词之上片联袂今昔,重叠时空;重在思念过去;下片则借眼前景物,着重写当下的感伤。全词语言流畅通晓,清丽自然,词中涉及时间永恒而人生有限的哲理意蕴,表达深沉含蓄深。此词虽含伤春惜时之意,却实为感慨抒怀之情。

浣溪沙

一向年光有限身,等闲离别易销魂。酒筵歌席莫辞频。满目山河空念远,落花风雨更伤春,不如怜取眼前人。

这首《浣溪沙》是晏殊的代表作。此词慨叹人生有限，抒写离情别绪，所表现的是及时行乐的思想，语意温婉而不凄哀。

蝶 恋 花

槛菊愁烟兰泣露，罗幕轻寒，燕子双飞去。明月不谙离恨苦，斜光到晓穿朱户。昨夜西风凋碧树，独上高楼，望尽天涯路。欲寄彩笺兼尺素，山长水阔知何处。

——选自《唐宋词选》，中国社会科学院文学研究所编，人民文学出版社1981年版

深婉含蓄，是怀人之作的名篇，刻画了主人公为离愁所苦的复杂心情。其中"昨夜西风凋碧树，独上高楼，望尽天涯路"三句，白描简练，伤感迷离而不纤弱颓靡，显现高远寥廓的境界，成了流传千古的佳句。王国维在《人间词话》中称之为，"古今之成大事业、大学问者，必经过三种境界之第一境界也。"

三、西湖七月半　张　岱

【篇章导引】

张岱(1597～1679)，明末清初文学家。字宗子、石公，号陶庵，浙江山阴(今绍兴)人，侨寓杭州。清兵南下，入山隐居著书。文笔清新，时杂诙谐，作品多写山水景物、日常琐事，不少作品表现其明亡后的怀旧感伤情绪。所著有《琅嬛文集》、《陶庵梦忆》、《西湖梦寻》等。又有《石匮书》，现存《石匮书后集》，记载明朝末年崇祯年间(1628～1644)及南明王朝的史事。

本文选自《陶庵梦忆》卷七。集子《自序》言"陶庵国破家亡，无所归止，披发入山，骎骎为野人。故旧见之，如毒药猛兽，愕窒不敢与接。作自挽诗，每欲引决。在《石匮书》未成，尚视息人世。""鸡鸣枕上，夜气方回，因想余生平，繁华靡丽，过眼皆空，五十年来，总成一梦。""不次岁月，异年谱也；不分门类，别志林也。偶拈一则，如游旧径，如见故人，城郭人民，翻用自新，真所谓痴人前不得说梦矣。"故《西湖七月半》也当是追忆过往之作。

西湖七月半

张　岱

西湖七月半[1]，一无可看，止可看看七月半之人[2]。看七月半之人，以五类看之[3]：其一，楼船箫鼓[4]，峨冠盛筵[5]，灯火优傒[6]，声光相乱，名为看月而实不见月者，看之[7]。其一，亦船亦楼，名娃闺秀[8]，携及童娈[9]，笑啼杂之，环坐露台[10]，左右盼望[11]，身在月下而实不看月者，看之。其一，亦船亦声歌，名妓闲僧，浅斟低唱[12]，弱管轻丝[13]，竹肉相发[14]，亦在月下，亦看月而欲人看其看月者，看之。其一，不舟不车，不衫不帻[15]，酒醉饭饱，呼群

三五[16],跻入人丛[17],昭庆[18]、断桥[19],嚣呼嘈杂[19],装假醉,唱无腔曲[20],月亦看,看月者亦看,不看月者亦看,而实无一看者,看之。其一,小船轻幌[21],净几暖炉,茶铛旋煮[22],素瓷静递[23],好友佳人,邀月同坐,或匿影树下[24],或逃嚣里湖[25],看月而人不见其看月之态,亦不作意看月者[26],看之。

杭人游湖[27],巳出酉归[28],避月如仇。是夕好名[29],逐队争出,多犒门军酒钱[30]。轿夫擎燎[31],列俟岸上[32]。一入舟,速舟子急放断桥[33],赶入胜会。以故二鼓以前[34],人声鼓吹[35],如沸如撼[36],如魇如呓[37],如聋如哑[38]。大船小船一齐凑岸,一无所见,止见篙击篙[39],舟触舟,肩摩肩[40],面看面而已。少刻兴尽,官府席散,皂隶喝道去[41]。轿夫叫船上人,怖以关门[42],灯笼火把如列星[43],一一簇拥而去。岸上人亦逐队赶门,渐稀渐薄,顷刻散尽矣。

吾辈始舣舟近岸[44],断桥石磴始凉[45],席其上[46],呼客纵饮[47]。此时月如镜新磨[48],山复整妆,湖复颒面[49],向之浅斟低唱者出[50],匿影树下者亦出。吾辈往通声气[51],拉与同坐。韵友来[52],名妓至,杯箸安[53],竹肉发。月色苍凉,东方将白,客方散去。吾辈纵舟酣睡于十里荷花之中[54],香气拍人[55],清梦甚惬[56]。

——选自《陶庵梦忆·西湖梦寻》,夏咸淳、程维荣点校,上海古籍出版社2001年版

【注释】

[1]西湖:即今杭州西湖。七月半:农历七月十五,又称中元节。
[2]"止可看"句:谓只可看那些来看七月半景致的人。止:同"只"。
[3]以五类看之:把看七月半的人分作五类来看。
[4]楼船:指考究的有楼的大船。箫鼓:指吹打音乐。
[5]峨冠:头戴高冠,指士大夫。盛筵:摆着丰盛的酒筵。
[6]优僕(xī):优伶和仆役。
[7]看之:谓要看这一类人。下四类叙述末尾的"看之"同。
[8]娃:美女。闺秀:有才德的女子。
[9]童娈(luán):容貌美好的家僮。
[10]露台:船上露天的平台。
[11]盼望:都是看的意思。
[12]浅斟:慢慢地喝酒。低唱:轻声地吟哦。
[13]弱管轻丝:谓轻柔的管弦音乐。
[14]竹肉:指管乐和歌喉。
[15]"不舟"二句:不坐船,不乘车;不穿长衫,不戴头巾,指放荡随便。"帻(zé)":头巾。
[16]呼群三五:呼唤朋友,三五成群。
[17]跻(jī):通"挤"。
[18]昭庆:寺名。断桥:西湖白堤的桥名。
[19]嚣:呼叫。
[20]无腔曲:没有腔调的歌曲,形容唱得乱七八糟。
[21]幌(huǎng):窗幔。

[22]铛(chēng):温茶、酒的器具。旋(xuàn):随时,随即。

[23]素瓷静递:雅洁的瓷杯无声地传递。

[24]匿(nì)影:藏身。

[25]逃嚣:躲避喧闹。里湖:西湖的白堤以北部分。

[26]作意:故意,作出某种姿态。

[27]杭人:杭州人。

[28]巳(sì):巳时,约为上午九时至十一时。酉:酉时,约为下午五时至七时。

[29]是夕好名:七月十五这天夜晚,人们喜欢这个名目。"名":指"中元节"的名目,等于说"名堂"。

[30]犒(kào):用酒食或财物慰劳。门军:守城门的军士。

[31]擎(qíng):举。燎(liào):火把。

[32]列俟(sì):排着队等候。

[33]速:催促。舟子:船夫。放:开船。

[34]二鼓:二更,约为夜里十一点左右。

[35]鼓吹:指鼓、钲、箫、笳等打击乐器、管弦乐器奏出的乐曲。

[36]如沸如撼:像水沸腾,像物体震撼,形容喧嚷。

[37]魇(yǎn):梦中惊叫。呓:说梦话。这句指在喧嚷中种种怪声。

[38]如聋如哑:指喧闹中震耳欲聋,自己说话别人听不见。

[39]篙:用竹竿或杉木做成的撑船的工具。

[40]摩:碰,触。

[41]皂隶:衙门的差役。喝道:官员出行,衙役在前边吆喝开道。

[42]怖以关门:用关城门恐吓。

[43]列星:分布在天空的星星。

[44]舣(yǐ):通"移",移动船使船停船靠岸。浙江沿海一带船上用语颇为讲究,凡事以吉利为上,移(有迁移之嫌,船上以船为家)船上不可说王(亡谐音),陈(沉谐音)说王为黄,陈为沈,如今上海浙江沿海一带袭用。

[45]磴(dèng):石头台阶。

[46]席其上:在石磴上摆设酒筵。

[47]纵饮:尽情喝。

[48]镜新磨:刚磨制成的镜子。古代以铜为镜,磨制而成。

[49]颒(huì)面:洗脸。

[50]向:方才,先前。

[51]往通声气:过去打招呼。

[52]韵友:风雅的朋友,诗友。

[53]箸(zhù):筷子。安:放好。

[54]纵舟:放开船。

[55]拍:扑。

[56]惬(qiè):快意。

【评析提示】

小品文是极富个性色彩的文体,是广义的散文中的一种。它以篇幅短小、形式灵活、内容随意为特点,其源流久远,至晚明而盛极。在诸小品大家中,张岱被公认为是晚明小品文的集大成者,他拓展了小品文的表现领域,各种题材、各种文体到他手中都被运用得很巧妙,而且获得一种表达的自由。他为文最大的特色,是往往别具只眼,以对世态人情和众生相的细致考察与描写,描绘出一幅幅色彩明丽的风俗画。《西湖七月半》即为其中最具代表的一篇。

全文描述了明末杭州人七月半游西湖的盛况,以简练的文笔,重现了当时的西湖景色和世风民情。文中通过对各类游客看月情态的描摹刻画,嘲讽了达官显贵附庸风雅的丑态和市井百姓赶凑热闹的俗气,标榜了文人雅士清高拔俗的情趣。

张岱的语言雅俗结合,颇见功底。这篇小品,貌似以平直质朴的笔墨进行叙述,但寓谐于庄,富有调侃意味。

【思考与练习】

1. 作者是如何营造各类看月者看月时的不同氛围的?
2. 分析本文语言传神和笔调诙谐的特点。
3. 对张岱文中所自诩的清高拔俗的情致与避世雅游的态度,你是如何理解的?

【拓展阅读】

西湖杂记

袁宏道

(原文略)

《西湖杂记》(《初至西湖记》、《晚游六桥待月记》、《雨后游六桥记》)三则以轻薄短小的小品文写成,将山水名胜视为个人的审美对象,表现个人的审美情趣,信笔直抒,不择笔墨,写景独具慧眼,物我交融,怡情悦性,有不苟流俗的清高格调,颇具性灵之美。

——选自《林海音作品精编》,漓江出版社2004年版

四、金鲤鱼的百裥裙 林海音

【篇章导引】

林海音(1918~2001),中国现代著名女作家。原名林含英,小名英子。祖籍台湾省苗栗县,生于日本大阪。幼年随父母移居北京城南,曾就读于北京女子示范学校,后毕业于世界新闻专科学校,担任过《世界日报》记者。后回台湾创办《纯文学》月刊。代表作有长篇小说《晓云》、短篇小说集《城南旧事》、儿童文学集《金桥》等。

——选自《林海音作品精编》,漓江出版社2004年版

金鲤鱼的百裥裙

林海音

金鲤鱼有一条百裥裙,大红洋缎的,前幅绣着"喜鹊登梅"。金鲤鱼就喜欢个梅花,那上面可不是绣满了一朵朵的梅花。算一算,足足有九十九朵。两只喜鹊双双一对地停在梅枝上,姿式、颜色,配得再好没有,长长的尾巴,高高地翘着,头是黑褐色的,背上青中带紫,肚子是一块白。梅花朵朵,真像是谁把鲜花撒上去的。旁边两幅是绣的蝴蝶穿花,周边全是如意花纹的绣花边。

裙子是刚从老樟木箱子里拿出来的,红光闪闪地平铺在大沙发上。珊珊不知怎么欣赏才好,她双手抚着胸口,兴奋地叹着气说:"唉!不得了,不得了,我从来没有见过这么美丽的百裥裙!"

她弯下腰伸手去摸摸那些梅花,那些平整的裥子,那些细致的花边。她轻轻地摸,仿佛一用力就会把那些娇嫩的花瓣儿摸散了似的。然后她又斜起头来,娇憨地问妈妈:"妈咪!这条百裥裙是你结婚穿的礼服吗?"

妈妈微笑着摇摇头。这时爸爸刚好进来了,妈妈看了爸爸一眼,对珊珊说:"妈咪结婚已经穿新式礼服喽!"

"那么这是谁的呢?"珊珊又一边轻抚着裙子一边问。

"问你爸爸吧!"妈妈说。

爸爸并没有注意她们母女在说什么,他是进来拿晚报看的,这时他回过头来,才注意到沙发上的东西。他扶了扶眼镜,仔细地看了看,并没有看出什么来。

"爸,这是谁的百裥裙呀?不是妈咪跟你结婚穿的吗?"珊珊还是问。

爸爸只是轻轻摇摇头,并没有回答,仿佛他也闹不清当年结婚妈咪穿的什么衣服了。但是停一下,他像又想起了什么,扭过头来,看了那裙子一眼,问妈说:"这是哪里来的?"

"哪里来的?"妈咪谜语般地笑了,却对珊珊说:"是你祖母的呀!"

"祖母的? 是祖母结婚穿的呀!"珊珊更加惊奇,更加地发生兴趣了。

听说是祖母的,爸又伸了一下脖子,把报纸放下来,对妈咪说:

"拿出来做什么呢?"

"问你的女儿。"妈妈对女儿讲"问爸爸",对爸爸却又讲"问女儿"了,总是在打谜语。

珊珊又耸肩又挤眼的,满脸洋表情,她笑嘻嘻地说:

"我们学校欢送毕业同学晚会,有一个节目是服装表演,她们要我穿民初[1]的新娘服装呢!"

"民初的新娘子是穿这个吗?"爸爸不懂,问妈妈。

"谁知道!反正我没穿过!"妈咪有点生气爸爸的糊涂,他好像什么事都忘记了。

"爸,你忘了吗?"珊珊老实不客气地说:

"你是民国十年才结婚的呀!结了婚,你就一个人跑到日本去读书,一去十年才回来,害得我和哥哥们都小了十岁(她撅了一下嘴)。你如果早十年生大哥,大哥今年不就四十岁了?

连我也有二十八岁了呀!"

爸爸听了小女儿的话,哈哈地笑了,没表示意见。妈妈也笑了,也没表示意见。然后妈妈要叠起那条百裥裙,珊珊可急了,说:"不要收呀,明天我就要拿到学校去,穿了好练习走路呢!"

妈妈说:"我看你还是另想办法吧!我是舍不得你拿去乱穿,这是存了四十多年的老古董咧!"

珊珊还是不依,她扭着腰肢,撒娇地说:

"我要拿去给同学们看。我要告诉她们,这是我祖母结婚穿的百裥裙!"

"谁告诉你这是你祖母结婚穿的啦?你祖母根本没穿过!"妈妈不在意地随口就讲了这么一句话,珊珊略显惊奇地瞪着眼睛看妈咪,爸爸却有些不耐烦地责备妈妈说:

"你跟小孩子讲这些没有意思的事情干什么呢?"

但是妈妈不会忘记祖母的,她常说,因为祖母的关系,爸爸终于民国十年回来了,不然的话,也许没有珊珊的三个哥哥,更不要说珊珊了。

爸爸当然更不会忘记祖母,因为祖母的关系,他才决心到日本去读书的。

在这里,很少可以说简直没有人认识当年的祖母,当然更不知道金鲤鱼有一条百裥裙的故事了。六岁来到许家,许大太太常常喜欢指着金鲤鱼对人这么说:"她呀,六岁来到许家,会什么呀?我还得天天给她梳辫子,伺候她哪!"

许大太太给金鲤鱼的辫子梳得很紧,她对金鲤鱼也管得很紧。没人知道金鲤鱼的娘家在哪儿,就知道是许大太太随许大老爷在崇明县的任上,把金鲤鱼买来的。可是金鲤鱼并不是崇明县的人,听说是有人从镇江把她带去的。六岁的小姑娘,就流离转徙地卖到了许家。她聪明伶俐,人见人爱。虽然是个丫头的身份,可是许大太太收在房里当女儿看待。许家的丫头多的是,谁有金鲤鱼这么吃香?她原来是叫鲤鱼的,因为受宠,就有那多事的人,给加上个"金"字,从此就金鲤鱼金鲤鱼地叫顺了口。

许大太太生了许多女儿,大小姐,二小姐,三小姐,四小姐,五——还是小姐。到了五小姐,索性停止不生了。许家的人都很着急,许大老爷的官做得那么大,她如果没个儿子,很蹩扭[2]。因此老太太要考虑给儿子纳妾了。许大太太什么都行,就是生儿子不行,她看着自己的一窝女儿,一个赛一个地标致,如果其中有一个是儿子,也这么粉团儿似的,该是多么的不同!

那天许大太太带着五个女儿,还有金鲤鱼,在花厅里做女红。她请了龚嫂子来教女儿们绣花。龚嫂子是湖南人,来到北京,专给宫里绣花的,也在外面兼教闺中妇女刺绣。许大太太懂得一点刺绣,她说顾绣[3]虽然翎毛花卉山水人物无不逼真,可是湘绣也有它的特长,因为湘绣参考了外国绣法,显得新鲜活泼,所以她请了龚嫂子来教刺绣。

龚嫂子来了,闺中就不寂寞,她常常带来宫中逸事,都不是外面能知道的。所以她的来临,除了教习以外,也还多了一个谈天的朋友。

那天许大太太和龚嫂子又谈起了老爷要纳妾的事。龚嫂子忽然瞟了一眼金鲤鱼,努努嘴,没说什么。金鲤鱼正低头在白缎子上描花样。她这时十六岁了,个子可不大,小精豆子似的。许大太太明白了龚嫂子的意思,她寻思,龚嫂子的脑筋怎么转得那么快,眼前摆个十六岁的大丫头,她以前怎么就没想到呢!

金鲤鱼是她自己的人,百依百顺,逃不出她的手掌心。把金鲤鱼收房给老爷做姨太太,才是办法。她想得好,心里就畅快了许多,这些时候,为了老太太要给丈夫娶姨太太,她都快闷死了!六岁来到许家,十六岁收房做了许老爷的姨太太,金鲤鱼的个子还抵不上老爷书房里的小书架子高呢!就不要紧,她才十六岁,还在长哪!可是,年头儿收的房,年底她就做了母亲了。金鲤鱼真的生了一个粉团儿似的大儿子,举家欢天喜地,却都来向许大太太道喜,许大太太高兴得嘴都合不拢了。

许大太太不要金鲤鱼受累,奶妈早就给雇好了。一生下,就抱到自己的房里来抚养。许大太太没有什么可操心的了。许大老爷,就让他归了金鲤鱼吧!她有了振丰——是外公给起的名字——就够了。

有许大太太这样一位大太太,怪不得人家会说:"金鲤鱼,你算是有福气的,遇上了这位大太太。"

金鲤鱼也觉得自己确是有福气的。可是当人家这么对她说的时候,她只笑笑。人家以为那笑便是表示她的同意和满意,其实不,她不是那意思。她认为她有福气,并不是因为遇到了许大太太,而是因为她有一个争气的肚子,会生儿子。所以她笑笑,不否认,也不承认。

无论许大太太待她怎么好,她仍然是金鲤鱼。除了振丰叫她一声"妈"以外,许家一家人都还叫她金鲤鱼。老太太叫她金鲤鱼,大太太叫她金鲤鱼,小姐们也叫她金鲤鱼,她是一家三辈子人的金鲤鱼!金鲤鱼,金鲤鱼,她一直在想,怎么让这条金鲤鱼跳过龙门!

到了振丰十八岁,这个家庭都还没有什么大改变,只是这时已经民国了,许家的大老爷早已退隐在家做遗老了。

这一年的年底,就要为振丰完婚。振丰自己嫌早,但是父母之命难违,谁让他是这一家的独子,又是最小的呢!对方是江宁端木家的四小姐,也才不过十六岁。

从春天两家就开始准备了。儿子是金鲤鱼生的,如今要娶媳妇了,金鲤鱼是什么滋味?有什么打算?

有一天,她独自来到龚嫂子家。绣个喜鹊登梅吧。龚嫂子不是当年在宫里走动的龚嫂子了,可是皇室的余荫[4],也还给她带来了许多幸运。她在哈德门里居家,虽然年纪大了,眼睛不行了,不能自己穿针引线地绣花,可是她收了一些女徒弟,一边教,一边也接一些定制的绣活,生意很好,远近皆知。交民巷[5]里的洋人,也常到她家里来买绣货。

龚嫂子看见金鲤鱼来了,虽然惊奇,但很高兴。她总算是亲眼看着金鲤鱼从小丫头变成大丫头,又从大丫头收作了姨奶奶,何况——多多少少,金鲤鱼能收房,总还是她给提的头儿呢。金鲤鱼命中带了儿子,活该要享后福呢!她也听说金鲤鱼年底要娶儿媳妇了,所以她见了面就先向金鲤鱼道喜。金鲤鱼谢了她,两个人感叹着日子过得快。然后,金鲤鱼就说到正题上了,她说:"龚嫂子,我今天是来找龚嫂子给绣点东西。"

于是她解开包袱,摊开了一块大红洋缎,说是要做一条百裥裙,绣花的。

"绣什么呢?"龚嫂子问。

"就绣个喜鹊登梅吧!"金鲤鱼这么说了,然后指点着花样的排列,她要一幅绣满了梅花的"喜鹊登梅",她说她就爱个梅花,自小爱梅花,爱得要命。她问龚嫂子对于她的设计,有什么意见?

龚嫂子一边听金鲤鱼说,一边在寻思,这条百裥裙是给谁穿的?给新媳妇穿的吗?不对。新媳妇不穿"喜鹊登梅"这种花样,也用不着许家给做,端木家在南边,到时候会从南边带来不知道多多少少绣活呢!她不由得问了:"这条裙子是谁穿呀?"

"我。"金鲤鱼回答得很自然,很简单,很坚定。只是一个"我"字,分量可不轻。

"噢——"龚嫂子一时愣住了,答不上话,脑子在想,金鲤鱼要穿大红百裥裙了吗?她配吗?许家的规矩那么大,丫头收房的姨奶奶,哪就轮上穿红百裥裙了呢。就算是她生了儿子,可是在许家,她知道得很清楚,儿子归儿子,金鲤鱼归金鲤鱼呀!她很纳闷。可是她仍然笑脸迎人地依照了金鲤鱼所设计的花样——绣个满幅喜鹊登梅。她答应赶工半个月做好。

喜鹊登梅的绣花大红百裥裙做好了,是龚嫂子亲自送来的。谁有龚嫂子懂事?她知道该怎么做,因此她直截了当地就送到金鲤鱼的房里。

打开了包袱,金鲤鱼看了看,表示很满意,就随手叠好又给包上了,她那稳定而不在乎的神气,真让龚嫂子吃惊。龚嫂子暗地里在算,金鲤鱼有多大了?十六岁收房,加上十八岁的儿子,今年三十四喽!到许家也快有三十年喽,她要穿红百裥裙啦!她不知道应当怎么说,金鲤鱼到底该不该穿?

金鲤鱼自己觉得她该穿。如果没有人出来主张她穿,那么,她自己来主张好了。送走了龚嫂子回到房里,她就知道"金鲤鱼有条百裥裙"这句话,一定已经被龚嫂子从前头的门房传到太太的后上房了,甚至于跨院堆煤的小屋里,西院的丁香树底下,到处都悄声悄语在传这句话。可是,她不在乎,金鲤鱼不在乎。她正希望大家知道,她有一条大红西洋绉的绣花百裥裙子。

很早以来,她就在想这样一条裙子,像家中一切喜庆日子时,老奶奶,少奶奶,姑奶奶们所穿的一样。她要把金鲤鱼和大红百裥裙,有一天连在一起——就是在她亲生儿子振丰娶亲的那天。谁说她不能穿?这是民国了,她知道民国的意义是什么——"我也能穿大红百裥裙",这就是民国。百裥裙收在樟木箱子时,她并没有拿出来给任何人看,也没有任何人来问过她,大家就心照不宣吧。她也没有试穿过,用不着那么猴儿急。她非常沉着,她知道该怎么样的沉着去应付那日子——她真正把大红绣花百裥裙穿上身的日子。

可是到了冬月底,许大太太发布了一个命令,大少爷振丰娶亲的那天,家里妇女一律穿旗袍,因为这是民国了,外面已经兴穿旗袍了,而且两个新人都是念洋学堂的,大家都穿旗袍,才显得一番新气象。许大太太又说,她已经叫了亿丰祥的掌柜来,做旗袍的绫罗绸缎会送来一车,每人一件,大家选吧。许大太太向大家说这些话的时候,曾向金鲤鱼扫了一眼。金鲤鱼坐在人堆里,眼睛可望着没有人的地方,身子扳得纹风不动,她真沉得住气。她也知道这时有多少只眼睛向她射过来,仿佛改穿旗袍是冲着她一个人发的。空气不对,她像被人打了一闷棍子。她真没想到这一招儿,心像被虫啃般的痛苦。她被铁链链住了,想挣脱出来一下,都不可能。

到了大喜的日子,果然没有任何一条大红百裥裙出现。不穿大红百裥裙,固然没有身份的区别了,但是,穿了呢? 不就有区别了吗? 她就是要这一点点的区别呀! 一条绣花大红百裥裙的分量,可比旗袍重多了,旗袍人人可以穿,大红百裥裙可不是的呀! 她多少年就梦想着,有一天穿上一条绣着满是梅花的大红西洋缎的百裥裙,在上房里,在花厅上,在喜棚下走动着窸窸窣窣的声音,是从熨得平整坚实的裙裥子里发出来的。那个声音,曾令她羡妒,令她渴望,令她伤心。一去十年,当振丰赶到家,站在他的亲生母亲的病榻前时,金鲤鱼已经在弥留的状态中了。她仿佛睁开了眼,也仿佛哼哼地答应了儿子的呼声,可是她什么都不知道了。

这是振丰离国到日本读书十年后第一次回家——是一个急电给叫回来的。不然他会呆多久才回来呢?

当振丰十八岁刚结婚时,就感觉到家中的空气,对他的亲生母亲特别的不利,他也陷入痛苦中。他有抚养着他的母亲,宠惯着他的姐姐,关心着他的父亲,敬爱着他的亲友和仆从,但是他也有一个那样身份的亲生母亲。他知道亲生母亲有什么样的痛苦,因为传遍全家的"金鲤鱼有一条百裥裙"的笑话,已经说明了一切。在这个新旧思想交替和冲突的时代和家庭里,他也无能为力。还是远远地走开吧,离开这个沉闷的家庭,到日本去念书吧! 也许这个家庭没有了他这个目标人物,亲生母亲的强烈的身份观念,可以减轻下来,那么她的痛苦也说不定会随着消失了。他是怀着为人子的痛苦去国的,那时的心情只有自己知道,让他去告诉谁呢!

他在日本书念得很好,就一年年地呆下去了。他吸收了更多更新的学识,一心想钻研更高深的学问,便自私得顾不得国里的那个大家庭了。虽然也时时会兴起对新婚妻子的歉疚,但是结果总是安慰自己说,反正成婚太早,以后的日子长远得很呢。

现在他回来了,像去国是为了亲生母亲一样,回来仍是为了她,但母亲却死了! 死,一了百了。可是他知道母亲是含恨而死的,恨自己一生连想穿一次大红百裥裙的机会都被剥夺了,对她是一件多么残酷的事。她是郁郁不欢地度过了这十年的岁月吗? 她也恨儿子吗? 恨儿子远行不归,使她在家庭的地位,更不得伸张而永停在金鲤鱼的阶段上。生了儿子应当使母亲充满了骄傲的,她却没有得到,人们是一次次地压制了她应得的骄傲。

振丰也没有想到母亲这样早就去世了,他一直有个信念,总有一天让这个叫"妈"的母亲,和那个叫"娘"的母亲,处于同等的地位,享受到同样的快乐。这是他的孝心,悔恨在母亲的有生之年,并没有向她表示过,竟让她含恨而死。

这一家人虽然都悲伤于金鲤鱼的死,但是该行的规矩,还是要照行。出殡的那一天,为了门的问题,不能解决。说是因为门窄了些,棺材抬不过去。振丰觉得很奇怪,他问到底是哪个门嫌窄了? 家人告诉他,是说的"旁门",因为金鲤鱼是妾的身份,棺材是不能由大门抬出去的,所以他们正在计划着,要把旁边的门框临时拆下一条来,以便通过。

振丰听了,胸中有一把火,像要燃烧起来。他的脸涨红了,抑制着激动的心情,故意问:"我是姨太太生的,那么我也不能走大门了?"

老姑母苦笑着责备说:"傻孩子,怎么说这样的话!你当然是可以走大门……"

振丰还没等老姑母讲完,便冲动地,一下子跑到母亲的灵堂,趴伏在棺木上,捶打痛喊着说:"我可以走大门,那么就让我妈连着我走一回大门吧!就这么一回!就这么一回!"

所有的家人亲戚都被这景象吓住了。振丰一直伏在母亲的棺木上痛哭,别人也不知道该怎么劝解,因为太意外了。结局还是振丰扶着母亲的棺柩,堂堂正正地由大门抬了出去。

他觉得他在母亲的生前,从没有能在行为上表示一点孝顺,使她开心,他那时是那么小,那么一事无知,更缺乏对母亲的身份观念的了解。现在他这样做了,不知道母亲在冥冥中可体会到他的心意?但无论如何,他沉重的心情,总算是因此减轻了许多。现在算不得什么了,看见妈妈舍不得把百裥裙给珊珊带到学校去,爸爸倒替珊珊说情了,他对妈妈说:"你就借她拿去吧,小孩子喜欢,就让她高兴高兴。其实,现在看起来,这些都算不得什么了!那时,一条百裥裙对于一个女人的身份,是那样地重要吗?现在想来,真是不可思议的。看女学生只要高兴,就可以随便穿上它在台上露一露。唉!时代……"

话好像没说完,就在一声感喟下戛然而止了。而珊珊只听了头一句,就高兴地把百裥裙抱了起来,其余,爸爸说的什么,就完全不理会了。

妈妈也想起了什么,她对爸爸说:"振丰,你知道,我当初很有心要把这条百裥裙给放进棺材里,给妈一起陪葬算了,我知道妈是多么喜欢它。可是……"

妈也没再说下去了,她和爸一时都不再说话,沉入了缅想中。

珊珊却只顾拿了裙子朝身上比来比去,等到裙子扯开来是散开的两幅,珊珊才急得喊妈妈:"妈咪,快来,看这条裙子是怎么穿法嘛!"

妈拿起裙子来看看,笑了,她翻开那裙腰,指给爸爸和珊珊看,说:"我说没有人穿过,一点儿不错吧?看,带子都还没缝上去哪!"

【注释】

[1]民初:中华明国初年的简称。

[2]蹩扭:又称别扭,不顺心、难对付的意思。

[3]顾绣:指沿用明代顾氏绣法制成的刺绣。

[4]余荫:剩留下来的荫庇,一般指前辈对后代的保佑。

[5]交民巷:当时外国商人、使领馆比较集中的北京所在地。

【评析提示】

这是一篇真切动人、寓意丰富、讲究技法的小说。

小说具有悲剧性的寓意。通过金鲤鱼对一生命运的叙述,尤其是对其渴望穿百裥裙愿望的描写及其梦想的破灭,揭露了封建社会严酷的宗法等级制度对人的残害,由此揭示了旧中国妇女沉痛的心灵创伤。

文中描述的封建等级制度与观念无孔不入地渗透到日常生活领域,甚至于穿什么衣服也成了一种社会身份的标志,一种政治化的权力问题。不但反对、阻止或质疑金鲤鱼穿百裥裙的许大太太、龚嫂子及周围的许多人,他们坚持穿衣的名分与权力;而且问题同样还在于金鲤鱼本人,她的梦想与反抗的深层动机,也还是出于与反对她的人一样的身份意识和等级意识。事实上双方都被当时的传统意识形态控制住了。金鲤鱼的不幸命运,是与她传统思想的局限缠绕在一起的。她生下儿子,却对许大太太夺去儿子抚养毫无反抗,内心痛苦而隐忍为安。儿子成婚,她下定决心要穿百裥裙以争名分,但又唯恐结果难卜而未敢缝好衣裙。她儿子出国留学,以及后来在丧礼上的举动,都是悲愤心情下间接或直接的反抗行为,是对生母的真实情感忍无可忍的喷发。由此可见,作者在批判等级制度的旧人文精神的同时,也在呼唤一种现代性的平等观念的新人文精神。

小说在叙事结构上颇具匠心。其一是首尾呼应,突出现代背景,而中间则倒叙金鲤鱼过去的故事,并通过金鲤鱼与珊珊祖孙两代人的命运对比,突出时代变化的深刻内涵,同时也强化了金鲤鱼的悲剧意味。其二是以百裥裙为叙述中心线索:一开头就是特写式的详尽描写,继而以"谜语"增加悬念,再次突出百裥裙如何成为金鲤鱼的"笑话",最后写百裥裙令人意外的"真相"——一件未完工、未穿过的衣裙。这样的叙述方式,单一集中而起伏跌宕,收到了扣人心弦的效果。小说的语言平实流畅,于波澜不惊中见深意。

【思考与练习】

1. 分析这篇小说如何在平易的叙述中见出内涵的深刻。
2. 分析金鲤鱼的悲剧命运的成因。
3. 结合小说,谈谈对现代人文精神建构的理解。

【拓展阅读】

朱光潜(1897~1986),安徽桐城人,美学家、文艺理论家、翻译家、教育家。曾任北京大学教授,四川大学教授、文学院院长,武汉大学教授、教务长。1946年后任北京大学教授、文学院代院长、中国美学学会会长。朱光潜毕生从事美学教学和研究,学贯中西,博古通今。他以自己深湛的研究沟通了西方美学和中国传统美学,沟通了旧的唯心主义美学和马克思主义美学,沟通了"五四"以来中国现代美学和当代美学,是中国美学史上一座横跨古今、沟通中外的"桥梁",重建了中国传统美学的理论体系和思维方式,是我国现代美学的开拓者和奠基者之一,现当代最负盛名并赢得崇高国际声誉的美学大师。

朱光潜著述甚丰,编著有《文艺心理学》、《悲剧心理学》、《谈美》、《诗论》、《谈文学》、《克罗齐哲学述评》、《西方美学史》、《美学批判论文集》、《谈美书简》、《美学拾穗集》等,并翻译了歌德的《谈话录》、柏拉图的《文艺对话集》、G.E.莱辛的《拉奥孔》、G.W.F.黑格尔的《美学》、B.克罗齐的《美学》、G.B.维柯的《新科学》著作,具有开拓意义。

本文选自《谈美》。《谈美书简》一书所涉甚广,谈到了审美态度、审美距离、美感与快感、艺术与游戏、天才与灵感等十多个话题,但最终归结为"人生的艺术化"这一基本命题。

"慢慢走,欣赏啊!"

朱光潜

——人生的艺术化

一直到现在,我们都是讨论艺术的创造与欣赏。在收尾这一节中,我提议约略说明艺术和人生的关系。

我在开章明义时就着重美感态度和实用态度的分别,以及艺术和实际人生之中所应有的距离,如果话说到这里为止,你也许误解我把艺术和人生看成漠不相关的两件事。我的意思并不如此。

人生是多方面而却相互和谐的整体,把它分析开来看,我们说某部分是实用的活动,某部分是科学的活动,某部分是美感的活动,为正名析理起见,原应有此分别;但是我们不要忘记,完满的人生见于这三种活动的平均发展,它们虽是可分别的而却不是互相冲突的。"实际人生"比整个人生的意义较为窄狭。一般人的错误在把它们认为相等,以为艺术对于"实际人生"既是隔着一层,它在整个人生中也就没有什么价值。有些人为维护艺术的地位,又想把它硬纳到"实际人生"的小范围里去。这般人不但是误解艺术,而且也没有认识人生。我们把实际生活看做整个人生之中的一片段,所以在肯定艺术与实际人生的距离时,并非肯定艺术与整个人生的隔阂。严格地说,离开人生便无所谓艺术,因为艺术是情趣的表现,而情趣的根源就在人生;反之,离开艺术也便无所谓人生,因为凡是创造和欣赏都是艺术的活动,无创造、无欣赏的人生是一个自相矛盾的名词。

人生本来就是一种较广义的艺术。每个人的生命史就是他自己的作品。这种作品可以是艺术的,也可以不是艺术的,正犹如同是一种顽石,这个人能把它雕成一座伟大的雕像,而另一个人却不能使它"成器",分别全在性分与修养。知道生活的人就是艺术家,他的生活就是艺术作品。过一世生活好比做一篇文章。完美的生活都有上品文章所应有的美点。

第一,一篇好文章一定是一个完整的有机体,其中全体与部分都息息相关,不能稍有移动或增减。一字一句之中都可以见出全篇精神的贯注。比如陶渊明的《饮酒》诗本来是"采菊东篱下,悠然见南山",后人把"见"字误印为"望"字,原文的自然与物相遇相得的神情便完全丧失。这种艺术的完整性在生活中叫做"人格",凡是完美的生活都是人格的表现。大而进退取与,小而声音笑貌,都没有一件和全人格相冲突。不肯为五斗米折腰向乡里小儿,是陶渊明的生命史中所应有的一段文章,如果他错过这一个小节,便失其为陶渊明。下狱不肯脱逃,临刑时还叮咛嘱咐还邻人一只鸡的债,是苏格拉底的生命史中所应有的一段文章,否则他便失其为苏格拉底。这种生命史才可以使人把它当做一幅图画去惊赞,它就是一种艺术的杰作。

其次,"修辞立其诚"是文章的要诀,一首诗或是一篇美文一定是至性深情的流露,存于中然后形于外,不容有丝毫假借。情趣本来是物我交感共鸣的结果。景物变动不居,情趣亦自生生不息。我有我的个性,物也有物的个性,这种个性又随时地变迁而生长发展。每人在某一时会所见到的景物,和每种景物在某一时会所引起的情趣,都有它的特殊性,断不容与另一人在另一时会所见到的景物,和另一景物在另一时会所引起的情趣完全相同。毫厘之差,微妙所在。在这种生生不息的情趣中我们可以见出生命的造化。把这种生命流露于语言文字,就是好文章;把它流露于言行风采,就是美满的生命史。

文章忌俗滥,生活也忌俗滥。俗滥就是自己没有本色而蹈袭别人的成规旧矩。西施患心病,常捧心颦眉,这是自然的流露,所以愈增其美。东施没有心病,强学捧心颦眉的姿态,只能引人嫌恶。在西施是创作,在东施便是滥调。滥调起于生命的干枯,也就是虚伪的表现。"虚伪的表现"就是"丑",克罗齐已经说过。"风行水上,自然成纹",文章的妙处如此,生活的妙处也是如此。在什么地位,是怎样的人,感到怎样情趣,便现出怎样言行风采,叫人一见就觉其和谐完整,这才是艺术的生活。

俗语说得好:"唯大英雄能本色。"所谓艺术的生活就是本色的生活。世间有两种人的生活最不艺术,一种是俗人,一种是伪君子。"俗人"根本就缺乏本色,"伪君子"则竭力遮盖本色。朱晦庵有一首诗说:

半亩方塘一鉴开,
天光云影共徘徊。
问渠哪得清如许?
为有源头活水来。

艺术的生活就是有"源头活水"的生活。俗人迷于名利,与世浮沉,心里没有"天光云影"。就因为没有源头活水。他们的大病是生命的干枯。"伪君子"则于这种"俗人"的资格之上,又加上"沐猴而冠"的伎俩。他们的特点不仅见于道德上的虚伪,一言一笑、一举一动,都叫人起不美之感。谁知道风流名士的架子之中掩藏了几多行尸走肉?无论是"俗人"或是"伪君子",他们都是生活中的"苟且者",都缺乏艺术家在创造时所应有的良心。像柏格荪所说的,他们都是"生命的机械化",只能作喜剧中的角色。生活落到喜剧里去的人大半都是不艺术的。

艺术的创造之中都必寓有欣赏,生活也是如此。一般人对于一种言行常欢喜说它"好看"、"不好看",这已有几分是拿艺术欣赏的标准去估量它。但是一般人大半不能彻底,不能拿一言一笑、一举一动纳在全部生命史里去看,他们的"人格"观念太淡薄,所谓"好看"、"不好看"往往只是"敷衍面子"。善于生活者则彻底认真,不让一尘一芥妨碍整个生命的和谐。一般人常以为艺术家是一班最随便的人,其实在艺术范围之内,艺术家是最严肃不过的。在锻炼作品时常呕心呕肝,一笔一划也不肯苟且。王荆公作"春风又绿江南岸"一句诗时,原来"绿"字是"到"字,后来由"到"字改为"过"字,由"过"字改为"入"字,由"入"字改为"满"字,改了十几次之后才定为"绿"字。即此一端可以想见艺术家的严肃了。善于生活者对于生活也是这样认真。曾子临死时记得床上的席子是季路的,一定叫门人把它换过才瞑目。吴季札心里已经暗许赠剑给徐君,没有实行徐君就已死去,他很郑重地把剑挂在徐君墓旁树上,以见"中心契合,死生不渝"的风谊。像这一类的言行看来虽似小节,而善于生活者却不肯轻易放过,正犹如诗人不肯轻易放过一字一句一样。小节如此,大节更不消说。董孤宁愿断头不肯掩盖史实,夷齐饿死不愿降周,这种风度是道德的也是艺术的。我们主张人生的艺术化,就是主张对于人生的严肃主义。

艺术家估定事物的价值,全以它能否纳入和谐的整体为标准,往往出于一般人意料之外。他能看重一般人所看轻的,也能看轻一般人所看重的。在看重一件事物时,他知道执着;在看轻一件事物时,他也知道摆脱。艺术的能事不仅见于知所取,尤其见于知所舍。苏东坡论文,谓如水行山谷中,行于其所不得不行,止于其所不得不止。这就是取舍恰到好处,艺术化的人生也是如此。善于生活者对于世间一切,也拿艺术的口味去评判它,合于艺术口味者毫毛可以变成泰山,不合于艺术口味者泰山也可以变成毫毛。他不但能认真,而且能摆脱。在认真时见出他的严肃,在摆脱时见出他的豁达。孟敏堕甑,不顾而去,郭林宗见到以为奇怪。他说:"甑已碎,顾之何益?"哲学家斯宾诺莎宁愿靠磨镜过活,不愿当大学教授,怕妨碍他的自由。王徽之居山阴,有一天夜雪初霁,月色清朗,忽然想起他的朋友戴逵,便乘小舟到剡溪去访他,刚到门口便把船划回去。他说:"乘兴而来,兴尽而返。"这几件事彼此相差很远,却都可以见出艺术家的豁达。伟大的人生和伟大的艺术都要同时并有严肃与豁达之胜。晋代清流大半只知道豁达而不知道严肃,宋朝理学又大半只知道严肃而不知道豁达。陶渊明和杜子美庶几算得恰到好处。

　　一篇生命史就是一种作品,从伦理的观点看,它有善恶的分别,从艺术的观点看,它有美丑的分别。善恶与美丑的关系究竟如何呢?

　　就狭义说,伦理的价值是实用的,美感的价值是超实用的;伦理的活动都是有所为而为,美感的活动则是无所为而为。比如仁义忠信等等都是善,问它们何以为善,我们不能不着眼到人群的幸福。美之所以为美,则全在美的形象本身,不在它对于人群的效用(这并不是说它对于人群没有效用)。假如世界上只有一个人,他就不能有道德的活动,因为有父子才有慈孝可言,有朋友才有信义可言。但是这个想象的孤零零的人还可以有艺术的活动,他还可以欣赏他所居的世界,他还可以创造作品。善有所赖而美无所赖,善的价值是"外在的",美的价值是"内在的"。

　　不过这种分别究竟是狭义的。就广义说,善就是一种美,恶就是一种丑。因为伦理的活动也可以引起美感上的欣赏与嫌恶。希腊大哲学家柏拉图和亚理士多德讨论伦理问题时都以为善有等级,一般的善虽只有外在的价值,而"至高的善"则有内在的价值。这所谓"至高的善"究竟是什么呢? 柏拉图和亚理士多德本来是一走理想主义的极端,一走经验主义的极端,但是对于这个问题,意见却一致,他们都以为"至高的善"在"无所为而为的玩索"(disinterested contemplation)。这种见解在西方哲学思潮上影响极大,斯宾诺莎、黑格尔、叔本华的学说都可以参证。从此可知西方哲人心目中的"至高的善"还是一种美,最高的伦理的活动还是一种艺术的活动了。

　　"无所为而为的玩索"何以看成"至高的善"呢? 这个问题涉及西方哲人对于神的观念。从耶稣教盛行之后,神才是一个大慈大悲的道德家。在希腊哲人以及近代莱布尼兹、尼采、叔本华诸人的心目中,神却是一个大艺术家,他创造这个宇宙出来,全是为着自己要创造,要欣赏。其实这种见解也并不减低种的身份。耶稣教的神只是一班穷叫化子中的一个肯施舍的财主老,而一般哲人心中的神,则是以宇宙为乐曲而要在这种乐曲之中见出和谐的音乐家。这两种观念究竟是哪一个伟大呢? 在西方哲人想,神只是一片精灵,他的活动绝对自由而不受限制,至于人则为肉体的需要所限制而不能绝对自由。人愈能脱肉体需求的限制而作自由活动,则离神亦愈近。"无所为而为的玩索"是唯一的自由活动,所以成为最上的理想。

这番话似乎有些玄渺，在这里本来不应说及。不过无论你相信不相信，有许多思想却值得当作一个意象悬在心眼前来玩味玩味。我自己在闲暇时也喜欢看看哲学书籍。老实说，我对于许多哲学家的话都很怀疑，但是我觉得他们有趣。我以为穷到究竟，一切哲学系统也都只能当做艺术作品去看。哲学和科学穷到极境，都是要满足求知的欲望。每个哲学家和科学家对于他自己所见到的一点真理（无论它究竟是不是真理）都觉得有趣味，都用一股热忱去欣赏它。真理在离开实用而成为情趣中心时就已经是美感的对象了。"地球绕日运行"，"勾方加股方等于弦方"一类的科学事实，和《米罗爱神》或《第九交响曲》一样可以摄魂震魄。科学家去寻求这一类的事实，穷到究竟，也正因为它们可以摄魂震魄。所以科学的活动也还是一种艺术的活动，不但善与美是一体，真与美也并没有隔阂。

艺术是情趣的活动，艺术的生活也就是情趣丰富的生活。人可以分为两种，一种是情趣丰富的，对于许多事物都觉得有趣味，而且到处寻求享受这种趣味；一种是情趣干枯的，对于许多事物都觉得没有趣味，也不去寻求趣味，只终日拼命和蝇蛆在一块争温饱。后者是俗人，前者就是艺术家。情趣愈丰富，生活也愈美满，所谓人生的艺术化就是人生的情趣化。

"觉得有趣味"就是欣赏。你是否知道生活，就看你对于许多事物能否欣赏。欣赏也就是"无所为而为的玩索"。在欣赏时人和神仙一样自由，一样有福。

阿尔卑斯山谷中有一条大汽车路，两旁景物极美，路上插着一个标语牌劝告游人说："慢慢走，欣赏啊！"许多人在这车如流水马如龙的世界过活，恰如阿尔卑斯山谷中乘汽车兜风，匆匆忙忙地急驰而过，无暇一回首流连风景，于是这丰富华丽的世界便成为一个了无生趣的囚牢。这是一件多么可惋惜的事啊！

朋友，在告别之前，我采用阿尔卑斯山路上的标语，在中国人告别习用语之下加上三个字奉赠：

"慢慢走，欣赏啊！"

1932年，莱茵河畔
—选自朱光潜《谈美》，开明出版社1994年版

无论对美好的自然事物的欣赏，还是对美好的人生的欣赏，都需要时间。生活在快节奏时代的我们，千万要学会放慢自己的脚步，包括心的脚步，慢慢地去欣赏自然事物的美和人生的美。

五、雅舍小品·谦让　梁实秋

【篇章导引】

梁实秋（1903～1987），号均默，原名梁治华、梁秋实，字实秋，出生于北京，祖籍浙江杭县（今余杭）。中国现代著名文学评论家、散文家、翻译家。曾赴美留学，后任教于南京东南大学和暨南大学。曾与徐志摩、闻一多创办新月书店，主编《新月》月刊。后迁至台，历任台北

师范学院英语系主任、英语教研所主任、文学院院长、国立编译馆馆长。

梁实秋的代表作有《雅舍小品》(从1949年起20多年共出4辑)、《雅舍谈吃》、《看云集》、《偏见集》、《秋室杂文》、长篇散文集《槐园梦忆》等。30年代开始翻译莎士比亚作品,持续40载,到1970年完成了莎士比亚全集的翻译,计剧本37册,诗3册。著有《浪漫的与古典的》和《文学的纪律》两本文艺批评专著。

《雅舍小品》初版于1949年,收小品散文34篇。续集于1973年出版,收作品32篇。三集于1982年出版,收作品37篇。四集于1986年出版,收作品40篇。四集合订本亦于1986年出版,共收文章143篇。

雅舍小品·谦让[1]

梁实秋

谦让仿佛是一种美德,若想在眼前的实际生活里寻一个具体的例证,却不容易。类似谦让的事情近来似很难得发生一次。就我个人的经验说,在一般宴会里,客人入席之际,我们最容易看见类似谦让的事情。

一群客人挤在客厅里,谁也不肯先坐,谁也不肯坐首座,好像"常常登上座,渐渐入祠堂"的道理是人人所不能忘的。于是你推我让,人声鼎沸。辈分小的,官职低的,垂着手远远的立在屋角,听候调遣。自以为有占首座或次座资格的人,无不攘臂而前,拉拉扯扯,不肯放过他们表现谦让的美德的机会。有的说:"我们叙齿,你年长!"有的说:"我常来,你是稀客!"有的说:"今天非你上座不可!"事实固然是为让座,但是当时的声浪和唾沫星子却都表示像在争座。主人觑着一张笑脸,偶然插一两句嘴,作鹭鸶笑。这场纷扰,要直到大家的兴致均已低落,该说的话差不多都已说完,然后急转直下,突然平息,本就该坐上座的人便去就了上座,并无苦恼之象,而往往是显着踌躇满志顾盼自雄的样子。

我每次遇到这样谦让的场合,便首先想起聊斋上的一个故事:一伙人在热烈的让座,有一位扯着另一位的袖子,硬往上拉,被拉的人硬往后躲,双方势均力敌,突然间拉着袖子的手一松,被拉的那只胳臂猛然向后一缩,胳臂肘尖正撞在后面站着的一位驼背朋友的两只特别凸出的大门牙上,喀吱一声,双牙落地!我每忆起这个乐极生悲的故事,为明哲保身起见,在让座时我总躲得远远的。等风波过后,剩下的位置是我的,首座也可以,坐上去并不头晕,末座亦无妨,我也并不因此少吃一嘴。我不谦让。

考让座之风之所以如此地盛行,其故有二。第一,让来让去,每人总有一个位置,所以一面谦让,一面稳有把握。假如主人宣布,位置只有十二个,客人却有十四位,那便没有让座之事了。第二,所让者是个虚荣,本来无关宏旨,凡是半径都是一般长,所以坐在任何位置(假如是圆桌)都可以享受同样的利益。假如明文规定,凡坐过首席若干次者,在铨叙上特别有利,我想让座的事情也就少了。我从不曾看见,在长途公共汽车车站售票的地方,如果没有木制的长栅栏,而还能够保留一点谦让之风!因此我发现了一般人处世的一条道理,那便是:可以无需让的时候,则无妨谦让一番,于人无利,于己无损;在该让的时候,则不谦让,以免损己;在应该不让的时候,则必定谦让,于己有利,于人无损。

小时候读到孔融让梨的故事,觉得实在难能可贵,自愧弗如。一只梨的大小,虽然是微屑不足道,但对于一个四、五岁的孩子,其重要或者并不下于一个公分员之心理盘算简、万、委。有人猜想,孔融那几天也许肚皮不好,怕吃生冷,乐得谦让一番。我不敢这样妄加揣测。不过我们要承认,利之所在,可以使人忘形,谦让不是一件容易的事。孔融让梨的故事,发扬光大起来,确有教育价值,可惜并未发生多少实际的效果:今之孔融,并不多见。

谦让作为一种仪式,并不是坏事,像天主教会选任主教时所举行的仪式就满有趣。就职的主教照例的当众谦逊三回,口说"nolocpiscopari"意即"我不要当主教",然后照例的敦促三回终于勉为其难了。我觉得这样的仪式比宣誓就职之后再打通电声明固辞不获要好得多。谦让的仪式行久了之后,也许对于人心有潜移默化之功,使人在争权夺利奋不顾身之际,不知不觉的也举行起谦让的仪式。可惜我们人类的文明史尚短,潜移默化尚未能奏大效,露出原始人的狰狞面目的时候要比雍雍穆穆的举行谦让仪式的时候多些。我每次从公共汽车售票处杀进杀出,心里就想先王以礼治天下,实在有理。

——选自《雅舍小品全集》,上海人民出版社1993年版

【注释】

[1]雅舍:作者抗战时客居重庆北碚的两间简陋瓦屋。

【评析提示】

《雅舍小品》写的是生活琐事,蕴含的是人生哲理。各色人等,世相情状,文化艺术,生活习俗,日用器物,等等,内容涉及平凡,作者随想随写,娓娓道来,趣味盎然,于平淡中见人生百态。

本文所写即常见之"谦让"之举,看似"美德",而在作者道来,却见彼此"歉让"之虚情假意,"可以无需让的时候,则无妨谦让一番,于人无利,于己无损;在该让的时候,则不谦让,以免损已;在应该不让的时候,则必定谦让,于己有利,于人无损。"人性之虚伪做作尽现其中。梁实秋之文,善于描绘情状,寥寥几笔白描,不动声色中其蕴尽见,体现了作者独有的智慧和过人的洞察力。

梁实秋的文字集文人散文与学者散文的特点于一体,生活点滴皆可入文,且因洞察人生于小节处蕴含哲理,平凡中显真诚,内蕴丰盈。文笔机智闪烁,谐趣横生,严肃中见幽默,幽默中见文采,延续和发展了现代闲适派散文的艺术精神。

【思考与练习】

1. 作者笔下之"谦让"意为何解?你是如何看待"谦让"的?
2. 本文作为小品文的代表作品,其"闲适"风格是如何体现的?
3. 你还读过哪些现代散文?试比较其创造特色。

【拓展阅读】

贾平凹(1952~),原名贾平娃,陕西省丹凤县人。当代著名作家。1975年毕业于西北大学中文系,后任陕西人民出版社文艺编辑、《长安》文学月刊编辑。1982年后从事专业创作。任中国作家协会理事、陕西省作家协会主席等。著有小说《腊月·正月》《天狗》《浮躁》《废都》等,散文集《爱的踪迹》等。作品获多项国内外大奖,并翻译成多种外文。

《延安街市记》是贾平凹《陕北八记》中的一篇,是一篇地道精致的陕北地方风物志。

延安街市记

贾平凹

街市在城东关,窄窄的,那么一条南低北高的漫坡儿上;说是街市,其实就是河堤,一个极不讲究的地方。延河在这里掉头向东去了,街市也便弯成个弓样;一边临着河,几十米下,水是深极深极的,一边是货棚店舍,仄仄斜斜,买卖人搭起了,小得可怜,出进都要低头。棚舍门前,差不多设有小桌矮凳;白日摆出来,夜里收回去。小商小贩的什物摊子,地点是不可固定,谁来的早,谁便坐了好处;常常天不明就有人占地了,或是用绳在堤栏杆上绷出一个半圆,或是搬来几个石头垒成一个模样。街面不大宽阔,坡度又陡,卖醋人北头跌了跤,醋水可以一直流到南头;若是雨天,从河滩看上去,尽是人的光腿;从延河桥头看下去,一满是浮动着的草帽。在陕北的高原上,出奇的有这么个街市,便觉得活泼泼的新鲜,情思很有些撩拨人的了。

站在街市上,是可以看到整个延安城的轮廓。抬头就是宝塔,似乎逢着天晴好日头,端碗酒,塔影就要在碗里;向南便看得穿整个南街;往北,一直是望得见延河的河头了。乍进这个街市,觉得不大协调,而环顾着四周的一切,立即觉得妥贴极了:四面山川沟岔,现代化的楼房和古老式的窑洞错落混杂,以山形而上,随地势而筑,对称里有区别,分散里见联系,各自都表现着恰到好处呢。

街市开得很早,天亮的时候,赶市的就陆陆续续来了。才下过一场雨,山川河谷有了灵气,草木绿的深,有了黑青,生出一种呈蓝的气霭。东川里河畔,原是作机场用的,如今机场迁移了,还留下条道路来,人们喜欢的是那水泥道两边的小路,草萋萋的,一尺来高,夹出的路面平而干净无尘,蚂蚱常常从脚下溅起,逗人情性,走十里八里,脚腿不会打硬了。山崾上,路瘦而白,有人下来,蹑手蹑脚地走那河边的一片泥沼地,泥起了盖儿,恰好负起脚,稀而并不沾鞋底。一头小毛驴,快活地跑着。突然一个腾跃,身子扭得像一张弓。

一入街市,人便不可细辨了,暖和和的太阳照着他们,满脸浮着油汗。他们都是匆匆的,即使闲逛的人,也要紧迫起来,似乎那是一个竞争者的世界,人的最大的乐趣和最起码的本能就是拥挤。最红火的是那些卖菜者:白菜洗得无泥,黄瓜却带着蒂巴,洋芋是奇特的,大如瓷碗小,小如拳头大,一律紫色。买卖起来,价钱是不必多议,称都翘得高高的,末了再添上一点,要么三个辣子,要么两根青葱,临走,不是买者感激,偏是卖主道声"谢谢"。叫卖声不绝的,要数那卖葵籽的,卖甜瓜的。延安的葵籽大而饱满,炒的焦脆;常言卖啥不吃啥,卖葵籽的却自个嗑一颗在嘴里了,喊一声叫卖出来。一般又不用称、一抓一两,那手比称还准呢。瓜是虎皮瓜,一拳打下去,"砰"地就开了,汁液四流,粘手有胶质。

饭店是无言的,连牌子也不曾挂,门开的最早,关的最迟。店主人多是些婆姨,干净而又利落。一口小锅,既烧粉丝汤,也煮羊肉面;现吃现下。买饭的,坐在桌前,端碗就吃,吃饱了,见空碗算钱,然而,坐桌吃的多是外地人,农民是不大坐的,常常赶了毛驴,陕北的毛驴瘦筋筋的,却身负重载,被拴在堤河栏杆上,主人买得一碗米酒,靠毛驴站着,一口酒,一口黄面馍干粮。吃毕,一边牵着毛驴走,一边眼瞅着两旁货摊,一边舌头舔着嘴唇。还在说:好酒,好酒。

中午的时分,街市到了洪期,这里是万千景象,时髦的和过时的共存:小摊上,有卖火镰的,也有卖气体打火机的;人群中,有穿高跟皮鞋的女子,也有头扎手巾的老汉,时常是有卖刮舌子的就倚在贴有出售洗衣机的广告牌下。人们都用鼻音颇重的腔调对话,深沉而有铜的音韵。陕北是出英雄和美人的地方,小伙子都强悍英俊,女子皆丰满又极耐看。男女的青春时期,他们是山丹丹的颜色,而到了老年,则归返于黄土高原的气质,年老人都面黄而不浮肿,鼻耸且尖,脸上皱纹纵横,俨然是一张黄土高原的平面图。

两个老人,收拾得雍雍肿肿的,蹲在街市的一角,反复推让着手里的馍馍,然后一疙瘩一疙瘩塞进口里,没牙的嘴那么嚅嚅着,脸上的皱纹,一齐向鼻尖集中,嘴边的胡子就一根根乍起来:"新窑一满弄好了。"

"尔格儿就让娃们家订日子去。"

这是一对亲家,在街市上相遇了,拉扯着。在闹哄哄的世界,寻着一块空地,谈论着儿女的婚事。他们说得很投机,常常就仰头笑喷了唾沫溅出去,又落在脸上。拴在堤栏杆上的毛驴,便偷空在地上打个滚儿,叫了一声;整个街市差不多就麻酥酥的颤了。

傍晚,太阳慢慢西下了,延安的山,多不连贯,一个一个浑圆状的模样,山头上是被开垦了留作冬麦子的,太阳在那里泛着红光。河川里,一行一行的也是浑圆状的河柳却都成了金黄色。街市慢慢散去了,末了,一条狗在那里走上来,叼起一根骨头,很快地跑走了。

北方的农民,从田地里走到了街市,获得了生活的物质和精神的愉快,回到了每一孔窑洞里,坐在了每一家土炕上,将葵籽皮留在街市,留下了新生活的踪迹。延河滩上,多了一层结实的脚印,安静下来了。水依然没有落,起着浪,从远远的雾里过来,一会儿开阔,一会儿窄小,弯了,直了,深沉地流去。

——选自《贾平凹散文自选集》,漓江出版社1987年版

本文独辟蹊径,避开前人角度,选取了"延安街市"——这一商品经济大潮中诞生的新事物来写,为我们开启了一扇了解今日延安新面貌的窗口。文章繁简有致;用笔疏密相间,妥贴自然。既有街市整体布局的宏观扫描,又有局部镜头的精雕细刻。尤其是传神的白描手法,成功地仿写了一种日常生活的本真状态,既传统又现代,既写实又高远,语言朴拙、憨厚,内心却波澜万丈。对变化中的乡土中国做了充满赤子情怀的记述和解读。

六、我愿是一条激流　　［匈牙利］裴多菲

【篇章导引】

　　裴多菲·山陀尔(Petfi Snder,1823～1849)，匈牙利著名诗人、革命家。早年失学，当过兵，做过流浪艺人。1844年从故乡来到首都布达佩斯，担任报社助理编辑。1846年创办文艺刊物《生活场景》。1848年参加民主革命的起义，为匈牙利从奥地利的统治下得到解放而英勇奋战，次年七月在同俄奥联军的战斗中献出了自己的生命。

　　裴多菲善于以诗歌来抨击封建专制，歌颂为争取自由而斗争的匈牙利人民，反映他们对幸福生活与爱情的努力追求。裴多菲的诗歌具有现实特色，幽默生动，富有活力，继承了民歌传统，开创了直截了当的风格和明快的、不加雕琢的新诗体，在匈牙利文学史上占有重要地位。他的诗作至今还有许多成为民歌流传于匈牙利民间。主要作品有叙事长诗《农村的大锤》、《亚诺什勇士》、《使徒》，政治抒情诗《反对国王》、《为了人民》、《民族之歌》，散文集《旅行札记》，剧作《老虎与土狼》，长篇小说《绞吏之绳》等。

我愿是一条激流

［匈牙利］裴多菲

我愿是一条激流，
是山间的小河，
穿过崎岖的道路，
从山岩中间滚过……
只要我的爱人
是一条小鱼，
在我的浪花中间，
愉快地游来游去。

我愿是一座荒林，
坐落在河流两岸；
我高声呼叫着，
同暴风雨作战……
只要我的爱人
是一只小鸟，
停在枝头上啼叫，
在我的怀里作巢。

我愿是城堡的废墟，
耸立在高山之巅，
即使被轻易毁灭，
我也并不懊丧……
只要我的爱人
是一根常春藤，
绿色枝条恰似臂膀，
沿着我的前额上升。

我愿是一所小草棚，
在幽谷中隐藏，
饱受风雨的打击，
屋顶留下了创伤……
只要我的爱人
是我胸中的烈火，
在我的炉膛里，
愉快而缓慢地闪烁。

我愿是一块云朵，
是一面破碎的大旗，
在旷野的上空，
疲倦地飘来飘去……
只要我的爱人
是黄昏的太阳，
照射我苍白的脸，
射出红色的光焰。

——选自《裴多菲诗选》，兴万生译，山东大学出版社1991年版

【评析提示】

裴多菲是匈牙利的伟大诗人和革命家。鲁迅先生在《为了忘却的记念》中引述了殷夫所译他的《格言》："生命诚可贵，爱情价更高；若为自由故，两者皆可抛！"《我愿是一条激流》是他献给妻子森德莱·尤丽亚的一首爱情诗。

这首诗最鲜明的特点，就是通过一系列比喻来表达深切的爱情。诗中分别用急流与小鱼、荒林与小鸟、城堡的废墟与常春藤、草棚与烈火、云朵与太阳五组比喻，热切地抒发了"我"对"我的爱人"的炽热的爱情，形象地描绘了相爱双方相伴相随的亲密关系。诗中的"我"是荒芜、简陋、残缺的，只有在"我的爱人"的衬托与关爱下，才具有了生机与活力，形成了和谐之美，充分表现了诗人对爱情的虔诚。"我愿"的反复吟咏，表现的不仅是诗人对爱情

的真诚无私,也有为爱情及崇高理想献身的坚定不移。

本诗的语言朴实真挚,不加雕琢;结构匀称,节奏明快,反复咏叹,具有民歌的艺术之美。

【思考与练习】

1. 分析这首诗通篇借比喻抒情的特点。
2. 分析本诗在语言和结构上的特点。
3. 选择你熟悉的爱情诗,分析诗歌的情感表现。

【拓展阅读】

海因里希·海涅(1797年~1856),德国著名抒情诗人。著有《青春的苦恼》、《抒情插曲》、《还乡集》、《北海集》等组诗。海涅是歌德之后德国最重要的诗人。海涅的诗歌脍炙人口,雅俗共赏。

乘着歌声的翅膀

[德国]海 涅

乘着歌声的翅膀,
心爱的人,我带你飞翔,
向着恒河的原野,
那里有最美的地方。
一座红花盛开的花园,
笼罩着寂静的月光;
莲花在那儿等待
它们亲密的姑娘。
紫罗兰轻笑调情,
抬头向星星仰望;
玫瑰花把芬芳的童话
偷偷地在耳边谈讲。
跳过来暗地里倾听
是善良聪颖的羚羊;
在远的地方喧腾着
圣洁的河水的波浪。
我们要在那里躺下,
在那棕榈树的下边,
吸饮爱情和寂静,
沉入幸福的梦幻。

——选自《海涅诗选》,张玉书译,人民文学出版社1997年版

《乘着歌声的翅膀》这首诗大约作于1822年,是海涅最著名的爱情诗之一。

这首诗给了我们一个非常美妙的意境,诗人展开想象的翅膀,畅想印度恒河原野的迷人景色融入歌声里、梦幻中,把人们带到了恬静、纯净、充满诗意的东方。迷人的异国情调就像一层轻柔的淡雾,飘逸在诗人所创造的这个神奇的世界里,诗人淡淡的近乎"水彩"的笔墨,把这个恬静的天地素雅、宁静的意境描绘出来,透着的憧憬的甜蜜,表达了诗人对爱情的美好向往。这种绮丽、淡雅而又清新活泼的意境,是海涅爱情诗的主要特色。

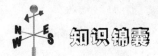

中国文学史概述

中国文学源远流长,绵延数千年,有着非常光辉灿烂的成就。

先秦时期,我国古代文学已产生了辉煌的篇章,它的标志即是我国第一部诗歌总集《诗经》的出现。《诗经》收诗三百零五篇,按照音乐分类,共有"风"、"雅"、"颂"三部分。《诗经》中灵活运用赋、比、兴三种表现手法,初步形成民歌创作的艺术传统,为后世文学创作奠定了发展的基础。《诗经》中的篇章大都具有鲜明的时代感和人民性,自西周初至春秋中叶五百多年的丰富复杂的社会生活,以及当时人民多样的思想感情,都得到了真实生动的反映。

战国后期,在南方产生了具有楚文化独特风采的新体诗,即楚辞。楚辞以六言、七言为主,长短参差,灵活多变,多用语气词"兮"字。伟大的爱国诗人屈原,运用楚辞形式创作了《九歌》和《九章》。其代表作《离骚》,是我国古代文学史上最宏伟瑰丽的长篇抒情诗。《诗经》和楚辞,在文学史上并称"风骚",共同开创了我国古代诗歌现实精神和浪漫色彩并驾齐驱、融汇发展的优秀传统,并垂范于后世。

春秋战国时期,列国纷争,游士蜂起。在百家争鸣的政治文化环境中,产生了诸子散文,其中《论语》、《孟子》或警策,或雄畅,说理透辟,逻辑严密,言辞锋利,善用比喻。《庄子》则文学性最强。与诸子散文辉映一时的,是以记事记言为主的历史散文。《左传》、《国语》和《战国策》,或以时为序,或以国为别,情节曲折,人物生动,剪裁得体,有很高的艺术性。《战国策》的人物描写更有个性,技巧愈加高明,言辞愈加铺张,是历史散文中文学价值最高的一部。

两汉时期,大一统帝国用文学来歌舞升平,弘扬国威,于是辞赋应运而生。汉赋经过了骚体赋、大赋、抒情小赋几个发展阶段,给予魏晋辞赋和唐宋文赋以直接的影响。两汉文学中最有价值的是乐府诗。乐府本是建于西汉武帝时的官方采诗机构,其所采集的民歌即称为乐府诗。其诗"感于哀乐,缘事而发",深刻反映了两汉社会生活的各个侧面,体现了当时劳动人民的心态、愿望和要求。着力反映和表现社会生活的精神和赋比兴各种手法的互补运用,与《诗经》一脉相承。乐府诗长于叙事铺陈,语言富于生活气息,句式以杂言和五言为主,体现了诗歌艺术的新发展。东汉末年出现的由寒门文人创作的抒情短诗《古诗十九首》,

是文人五言诗成熟的标志,抒发了动乱社会下层士子的牢骚不平,长于抒情,委婉含蓄,自然质朴中显出精练工切,被后人誉为"五言之冠冕"。

代表两汉时期散文最高成就的,是司马迁的《史记》。此书开创了纪传体这种新的史书体例,"不虚美、不隐恶"的实录精神和批判精神,向来为人们称道。从文学角度看,《史记》所塑造的一大批出身不同、性格各异的人物形象,栩栩如生,闪耀着鲜明独特的个性光彩;刻画人物的高超技巧,谋篇布局的多样和巧妙,语言的非凡表现力,都对后世叙事散文起到了示范作用。

魏晋南北朝时期,文学获得更加自觉的发展,诗歌、散文、辞赋、骈文、小说等文学样式,都取得了显著成就。汉末魏初,"世积乱离,风衰俗怨",文人诗歌创作进入了"五言腾踊"的大发展时期,以曹操、曹丕、曹植父子为核心,加上孔融、王粲等"建安七子"组成的邺下文人集团,形成了众星拱月的局面。建安文人的作品具有"慷慨任气"的共同风格,其中以曹植和王粲的诗歌成就最为杰出。魏晋之交,随着世风变易,阮籍、嵇康、左思的作品或沉郁艰深,或风调峻切,或气骨遒上,在精神上继承建安文学,推动了诗歌创作的发展。西晋代表人物陆机、张协、潘岳等人的作品渐多丽辞缛采。东晋诗人陶渊明诗多写田园生活,风格自然冲淡,对唐代山水田园诗派有直接影响。其散文和小赋数量不多,却十分出色。

南北朝时,许多文人专力于诗歌和骈文的创作。南有谢灵运、谢朓,多作描绘自然景色的山水诗。鲍照擅用七言古体抒发愤世嫉俗情怀,颇有气魄。北有庾信,其诗在北方比较沉寂的文苑中独标清新,在诗歌形式上可称为六朝诗歌的集大成者。骈文则是这一时期的流行文体,佳作粲然可观。此外,南北朝乐府民歌也足以与汉乐府诗前后辉耀。因南北地域、民族、文化及心理的差异,南朝吴歌、西曲大都具有明丽柔婉的风格,北朝少数民族歌曲却刚健亢爽。

魏晋南北朝的小说创作和文学理论批评,颇引人注目。以晋干宝《搜神记》等为代表的志怪小说和以刘宋时刘义庆《世说新语》为代表的轶事小说,实开后世笔记小说之先声。曹丕《典论·论文》、陆机《文赋》、刘勰《文心雕龙》、钟嵘《诗品》,是我国文学理论批评史上具有划时代意义的论著。《文心雕龙》尤其体大思精,今已成为显学。

入唐以后,我国古代文学发展的高峰时期到来了。唐代文学作家作品数量之多,成就之高,影响之大,都是前未曾有的。尤其诗歌创作空前繁荣,堪称诗歌史上的黄金时代。古体、近体争奇斗艳,各种风格流派异彩纷呈,初、盛、中、晚各期,都名家辈出,星驰云涌。

"初唐四杰"王勃、杨炯、卢照邻、骆宾王和稍后的陈子昂,上承汉魏风骨,力扫齐梁宫体诗颓风,使唐诗开始走向社会、贴近现实,发为清新健康的歌唱。他们在诗歌形式和表现手法上的大胆探索,为唐诗的空前发展铺平了道路。

唐玄宗开元、天宝年间,史称盛唐,出现了两大诗歌流派。以王维、孟浩然等人为代表的山水田园诗派,多写闲情逸致,但格调高雅,意境幽美,人称"诗中有画",有很高的审美价值。以高适、岑参、王昌龄等人为代表的边塞诗派,其作品多描绘雄奇的边塞风光和艰苦的军旅生活,或悲壮,或奇峭,有显著特色。接着李白与杜甫先后崛起,被称为中国诗歌史上雄视今古的"双子星座"。李白诗歌颂祖国的大好河山,表现个人理想与社会现实的矛盾,感情奔放炽烈,风格豪放飘逸。杜甫诗集中反映了唐王朝由盛转衰的一系列重大事件,号称"诗史";感情内在深沉,风格沉郁顿挫。李白与杜甫,分别以其极高的艺术成就而成为泽被百代的伟大诗人。

安史之乱后,进入中唐时期。唐宪宗元和年间,以白居易、元稹为首,倡导了一场新乐府运动。他们以"文章合为时而著,歌诗合为事而作"为创作纲领,以巨大热情写作了《新乐府》五十首、《秦中吟》十首、《新题乐府》十二首等组诗,选择具有典型意义的社会现象加以集中概括,对时弊进行讽谕批评,形象鲜明,具有强烈的社会性。白居易的《长恨歌》、《琵琶行》,堪称古代长篇诗歌中的杰作。和元白诗风殊趣的,有以韩愈、孟郊为首崇尚险怪、以理入诗的一派。此外各具艺术个性的诗人尚有柳宗元、刘禹锡、贾岛等。在中晚唐之交出现的李贺,以其诡异的诗风独树一帜,并启迪了晚唐诗歌。

到了晚唐,诗歌气格趋于卑弱,染上浓厚的感伤色彩。这一时期最有成就的诗人是杜牧和李商隐。杜牧长于七绝,内容多伤春惜别和咏史怀古,风格俊爽自然;李商隐的七律沉博绝丽,以爱情诗独擅胜场,其"无题"诗工于比兴,意蕴深永,有些作品则未免晦涩难解。

散文是唐代文学的又一重大收获。唐初骈文盛行,虽不断有人提倡简古实用的散文,但影响不大。到中唐时,韩愈、柳宗元以复古相号召,致力于恢复散文的主导地位,领导了一场其实质是文学革新的古文运动。在这种思想指导下,他们的散文有比较充实的思想内容,力求反映各种社会现实问题,感情真切,内容形式都达到了推陈出新的境地。晚唐散文应以罗隐、皮日休、陆龟蒙等所写的小品文为代表,鲁迅曾赞之为"一塌糊涂的泥塘里的光彩和锋芒"。由于古文运动的濡染,晚唐还产生了散文化的赋,如杜牧的《阿房宫赋》。

诗歌散文之外,唐人传奇标志着我国古代小说艺术的渐趋成熟。词于盛唐以后兴起。词是配合燕乐歌唱的新诗体,最早起源于民间,中唐以后文人染指渐多;五代时,西蜀和南唐成为词的创作中心,第一部文人词总集《花间集》问世。五代词人中成就最高的是南唐后主李煜,以词写亡国之恨,虽境界不高却感慨遥深,情真意切,语言朴素自然又珠圆玉润,多属艺术精品。

宋代在政治、军事上显得软弱无力,在经济、文化方面却相对繁荣,词发展到了鼎盛时期,成为一代文学的主要标志。

北宋初期,朝廷上下耽于享乐,词在上层士大夫文人晏殊等人手里,成为娱宾遣兴的工具,词风未脱花间一派的婉约绮靡。晏殊之子晏幾道,由于个人遭遇不幸,词风较多低回感伤色彩。范仲淹有革新思想,又因镇守边塞,经历丰富,写出了境界开阔、格调苍凉之作。

在柳永笔下,宋词有所革新。他从都市下层人民生活中汲取创作素材,以写相思旅愁见长,大量创制并写作了慢词,富于平民色彩,在百姓中传唱甚广。苏轼有意打破诗词界限,扩大了词的题材,提高了词的意境,丰富了词的表现手法,使词摆脱音律的过多束缚,成为独立的抒情诗体。他的"以诗为词",给北宋词带来了新气象,并启迪了南宋豪放词派的诞生。除柳、苏之外,秦观、贺铸、黄庭坚、周邦彦、李清照等词人,都分别对宋词的发展作出了贡献,共同创造了北宋词坛多种风格相互竞争的繁荣局面。

宋室南渡以后,感时伤乱、抗金爱国成为词的一大主题。南宋初期词人如张元幹、张孝祥、朱敦儒、向子諲等,多亲历靖康之变,其词一改北宋末年的平庸浮靡,上承苏轼一脉,下启辛派词风。南宋最伟大的爱国主义词人当推辛弃疾,他使宋词的思想境界和精神面貌达到了光辉的高度,在词的艺术表现手法方面也有新的突破和创造。他的词多种风格并存,或壮怀激烈、豪气逼人,或缠绵哀怨、清新活泼。属于辛派的词人有陈亮、刘过等,风格似辛而不免剑拔弩张。辛派后劲则有刘克庄、刘辰翁。在宋金对峙、政局相对稳定的南宋后期,有一些词人宗法周邦彦,走上了尚风雅、主格律的创作道路。姜夔的词作意境清空,格调骚雅,音律严整,冠绝一时。史达祖、高观国等人是他的羽翼。吴文英词格偏于密丽,可谓一枝独秀。由宋入元的词人尚有张炎、周密、王沂孙等,随着南宋覆灭,他们哀怨衰飒的歌唱成了宋词的尾声余韵。

　　唐诗主情韵,宋诗主理致。宋初诗人学李商隐,号西昆体。王禹偁、梅尧臣、苏舜钦等起而矫之,奠定了宋诗健康发展的基础。到欧阳修,宋诗注重气骨、长于思理的倾向愈益明显。北宋诗坛上影响最大的诗人是苏轼和黄庭坚。苏诗说理抒情,自由奔放,发展了宋诗好议论、散文化的倾向,代表了北宋诗歌革新运动的最高成就。黄庭坚重视诗歌语言的创造,有"点铁成金"、"夺胎换骨"之说,其诗宗尚杜甫,瘦硬生新,成为江西诗派的宗主。南宋诗人的杰出代表是陆游、杨万里和范成大,他们都出于江西诗派,终能自成一家。陆游是宋代最突出的爱国诗人,留下诗作近万首,唱出了那个时代的最强音。南宋后期出现了"永嘉四灵"和江湖诗派,作品现实感不强,诗格比较浮弱。至宋末,文天祥、汪元量等人的诗篇,浩气磅礴,为这时期的诗坛增添了最后一抹光彩。

　　散文在唐代古文运动以后渐呈颓势,至宋初仍未改观。宋仁宗庆历年间,在政治革新潮流的鼓荡下,诗文革新运动随之兴起,浮华文风得以廓清,宋代散文取得了足与唐文媲美的杰出成就。欧阳修是诗文革新运动的领袖,宋代散文的奠基人。他坚持"事信言文"的创作主张,极力提倡平易通达的文风,所作散文极富情韵。在他的提携下,文坛人才辈出,王安石、曾巩、苏洵、苏轼、苏辙,都是一时俊彦。其中苏轼成就最著,散文诸体兼备,自由挥洒,如行云流水,姿态横生。其《前赤壁赋》,是宋代文赋的代表作。欧、王、曾、三苏六家加上唐代的韩、柳,被后人尊崇为"唐宋八大家",他们的作品一直是人们学习古代散文的楷模。

　　随着城市经济的繁荣,宋代的通俗文学也得到了发展。在唐代讲唱文学的基础上演化产生了话本,成为后世演义小说和白话小说的滥觞。诸宫调和南戏也已出现。经过自宋至元的长期酝酿,元杂剧以它高度的社会价值、杰出的艺术成就和独特的形式体制,开辟了我国戏曲文学的黄金时代。关汉卿的《窦娥冤》、王实甫的《西厢记》等,都是元杂剧中璀璨夺目的明珠。元末杂剧衰微,南戏又复盛行,出现了高明《琵琶记》这样的杰作。南戏的兴盛为明清传奇奠定了基础。

　　由于北方少数民族乐曲传入中原地区,元代还出现了一种配合当时流行曲调清唱的抒情诗体,就是散曲。一般所说的元曲,是杂剧与散曲的合称。散曲有小令和套数两种,小令是单支曲子,套数由两支以上属同一宫调的曲子依次联缀而成。散曲作品具有浓厚的市民通俗色彩,给诗坛注入了一股清新空气。元代前期散曲作家以关汉卿和马致远为代表,作品通俗平易,诙谐泼辣;后期代表作家是张可久与乔吉,一改前期散曲的本色,趋于雅正典丽。

马致远的小令《天净沙·秋思》、睢景臣的套曲《哨遍·高祖还乡》，是元散曲中不可多得的佳作。

明代是一个高度中央集权的朝代，统治阶级在思想文化领域实行严厉的控制政策，这不能不影响到文学创作。但另一方面，由于城市经济的高度发展，资本主义萌芽的出现，市民势力的增长，随之产生的人文主义思潮为明代文学创作又提供了新的因素和有利条件，尤其是适应市民思想感情和文化娱乐需要的通俗文学如小说、戏曲等方兴未艾，特别昌盛。

明代出现了长篇章回小说——一种由宋元讲史话本发展而来的小说形式。章回小说的开山之作，是明初罗贯中在民间流传的三国故事基础上整理加工而成的《三国志通俗演义》。这部作品以宏大的结构，曲折的情节，展现了东汉末年和整个三国时期各封建统治集团之间的军事、政治、外交斗争，是一幅生动的历史画卷。明代另一部长篇巨著是施耐庵的《水浒传》，它艺术地表现了北宋末年以宋江等三十六人为首的一场波澜壮阔的农民起义，突出了"官逼民反"的进步主题。不少农民起义首领写得个性鲜明，须眉皆活。明中叶以后，长篇小说创作出现高潮，举凡讲史小说、神魔小说、世情小说、公案小说，各有佳作问世，留传至今的尚有五六十部之多。其中如吴承恩所作的神魔小说《西游记》，描写唐僧师徒四人去西天取经的艰难历程，特别是通过寓人于神、人神合一的孙悟空形象，表现了广大人民群众对美好理想的不懈追求，和战胜自然、克服困难的无畏精神，具有鲜明的浪漫主义艺术特征。兰陵笑笑生的《金瓶梅》，直接取材于明代社会生活，它对当时官场市侩某些世态人情的深刻表现，在古代小说中具有开创性的意义。但其中有些色情描写，并非出于刻画人物性格、揭露社会病态的必要，没有审美价值。

明代短篇小说的主要形式是拟话本。这是一种文人模仿民间话本而创作的案头文学。著名的拟话本结集，有冯梦龙的《喻世明言》、《警世通言》和《醒世恒言》，以及凌濛初的《初刻拍案惊奇》、《二刻拍案惊奇》，合称"三言"、"二拍"。拟话本作者的艺术笔触，涉及明代社会生活的各个方面，着重对市民阶层中的商人、手工业者和妓女的生活及心态进行了描绘。拟话本作品中也流露了因果报应、宣扬色情等错误思想和庸俗情趣。

在戏曲方面，明传奇取代了杂剧的主导地位，尤其在明后期，传奇创作出现了新的高潮，产生了杰出的剧作家汤显祖。汤显祖的爱情剧《牡丹亭》，是我国戏曲史上的浪漫主义杰作。作品通过杜丽娘和柳梦梅生离死合的爱情波折，表现了古代青年男女争取自由幸福的曲折过程，揭示了反封建礼教的主题，体现了个性解放的时代精神。该剧细腻的心理描写，瑰奇的艺术境界，优美动人的曲辞，显示出作家卓越的艺术才华。由于传奇创作的繁荣，剧作家内部还发生了主音律的吴江派（代表人物沈璟）与主才情的临川派（代表人物汤显祖）之争。明代其他传奇作家作品有李开先《宝剑记》，梁辰鱼《浣纱记》等。明代杂剧作品则有康海的《中山狼》和徐渭的《四声猿》。

诗文领域里，明初刘基、宋濂、高启的作品较有社会现实内容。但接着以朝廷辅弼大臣为首的"台阁体"诗派兴起，歌功颂德、空廓浮泛的诗文，统治文坛几十年。明中叶以后，发生了拟古主义与反拟古主义的斗争，先后出现了不少文学流派，力量相互消长，直至明亡。以李梦阳、何景明为首的"前七子"，以及以李攀龙、王世贞为首的"后七子"，以复古相号召，提出"文必秦汉,诗必盛唐"的主张,但其末流陷于模拟,了无生气。反对"前、后七子"复古倾向的,有提倡唐宋古文的王慎中、唐顺之、茅坤、归有光等,被称为"唐宋派"。"唐宋派"中成就最高的是归有光。他的散文如《项脊轩志》等,善写日常生活琐事,即事抒情,淡而有味,浅中有深。接着起来反对拟古主义的,有著名思想家李贽,和以三袁(宗道、宏道、中道)兄弟为代表的"公安派"。他们提出"独抒性灵,不拘格套"的主张,擅长写作抒情小品、游记和尺牍。稍后的"竟陵派"钟惺、谭元春等人,创作主张与"公安派"相仿,但宗尚"幽深孤峭",艺术趣味比较偏狭。晚明小品文特盛,成为明代散文中颇见光彩的一个品种。代表作家作品有张岱的《陶庵梦忆》、《西湖梦寻》。在明末民族矛盾和阶级矛盾日益尖锐的时代气氛中,出现了复社、幾社领袖的爱国诗文,陈子龙、夏完淳是其杰出代表。

　　清代是中国最后一个封建王朝。清廷对知识分子施行高压与笼络两手并用的政策,一方面大兴文字狱,另一方面又用科举制度来网罗文士。清代也是中国古代文学史上离现在最近的一个重要阶段。小说、戏曲继明代之后又取得了巨大成就,诗、词、散文领域作家众多,流派林立,进入了需要全面回顾总结的时期。一般认为,中国古代文学以道光二十年(1840)鸦片战争爆发为下限,以后便是近代文学阶段。

　　清代文学成就最大的当是小说,与明代相比,作品的思想性和艺术性都达到了新的高度。就长篇章回小说而言,清中叶出现了曹雪芹的《红楼梦》,以贾、史、王、薛四大家族由盛而衰的过程为背景,以贾宝玉、林黛玉的爱情悲剧为中心,表现了具有叛逆倾向的青年与传统思想的尖锐冲突,揭示了封建社会走向没落的必然趋势。作者巨大的艺术才能,主要体现在通过对日常生活琐事和人物内心活动的精微、深刻的描写,塑造了一批活生生的典型形象。《红楼梦》不愧为我国古典小说艺术的高峰。另一部长篇巨著吴敬梓的《儒林外史》,刻画了一批面目各异的封建知识分子形象,显示了社会的种种病态,把批判的矛头指向以八股取士的考试制度,是我国文学史上少有的讽刺杰作,对晚清谴责小说有极大影响。就文言短篇小说而言,最优秀的是清初蒲松龄的《聊斋志异》。它继承了六朝志怪小说和唐宋传奇小说的创作成果,用众多的花妖狐魅故事,曲折地反映现实、抨击时弊、歌颂爱情;情节曲折离奇,引人入胜,即使是写非现实世界的人物,也极富人情味。

　　清代戏曲创作也有重要的收获。清初有吴伟业的《秣陵春》、李玉的《清忠谱》,反映了明清之际的民族矛盾和社会现实。清代传奇的杰作当推洪昇的《长生殿》和孔尚任的《桃花扇》。前者对唐明皇、杨贵妃爱情悲剧这一传统题材进行了新的演绎,注入了更为丰富的社会生活内容,思想倾向较进步,情节动人,并富于抒情气氛。后者以侯方域、李香君的离合之情为主线,写南明王朝兴亡的历史,达到了艺术真实与历史真实的较好统一。清代传奇在出现了"南洪北孔"的创作高潮之后,便日趋衰微,殊无足观了。民间的地方戏曲则逐渐兴盛起来,成为近代京剧和其他地方剧种发展的基础。

　　清代的诗、词、散文,虽然总的成就未能超轶前代,但是名家迭出,流派众多,也不可忽视。明末清初的遗民诗人黄宗羲、顾炎武、王夫之等不满民族压迫和专制统治,所作诗歌往往悲壮沉郁,感慨深远。钱谦益、吴伟业也是清初有特色的诗人。王士禛提倡"神韵"说,成为当时诗坛领袖。清中叶以后,一般文人屈服于朝廷的政治压力,纷纷钻入故纸堆,形成盛极一时的考据学风，影响到诗坛，虽然各种诗说、诗派蜂起，但远离现实斗争，学古、尊古、重视形式和以学问为诗之风大炽，如沈德潜的"格调说"，翁方纲的"肌理说"，大旨不外乎此。唯郑燮反映民生疾苦之作，袁枚直抒性情之作，黄景仁独写哀怨之作，能不被时风所染，较有特色。词至清代，经过元、明的中衰以后，重又呈"中兴"气象。词家辈出，词作繁富，探讨创作之风特盛。清初词坛，陈维崧效法苏轼、辛弃疾之豪放，开"阳羡词派"。朱彝尊推崇姜夔、张炎之清空，开"浙西词派"。纳兰性德善作小令，长于白描，其词逼近南唐李煜，在清初自成一家。清中叶乾隆、嘉庆之交，以张惠言、周济为代表的"常州词派"起而纠浙派之偏，论词主比兴寄托，重视词的社会作用，其影响直达近代。散文方面，清初重要作家有魏禧、侯方域、汪琬等，被称为"国初三大家"。清中叶出现了著名散文流派"桐城派"，其代表人物方苞、刘大槐、姚鼐，讲究古文"义法"，以清真雅正为宗，所作散文内容一般较为单薄。另一个散文流派"阳湖派"，以恽敬、张惠言为代表，实是"桐城派"的一个支流。

  在创作繁荣的前提下，清代的文学理论批评相应得到了发展。从宋元开始出现的诗话、词话，至清已蔚成大国，产生了许多具有全面性、系统性和多样性特点的著作；小说理论和戏曲理论也成绩卓著。清代文学理论批评成果是我国古代文学领域中一份具有民族特色的遗产，值得我们重视和发掘。

  鸦片战争后，中国逐渐沦为半封建半殖民地，这一时期的文学发生了重要变化，被称为近代文学。这是时期的文学，一方面，反帝爱国和民主主义成为文学的基本主题，显现出强烈的政治性、战斗性；另一方面，维护封建统治、抗拒新思潮的正统文学，虽然日渐陷于窘境，但仍在不断挣扎。

  在诗文领域，启蒙思想家和早期改良主义人物的诗文作品值得重视。龚自珍是首开文学新风气的人物，接着，魏源、林则徐、张维屏等也写了许多富于时代色彩和历史意义的作品。太平天国领袖们的诗文，在"弃伪存真"文化纲领指导下，批判封建主义的陈词滥调，提倡朴实明晓的文风，直接为革命斗争服务。戊戌变法前后，改良主义运动代表人物梁启超力倡"诗界革命"、"文界革命"，并推誉黄遵宪"我手写我口"的新派诗；他的散文则导源于龚自珍，打破了传统古文的格局，务为平易畅达，风靡一时，号为"新文体"。《少年中国说》等说理文章，气势磅礴，铺张淋漓，颇有鼓动力量。辛亥革命时期，南社诗人柳亚子、陈去病、苏曼殊等人的作品洋溢着充沛的爱国主义和民主主义精神。同时，以守旧复古为特征的传统诗文，仍活跃一时，诗歌方面先后有"宋诗运动"和"同光体"诗派，古文则产生了梅曾亮等名家，号称"桐城派"中兴。曾国藩原受桐城派影响，又重经世之学，追随者不少，或另称"湘乡派"。这些诗文流派大都只是在某些观念和形式技巧上略有变异或翻新，由于时代已经发生巨大变化，受近代西学影响，古文已趋衰微，当然不可能再找到新的出路了。

  在梁启超"小说界革命"的倡导之下，近代谴责小说得以盛行，代表作有李宝嘉《官场现形记》、吴沃尧《二十年目睹之怪现状》、曾朴《孽海花》、刘鹗《老残游记》，被称为"清末四大谴责小说。"这些作品突出暴露了封建官场的黑暗腐朽，广泛宣传了社会改良，在内容和题材上较古代小说有明显的开拓，有的还吸收了西方小说的技法，但艺术成就一般不高。辛亥革命后出现的"鸳鸯蝴蝶派"小说和"黑幕小说"，思想和艺术价值都不高。林纾等人用古文翻译的外国小说,在当时却有相当广泛的影响,开拓了我国小说界的视野。近代戏曲的成就,主要反映在一大批地方戏曲趋于定型成熟,京剧则成为影响深广的全国性剧种。在外国文化影响下,话剧开始在我国兴起,辛亥革命前后出现的话剧团体在宣传革命方面发挥了不小的作用。

中国现代文学发端于"五四"新文化运动和文学革命。1917年,陈独秀在《新青年》杂志上发表《文学革命论》一文,高举起文学革命的大旗。"十月革命"后马克思主义传入中国,中国工人阶级作为独立的力量登上了政治舞台,"五四"新文化运动爆发。"五四"文学革命反对封建蒙昧主义和专制主义,提倡科学和民主;反对文言文,提倡白话文;向封建旧文学展开了猛烈进攻,中国文学从内容到形式都开始发生巨大变革,一个文学发展的新时期到来了。

最早发生变化的是诗歌创作。胡适、刘半农、沈尹默在《新青年》上发表了第一批白话诗,胡适的《尝试集》是"五四"运动时期第一部白话诗集。代表新诗创始期最高成就的是创造社主将郭沫若,他的诗集《女神》表现了"五四"时期狂飙突进的时代精神,具有典型的浪漫主义风格。风格与之相近的诗人,还有成仿吾、蒋光慈、冯至等。20世纪20年代后期,"新月派"崛起,试图使自由诗格律化,代表诗人是闻一多,他的诗集《红烛》、《死水》中不少作品,喷发出火热的爱国激情,有震撼人心的艺术力量。徐志摩、朱湘也是"新月派"中很有成就的诗人。这一时期兴起的象征派,其代表人物李金发等,以法国象征主义诗歌为模式,追求诗歌音乐和形式的美,语言趋向欧化。同样受象征主义诗风影响的则有现代派诗人戴望舒,以早年诗作《雨巷》著名。20世纪30年代初"左联"成立后,新诗的现实主义精神得到发扬,殷夫、蒋光慈、胡也频等人以极大热情写作革命诗歌,讴歌无产者的光辉形象。在"左联"领导下,还出现了现代文学史上第一个革命诗歌社团——中国诗歌会,成员有穆木天、杨骚等。当时著名的诗人还有艾青、田间和臧克家。艾青的《大堰河——我的保姆》,田间的《致战斗者》,臧克家的《罪恶的黑手》,都是一时名作。20世纪40年代,抗日根据地和解放区在毛泽东《在延安文艺座谈会上的讲话》指引下,诗歌创作特别活跃,优秀作品有李季的《王贵与李香香》,田间的《赶车传》(第一部),张志民的《死不着》,阮章竞的《漳河水》。国统区也有"七月诗派"胡风等一批诗人以诗歌为战斗武器,揭露和抨击国民党反动统治下的种种腐朽没落社会现象,歌唱人民美好的明天。

"五四"以后,小说创作获得了丰收。鲁迅的《狂人日记》,提出了家族制度和封建礼教"吃人"这一重大问题,是现代白话小说的发轫之作。鲁迅的短篇小说集《呐喊》和《彷徨》,以熟练老到又丰富多样的艺术手法,塑造了一系列各社会阶级、阶层的典型形象,概括了异常深广的社会历史内容,奠定了中国现实主义小说创作的坚实基石。在鲁迅的开拓和带动下,出现了一大批新体小说作家。"文学研究会"主张为人生的文学,倾向于现实主义,有成就的小说作家有冰心、叶圣陶、王统照等;"创造社"作家则走上另一条创作道路,其中郁达夫成就较高,他的自传体小说《沉沦》,以热烈大胆的情怀坦露和夸张的陈述咏叹构成了作品的浪漫主义基调。"左联"的成立促进了小说创作的进一步发展,茅盾的长篇小说《子夜》,体现了中国现代小说反映现实的深广度和艺术的成熟程度,是这一时期最出色的创作成果。

丁玲、张天翼、柔石、沙汀、艾芜、萧军等也在这一时期初露锋芒。"左联"以外的进步作家同样成绩斐然，巴金的《家》（加上后来写成的《春》、《秋》，合称《激流三部曲》）、老舍的《骆驼祥子》、叶圣陶的《倪焕之》、沈从文的《边城》，都为中国现代长篇小说的成熟作出了贡献。抗战时期，沦陷区和国统区小说创作闪耀出光彩，张天翼的《华威先生》、沙汀的《淘金记》、艾芜的《山野》、茅盾的《腐蚀》、老舍的《四世同堂》、巴金的《寒夜》等，从各个不同的侧面揭露了反动统治的黑暗腐朽。在抗日根据地和解放区，作家努力深入生活，与人民群众逐步结合，他们创作的中长篇小说，反映了中国共产党领导下广大农村天翻地覆的变革，着力刻画了工农兵新人的形象，著名的有丁玲的《太阳照在桑乾河上》，周立波的《暴风骤雨》、赵树理的《小二黑结婚》、《李有才板话》，孙犁的小说集《白洋淀纪事》等。

现代戏剧文学以话剧为主体。"五四"时期即有一批先驱者开始做西方话剧的介绍和引进工作，20世纪20年代初，话剧团体纷纷成立，涌现出一批专门从事现代话剧创作的戏剧家，如欧阳予倩、熊佛西、田汉、洪深等。随着民主革命的深入，戏剧家队伍中又增添了一批有才华的作者，出现了一批有影响的剧作，其中有曹禺的《雷雨》、《日出》，夏衍的《上海屋檐下》，于伶的《夜上海》，陈白尘的《岁寒图》等。抗战时期历史剧大放异彩，其中郭沫若的《屈原》、陈白尘的《太平天国》、阳翰笙的《天国春秋》、欧阳予倩的《忠王李秀成》等较为著名。在革命根据地，由于文艺为工农兵服务方向的指引，新秧歌剧和新歌剧得以勃兴，贺敬之等人执笔的《白毛女》，是具有鲜明斗争精神和为群众喜闻乐见的民族化风格的新歌剧典范之作。

现代散文创作，是在吸收外来思潮和继承中国古代优秀散文传统的基础上发展起来的。"五四"思想启蒙运动促使了大量议论散文的诞生，李大钊、陈独秀、胡适等刊登在《新青年》杂志上的短文即属此类作品。现代散文以鲁迅的杂文最富批判力量和艺术光彩。从在《新青年》上发表《随感录》开始，一直到与国民党反动派的文化"围剿"展开英勇顽强的韧性战斗，鲁迅先后写了十七部杂文集。他的回忆散文集《朝花夕拾》，散文诗集《野草》，都是玲珑隽永的散文精品。鲁迅之外，优秀的散文作家有冰心、郁达夫、朱自清，他们擅写抒情性散文和游记、随笔等散文小品，艺术风格也比较多样。报告文学是在现代产生的一个散文新品种，早期作者有瞿秋白、邹韬奋等，最有成绩的作者是夏衍，他的《包身工》成为报告文学的示范性作品。此外，现代文学史上的重要作家如郭沫若、茅盾、巴金、老舍、叶圣陶、徐志摩、沈从文等，都有精彩的散文篇章传世。他们以或沉静、或热烈的情感，或写实、或象征的手法，或粗犷、或细腻的笔致，或淡雅、或绚丽的色调，造成了现代散文的多品种、多风格，使散文园地呈现出姹紫嫣红的繁荣局面。

1949年，中国人民解放战争取得最后胜利，中华人民共和国宣告成立，中国文学从此掀开了全新的篇章。